Unter Russen

Colin Thubron

Unter Russen

Prestel-Verlag
München

Aus dem Englischen übersetzt von
Manfred Vasold

Die Originalausgabe dieses Buches
erschien unter dem Titel
»Among the Russians«
bei William Heinemann Ltd., London

© Colin Thubron 1983
© der deutschen Ausgabe
Prestel-Verlag München 1984

Passavia Druckerei GmbH Passau
ISBN 3-7913-0678-2

Inhalt

Für Rae Sebley

»Wissen Sie, welches
das einzige gottesfürchtige Volk auf Erden ist,
mit der Aufgabe, die Welt
im Namen eines neuen Gottes zu bessern
und zu retten?«
»... das Volk Rußlands.«

Dostojewskij, *Die Dämonen*

Es wäre
gemeiner und pedantischer Aberglaube,
eine Form von Gesellschaft
als solche zu verehren, ungeachtet der Sicherheit,
der Weite und der Süße,
die sie dem Glück des einzelnen gibt.

George Santayana, *Reason in Society*

Die Identität
vieler Menschen in diesem Buch
wurde versteckt.
Ich bin ihnen dankbar für ihre Offenheit,
und ich bin traurig,
daß ich ihre Namen nicht nennen kann,
um ihnen zu danken.

C. G. D. T.

Die Reiseroute des Autors ist eingezeichnet.

I

Durch Weißrußland

VOR RUSSLAND hatte ich mich gefürchtet, solange ich zurückdenken kann. In meiner Kindheit beherrschte seine Masse die
Landkarte an der Wand unseres Klassenzimmers; es war in
einem matten Grün gehalten, erinnere ich mich, und seine
Tundren erdrückten die halbe Welt. Wo andere Länder – Japan, Brasilien, Indien – mit imaginären Gerüchen und Farben
die Einbildungskraft weckten, verbreitete Rußland unbestimmte Leere und war irgendwie unvorstellbar.

Selten beginnen Reisen dort, wo sie ihren Anfang zu haben
scheinen. Meine begann wohl in jenem Klassenzimmer, wo
das grüngefärbte Rätsel mich während der Mathematikstunden hypnotisierte. Schon im Geist des Kindes stiegen die
Fragen auf: Warum erscheint dieses Land fremder, unzugänglicher, abweisender als andere Länder? Warum sind
seine Dimensionen so unendlich? Dieses Fragen blieb halb
im Unbewußten, Rußland beunruhigte mich schon damals.

Daran lag es vielleicht, daß das Land, das sich hinter der
polnischen Grenze nach Osten dehnte, mir dann dreißig Jahre
später bekannt, beinahe vertraut erschien. Es floß dahin in
ungestörter Ruhe oder stieg und fiel so unmerklich, daß nur
die Linie des Horizonts dies verriet. Auf den Straßen niemand. Weit wölbte sich der Himmel. Das Geräusch meines
Wagens auf der Straße verlor sich in der Grenzenlosigkeit.
Drei Stunden lang hatten Grenzbeamte in Brest in seinen
Eingeweiden gewühlt, und seine Türpolster waren schlecht
und recht wieder eingesetzt worden.

Noch jetzt war ich mir nicht sicher, was mich in dieses Land
zog. Seit den Tagen meiner Kindheit hatte nichts mein Be

fremden und meine Unwissenheit vertrieben. Mein Geist war angefüllt mit Bildern, Widersprüchen, Klischees. »Rußland«, so schrieb der Marquis de Custine 1839, »ist ein Land, in dem jeder an einer Verschwörung teilhat, den Fremden hinters Licht zu führen.« Noch immer hängt Propaganda wie ein Bodennebel über der ohnehin vielschichtigen Wahrheit. Zeitungen sind Organe der Falschinformation, es sei denn, man weiß sie zu lesen. Die Künste sind konservativ oder sie schweigen. Selbst in den Romanen, die so oft die gewöhnliche Natur der Dinge zeichnen, sind die Visionäre und die Betrunkenen, die Bewohner der Romanseiten des neunzehnten Jahrhunderts, geschrumpft zu den armen hölzernen Helden des zeitgenössischen sozialistischen Realismus. Es ist, als ob ein Licht ausgeschaltet worden wäre.

Was mich anlangt, so fuhr ich mit allzuviel Ungeduld in dieses Land, um gut vorbereitet zu sein. Russisch sprach ich stockend, und hatte nur wenig gelesen. Überdies steckte ich voller Vorurteile, aber wohl niemand aus dem Westen betritt vorurteilsfrei die Sowjetunion. Ich trug das Erbe des Individualismus mit mir, so natürlich wie meine Kleider am Körper.

Vermutlich wollte ich das ›Andere‹ kennenlernen und umarmen. Ich fühlte mich ein wenig auf seiner Seite. Der Kommunismus zog mich an und stieß mich zugleich ab. Nichts konnte für den puritanischen Idealisten, dessen Fetzen an mir hingen, während ich auf der Straße nach Minsk fuhr, anziehender sein; nichts für den Einsamen beunruhigender. All meine Motive für die Reise gerieten ins Ungewisse, als ich sie überdachte. Selbst meine Art zu reisen war ungewöhnlich. Die Russen ziehen durchreisende Gruppen und Delegationen vor, die sich leicht in grandiosen Hotels überwachen lassen. Aber ich reiste allein, in meinem eigenen Wagen, übernachtete auf Campingplätzen und hatte vor, auf all den Straßen, die man mir bewilligt hatte (und auf ein paar anderen, für die das nicht zutraf), zwischen der Ostsee und dem Kaukasus 17000 Kilometer zurückzulegen. Mich trieben die widersprüchlichsten Erwartungen.

Zwischen Brest und Minsk reiste ich mehr als dreihundert Kilometer in einem Zustand nervöser Begeisterung. Auf der Straße fuhren beinahe nur schmutzverkrustete Lastkraftwagen, beladen mit Holz, Zement, Vieh; gelegentlich ein Bus; und einmal ein Wagen voller Brueghelscher Bauern mit verfrorenen Augen. Etwa alle dreißig Kilometer, in Wachhäuschen aus Glas und Zement, die sich über den Fahrdamm erhoben, hantierten Polizisten mit Ferngläsern und Telephonen. Das Land war leer: keine Werbung, keine Hochspannungsleitungen, häufig nicht einmal Telegraphenstangen. Das dichtbesiedelte, vielgeschäftige industrielle Europa war einer gebieterischen Stille gewichen. Weiden, Bauernland, Wälder. Alles riesig, alles schweigsam. Nie konnte das Auge das Land gänzlich umfassen. Vor allem die Wälder sahen tief und unerlöst aus. Dichte, laubreiche Massen von Eichen, Buchen, silbernen Birken drängten sich gegen Felder und Straßen. Dies war Bjelorußland, ›Weißrußland‹, ein Staat des Roggens und des Holzes, der sich halben Wegs bis Moskau erstreckt.

Ich blickte auf all das mit der Leidenschaft des Neuankömmlings und kritzelte in meinem Tagebuch, bevor ich den Eindruck der einfachen, wichtigen Dinge vergaß. Diese ersten Stunden leuchteten mit besonderer Intensität. In den Kartoffel- und Luzernenfeldern bewegten sich Landarbeiter durch ein weiches Julisonnenlicht – Männer und untersetzte Frauen mit Kopftüchern, die Sicheln und Heugabeln schwangen. Keine Spur von Kollektivismus, kein Traktor und keine Erntemaschine durchbrach das abgestumpfte Ritual ihres Heumachens. Dort, wo morastige Felder den Wald zurückdrängten, graste schwarzweiß-geflecktes Vieh in einsamen Herden und Scharen von Fischreihern spazierten lässig über die Wiesen.

Nach etwa hundert Meilen hielt ich an und legte mich an den Straßenrand zwischen Schmetterlinge und Lupinen. Das Land war in Stille getaucht. In dieser grenzenlosen Weite leuchtete die einzelne Pflanze oder ein Insekt mit der hervorgehobenen Deutlichkeit von Dingen, wie man sie in der Wüste

sieht. Eine Libelle setzte sich auf mein Knie. Hellgelbes Lein-
kraut preßte sich zwischen meine Finger. Irgendwie spendete
es Trost.

Vor allem aber war ich mir der betäubenden Verlassenheit
bewußt, die diese Ebenen zu durchdringen scheint. Sie rührt
wohl weniger von ihrer tatsächlichen Armut her – sandige
Böden, ungenügende Entwässerung – als von der formenlosen
Ebene. In einer Landschaft ohne Städte oder Erhebungen
nimmt der Himmel die Gewalt einer schrecklichen Gleichgültigkeit an. Wo man auch steht, der Himmel besetzt drei
Viertel des Blickfeldes und fügt der Größe des Landes eine
mitleidlose Riesenhaftigkeit hinzu. Sonne und Wolken hängen beständig und unbeweglich in seinem Blau, das sich über
einem wie ein Deckengemälde von Tiepolo wölbt. Alles
darunter ist ausgesetzt. Selbst das Wetter nimmt eine bedro-
hende, totale Eigenschaft an, so daß es die Erde zeitweise
unter einer dörrenden Sonne welken oder Regen hervorbrechen läßt wie eine Sintflut. Vor allem aber werden die Menschen – ihre Häuser, der Verkehr, ihr Vieh – zu etwas kläglich
Zufälligem. Die Dörfer, an denen ich vorbeifuhr, standen für
gewöhnlich weitab von der Straße – Holzhütten mit steilen
Dächern aus Asbest oder Blech. Sie waren klein, abstrakt
– eine Zivilisation, winzig hineingestellt in die Felder wie eine
Sprache, die ich nicht beherrschte. Die Menschen hier, schien
es, wurden nicht von den Tälern und Bergen mit Wohnung
und Nahrung versorgt, nicht zu Individuen in ihrer Eigenart
geprägt. In dieser Landschaft waren sie verlorene Gestalten,
die unter der nackten Sonne in dem gleißenden Licht der
Unendlichkeit lebten.

Während ich durch diese Namenlosigkeit nach Osten fuhr,
wurde die schiere Größe dieses Landes, das ich zu durchdringen versuchte, zur Besessenheit. Größer als Südamerika,
zweieinhalbmal so groß wie die Vereinigten Staaten, erstreckt
es sich halb um die Erdkugel und bedeckt ein Sechstel der
Landoberfläche der Erde. Meine Reiseroute – ostwärts gen
Moskau, nordwärts gen Leningrad und ins Baltikum, süd-

wärts zum Kaukasus und zur türkischen Grenze, zurück durch die Ukraine und die Krim – führte mich nur durch den äußersten westlichen Teil dieses Riesenlandes. Von dem Punkt, wo ich mich gerade befand, mehr als 1600 Kilometer nach Osten, blieb sich die Landschaft gleich, stieg die Meereshöhe nie über dreihundert Meter. Im Südosten grenzen die Schwarzerdegebiete und das Grasland der Steppen an, die ich in diesem Herbst durchqueren würde. Weiter gegen Osten folgen die Wüsten von Kasachstan, wo die Sommertemperatur bisweilen wochenlang über vierzig Grad Celsius im Schatten bleibt. Über Hunderte von Kilometern ist die Erde aufgeworfen zu Dünen oder verbacken zu Schollen, hart wie ein Parkettboden, und die Flüsse weiten sich zu Binnenseen oder aber ersterben im Sand. Nach Norden zu, in den Tälern des Ob, breitet sich das größte Tiefland der Erde aus – die moskitoverseuchten Seen und Sumpflande der westsibirischen Ebene, indes nach Osten hin das Herz dieses ganzen Kontinents liegt: Ostsibirien, begrenzt von den eisigen Wassern des nördlichen Polarmeeres.

Es sind diese sibirischen Lande – von Eis bedeckt, von Wind umtost –, die vor dem inneren Auge stehen, während man nach Osten fährt. Während ich hier zur Mittagszeit fuhr, waren ihre entlegeneren Teile schon wieder in Nacht getaucht. Im fernen Norden – dem Land des Rens und der Schneeule – vergehen drei Monate des Winters ohne jegliches Tageslicht, und die Durchschnittstemperatur liegt im Winter bei minus fünfzig Grad Celsius, es ist die kälteste aller von Menschen bewohnten Regionen der Welt. Die Flüsse und die Seen frieren zu Verbindungswegen zwischen den verstreuten Ansiedlungen und Städten. Im Sommer taut nur die oberste Schicht des Tundrabodens auf, die Sonne verwandelt ihn in einen flüssigen Matsch, in dem Zwiebelgewächse blühen. Durch die Weiten des südlichen Sibirien, etwa sechseinhalb Millionen Quadratkilometer verkrüppelter Kiefern, Lärchen und Birken, fließen Flüsse, die kaum bekannt sind, – der Jenissej, der sich seinen Lauf von beinahe 6000 Kilometern in das Polarmeer bahnt; die Lena, die bereits in ihrem mittleren Flußlauf 30 Kilometer in der Breite mißt und nach 4000 Kilometern in einem Delta mündet, das noch im August im Eis erstarrt ist. Selbst die Namen der Gebirgsketten, die sich am Südrand auftürmen, klingen unerreichbar – Pamir und Tienschan, deren Gipfel zu den höchsten der Erde zählen, das Altai-Gebirge, getüpfelt mit durchsichtigen Seen, und Bergketten noch weiter im Osten, die allmählich auslaufen in die tigerbevölkerten Höhen entlang der chinesischen Grenze und in die pazifische Halbinsel von Kamtschatka.

Dieser Hintergrund verlieh meiner Reise eine majestätische Dimension, obwohl sie selbst kümmerlich dagegen erschien. Auch das vor mir liegende Weißrußland war geprägt von der Form jener fernen Tundren und Flüsse. Es war langsam, unpersönlich und absolut. Mir drängt sich die Frage auf, welche Wirkung solche Isolation wohl auf ihre Einwohner haben mochte – der Mangel an optischen Reizen, an Abwechslung oder an etwas Einzigartigem in der Landschaft. Lag hierin der Grund für die frühere Ergebenheit in Gottes Willen und das leichte Sich-Unterwerfen einer Autokratie, daß dieses Volk durch die schiere Größe des Landes in die Knie gezwungen wurde? Konnte es sein, daß die mystische und zugleich grobgeschnitzte russische Seele – russische Romane, russische Musik –, daß die schwerfällige Riesenhaftigkeit der russischen Bürokratie ...

Aber dieses Fragen wurde unterbrochen von einem Schild, auf dem stand ›Campingplatz Minsk‹. Dieser Lagerplatz, tief zwischen Fichten, lag fünfzehn Kilometer von Minsk entfernt. Durch die Bäume sah ich kleine Holzhütten, deren schräge Dächer bis zum Boden reichten. Ich ging zu einer, auf der ›Administration‹ stand. Ich hatte keine Ahnung, was ich erwarten durfte. Ich war niemals im Westen jemandem begegnet, der versucht hatte, in der Sowjetunion zu zelten.

Aber für russische Verhältnisse waren diese Plätze zum Glück nicht so strengen Regelungen unterworfen – keine Aufseher, wenig Verwaltungspersonal, keine augenfälligen

KGB-Angehörigen (mit ihnen hatte ich an anderen Orten Schwierigkeiten). Ein zurückhaltendes und etwas verloren aussehendes Mädchen saß hinter einem Schreibtisch, auf dem zwei Blatt Papier lagen: Sie war meine erste nichtamtliche Russin. Sie blickte mich müde an.

»Sind Sie eine Gruppe?« fragte sie.

Das ist eine höchst wichtige Frage in Rußland. Ich blickte an mir hinab. Nein, ich sei keine Gruppe. Einzelreisende sind hier selten und auffällig. Darauf ist man nicht vorbereitet. Unwillkürlich entschuldigte ich mich dafür.

Dann sagte sie: »Sie müssen Mr. Thubron sein. Sie sind Engländer.«

Sie blätterte durch einen Ordner und fand meinen Namen auf einem Telex. Dieses Ritual wiederholte sich mehr als zwei Monate lang an jedem Abend, bis die Kälte die Campingplätze schloß und mich zwang, Hotels aufzusuchen. Ich wurde unweigerlich erwartet – und dieses Wissen flößte mir immer ein unangenehmes Gefühl ein. Ich konnte mich nie ganz daran gewöhnen.

Dabei war alles in London und an der polnischen Grenze vorbereitet worden. Meine Route war im voraus genau geplant und bis ins Detail aufgelistet, und zahllose Verkehrspolizisten entlang der Strecke warfen einen Blick auf die Zusammenstellung. Ich hatte Tickets für die Campingplätze, Gutscheine fürs Benzin, Gutscheine für die Hotels. Mein Reisepaß gab mich als Geschäftsführer einer Baufirma aus und nicht als Schriftsteller. Wahrscheinlich war ich den russischen Behörden unbekannt.

Das Mädchen blickte mich unsicher an. In ihrem von dunklem Haar umrahmten Gesicht schienen nur die Augenbrauen ausdrucksfähig; sie flossen sonderbarerweise nach oben, als ob ein Eiswind sie angeklebt hätte. Es sei kein Engländer mehr auf diesem Campingplatz gewesen, sagte sie, seit ... sie könne sich nicht erinnern. Ihr Kopf beugte sich verabschiedend auf ihre beiden Papiere nieder. Aber an diesem Abend quälte mich die Sorge, das russische Volk könne mir so verschlossen

bleiben wie ihre Landschaft, und ich fing an, sie über Minsk
auszufragen.

Sie käme nicht aus Minsk, sagte sie. Sie war von betrübter
Gelassenheit. »Morgen können Sie einen Intourist-Reisefüh-
rer ganz für sich allein haben.« (Intourist ist die Reiseagentur,
die ausländische Gäste betreut; sie hat Verbindungen zum
KGB.) Nein, sagte ich, einen Führer wolle ich nicht.

Ich lief über den ganzen Campingplatz. Die einzigen anderen ausländischen Autos gehörten Ostdeutschen und Polen.
Von den neuesten Unruhen in Danzig – es war der Sommer
bevor das Kriegsrecht Polen erstickte – hatte hier noch niemand etwas gehört. Die Russen hatten ihr Lager zwischen uns
in Zelten und baufälligen Hütten aufgeschlagen. Die nach
Fichten duftende Dunkelheit war erfüllt von ihren Stimmen
und Lichtern. Auf unerträgliche Weise fühlte ich mich ausgeschlossen. Ich fand ein kleines Café, das aber geschlossen war,
dann stieß ich auf die Waschräume. Die Toilettenbrillen
waren samt und sonders ausgerissen. Auf der Lichtung, wo
ich parkte, durchsuchten drei alte Frauen die Abfalleimer
nach irgend etwas, das die Ausländer hinterlassen haben
mochten: Flaschen, Plastikbeutel, Pappschachteln. Ich breitete auf der unebenen Matratze in meinem Wagen eine Decke
aus, aber mir war nicht nach Schlaf zumute. Die Mondsichel
hing über den Fichten. Der unvollendete Halbkreis schien
den vergangenen Tag zu verkörpern. Ich fühlte mich einsam,
als ob jeder Russe – ja selbst das Land – der Hüter eines
Geheimnisses sei, das mir verwehrt war. Zum ersten Mal war
ich mir meiner Isolation quälend bewußt. War es möglich,
fragte ich mich, einige Monate in einem Land zu verbringen
und es trotzdem nicht zu berühren? Wie ein Schaf kehrte ich
zu dem Mädchen mit den seltsamen Augenbrauen zurück und
erklärte mich bereit, für den nächsten Tag einen Führer zu
nehmen.

Minsk, eine Stadt mit mehr als einer Million Einwohner, liegt
am Zusammenfluß von Flüssen, die nicht mehr schiffbar sind.

Schon im elften Jahrhundert stand es breitbeinig über den Flußhandelslinien zwischen der Ostsee und dem Schwarzen Meer, und viele verschiedene Völkerschaften – Polen, Tataren, Russen, Litauer, Juden – haben ungleich an diesem Reichtum oder Raub teilgehabt. Achtmal wurde es dem Erdboden gleichgemacht. Die Grande Armée Napoleons vernichtete es 1812, und nach dem deutschen Rückzug von 1944 blieb wenig mehr als ein Wald aus gemauerten Kaminen. Die Häuser waren eingeäschert und ihre Bewohner hausten in primitiven Hütten oder in Erdlöchern. Ein Viertel der gesamten Bevölkerung Weißrußlands – Männer, Frauen und Kinder – kam im Krieg um.

Erinnerungen wie diese lassen sich in Minsk nicht vergessen. Die breiten Straßen von heute und die modernen Einrichtungen, die Theater und Stadien – all das vielgerühmte Neue, die ästhetische Eintönigkeit und die gesellschaftliche Unmenschlichkeit (zehn-, fünfzehn-, zwanzigstöckige Wohnblocks) – finden vielleicht von hier aus eine Erklärung und lassen sich verzeihen angesichts des Schreckens, der sie hervorbrachte. Durch Dutzende dieser kriegszerrissenen Städte – Smolensk, Rostow, Charkow, Simferopol, Kursk – sollte ich mit dem gleichen zwiespältigen Gefühl wandern. Ich erkannte ihre Notwendigkeit und bewunderte die abstrakte Leistung. Aber ich wollte die Augen verschließen. Alles wird auf dem Reißbrett eines Riesen entworfen. Die lieblosen Apartmentblöcke, die stumpfsinnigen Ministerien, die einschüchternden Denkmale sind ohne jede Einfühlung auf die Kriegsruinen gesetzt worden. Es ist eine Tundra aus Eisen und Beton, die zerschmetternd und schäbig einförmig ist. Ihre Größe und Gleichartigkeit spiegelt die Gleichförmigkeit der Ebenen wider.

»Minsk ist die Hauptstadt der Weißrussischen Sozialistischen Sowjetrepublik«, leierte mein Führer – ein junger Mann in einem tadellosen Anzug und mit obligater roter Krawatte. »Während des zehnten Fünf-Jahresplanes wurden vier Millionen Quadratmeter Wohnraum erbaut. Unsere Universität

besitzt acht Fakultäten, und zusammen mit zwölf weiteren
Instituten hat sie 35 000 Studenten; an den vierundzwanzig
höheren Schulen technischer Ausrichtung lernen 110 000
Oberschüler ...«

Ich hörte mit der Hilflosigkeit eines mathematisch Unbe-
gabten zu, der dazu neigt, eine Zivilisation danach zu beurteilen, ob die Kinder glücklich aussehen und ob die Katzen
davonrennen. Aber Alexander Intourist (wie ich ihn insgeheim
nannte) hatte eine Eigenheit, die ich als zutiefst russisch
kennenlernte: er ließ sich von Größe und Zahlen hypnotisie-
ren. Erst kurz zuvor hatte er seine Studien an einem Spracheninstitut beendet, hatte die sechsmonatige Ausbildung als
Fremdenführer hinter sich gebracht und zerplatzte vor zu-
rückgehaltenem Wissen und vor Statistiken.

»Weißrußland hat insgesamt zehntausend Schulen, dreißig
Universitäten und Hochschulen, hundertdreißig weiterfüh-
rende Schulen verschiedener Fachrichtungen, dreiundfünfzig
Museen, 21 000 Bibliotheken ...« Die Zahlen rutschten aus
ihm heraus wie die trockene Sturzflut des Getreides aus dem
Auswurfkamin einer Erntemaschine. Er war dazu ausgebildet
worden, all die Fragen der Touristen zu beantworten, und da
ich diese Fragen nicht stellte (er ließ mir keine Zeit dazu),
stellte er sie sich selbst und beantwortete sie mit seiner Daten-
flut. »Gibt es in Minsk neue Hotels? Ja, es gibt in Minsk neue
Hotels. Zu unserer Rechten sehen Sie das Hotel ›Jubileinaja‹
mit vierhundert Betten, gegründet am fünfzigsten Jahrestag
der Gründung der Weißrussischen Sozialistischen Sowjetrepublik. Das Hotel ›Planet‹ hat sechshundert Betten. Die
Konferenzhalle daneben faßt hundertachtzig Menschen, man
kann dort vermittels der Simultanübersetzungsanlage in vier
verschiedenen Sprachen zuhören. Was sind die wichtigsten
Industrien von Minsk? Die wichtigsten ...«

Aber ich hatte es längst aufgegeben, seinen Worten zu
lauschen, und beobachtete statt dessen sein Gesicht. Es war
nicht das Gesicht eines Computers, sondern das eines Propheten. Es war hager, sanft und zugleich leidenschaftlich, mit

einer empfindsamen Nase und einem sinnlichen Mund. Nur in Ruhestellung, bemerkte ich, verloren seine schwerlidrigen Augen ihren doktrinären Glanz; dann putzte er seine Brille nervös mit einem Taschentuch, und sein Gesichtsausdruck zeigte den leicht verletzlichen, tiefeingeprägten Eifer des Juden.

Das war kein Gesicht, das ich in den Menschen von Minsk widergespiegelt fand. Vor dem Zweiten Weltkrieg bestand die Bevölkerung zur Hälfte aus Juden, aber sie wurden zerstreut und dezimiert. Jetzt, eingekesselt zwischen Glas und Beton, pendelte ein griesgrämiger Strom von Männern und Frauen zwischen unbehaglichen Örtlichkeiten mit einem Blick stumpfer Hingabe hin und her. Bis jetzt konnte ich in ihnen noch keinen deutlich unterscheidbaren Menschentypus wahrnehmen. Sie schienen sich durch das Fehlen von Typischem zu bestimmen wie das russische platte Land, das Verhalten eines noch unerweckten Volkes. Männer mit kleinen Augen, in dunklen Jacken, mit Aktentaschen; Soldaten, die Mützen nach hinten geschoben; Jugendliche in schlabbrigen polnischen Jeans; kräftig gebaute Frauen mit praktischen Frisuren; alte Männer, die Hemden zugeknöpft und ohne Krawatte – sie alle entsprachen, als wäre es eine Verschwörung, der westlichen Vorstellung: kollektivierte Zellen des Staatskörpers. Doch hing an ihnen noch immer die rauhe Gemütsruhe der Erde. Sie schienen nicht auf städtischem Pflaster dahinzulaufen, sondern über unsichtbare Felder zu trotten.

Inzwischen erklomm Alexander Intourist eine neue Tonhöhe der Statistik. Wir waren am Sportpalast (6 000 Zuschauer) und am Stadien (50 000 Sitze) vorbeigefahren und bei einer jener einer Mondlandschaft ähnelnden Zonen von Wohnblocks angelangt, die jede sowjetische Stadt umgeben. »Das sind Wohnblocks aus den Fünfzigern, aus der Stalin-Ära, sehr ordentlich«, sagte er, »und dort drüben sind Blocks aus den Sechzigern, noch schöner, mit Geschäften darunter. Aber in den Siebzigern kam man davon ab, Wohnungen und Läden miteinander zu kombinieren, und wir erstellten Blocks wie

die, die Sie da drüben sehen« – er wies auf eine felswandähn-
liche Masse aus fahlem Backstein. »Das sind die schönsten von
allen.« Ich überflog sein Gesicht, ob das ein Witz sein sollte,
aber es zeigte keine Spur von Ironie.

Mir ging etwas auf, was mir wieder und wieder auffallen
sollte. Die Russen sehen ihre Bauwerke nicht ästhetisch, sondern symbolisch. Sicherlich war Alexander vom Liebreiz
jener Apartmentblocks überzeugt. Aber ihre Schönheit lag
weder in dem bereits rissigen Beton noch in den Rippen aus
Backstein und Glas, die man rasch hochgezogen hatte, um die
Norm eines zusammenbrechenden Fünf-Jahresplanes zu erfüllen. Sie lag in dem Fortschritt, den die neuen Blocks
verkörperten. Es war Nationalstolz, auf Nützlichkeit ausge-
richtet. Wir bewegten uns in Richtung Lenin-Prospekt auf
das Herz einer Stadt zu, die ausgemessen worden war auf der
›tabula rasa‹, die der Krieg hinterlassen hatte. ›Helft dem
Vaterland – Baut den Kommunismus auf‹, ›Ruhm der Kommunistischen Partei der Sowjetunion‹, ›Die Ideen Lenins
leben und werden siegen‹ – diese einzigen Werbespots wiederholten sich neonbeleuchtet ein um das andere Mal auf den
Dächern, oder sie breiteten sich über Mauern, als ob sie ihre
Nachricht Gehirnen einhämmern wollten, die schon abge-
stumpft gegen alle Propaganda waren. Wir gingen am städtischen Planungszentrum vorüber, wo ein Porträt Lenins in
phosphoreszierenden Lichtern glänzte, und traten auf den
Lenin-Platz hinaus. Ein alternder, zehn Stockwerke hoher
Betonklotz nimmt den halben Platz ein – der Sitz des Obersten Sowjets von Weißrußland.

»Weißrußland ist eine freie Republik«, sagte Alexander.
»Es hat einen eigenen Sitz in den Vereinten Nationen. Es kann
jederzeit aus der Sowjetunion ausscheiden, wenn es das
wünscht.«

Wieder bemerkte ich, wie ich ihn anstarrte. Glaubte er
diese Märchen wirklich? (Jedem, der das verfassungsmäßige
Recht des Austritts beansprucht, droht die Todesstrafe.) Aber
auch diesmal zeigte sein Gesicht keine Spur von Zynismus

oder Doppeldeutigkeit. »Und dort ist das Ministerium für Auswärtige Angelegenheiten«, fügte er hinzu.

»Wo?«

»Dort.« Ich gewahrte einen kläglichen Anbau an dem Gebäude des städtischen Sowjets.

Ich wechselte das Thema. Was mit dieser Kirche sei, fragte ich. Sie stand in einer Ecke des Platzes, alt und unschön in dieser harschen Umgebung.

»Das? Daraus hat man einen Club für Filmemacher gemacht.« Alexander fing an, mich zu faszinieren. Der Idealismus des Kommunismus durchströmte ihn, als ob wir 1917 schrieben. Er glaubte, er lebe in der vollkommenen, ja der einzig möglichen Gesellschaft; dabei fehlte ihm jede Möglichkeit des Vergleichs. Er schien ein reines Produkt der Propaganda zu sein – eine erschreckende Mischung aus Naivität und Intelligenz. Ich fragte mich, ob zwischen mir und allen Russen immer eine solche Trennwand stehen würde. Aber Alexander hatte vielleicht in das Dogma der Partei den Eifer des nicht angenommenen Juden einfließen lassen, und ich lernte niemanden mehr kennen, der ihm völlig glich. Er wagte es, jede bedeutende Erfindung für die Sowjetunion zu beanspruchen, und ganz besonders für Bjelorußland. Er wiederholte viele abgegriffene Behautpungen der Stalinzeit: daß ein Russe namens Popow, und nicht Marconi, das Radio erfunden habe; daß Polzunow einundzwanzig Jahre vor James Watt Dampfmaschinen gebaut habe. Das Düngemittel Pottasche sei in Minsk entdeckt worden, sagte er; und das erste Speiseeis entstamme dem Saft sowjetischer Birken, der über Nacht gefroren sei und den die neugierigen Bauern Bjelorußlands versuchsweise geschleckt hätten. Er wußte noch ähnliche Pioniertaten zu berichten. Irgendwann rechnete er mir vor, daß aus einem Kubikmeter russischer Fichte dreihundert Herrenanzüge gemacht werden könnten – ein wunderbarer Gedanke, der vielleicht sogar stimmt, er fiel mir oft in der Metro in Moskau ein, wenn ich die Männer in ihren zerknitterten Jacketts beobachtete.

Während wir den Lenin-Prospekt hinunterfuhren, feuerte er eine neue Salve von Daten der Infrastruktur ab. Er wußte, wie viele Schlafplätze die kommunistische Jugendorganisation Komsomol vermietete, die Anzahl neu gebauter Wohneinheiten pro Jahr und die Höhe ihrer Mieten, wie viele Hektar Wald in Weißrußland neu aufgeforstet werden sollten, die Zahl der Absolventen des Pädagogischen Instituts. Von da aus war es nur ein kleiner Schritt zur Erklärung der marxistischen Wirtschaftstheorie. Wie in Hypnose hörte ich zu, bis es mir vorkam, als ob Berge von Dezimalstellen und Prozentzahlen sich im Wagen auftürmten und mir den Atem nahmen. Trotzdem war dieses Gespräch voller verräterischer Pausen und leerer Ausflüchte, Sekunden, in denen seine Gedanken sich verdüsterten, bevor er der Herausforderung eines imaginären Fragestellers mit neuen Formeln entgegentrat. Wahrscheinlich hatte er mich fast vergessen. Sein starrer Blick heftete sich auf seine Hände. Ein Hagel von Zahlen prasselte zur Verteidigung von Marxens Mehrwerttheorie auf mich herunter. Mir schien es, als ob er lediglich einen gespenstischen Krieg gegen Phantome führte.

Die englische Redensart ›Gegen die Statistik läßt sich nicht streiten‹ entspricht seiner Überzeugung. Als ich in einem Augenblick der Verärgerung das Sprichwort in Frage stellte, zuckte er nur mit den Schultern und verstand nicht.

Und es war Alexander, von dem ich zum erstenmal die Sprache des offiziellen sowjetischen Gefühls vernahm. Gewisse Worte und Sätze kamen beinahe mit einer scheuen Verehrung über seine Lippen, und manchmal verlieh seine Redeweise diesen den entscheidenden Glanz. Auch darin schien er zutiefst Russe zu sein und von innerer Religiosität. Als wir uns dem grauen Obelisk am Ende des Lenin-Prospekts näherten, verkündete er: »Hier steht das Siegesdenkmal über die Hitler-Faschisten. Einschließlich seines Wappens ragt es 41 Meter empor, 38 Meter ohne das Wappen. An seinem Fuß befindet sich das Ewige-Flamme-Mahnmal [es kam mir immer vor, als müßte man diese Schibboleths mit Bindestrich schreiben], es erinnert an die Helden des Großen-Patriotischen-Krieges, des Zweiten Weltkrieges.« Er deutete auf ein kleines Gebäude, zwischen Bäumen versteckt, wo der erste Kongreß der späteren Kommunistischen Partei im Geheimen stattfand. »Die Partei war seinerzeit einig«, sagte er. »Das war lange vor der Großen-Sozialistischen-Oktober-Revolution im Herbst 1917. Später spaltete sich die Partei in Bolschewiken und Menschewiken.« Dann fügte er hinzu: »Die Menschewiken erhoben die Waffen gegen die Bolschewiken, also mußten sie eliminiert werden.«

Ich blickte ihn nicht mehr an, weil ich wußte, daß diese Lüge mit der gleichen Sicherheit von seinen Lippen geflossen war wie die anderen. Er glaubte, was er sagte, absolut. Also wartete ich schweigend, während die Vergangenheit gefälscht wurde, und empfand eine Mischung aus Ärger und Hoffnungslosigkeit, gerade weil ich Alexander instinktiv mochte. In seiner Vorliebe für feste und absolute Antworten entdeckte ich in ihm vielleicht das Gegenbild zu mir.

Brutal drehte ich das Autoradio an, um Musik zu hören.

An diesem Nachmittag fuhren wir die sechzig Kilometer nach *Khatyn* hinaus, wo man eine der größten Erinnerungsstätten an den Krieg in einem Wald errichtet hat. Der zweite Weltkrieg durchdringt das russische Bewußtsein so sehr, daß man die Menschen ohne das Wissen um die Bedeutung des Kriegserlebnisses für sie nicht versteht. Zwischen Juni 1941 – als Deutschland auf einer 2400 Kilometer breiten Front mit vier Millionen Soldaten in Rußland einfiel – und dem Sommer drei Jahre später, als die Reste dieser Armeen über die Weichsel in Richtung Berlin zurückgeworfen wurden, litten die Russen wie kein anderes Volk. Bereits in den ersten Kriegstagen fielen Hunderttausende und die Verluste der Zivilbevölkerung zwischen den Fronten waren nicht zu zählen. Allein bei der Belagerung von Leningrad starben nahezu eine Million Menschen, viele von ihnen Hungers. Mehr als drei Millionen russischer Kriegsgefangener starben an mangelnder Ernährung oder an den Unbilden der Witterung. Jede besetzte Stadt hatte die Hälfte ihrer Bevölkerung verloren. In Charkow beispielsweise fanden die Deutschen 700000 Einwohner vor. Sie schafften 120000 davon weg zu Sklavenarbeiten; 30000 wurden getötet; und weitere 70000 starben vor Kälte oder Hunger. Hier in Weißrußland wurde fast die ganze jüdische Bevökerung ausgerottet. Dörfer, die im Verdacht standen, die Partisanen zu unterstützen, wurden einfach ausgelöscht. In den Gaskammern und den Verbrennungsöfen des riesigen Vernichtungslagers Maidanek bei Lublin kamen schätzungsweise 1500000 Russen und Polen ums Leben. Als die Sowjetunion schließlich aus diesem Alptraum erwachte, fand sie ihre Wirtschaft in Trümmern, 2000 Städte und 70000 Dörfer waren völlig verwüstet. Die Zahl ihrer Toten belief sich auf mehr als zwanzig Millionen. Solche Tatsachen können Rußlands empfindliches Sicherheitsbedürfnis erklären. Während wir der Straße nach Khatyn folgten, wurden sogar Alexanders fortdauernde Zahlenreihen verzeihlich.

Doch erklärte ich ihm freundlich, daß mich Zahlen und Statistiken, diese Religion des Materialismus, mit Zweifeln erfülle. Ich erzählte ihm, daß in meiner Welt, deren Reichtum älter sei als der in der seinen, das Vertrauen in den Wert materiellen Fortschritts ins Wanken geraten sei.

Aber Alexander schrieb dies der kapitalistischen Dekadenz zu.»Wo Sie herkommen«, erklärte er,»da bringen die Menschen keine Opfer mehr.« Wohingegen in seinem Land, fügte er hinzu, vom einzelnen noch immer erwartet werde, daß er der Allgemeinheit diene. Er zeigte auf ein Dorf an der Straße. Es sah sauber und gepflegt aus; eine alte Frau trug gerade Eimer vom Gemeindebrunnen weg, und eine Schar Gänse lief am Straßenrand entlang. Dieses Dorf, sagte er, müsse verlegt werden; es müsse anderswo neu angesiedelt werden, um in einer Kolchose zu arbeiten, welche wiederum dem Volk diene.

Ich blickte zurück auf den gebeugten Umriß der Frau. Ob das nicht schwierig sei, fragte ich.

Ja, aber es sei »gesellschaftlich notwendig«.

Wir gerieten in ein Gespräch über Israel. Alexander verkündete die Parteilinie, die Brandmarkung des Zionismus, aber ich spürte ein Zögern in ihm, und irgendein Dämon trieb mich dazu, nachzustoßen. Vielleicht bot sich da eine Gelegenheit, seinen Dogmatismus zu durchlöchern. In meiner Verärgerung führte ich meinen Angriff rücksichtslos, indem ich sagte, die Israelis hätten mit einem ungenügenden Rechtsanspruch der Religion und des Gefühls ein Land genommen, das ihnen nicht gehörte. Ich sprach wie ein tadelloser Kommunist. Indes ich fortfuhr, verschloß sich sein Gesicht, als ob ich an einem seit langem verborgenen Konfliktstoff rühre. Er zögerte, dann schwieg er. Sein Blick nahm einen intensiven, in sich selbst gekehrten Ausdruck an, und er starrte hinaus in die Wälder, als ob sie plötzlich wichtig geworden wären. Mehrere Minuten lang redete ich weiter, ohne Antwort. Er schien seinen Kopf abzuwenden von mir. Dann sagte er sehr leise: »Ich meine, die Juden sollten eine Heimat haben ...«

Zum ersten Mal lächelte ich ihn an.

Aber jetzt näherten wir uns Kathyn. Es lag dort, wo ein Dorf mit 123 Einwohnern von den Deutschen zerstört worden war. Diese Stätte war nicht nur diesen wenigen geweiht, sondern all den 2230000 Toten Weißrußlands, den 209 vernichteten Städten und den 9200 zerstörten Dörfern. Aus den Lautsprechern auf dem Parkplatz tönten seelenabstumpfende Musik und Ermahnungen.

Alexander fiel diesmal in Schweigen, er wollte die Stätte auf sich einwirken lassen. Wir stiegen eine Straße aus Betonplatten hinan, gesäumt mit Begonien. Seitlich lagen die grauen Grundmauern der Hütten des niedergebrannten Dorfes. Alle dreißig Sekunden läutete eine Glocke in einem der schlanken Kamine mit erschütternder Melancholie; während weiter oben, den halben Hang einnehmend ein symbolischer Friedhof 136 zerstörte Dörfer aneinanderreihte, die zerstört, aber niemals wieder aufgebaut worden waren, jedes von ihnen mit einem Topf seiner Heimaterde auf dem Grab.

Während wir den sanften Hügel hinaufgingen, tauchten Schatten auf, denen ich an russischen Mahnmalen wieder und wieder begegnen sollte – nicht nur solche der Trauer, sondern Schatten von etwas Tieferem, weniger leicht Durchschaubarem. Mich dünkte, als ob die Gruppen von düsteren Männern, Frauen mit Nelken in die Hand gepreßt – nicht Trauernde waren, sondern Kommunizierende und daß dies eine erzwungene Pilgerschaft in ihre schreckliche Vergangenheit war, eine zeremonielle Öffnung alter Wunden. Sie waren ungeheuer unschuldig. Sie kamen hierher, spürte ich, weniger wegen der Sorge für diese Gesamtheit der Toten, sondern in einem pantheistischen Tribut an die Muttererde – deren verletzter und heiliger Schoß niemals wieder entweiht werden durfte. Das ganze Schrein-Dorf strahlte das Gefühl erlittenen Unrechts aus.

Im Abendlicht war der Hang überzogen von rätselhaften Symbolen: Mauern, Toren, Kaminen. An seinem Fuß, wo eine Scheune niedergebrannt worden war, vollgepfercht mit Dorfbewohnern, das zerstörte Dach in schwarzem Marmor wiedererstanden, und die kolossale Gestalt eines alten Mannes – eines ausgemergelten Bauersmanns, der mit seinem vorstehenden Bart und den geisterhaften Augen aussieht wie G.B. Shaw – trägt in seinen verkrüppelten Armen den Körper eines Jungen. »Er kam zurück und fand sein Kind in der Asche«, sagte Alexander. »Er blieb allein. Er war der einzige Überlebende.«

Weiter oben stießen wir auf eine lange, geneigte Mauer mit zahlreichen Nischen, den Toten der Konzentrationslager und der Massenvernichtung geweiht. Große Einbuchtungen erinnern an Greuel mit mehr als 100000 Toten. Es dämmerte schon, als wir hinabstiegen. Die Grundmauern versammelten sich bleich um uns in einer gedämpften Hymne an das gekreuzigte und wiederauferstandene Vaterland. Das Läuten der Glocke fiel in die Einsamkeit. Bei drei silbernen Birken brannte eine Gedächtnisflamme in einem Mauerwerk aus schwarzem Marmor.

Dennoch störte mich etwas, während wir zwischen Gräbern der verschwundenen Ortschaft umhergingen, vorbei an den Skeletten von Häusern und Straßen der Erinnerung. Diese ganze Stätte kam mir vor wie eine schlecht verhehlte Lüge. Einige dreihundert Kilometer weiter östlich, nahe Smolensk, liegt Katyn (die Schreibweisen sind jammervoll ähnlich), wo 1943 von den deutschen Truppen die Leichen von mehr als viertausend polnischen Offizieren ausgegraben wurden. Sie lagen in Schichten, zwölf aufeinander, vollständig gekleidet in ihren Uniformen, alle durch einen Kopfschuß getötet. Diese Männer waren im Frühjahr 1940 von den Russen nach der im vorausgegangenen Jahr erfolgten Teilung Polens zwischen Hitler und Stalin aus dem östlichen Teil des Landes verschleppt und ermordet worden. Aber die Russen haben dieses Verbrechen immer geleugnet. Um allen Verdächtigungen zu entgehen, kam ihnen das bjelorussische Khatyn gelegen. 1968 wurde seine Verwandlung in ein patriotisches Denkmal vollendet. Heute ist diese ganze Hügelseite ein inszenierter Aufschrei nationalen Schmerzes, als ob die Millionen eigener Gefallener die polnischen Toten verdecken könnten.

Doch als ich Alexander darüber befragte, sah er wirklich erstaunt aus.

»Ein Ort, wo polnische Offiziere getötet wurden? Nein, ich hab' nie davon gehört. Wer hat sie umgebracht?«

»Die Russen beschuldigen die Deutschen«, sagte ich, »aber die Deutschen sagen, es waren die Russen.«

Er schaute mich an. »So etwas würden wir niemals tun.«

In seinen erstaunten Augen sah ich die tiefe, ewige russische Überzeugung von der eigenen Reinheit. Ungarn 1956, Tschechoslowakei 1968, Afghanistan 1979 – weder diese noch irgendwelche anderen Aktionen zur Durchsetzung ihres Herrschaftsanspruches vermögen den tief emotionalen Glauben an ihre Rechtschaffenheit zu erschüttern. Gleichwohl schien sich Alexanders Regierung eben durch dieses sein Nicht-Wissen selbst zu beschuldigen.

»Nein«, wiederholte er, »wir waren es nicht.«

In den folgenden Monaten war es in Augenblicken wie diesen, daß die Vergangenheit nur als Stückwert Geltung erhielt. In Rußland, so begann ich jetzt zu denken, hat die Unterdrückung und die Klitterung der Geschichte ein ganzes Volk von seiner Tugendhaftigkeit überzeugt. Hier in Khatyn war die Verdrehung von besonders beunruhigender Art: denn die am höchsten verehrten nationalen Symbole sind selber verletzlich, wenn die stimmenlosen und geheiligten Toten dazu verwendet werden, die Lebenden zu betrügen und sie zu unterdrücken.

Die Straße von Minsk nach Moskau zieht durch eine Moränenlandschaft, die Gletscher im letzten Eiszeitalter hinterlassen haben. Die leichte Aushöhlung des Landes war kaum wahrnehmbar, und der leere Ausdruck von Feldern und Wäldern begleitete mich den ganzen nächsten Tag. Da und dort streckten sich die langen Scheunen von Sowchosen und Kolchosen in die Wiesen hinaus, und großflächige Felder zogen sich entlang der Straße. Das Land hob und senkte sich sanft wie das Atmen eines Schlafenden. Ein Anstieg oder Abfall von dreißig Metern gewann die Bedeutung eines Hügels und gab den Blick frei über ein unermeßliches Land mit der unablässigen Folge von Weide und Wald.

Der gestrige Tag hatte mich mit vagen Ahnungen erfüllt. Sein Dogma schien das ganze Land zu durchdringen, selbst den Himmel. Nichts schien hier um seiner selbst willen zu existieren. Alles war in Bewegung. Alles war das Opfer eines Fünf-, oder Zehn- oder Zwanzig-Jahresplanes, der einen Mann oder einen Baum aus seiner eigenen Wahrheit reißen und in die gesellschaftliche Notwendigkeit hineinzwingen konnte. Die gleiche Kraft, welche dieses Land vermessen und in diese riesigen Felder zerstückelt hatte, schien selbst die Zeit zu roboterhafter Objektivität zerteilt zu haben. Ich kam mir vor wie ein Relikt einer längst widerlegten Natürlichkeit.

Gegen Mittag hielt ich den Wagen am Waldrand an. Birkenwälder drängten sich gegen die Straße, Baum an Baum mit ihren silbernen Stämmen und dünnen Blättern, glänzten im indirekten Sonnenlicht auf und verblaßten wieder in pergamentener Weiße. Da gab es kein Unterholz, nur die dichten Palisaden der Birken, bleich und abstrakt. Ich wanderte in den Wald hinein, tiefer und tiefer. Unter den Füßen spürte ich den weichen Boden. Moose, dickes Gras, ein Gewebe aus bläulichvioletten und gelben wilden Blumen bedeckte die dunkle Erde. Zwischen den Farnen schoben sich die Blätter von Walderdbeeren hindurch, und die Schatten waren gefüllt mit frühen Pilzen. Ich war überwältigt von einem wunderbaren Gefühl, nach Hause gekommen zu sein. Ich legte mich nieder auf die Erde zwischen Maulwurfshügeln, und schaute lange Minuten auf die Adlerfarne, auf ihre schöne, mühelose Dauer unter den weißen Bäumen. Als ich die Erde in meinen Händen zerkrümelte, fielen Käfer und Ameisen mit orangefarbenen Westen zwischen meinen Fingern hindurch auf den Boden. Ich spürte, wie ich mich unbewußt nach diesen Dingen gesehnt hatte, die in ihrer eigenen Natürlichkeit lebten. Und ich empfand einen tiefen Widerwillen gegen alles, was von Menschenwesen, meiner eigenen Art, verdorben war. Eine Stunde lang lag ich da und starrte hinauf zum Himmel und lauschte den wenigen Vögeln, deren Gesang mit einer einsamen, einzigartigen Klarheit durch die Wälder tönte. In den Lichtungen um mich her blühten pastellfarbene Blumen, umsummt von Bienen. Rittersporn, Gurkenkraut, Johanniskraut; weiße Glockenblumen wuchsen der Sonne entgegen.

Es war später Nachmittag, als ich zur Straße zurückging. Zuerst dachte ich, das einzige Menschenwerk in der Landschaft sei mein eigenes Fahrzeug: eine einsame Erinnerung an die freie Welt. Ich spürte eine törichte Zärtlichkeit. Dann bemerkte ich eine verrostete Moskwitsch-Limousine, die abseits im Schatten geparkt war, und einen Mann am Straßenrand, der Brot kaute. Als ich an ihm vorbeiging, blickte er auf und sagte: »Haben Sie denn keine gefunden?«

»Was?«

»Pilze.«

In den Menschenmengen von Minsk hatte ich keinen nationalen Menschenschlag bewußt erkannt; aber jetzt sah ich, daß ich in das Gesicht eines typischen Russen blickte. Es lag eingebettet in flachsfarbenes Haar, zeigte einen schmalen blonden Schnurrbart und leuchtete mit bäuerlicher Verbindlichkeit. Die Backenknochen waren erhaben, und die blauen Augen schauten mich offen fragend an. Wolodja steckte in der ärztlichen Ausbildung, er war auf dem Weg nach Brest. Er kann nicht älter als Anfang Zwanzig gewesen sein, und gekleidet war er mit der Gleichgültigkeit des Russen gegenüber derlei Äußerlichkeiten.

»Ich dachte, Sie suchen bestimmt Pilze.« Er bot mir ein Stück malzbraunes Brot an, als ich mich neben ihm niedersetzte. »Im Herbst findet man sie hier zu Tausenden.« Und einen Augenblick später, auf eine Weise, die mir bei jungen Russen bald selbstverständlich vorkam, plauderten wir über alles Mögliche, was es hier auf Erden gibt: Musik, Geschichte, das Land. Er wäre gern gereist. Die klassische Welt hatte ihn seit seiner Kindheit fasziniert. Er besaß ein paar von ihm hochverehrte Tragödien von Sophokles und träumte von Säulen, die im Meer versunken waren: von Athen, Tyros, Ephesos. Aber als ich ihm diese Städte schilderte, kam ich mir jammervoll bevorzugt vor, und sein Gesicht wurde allmählich immer trauriger. Ihn quäle der Wunsch, um die Welt zu reisen, sagte er, dabei sei er noch nicht einmal in Polen gewesen. »Es ist schwierig für uns hier, wissen Sie. Wir kriegen vielleicht noch die Erlaubnis, in die Ostblockländer zu reisen, aber darüber hinaus ...« Er schüttelte den Kopf. Dann strahlte er: »Jerusalem! Ich glaube, das muß ein wunderbarer Ort sein! Jerusalem möchte ich gerne sehen ... und all diese exotischen Städte. Ich bin kein Christ, aber ich finde, da ist etwas Schönes um das Leben Christi.«

Während er schwärmte, spürte ich, wie sich meine Befürchtungen verflüchtigten. Der Sinn für fremde Welten und die Hoffnungen dieses Mannes versprachen mir, daß die Russen zugänglich waren.

»Und auch nach Isfahan«, sagte er. »Waren Sie je in Isfahan oder in Schiras? Und in den zerstörten Karawanenstädten Afghanistans? Sie müssen einen seltsamen Zauber besitzen. [Ich dachte an Alexander Intourist: »Unsere Streitkräfte helfen den freundlichen Völkern Afghanistans gegen ausländische Aggressoren, die die Rückständigkeit dieses Landes ausgebeutet haben.«] Auf Photos sehen die dortigen Berge beinahe unirdisch aus, schöner als alles, was man sich vorstellen kann ... Ich hab' noch nie einen Berg gesehen, nicht einmal eine richtige Hügelkette. Ich wollte eigentlich in diesem Jahr den Ural besuchen – aber kein Geld. Daher fahre ich in die Karpaten. Ich glaube, das sind ja eigentlich keine richtigen Berge, aber immerhin ...« Er balancierte einen Kanten Schwarzbrot auf seinem Knie. Wie ein Berg ragte er in die Höhe. »Sehen Sie, wir Russen sind im Grunde unseres Herzens keine Städter, wir sind ein Volk des flachen Landes. Mein ganzes Leben habe ich in Städten verbracht, weil man nur dort einen guten Arbeitsplatz findet.« – Er kehrte der Straße den Rücken zu und blickte in die Bäume – »Manchmal drängt es mich, wegzulaufen, vor allem im Frühling. Wissen Sie, daß unsere Wälder im Frühjahr einen besonderen Duft haben? Teils ist es wohl der Regen, teils der Geruch der Fichten. [Alexander Intourist: »Fichten müssen gegen die Umweltverschmutzung eingesetzt werden. Die Luft im Umkreis von drei Metern um eine Fichte ist absolut rein.«] Und im Herbst wachsen Pilze, besonders auf den Lichtungen der Birkenwälder. Im Oktober werden Sie ganze Familien sehen, die mit Körben in die Wälder hinausziehen. Das Pilzesuchen ist bei uns fast eine Krankheit ...«

Später habe ich dies erlebt. Für die Russen birgt der Pilz ein besonderes Geheimnis, und diese Streifzüge sind ein Sport und ein Ritual zugleich. In ihnen vereint sich die Liebe für das Ländliche, wie man sie bei einer Jagd nach Brombeeren in England trifft, mit dem zärtlichen Blick eines Japaners für eine Blüte. Wenn Rußlands nationaler Baum die silberne Birke ist, dann gehört zu ihr der magische Pilz, der in ihrem Schatten emporschießt. Er hat seinen Platz in der russischen

Literatur und in den russischen Liedern. In einer der unvergessenen Passagen von ›Anna Karenina‹, erinnerte ich mich, geht der gelehrte, vierzigjährige Kosnischew mit dem zarten Waisenkind Warenka zum Pilzesammeln, und zwar in der Absicht, ihr einen Heiratsantrag zu machen, und beide spüren ihre Liebe füreinander; aber statt über sich selber zu sprechen, laufen sie furchtsam und schüchtern umher und reden über Pilze, und der Augenblick ist für immer vorbei.

»Pilzesammeln ... ich wünschte, ich könnte es Ihnen erklären.« Wolodjas Gesicht füllte sich mit dieser dunklen nationalen Erregung seines Volkes. »Es ist etwa so. Man geht in den Wald, und man weiß instinktiv, ob hier die Bedingungen die richtigen sind. Man spürt es. Vielleicht ist dort der richtige Boden, oder vielleicht ist dort die richtige Menge Sonne. Man kann sie sogar riechen. Man weiß einfach, daß es da Pilze gibt« – er sprach das Wort ›Pilze‹ mit feierlich gesenkter Stimme –, »also schreitet man im Schatten voran, oder vielleicht auf einer Lichtung, und da sind sie auch, da unter den Birken!« In liebevoller Zärtlichkeit streckte er seine Hand aus und brach eine Handvoll aus der Luft. »Haben Sie je Pilze gerochen? Die giftigen riechen bitter, aber die genießbaren – man vergißt diesen Duft niemals.«

Er sprach weiter über die verschiedenen Pilzsorten und ihre Qualität, wie sie wachsen und wo man sie finden kann – schmackhafte weiße Pilze mit Regenschirmhüten, die im Fichtenwald wachsen; rote, kräftig schmeckende Birkenpilze mit weißlichen Stielen, fiebrig schwarzgesprenkelt; gelbe ›kleine Füchse‹, die dicht zusammen in Trauben wachsen; klebrige, dunkelfleckige Pilze, ›Butterbedeckte‹ genannt, vollmundig und süß. Dann gab es noch den ›apyata‹, der sich auf Büschen vermehrt; und schließlich, spät im Herbst, käme ein schöner grünhutiger Pilz, den zu braten ein Frevel sei. All diese Pilze, sagte er, könne man mit Salz und Pfeffer kochen, mit Knoblauch und Zwiebeln würzen, die roten könne man in Butter herausbraten und in kleine Stücke schneiden, um sie dann den ganzen Winter über mit Wodka hinunterzuspülen.

Noch eine kleine Weile saßen wir am Straßenrand und plauderten über dies und jenes. Er fuhr nach Brest und ich nach Smolensk, und es wäre nutzlos gewesen, so zu tun, als ob man sich jemals wiedersähe. Das Element des Flüchtigen war in allen meinen Begegnungen. Ihre Intimität war ein kurzer Triumpf über das Vorurteil und die Angst, die unser ganzes Leben verkümmern lassen.

Beim Abschied ergriff Wolodja meine Hand und sagte plötzlich: »Ist das nicht alles lächerlich – ich meine Propaganda, Krieg. Wahrhaftig, ich kann das nicht begreifen.« Er blickte hinab auf die Stelle, wo wir gesessen hatten, ein verwaister Kreis niedergedrückten Grases. »Wenn ich nur der Leiter des Politbüros wäre und Sie Präsident von Amerika, wir würden sofort den ewigen Frieden unterschreiben« – er lächelte traurig – »und zusammen zum Pilzesuchen gehen!«

Niemals wieder habe ich das russische System mit dem russischen Volk gleichgesetzt.

Zwischen Minsk und Moskau sahen die Dörfer entlang der Straße sauber und künstlich aus wie Spielzeug. Aus Brettern erbaut oder (gelegentlich) aus Baumstämmen, mit zierlich geschnitzten Fensterumrahmungen, waren die Häuser umgeben von Gärten mit Stockrosen. Diese Dörfer sahen verlassen aus, ihnen fehlte der Mittelpunkt – selten gab es eine Kirche, niemals ein Café: nur einen trostlosen Laden, auf dem ›Laden‹ stand.

Etwa achtzig Kilometer hinter Minsk fuhr ich über die Beresina, den nördlichsten Nebenfluß des Dnjepr. Er ist unauflöslich mit Napoleons Grande Armée verknüpft, deren Rückzug von Moskau im Herbst und Winter 1812 hier beinahe in völliger Vernichtung endete. Drei Tage lang herrschte an den Brücken das schlimmste Chaos. Soldaten, Pferde, schwere Wagen, Geschütze und Troß verstopften die Übergänge. Viele ertranken zwischen den auseinanderbrechenden Eisschollen im Fluß, beschossen von der russischen Artillerie. »Als die Menschen versuchten, seitwärts am Brückengeländer hochzusteigen«, schrieb der Generalquartiermeister de Ségur, »wurden die meisten von ihnen in den Fluß zurückgestoßen. Man sah Frauen zwischen den treibenden Eisschollen, mit Kindern in den Armen, die sie höher und höher emporhielten, während sie versanken. Als ihre Körper schon unter Wasser waren, streckten ihre steifen Arme noch immer die Kleinen hoch. Am Höhepunkt dieses gespenstischen Anblicks brach die Artilleriebrücke in der Mitte entzwei ...«

Von den 600 000 Mann, die im Frühjahr 1812 den Njemen rußlandwärts überschritten, kehrte kaum einer von dreißig zurück. Die wenigsten fielen in den Scharmützeln; die meisten von ihnen kamen in der vernichtenden Kälte und den Schneestürmen um, in der düsteren quälenden Riesenhaftigkeit Rußlands selber. Frierend und verrückt vor Hunger waren sie von der Route der Armee abgekommen in die vereisten Fichtenwälder gestolpert und wurden dort leichte Opfer der Kosaken. Des Nachts waren ihre Lagerfeuer nichts weiter als kümmerliche Lichtpunkte gewesen; der Morgen fand Leichen um das erstorbene Feuer. »Wir trieben dahin zwischen den Toten wie verfluchte Phantome«, schrieb de Ségur. »Die meisten der Männer fielen nieder ohne ein Wort der Klage, schweigend aus Schwäche oder aus Ergebung.«

Indes ich fuhr, schienen die Straßenränder noch immer besetzt von den Erinnerungen an diese Toten und zugleich an die Trümmer von Hitlers Panzerdivisionen, die 1944 zurückgeworfen wurden. Armeen gegen ein solches Land zu führen ist widersinnig. Das ganze Land ist wie eine Totenmesse. In seiner verzehrenden Mütterlichkeit ertrinken seine einzelnen Kinder; und alle anderen Völker werden winzig oder unbedeutend – sie sind weit weg. Von seinem Volk verlangt Rußland die hilflose Verehrung des Dazugehörens. Es umschließt es mit dem elementaren Despotismus einer Erdenmutter, und das Volk empfindet für sie die zerquälte Zärtlichkeit eines Bittenden.

Durch die schiere Größe bleibt das Land fremd und unnahbar. Gleichgültig wo man sich ihm nähert, man wird sich seines riesigen Hinterlandes bewußt. Selbst in frühen Zeiten der Geschichte spürten die Menschen, daß die Küsten des Schwarzen Meeres nach Norden hin in ein widerhallendes Schweigen übergingen. Die alten Griechen hielten ihre Bewohner für eine Rasse, die in unauflöslichem Nebel an den Grenzen der Welt haust. Jenseits der schrecklichen Skythen löste sich ihr Wissen zu Gerüchten von Ländern auf, die von Kannibalen und goldbewachenden Greifvögeln bewohnt sein sollten. Gegen Ende des neunten Jahrhunderts nach Christus hatten sich die östlichen Slawen, aus denen sich das russische Volk bilden sollte, zwischen dem Ural und dem Dnjepr angesiedelt; es war ihr Kernland, das ich jetzt durchreiste.

Dies ist vornehmlich ein Land der Bäche und Flüsse. Sie nehmen ihren Weg zwischen nassen Äckern und halbertrunkenen Bäumen hindurch – große mütterliche Massen von Wasser, die langsam zur Ostsee ziehen, oder Nebenflüsse des Dnjepr, die Hunderte von Kilometern nach Süden mäandern. Die Wolga, der Don und der Dnjepr, sie alle entspringen hier, wenige Hundert Kilometer voneinander entfernt; entlang dieser Ströme wuchs die frühe slawische Welt heran. Sie verbanden die Ostsee mit Konstantinopel; und die Waräger aus dem Norden, die Pelze und Metallwaren mit sich führten, drangen auf diesen langsamen Fluten nach Süden vor und beherrschten bald die Handelsrouten bis hinunter zum Schwarzen Meer. Kiew, Moskau, Nowgorod, Smolensk, sie alle erblühten im Kielwasser ihrer Schiffe. Ein ganzes Jahrhundert lang, bevor diese Nordmänner in der slawischen Bevölkerung aufgingen, brachten sie den Glanz Byzanz' nach Norden – Juwelen, Seidenwaren, Gewürze, selbst das Christentum.

Smolensk, wo ich an diesem Abend eintraf, ist eine jener Handelsstädte gewesen, aber nur die Hügelgräber seiner Stammeskönige sind aus dieser frühen Zeit erhalten. Der Morgen zeigte eine befestigte Stadt auf einem Hügel. Unterhalb wand sich der junge Dnjepr, in seiner breiten Flut den Himmel widerspiegelnd. Eine überladene Kathedrale erglänzte im Morgendunst, und die leeren Straßen und Plätze gaben ein Gefühl immerwährenden Sonntags.

Ich saß unter den Stadtmauern und picknickte. Kinderwagenschiebende Frauen mit Körpern wie große Galeeren zogen schwerfällig vorbei, und ein Student vom Sprachinstitut der Stadt, der meine ausländischen Schuhe bemerkte, kam herbei, um an mir sein Englisch auszuprobieren. Einen ›richtigen Engländer‹ zu entdecken – und nicht etwa einen englischsprechenden Skandinavier oder Deutschen – erschien ihm ein großartiger Erfolg. Die Stadt sei tot, sagte er, hier könne man nur eins tun, sterben. Aber er führte mich herum.

Seine Auskünfte waren das genaue Gegenteil zum besessenen Dozieren von Alexander Intourist.»Das ist das Hotel ›Smolensk‹ ... ziemlich schrecklich ... hier ist das Stadion ... ich hab' keine blasse Ahnung, wieviel Zuschauer es faßt ...« Iwan war dreiundzwanzig. Er kam aus Grodno, unweit der polnischen Grenze. Sein Vater war tot, seine Mutter unterrichtete Psychologie. Sein sauber gestutztes Haar und seine wohlgepflegte äußere Erscheinung waren seltsam unrussisch. Unter der sensiblen Nase saß ein dünner Schnurrbart und seine Lippen waren verkniffen, als ob sie etwas Bitteres schmeckten. Er trug eine modische Schultertasche und sein Gehabe wirkte vielleicht etwas homosexuell; in einer westlichen Kleinstadt wäre er möglicherweise verspottet worden, aber in Smolensk löste er wohl nur Erstaunen aus.

Wir gingen in Richtung ›Park der Kultur‹, wo ein Denkmal an die Verteidiger von Smolensk gegen Napoleon erinnert. Es war umgeben von den Gräbern führender Bolschewiken der frühen Zeit, aber Iwan wischte sie beiseite.»Die sind nicht wichtig. Ich weiß nicht, wer sie sind.« Am Ausgang des Parks listete eine städtische Ehrentafel die Leiter von Fabriken und Instituten in der Umgebung auf, die Auszeichnungen gewonnen oder ihre vorgeschriebenen Normen übererfüllt hatten. Ihre Photos blickten in hohler Starrheit auf uns herab.

Iwan seufzte.»Wer will diese Zahlen und Prozentsätze wissen? Das ist alles so sinnlos. Ich kann es einfach nicht ertragen.« Er sah umher. Wir standen allein unter diesen Tafeln. Die mit Ruhm bedeckten Normerfüller schienen uns anzuklagen. »Ich sage Ihnen«, fügte er in seiner gezogenen Sprechweise hinzu, »die Jungen sind hier das Problem Nummer Eins der Regierung. Für uns gibt's nichts zu tun, nichts, wohin wir gehen könnten. Die älteren Menschen mußten natürlich im Krieg kämpfen. Sie sind zielstrebiger als wir, bitterer.« Er schaute hinauf zu den Photos, die unablässig öffentliche Würde ausströmten. »Natürlich paßt ihnen unsere Musik und unsere Kleidung nicht. Aber meine Generation ist anders, wissen Sie, weniger bestimmt. Wir finden es leichter, das Neue aufzunehmen.«

Wir schlenderten durch unbedeutende Straßen. Bleiche Frustration ging von Iwan aus. »Es gibt etwas, das mir Angst macht, ich muß es Ihnen erzählen. Jeder Lehrer und jeder Arzt in unserem Land wird für drei Jahre irgendwohin auf ein Dorf in die Wildnis geschickt. Das ist alles sehr idealistisch, ich weiß, und findet den Beifall der Alten. Aber wir Jungen finden das unerträglich. Wir machen alles, um das zu umgehen.« Sein Gesicht zuckte in einem Ausdruck bitterer Zerbrechlichkeit. »Drei Jahre lang ist man bei einer Familie in einem kleinen Zimmer untergebracht und muß Kinder unterrichten, die kaum wissen, wo Moskau liegt, geschweige denn London. Die Partei sagt, daß auf diese Weise unsere Dörfer den Städten ähnlicher werden, aber wie soll das geschehen? Es gibt Dinge, die einer Regierung nicht gelingen ...«

Die sich wiederholenden Slogans der Partei auf den Hausdächern – ›Baut den Kommunismus auf‹, ›Es lebe die Arbeit‹ – kamen mir plötzlich weniger wie Siegesfahnen vor, sondern – wie ich sie jetzt verstand – als drängende Hilferufe.

Wir kehrten entlang des Halbkreises von altersgrauen Stadtmauern aus dem 16. Jahrhundert zurück. Ihre Brustwehr aus Ziegelstein zog sich von konischen zu vieleckigen Türmen. Auf ihr wuchsen mit Pechnasen versehene Zacken aus gleichem Backsteingemäuer, die aussahen wie verfaulte Zähne. Ich fragte Iwan, warum er hier das Spracheninstitut besuche, statt in seinem Heimatort Grodno; aber da umwölkte sich sein Gesicht. »Das wurde mir nicht erlaubt«, sagte er. »Es gab da einen ... Skandal.« Betreten blickte er an den Festungsmauern hinauf. Hier in Smolensk, sechshundert Kilometer entfernt, waren die Gerüchte von diesem Ärgerniss langsam verstummt oder niemals eingetroffen. »Ich träume davon, eines Tages in Leningrad zu leben«, sagte er. »Dort sind die Menschen kultiviert und freundlich, dort spürt man, wie die Geschichte auf einen niederströmt wie ein Regen.« Er öffnete die Hände, um die unsichtbare Flut zu spüren. »Natürlich war das alte System, das solche Dinge hervorgebracht hat, schlecht, aber diese Bauwerke an sich sind doch schön, so schön. Gott!« Er rieb sich die Augen, als ob er weinen wolle. Es war seltsam, das Wort ›Gott‹ aus dem Mund eines Kommunisten zu hören, aber ich vernahm es oft. »Und die Hälfte aller Paläste spiegelt sich in den Kanälen. Man kriegt sie gleich zweimal! Natürlich ist Moskau in Ordnung, aber neue Gebäude wie dort stehen überall – die gibt's auch überall im Westen, nehme ich an. Aber ach, die alten!«

Iwan wollte Freunde aufsuchen. Wir machten uns auf den Weg in einem heruntergekommenen Apartmentblock und suchten dort nach einem Mathematiklehrer, dessen Wohnungsnummer er vergessen hatte. Wir kletterten sieben Stockwerke hinauf, vorbei an gepolsterten oder braungestrichenen Türen, mit alten Jacken oder Lumpen davor anstelle von Fußabstreifern. Die Klingeln funktionierten nicht oder gaben ein mißtöniges Knarren von sich. Dann öffneten sich die Türen einen Schlitz breit. Alte Frauen mit grauen oder mit Henna gefärbtem Haar sagten ›Njet‹; junge Mütter mit dicklichen Kindern wiesen uns ab. Hinter einer jeden wurden trostlose Räume flüchtig sichtbar, belebt nur durch Pflanzen, einem Singvogel oder gelegentlich einem buntfarbenen Teppich.

Schließlich öffnete ein zerzauster Mann die Tür einer Gemeinschaftswohnung und brach in Begrüßungsschreie aus. Sein winziges Zimmer war tapeziert mit einer sich ablösenden

grünen Tapete (die Einkünfte eines Lehrers sind kärglich
bemessen). Abgegriffene Paperbacks, eine Gitarre lagen
herum, Papyrossistummel waren über den ganzen Boden
verstreut. Aber die Wohnung war ein Mekka für die Freunde.
Binnen Minuten gesellte sich ein Lastwagenfahrer zu uns,
dessen Taschen Wodkaflaschen ausbeulten. Dieser Mann beherrschte den Abend. Er war fünfundzwanzig und sah aus
wie ein Säufer mit schlaffem Bauch und herabhängenden
Schultern. Kleine fettige Locken hingen ihm ins Gesicht.
Einen nach dem anderen von uns blickte er mit harmlosen,
ungezielten Blicken an – er war schon betrunken –, dann
schnippte er mit dem Zeigefinger gegen die Gurgel und
schnalzte mit der Zunge, die slawische Einladung zum Trinken. Er hob zwei Flaschen weit über seinen Kopf empor,
plazierte sie mit zärtlicher Gebärde auf einen leeren Stuhl,
fiel uns sodann um den Hals und küßte uns nacheinander ab.
Aus dem Nirgendwo erschienen kleine Gläser und Zahnputz-
becher. Unser Gastgeber ergriff seine Gitarre. Und binnen
Sekunden waren wir unterwegs auf einem trägen russischen
Fluß von wodkabeladener Melancholie und halbvergessenen
Liedern.

Ein matronenhaftes Mädchen traf ein, und das Küssen
begann aufs neue. Dann kam ein Riese mit eckigem Schädel,
einem herabhängenden blonden Schnauzer und den Backenknochen des Tataren, der den ganzen Abend über nichts
sagte, sondern an der Wand lehnte, zuletzt schlief er. So
saßen wir weit in die Nacht hinein, der Gitarrespieler wußte
einzelne westliche Lieder von zwanzig Jahre alten Platten,
und der Wodka gurgelte angenehm durch unsere Kehlen.

> *What we need is sympathy*
> *'Cos there's not enough love to go round*
> *Was wir brauchen ist Mitgefühl*
> *Denn die Liebe reicht nicht aus für alle*

Immer neue Wodkaflaschen tauchten auf. Trinksprüche
flogen hin und her. Die Schärfe des Schnapses dröhnte und

donnerte um meinen Kopf wie ein Vierspänner. »Iß Schokolade, iß Schokolade«, flüsterte Iwan – das war alles an Eßba-
rem, was wir hatten. Ich war mir bereits nicht mehr sicher,
was geschehen würde, wenn ich versuchte, auf die Beine zu
kommen oder ob ich überhaupt Füße hatte.

Half the world hates the other half ...
Die halbe Welt haßt die andere Hälfte ...

Nach drei Stunden lagen wir kreuz und quer auf dem Boden in clownesker Trägheit. Der Kraftfahrer flüsterte Obszöni-
täten vor sich hin, drückte den Gitarrespieler ans Herz und
ließ seinen Blick über den weitläufigen Leib des Mädchens
gleiten, die ein bißchen prüde (sie wollte auch nicht trinken)
auf einem Kissen gegenüber saß. »Zuviel gesoffen, kann absolut niemand vögeln«, entschuldigte er sich. Aber seine Stimme
klang verloren, als ob er mit einem Stuhl redete. Die andern
ärgerten sich allmählich über ihn; er benahm sich nicht, wie
es sich in Anwesenheit eines fremden Gastes gehörte. Trotz
der alles überdeckenden Wirkung des Alkohols schämten sie
sich für ihn.

»Er ist betrunken«, sagte Iwan.

Je später es wurde, desto sentimentaler wurde der Gitarrespieler. Er sang in nasalem Englisch, dem Idiom der Popmusik.
Dann und wann sank sein Kopf gegen die Schulter des Mädchens und er küßte ihren weichen Nacken. Sie lachte leise vor
sich hin. Der Riese fing an zu schnarchen. Der Kraftfahrer
murmelte Iwan, der träumerisch auf seinem Stuhl schwankte,
neue Trinksprüche zu. Die ganze Party versank in Wehmut,
aber niemand konnte herausfinden. Vor meinen Augen ver-
schwamm der Raum.

Iwan öffnete die Augen und befragte mich stockend zu
seinen Literaturvorlesungen. Was ich von Galsworthy hielte.
Von Walt Whitman. Ob ich ›The Importance of Being Earn-
est‹ gelesen hätte. Er wußte nichts über das Leben Oscar
Wildes. »Er war homosexuell? Ich hab' das nicht gewußt, ich
hab das nicht gewußt ...« Das spendete ihm wehleidigen

Trost, und er murmelte und grinste sich zu: »Das wußte ich nicht.« Aber einen Moment später heftete sich sein Blick in blanker Verlorenheit auf mich. Der Wodka flickte seine Worte zusammen. »Stimmt es, daß Ihr im Westen es zulaßt ... unter Männern?« Er blickte auf den Boden und stieß ein krankes Lachen aus. »Aber nicht hier, oh nein, ... nicht hier.«

Dem Gitarrespieler waren indessen die Lieder ausgegangen, und er sang in fehlerhaftem Englisch seine eigenen.

> *A man about himself is still unsure*
> *A man cannot discern himself at glance*
> *He breaks up like an oak through forest floor*
> *And dreams and dreams ...*

Er würde bald nach Kiew gehen; das Mädchen würde in Smolensk bleiben. Der Kraftfahrer war ein Nomade der Landstraße; Iwan müsse zurückkehren nach Grodno. Das Abschiednehmen lag bereits in der Luft.

»Grodno!« grunzte der Betrunkene und neckte Iwan. »Da gibt's überhaupt nichts. Bloß alte Zigarettenfabriken und Kasernen.« Das klang wie ein Bühnenbild für ›Carmen‹. »Grodno ist ein Drecksloch, das sag' ich dir. Aber Smolensk ist das Zentrum des Universums...«

»Er kommt aus Smolensk«, sagte Iwan.

Ihre Welt war eine Welt der flüchtigen und unbekümmerten Freundschaften. Mir kam es vor, als seien sie von ihrer Kultur halb abgelöst, wie isoliert. Die westliche Popmusik war hier eingedrungen, ohne daß die Ideologie des Westens Wurzeln schlug, und drückte für sie nur die private und entfremdete Welt der Jungen aus, eine Welt, die nicht ihren Eltern gehörte, sondern die sie als ihre eigene hegten – neben einem leeren Kissen zu wachen, sich nicht sicher zu sein, davonzulaufen, nicht geliebt zu werden, es war ein Nein sagen zu allem. Wir grinsten philosophisch zu der rissigen Decke hinauf. Eine sanfte und erlösende Trägheit hatte uns alle eingeholt. Unklar, mit trunkerweichtem Verwundern erinnerte ich mich, daß ich befürchtet hatte, die Russen könnten unzugänglich sein.

II

Moskau

DIE STRASSE kurz vor Moskau muß die bestbewachte dieser Erde sein. Vor den Wachhäusern aus Beton und Stahl, die immer dichter aufeinander folgen, je näher wir an die Stadt herankommen, stehen bullige Polizisten oder postieren sich in der Mitte der Fahrbahn und trommeln dabei mit ihren Schlagstöcken gegen die Stiefel. Der Verkehr verlangsamt sich zu einem untertänigen Schleichen. Die letzten fünfzig Kilometer vor der Hauptstadt wird ein Auto nach dem anderen an den Straßenrand herangewinkt und der Fahrer hat Rede und Antwort zu stehen. Die Straßenpolizei in den Streifenwagen und die Beamten, die in den Wachhäuschen telephonieren, hatten wohl selten einen britischen Wagen gesehen, und ich bemerkte in den gläsernen Wachhäuschen oft ganze Gruppen von ihnen, die mich anglotzten wie Fische aus einem Aquarium. Immer wieder stoppten sie mich, prüften meine Papiere mit sorgfältiger, etwas konsternierter Höflichkeit. Und als ob es ihrer zu wenige gäbe für diese aufgeregte, dem Anschein nach erfolglose Beschäftigung, hatten sie noch Freiwillige in Zivil, mit roten Armbinden, hinzugezogen.

Plötzlich begannen die Außenbezirke. Große, weiße Wohnblocks, fünfzehn, zwanzig, fünfundzwanzig Stockwerke hoch, versperrten den Horizont. Weitere sprangen auf die Straße zu, langweilige Fassaden aus fahlroten Ziegeln, Hunderte von Metern lang. Stalinistischer Neoklassizismus, die Backsteinriesen aus den Sechzigern, riesige moderne Kuben aus Glas, Eisenträgern und Beton – trostlose Einförmigkeit breitete sich aus. Das war um vieles mal schlimmer als die Anonymität von Minsk. Die Häuserblocks ragten doppelt so hoch empor;

die Bäume darunter wirkten wie winzige, verkrüppelte Bonsais. Über der Moskwa, deren Wasser schließlich in die Wolga münden, und bis hinein in das Herz der Stadt verdichtete sich die planetarische Wohnweise. Die einschüchternde Riesenhaftigkeit erreichte in den Wolkenkratzer-Ministerien, die Stalin in den dreißiger Jahren errichten ließ, ihren Höhepunkt. Ihre der Schwerkraft trotzende Höhe gab ihnen schreckliche Allgegenwart. Sie waren wie Big Brothers aus Stein, die mit schwindelerregender Macht jählings in die Höhe schossen. Vierzig, fünfzig Stockwerke hoch (sinnlos, sie zu zählen) bewohnen sie den Himmel mit der geheimnisvollen Natürlichkeit von Bergen: Nachkommen früher Wolkenkratzer aus Manhatten und moskowitischer Festungstürme, die sich zu sternenbekrönten Fialen verjüngen. Diese abweisenden archaischen Zitadellen der Bürokratie verkörpern das typische öffentliche Gesicht Rußlands.

Nur ein kleiner Baumgürtel schob sich da und dort zwischen diese Gebäude und beaufsichtigte Parkanlagen verliehen der Weitläufigkeit des Boulevards oder des Prospekts eine meisterliche Monotonie. Zwischen Menschen und Gebäuden schien sich ein großes Vakuum aufzutun, ein Raum der im Westen von Restaurants, Geschäften, Cafés und all den Überraschungen des Bürgersteigs eingenommen wird, ein Raum, wo man seinen Vorlieben nachgehen kann, Angenehmem oder Rüpelhaftem, was wir Freiheit nennen. Aber hier ist nichts davon – nur die Empfindung einer tiefen Kluft zu dem Unsichtbaren, so daß mich der Gedanke bewegte, wie wohl die Leben aussähen, die sich hinter diesen ungestalten Fassaden verbargen. Die Geschäfte waren leer und armselig. Ich sah lange Schlangen vor frischen Früchten und ein bißchen Fleisch. Die Läden unterschieden sich lediglich durch die Schilder ›Nahrungsmittel‹, ›Küchenwaren‹, ›Schuhe‹, nicht durch Firmennamen. Das Volk, so hatte Alexander gesagt, war gemeinsam der Eigentümer. Jedem gehörte alles.

Die Straßen erschienen zu breit, um sie überqueren zu können. Man meinte vor dem nächsten Auto den gegenüber-

liegenden Bürgersteig nicht zu erreichen. Rechte hat der
Fußgänger nicht. Die Übergänge zeigen nur an, wo er die
Fahrbahn kreuzen soll; dies gibt ihm jedoch kein Vorrecht
gegenüber den Autos, die von den Fußgängern keinerlei
Notiz nehmen. Es sind die undemokratischsten Straßen der
Welt. Unbehelligt fahren die schwarzen Tschaikas und die
Wolga-Limousinen der Regierungsfunktionäre dahin. Für sie
ist in der Mitte der Straße eine eigene Fahrbahn bestimmt,
ihre Verstöße gegen die Verkehrsregeln werden von den zahl-
reichen Polizisten ignoriert. Deren Wichtigtun erreicht in der
Stadtmitte seinen Höhepunkt.

Hier herrscht eine Spannung, die über den normalen Groß-
stadtstress hinausgeht. Geradeso, wie die Straßen in konzentrischen, nach außen sich weitenden Kreisen sich um den
Kreml ziehen, so scheint auch diese Spannung von jenen
geheimnisumwitterten, furchtbaren Mauern in Richtung auf
die Vororte auszustrahlen, bis hin zu den entlegensten Rand-
gebieten der Sowjetunion, in nachlassenden, gleichwohl aber
durchdringenden Wellen.

Während ich ziellos die inneren Boulevards entlangfuhr,
sah ich Rußland desillusioniert mit der Enttäuschung des
Romantikers. In einem anderen Land wären die Behandlung
der Fußgänger oder die Vorrechte der Spitzenfunktionäre
unwichtig gewesen. Aber Rußland kennt nur das Absolute.
Schließlich hatte sich dieses Land angemaßt, sich als das
Beispiel der Zukunft hinzustellen, das verlorene Paradies, das
zurückzugewinnen ist; und ich beurteilte es unwillkürlich im
Lichte seiner eigenen Ideale. Darum traf mich hier jede Unzulänglichkeit besonders schmerzlich; sie widerlegte, daß ein
System der Menschheit Selbstlosigkeit beibringen könne.
Und meine Empfindlichkeit gegenüber seiner Unaufrichtig-
keit war gewiß zum Teil eine Enttäuschung über die gesamte
Menschheit. Schließlich war dies ein gescheitertes Experi-
ment, aus dem Eden war Babel geworden.

Trotzdem war ich mir darüber im klaren, daß diese Menschen die Dinge anders sahen, als wir im Westen. Wie schwach

sie selbst, wie korrupt ihre Institutionen und wie scheinheilig ihre Herrscher auch sein mögen, sie stehen in der Nachfolge eines uralten geistigen Extremismus. Sie sind noch immer die aufrührerischen Kinder ihres verleugneten Gottes, die sich – bei allem Zynismus – eine Vorstellung von der vollendeten Gesellschaft bewahrt haben.

Durch Straßen, mit staatlichen Transparenten aufgeputzt, fuhr ich Richtung Roter Platz. »Die Kommunistische Partei ist der Ruhm des Vaterlandes«, ›Die Pläne der Partei sind die Pläne der Heimat‹, ›Die Sowjetunion ist der Quell des Friedens‹, ›Die Ideen Lenins leben und siegen‹. Von Neonröhren bestrahlt, überzogen sie die Skyline der Büros und der Wohnhäuser und selbst die Dächer der Luxushotels für Touristen. Bunte Werbeplakate, wie wir sie im Westen gewöhnt sind, fehlten. Diese kommunistischen Slogans faszinierten mich. Nicht wegen ihrer Wirkung auf diese Menschen, die mir übereinstimmend berichteten, sie würden sie gar nicht bemerken. Sie schienen mir die Ängste ihrer Führer zu verraten. Ständig verbanden sie Kommunismus mit Patriotismus. Es war, als wollten sie die verglimmenden Flammen der Partei, für die ich bereits eine große Gleichgültigkeit glaubte festgestellt zu haben, anfachen mit Hilfe des großen, mächtigen Feuers des russischen Nationalgefühls.

Durch den aufragenden Dschungel im Herzen Moskaus schoben sich die Menschen mit der gleichen Geduld wie in Minsk, selbst im Sommer eine undifferenzierte Menge. Ihre Gesichter waren flach und langsam. Angestellte, Soldaten, Hausfrauen – sie schienen lediglich aus ihrer Funktion zu bestehen. Und selbst hier waren sie nur halb verstädtert, noch immer lag die schwerfällige Aufrichtigkeit des Bauern auf ihren Zügen, vielleicht auch seine Verschlagenheit und Unzulänglichkeit. Trotzdem bemerkte ich da und dort Farbkleckse, ein Plaudern und Lachen, das vor zehn Jahren noch unbekannt war. Archetypen von Gesichtern traten hervor. Mir kamen die blonden Haare und die Schnurrbärte wie aus einer slawischen Volkssage entgegen, die strengen Backenknochen, überspannt

von Haut, die Augen in eisigem Blau oder Grau. Dann ein
Gesicht – es könnte nach dem Antlitz Chruschtschows model-
liert worden sein –, das in fleischigen Rundungen versank,
mit dicken Backen und einem Doppelkinn, mit fettwülstigen
Lippen, die aussahen, als wollten sie die große narbige Nase
berühren. Ein anderer Kopf, der eine geheimnisvolle Mischung aus Männlichkeit und Kindlichem zeigte. Die Nase
war in dieses schwere, runde Gesicht nur per Zufall hinein-
geraten, der Mund eine unfruchtbare Knospe, die kleinen
Augen verschwanden in einer Tundra zusammenhangslosen
Fleisches, so daß es schien, als blinzelten sie durch einen
Spalt.

Aber die meisten Menschen gehörten keinem klar erkennbaren Typus an. Es war dieser seltsam unerwachte Ausdruck,
der sie als Russen kennzeichnete. Die gleichen Gesichter
starren von den Wänden der Moskauer Tretjakow-Galerie
herab, die Gesichter der einfachen, wohlbeleibten und wild
aussehenden Aristokratie einer früheren Zeit, welche nicht
einmal schmeichlerische Hofmaler zu Schönheiten machen
konnten. Namentlich die Alten schienen, wie sie müde durch
die Straßen Moskaus sich vorwärts schoben, die Opfer ihrer
Geschichte zu sein. Die Körper einer ganzen Generation von
Kriegerwitwen und Kriegsbräuten sahen aus, als seien sie
nur zum Erdulden bestimmt. Aber da und dort kündigten die
schlankeren Figuren junger Männer und Frauen eine andere
Zeit an (die Nachkriegsgeneration wird, wie überall, größer
als die Eltern). Die vielen Völker des Sowjetreiches gingen
mit einem jähen Hauch von Wüste oder von Bergwelt vorbei – breitgesichtige Usbeken mit gestickten Mützen; die
düsteren, zarten Gesichtszüge Armeniens; die schwarzblit-
zenden Augen eines Georgiers.

Ich verschwand in einer Woge von Frauen und Männern
im staatlichen Kaufhaus GUM, das, dem Kreml gegenüber,
auf der anderen Seite des Roten Platzes liegt, eine labyrinth-
artige Karawanserei von nahezu tausend Geschäften aus dem
neunzehnten Jahrhundert, angeordnet in drei Reihen, die

untereinander durch kleine, mit Geländer versehene Brücken und Passagen verbunden sind. Das Dach aus Glas und Eisen taucht sie in ein dschungelhaftes Licht. Als ich in diesem phantastischen Palast aus Kristall vom obersten Stockwerk nach unten blickte, kam es mir einen Augenblick lang vor, als sähe ich vor mir die polierten Ovale viktorianischer Zylinder und Kapotthüte, aber statt dessen sah ich Moskauer beim Einkaufen – Männer in T-Shirts und braunen Jacken, die geblümten Kleider molliger Arbeiterinnen, Kriegsveteranen mit ihren Medaillen, die mit verblichenen Bändern auf ihre Jacken aufgenäht waren. Unter diesen Mengen ging ab und zu ein Tourist aus dem Westen, so daß ich plötzlich die unbeschreibliche Eintönigkeit und Gleichförmigkeit aller anderen gewahrte.

Einkaufen ist die ermüdendste Arbeit der Hausfrau. Sie ist dazu verdammt, einen ganzen Irrgarten zu durchstreifen, um nur die einfachsten Dinge zu finden. Sie verbringt am Tag durchschnittlich zwei Stunden (so wurde errechnet) mit Warten in der Schlange. Manchmal steht sie in einem einzigen Laden dreimal an: einmal, um das Gewünschte anzuzeigen, ein zweites Mal vor der Kasse und ein drittes Mal, wenn sie ihre Ware abholt. Das ist wie ein Plan zur Sicherstellung der Vollbeschäftigung, ausgeheckt von Alice im Wunderland. Leicht erhältlich sind nur die Güter, die niemand haben will – all die Produkte, die man als *brak* beiseite wischt, als Schund. Moskauerinnen, und auch die Männer, durchkämmen die Läden auf der Suche nach irgend etwas von Qualität. Sie haben Einkaufsnetz und Aktentasche stets bei sich, um für einen jähen Schwall von jugoslawischen Stiefeln oder polnischen Büstenhaltern gewappnet zu sein. In einer staatlichen Planwirtschaft, die nicht von den Wünschen der Verbraucher abhängig ist, gibt es immer Engpässe. Das Vorhandensein einer Ware wird wichtiger als ihr Preis. Einkaufen wird zum Alptraum, zur ›Reise nach Jerusalem‹, ein Spiel, bei dem nach und nach alle Teilnehmer ausscheiden. Alles, was nicht aus der Sowjetunion kommt, gilt als kostbar. Im Gegensatz zu

der Einförmigkeit des Lebens gewinnen solche Waren einen
exotischen Reiz. Sobald sie auftauchen, bilden sich wie von
Zauberhand aus dem Nichts Schlangen, kriechen, auf das
geringste Gerücht hin, die Straßen entlang.

Die Schlangen im GUM sahen aus wie Tausendfüßler aus
grauer Vorzeit. Sie bewegten sich durch leichtes Anheben und
Vorrücken ihrer zahllosen Füße, und wie die meisten Insekten,
so besaßen auch sie kein Zentralnervensystem, so daß der
Schwanz der Schlange keineswegs immer wußte, was ihr
Kopf gerade verschlang. »Was suche ich überhaupt hier?«
fragte sich der letzte Wirbel eines Tausenfüßlers aus sechzig
Menschen. »Keine Ahnung! Aber es muß etwas geben ...
Schauen Sie sich die Schlange an!« Dieses Schlangestehen
war nicht einfach eine Beschäftigung, sondern ein regelrechter
Feldzug, in dem es kostbare Siege und verlustreiche Nieder-
lagen gab. Das war der Materialismus in seiner Urform.

Aufatmend trat ich auf den Roten Platz hinaus. Flankiert
auf der einen Seite von der Basiliuskathedrale, auf der anderen
von den rotbraunen Türmen des Historischen Museums, ist
er, erstaunlicherweise, keineswegs plan, sondern er senkt sich
mit seiner glänzenden, graubepflasterten Fläche zur Moskwa
hin. Nahe seiner Mitte zieht das Mausoleum, in dem Lenin
einbalsamiert liegt, eine hingebungsvolle Menschenschlange
an, viele Tausende lang. Dahinter ragen die Mauern des
Kreml empor, die wie eine altertümliche Weissagung den
ganzen Platz beherrschen – ein leeres russisches Gesicht,
unterbrochen da und dort von Türmen. Das Erlösertor, über-
fangen vom Uhrturm, mit einem Stern bekrönt, gibt einen
schmalen Einblick nach drinnen; zu beiden Seiten stehen
Polzisten und Verkehrsampeln, die immer nur Rot zeigen.

Der Kreml ist das unruhige Herz Rußlands. Die Mauer sieht
furchtbar und geheimnisvoll aus, durchsetzt von kerker-
ähnlichen Türmen und Durchgängen. Wiewohl sie von Ita-
lienern im vierzehnten Jahrhundert erbaut wurden, wirken
sie in ihrer Größe und Altertümlichkeit zutiefst russisch. Innerhalb der Mauern, eingebettet in das dunkle Grün von

Bäumen, erheben sich zahlreiche Paläste, Paradigmata der Geschichte dieses geistig gespaltenen Landes: der wuchtige Körper des Großen Kremlpalastes aus dem neunzehnten Jahrhundert mit seiner endlosen Flucht von Fenstern, das klassizistische Präsidium, das moderne Kongreßgebäude. In ihrer Mitte erblüht auf schlanken weißen Hälsen von schwanenhafter Schönheit ein goldener Strauß byzantinischer Kuppeln, die ihre Kreuze himmelwärts recken. Nichts könnte ein bewegenderes und beredteres architektonisches Symbol dieses Landes sein. Der Rationalismus und die Sachlichkeit des Abendlandes stehen hier Seite an Seite mit Byzanz; goldene Kreuze erglühen zwischen roten Fahnen und Sternen und ringsumher, auf Festungsmauern und pechnasenbewehrten Bastionen, erinnern Bäume an Rußlands dunkle Wälder.

Als ich innerhalb der Kremlmauern umherlief (der Öffentlichkeit ist der Kreml seit 1958 zugänglich), standen mir die wechselseitigen Einflüsse zwischen den byzantinischen Kathedralen und den modernen Regierungsgebäuden vor Augen. Es war, als reichten sich Stalin und Iwan der Schreckliche über die Jahrhunderte hinweg die Hand. Das Präsidium des Obersten Sowjets, der Ministerrat, das Kongreßgebäude – abweisende Fluchten von Marmor und Glas, verbunden durch schwarze Ministerautos –, sie alle schienen von dem unweit gelegenen Kathedralenplatz infiziert zu werden, auf dem sich jetzt nur Touristen aufhielten, von dem aber ein altes Dogma und Opportunismus ausströmten.

Der Kathedralenplatz war einst die Seele Moskaus. Und Moskau erweckte bereits im vierzehnten Jahrhundert den Anschein einer Hauptstadt. Obschon seinerzeit wenig mehr als eine palisadenumzäunte Stadt am Zusammenfluß von Moskwa und Neglinnaja (ein Nebenfluß der Moskwa, der seit langem unter der Erde fließt), war es das Rom Rußlands, der Sitz des Patriarchen und oberstes Fürstentum des Landes. Beinahe dreihundert Jahre lang beugten sich seine Großfürsten vor den Mongolenstürmen aus dem Osten und gegen Ende des fünfzehnten Jahrhunderts, als die Bedrohung nach-

ließ, wurde der moskowitische Zar Iwan der Große Herr über
ein geeintes Rußland und gleichzeitig in geistlicher und direk-
ter Nachfolge des untergegangenen Byzanz Haupt der Ost-
kirche. Eine Festungsmauer aus weißem Kalkstein hatte
schon lange zuvor die Eichenpalisaden des Kreml ersetzt;
inzwischen ist diese dem heutigen Ring aus Ziegelsteinen
gewichen. Fahle Kathedralen aus Stein stiegen in der Mitte
der Stadt empor, und Stadtmauern schoben sich kreisförmig
vom Kern her immer weiter nach außen. Aus diesem mittelalterlichen Moskau – ein Schimmer von orientalischen Kuppeln über dichtgedrängten Holzhäusern – verlegte Peter der
Große im Jahr 1712 die Hauptstadt in den Norden. Und von
diesem nach Westen blickenden St. Petersburg mit seinem
klaren nördlichen Licht befahlen sie die revolutionären Führer 1918 zurück zum mütterlichen Moskau, als ob sie das
Zentrum nationaler Bewußtheit vom Kopf zurück in den
Schoß verlegen wollten. Waren es in Leningrad die barocken
Paläste, die das Gesicht der Stadt bestimmen, sind es in
Moskau die wassergrabenumsäumten Klöster. Hinter Lenin-
grad liegt die Ostsee, ein graues Auge nach Europa, hinter
Moskau die Länder Asiens, eine Welt, die versunken auf sich
selbst blickt.

Wenn man über die buckligen, rosafarbenen Pflastersteine
des Kathedralenplatzes spaziert, liegt imaginärer Weihrauch
in der Luft. Hier wird die Erinnerung an die schrecklichen
Zaren von einst lebendig. Umgeben von ihren zugigen Wäldern, am äußersten Rande der Christenheit, ihre Herrschaft
schwarz vor Aberglauben und Chaos, erscheinen uns diese
Tyrannen des sechzehnten und siebzehnten Jahrhunderts in
einem Licht, das sie gespenstisch vergößert. Iwan der
Schreckliche, Fjodor I., Boris Godunow, der Falsche Dimitrij
– sie ziehen vor unserem inneren Auge vorbei in einem Defilee
rücksichtsloser Autokraten und hirnloser Dummköpfe: religiös, halbwild, schwermütig und verstört. Um den großen
Platz vereinigen sich die Kathedralen aus weißem Stein zu
einem geisterhaften Chor. Ein viergeschossiger Glockenturm,

den die Zaren Stück für Stück errichten ließen, ragt mit seinem Glockenspiel fünfundsiebzig Meter empor. In der Himmelfahrtskirche, wo die Patriarchen bestattet liegen, wurden die Zaren mit einem filigranen, zobelgeschmückten Diadem gekrönt, das mehr an die Khane der Tataren als an christliche Könige denken ließ.

Die Zaren bewohnten diese Kathedralen mit Selbstverständlichkeit. Die zweistündige Morgenandacht rollte über sie hinweg wie die Wogen eines segnenden Ozeans, indes sie sich mit ihren Beratern im Kirchenschiff besprachen. Das war ihre natürliche und ihnen gemäße Umgebung. Dank des sanftkuppeligen Innern, zwischen einem Lianengeflecht aus herabhängenden Leuchtern und einem Wald von Kerzen, nahmen ihre weltlichsten und wildesten Entscheidungen die Heiligkeit des Evangeliums an. Umstellt waren sie von den zu Gott blickenden Gesichtern der Heiligen auf den Fresken und Ikonen, geschmückt mit ungeschnittenen Juwelen. Patriarch und Metropoliten schritten in einem Schimmer von persischer Seide und Wolken von Weihrauch einher. Durchdrungen von diesem besänftigenden Nebel erledigten sich die Regierungsgeschäfte wie in einem Traum oder einem Alptraum. Aushebungen, höhere Steuern, öffentliche Arbeiten – das alles erhielt durch die betäubenden Wohlgerüche etwas Unwirkliches. Einen Augenblick lang vielleicht, da der Zar den blütenförmigen Kelch mit der Hostie mit seinen juwelengeschmückten Händen ergriff, hing eine Entscheidung – Polen anzugreifen oder einen allzu erfolgreichen Bojaren beiseitezuräumen – in der bläulichen Luft. Dann füllte das sündenvergebende Blut Christi seinen Mund.

Diese Männer regierten in der Überzeugung einer von Gott verordneten Mission und der Überzeugung der Verderbtheit der anderen Völker. Nach ihrem Tod wurden sie in der Kathedrale des heiligen Erzengel Michael beigesetzt, einer neben dem anderen in weißen Sarkophagen, über denen aus Fresken heraus ihre Gesichter uns mit hieratischer Traurigkeit anblicken, aus entrückter Ferne, doch von beklemmender Gegenwart. Daß sie von Macht und Größe besessen waren, ist gut bekannt. Neben dem Glockenturm liegt die größte Glocke der Welt nutzlos umher, mehr als zweihundert Tonnen schwer, geborsten, weil sie eines zufällig ausgebrochenen Feuers wegen zu schnell abgekühlt wurde. Daneben eine gigantische Kanone mit dem größten Kaliber der Welt, in hohlem Größenwahn nach Norden gerichtet. Sie wurde niemals abgeschossen.

Die chauvinistische Verachtung fremder Nationen war von widerwilliger Bewunderung durchzogen. Der halbe Kathedralenplatz ist das Werk italienischer Architekten, und die Zaren wurden auf einem mit Elfenbein eingelegten Thron gekrönt, einem Werk westlicher Künstler. Gleichwohl standen bei Staatsempfängen zwei Wasserkrüge mit einem Handtuch in Reichweite des Zaren, da er sich die Hände wusch, nachdem er die europäischen Gesandten berührt hatte. Weit ins siebzehnte Jahrhundert hinein kämpften seine Soldaten, auf unbeschlagenen Wallachen reitend, in lockeren Kettenhemden und in Helmen, die sich wie burmesische Pagoden zuspitzten, hieben mit Streitäxten oder sechszackigen Schlachtkeulen um sich oder schossen ihre Pfeile mit tatarischen Bogen ab.

Im gewölbten Dunkel ihrer Säle gingen kaiserliche Bankette mit rohem Zeremoniell vonstatten. Manchmal aßen mehr als siebenhundert Adelige und Gesandte zusammen von den goldenen Platten, bedient von einer Schar von Dienern, die im Laufe des Mahles dreimal ihre Kleider wechselten. Die getauften Nachfahren der Tatarenkhane mit ihrem ganzen Hof saßen da in seidenen Kaftanen oder in Mänteln aus Brokat und Samt, ausgeschlagen mit Zobel oder Polarfuchs, auf den klösterlichen Bänken. Gewaltige Bärte hingen über Bäuchen, die sich hinter golddurchwirkten Stoffen verbargen. Malvasier oder anderer griechischer Wein wurde im Schein der Fackeln in die Kehlen hinuntergeschüttet. Dann griffen die Finger der Bojaren gierig nach den Messern und Löffeln, die ungesäubert an ihren Gürteln baumelten, und der Zar persönlich pflegte die Brust des gebratenen Schwanes zu tranchieren und seinen Günstlingen saftige Stücke zuzuwerfen. Trunkenes Vergessen war Zweck und Ende allen Essens und Trinkens.»Menschen berauscht zu machen ist hier eine Ehre und ein Zeichen der Achtung«, schrieb der Gesandte des Heiligen Römischen Reiches kläglich.»Wer sich nicht unter den Tisch saufen läßt, genießt wenig Ansehen.«

Immer wieder dringt in die entlehnten byzantinischen Formen eines Baus oder einer Zeremonie Mysteriöses und Unlogisches. Die Basiliuskathedrale am Roten Platz wurde von Iwan dem Schrecklichen erbaut, um an seine Eroberung der Tatarenfestung Kasan anno 1552 zu erinnern, sie gehört zur Welt bäuerlicher Schnitzkunst. Zuerst fragte ich mich, ob sie nicht einfach ein Durcheinander wirren Spielwerks sei. Aber bald gewahrte ich ihren ungeheueren Facettenreichtum und die ihr eigene, ungestüme Harmonie. Die Legende sagt, Iwan der Schreckliche habe den Architekten, die sie entwarfen, die Augen ausstechen lassen, damit sie ein solches Gebäude nicht wiederholen könnten.

Der zeltförmige Turm der Mittelteils durchbricht klar die Grundsätze abendländischer Architektur. Um ihn her ragen acht kleinere Kuppeln über ihren Trommeln in den Himmel. Das ist weniger die Raumkomposition einer Kathedrale als ein Heerlager tatarischer Jurten, die den Pavillon des Großkhans umringen. Die größeren Kuppeln sitzen auf einem Tumult von Pfeilern über eckigen Türmen, die kleineren winden sich hinauf in überlappenden Geschoßen mit blinden Fenstern, verjüngen sich dann zu Stengeln, aus denen die Kuppeln wie zwiebelförmige Turbane hervorplatzen, mit Goldkreuzen auf ihren Spitzen. Sie drehen sich und springen und vervielfachen sich in einem Knall fröhlicher Architektur. Einige sind gestreift wie ein Häufchen Gerstenzucker, andere mit Bändern geschmückt wie eine Warzenmelone oder mit Kugeln aus Schlagsahne verziert, andere wieder sind gespickt mit Ananasstacheln in Orange, Grün, Rot und Weiß. Es ist das Werk von inspirierten Bauern – ein versteinerter Jongleurakt, wobei sich alle Bälle gleichzeitig in der Luft befinden. Die klassische Form verschwindet hinter einem Schwall aus Farbe und Detail. Hunderterlei phantastische Gestalten und Farben stoßen sich und schreien einander an. Aber dieses ganze himmelstürmende Durcheinander erzeugt kein Unbehagen. Die Kathedrale ist eher wie eine natürlich gewachsene Frucht, eine phantastische Pflanze der Steppe. die keineswegs himmelwärts strebt, sondern auf dem Kopf steht – Zwiebelknollen und Wurzeln, wogend in himmelblauer Erde.

Olga hatte fünf Jahre zuvor ihren Mann verloren und lebte, zusammen mit einer gelangweilten Tochter, in einer dieser gesichtslosen Apartmentblocks, welche die nördlichen Vorstädte Moskaus umspannen. Es war eine zufällige Begegnung in England, die mich zu ihrer Wohnungstür führte. Ich klingelte, nichts Gutes ahnend. Sie hatte sich meinetwegen herausgeputzt: eine untersetzte Witwe mittleren Alters. In meiner Erinnerung ist ihre Erscheinung inzwischen zu ›Lippenstift, Augengläser, schwarzes, kurzgeschnittenes Haar‹ zusammengeschrumpft. Ihre Züge trafen mich mit der Leere eines Clownsgesichts.

Sie wußte nicht so recht, was sie mit mir anfangen sollte. Wir saßen auf unbequemen Stühlen zu beiden Seiten einer Anrichte und nippten fingerhutweise Branntwein, dazu murmelten wir ein paar Freundlichkeiten über das Leben. Gemessen an sowjetischen Maßstäben war sie offensichtlich einmal reich gewesen. Eine Wand war der Ikonensammlung ihres Gatten vorbehalten. Ihre Wohnung gehörte zu einem Block von Eigentumswohnungen – eine erst in den Anfängen stehende Möglichkeit. Sie würde ihre Wohnung in drei Jahren bezahlt haben, sagte sie. Aber seit dem Tod ihres Mannes sei ihr Leben schwer; sie arbeite in einer nahegelegenen Bibliothek, weil sie das Geld benötige und etwas tun wolle.

Die ganze Zeit über war sie ungeheuer nervös, als ob ich sie vor unausgesprochenen Fragen und Peinlichkeiten stellte. Ihre lackierten Zehen verkrampften sich in den Sandalen.

Gelegentlich nahm sie Schokoladetrüffeln aus einer Schachtel, die zwischen uns lag oder sie spielte mit Streichhölzern, obgleich sie nicht rauchte. Später hatte ich den Eindruck, daß sie einer kleinen Minderheit von Moskauern angehört, die einen gehobenen westlichen Lebensstil führen wollen, dazu aber weder die Geldmittel noch die natürliche Begabung besitzen. Die Wohnung war eine unbehagliche Anmaßung. Ein schmaler Teppich nahm zwischen einigen modernen Möbelstücken die Mitte des Raumes ein, während ein Leuchter und etliche vergoldete Lampen die Leere ringsum in ein kränkliches Licht tauchten.

Plötzlich machte sich ihre Nervosität Luft; sie fragte mich: »Glauben Sie, daß Ihnen jemand hierher gefolgt ist?«

»Ich habe keine Ahnung.« Ich war etwas erstaunt. »Ich glaube nicht.«

Die Pusteln und Flecken auf ihrem Gesicht waren wie unentzifferbare Morsezeichen. »Ich denke doch«, sagte sie. »Sie folgen jedem Ausländer, der allein herumläuft. Wir sind hier nicht in London.«

Sie fing wieder an, über England zu sprechen; sie hatte einmal dorthin reisen dürfen. London habe sie liebgewonnen, sagte sie, die Kaufhäuser seien ein Paradies. Aber dann schwieg sie plötzlich. »Aber es ist schwer, darüber zu sprechen.« Immer wieder verliefen ihre Sätze im Nichts oder endeten abrupt. Später bemerkte ich das gleiche bei vielen Menschen, die während des Terrors unter Stalin aufgewachsen waren. Unbewußte Angst zeichnete sie. Sie brachen ein harmloses Gespräch jählings ab oder ließen es in unausgesprochenem Grübeln auslaufen. Oder sie unterbrachen ihre Rede überstürzt mit den Worten: »Aber das bleibt natürlich unter uns« oder »Aber vielleicht täusche ich mich auch«. Ich traf einen fünfzigjährigen Journalisten, dessen ganzes Gespräch angefüllt war mit solchen Reflexäußerungen, obgleich er über nichts Verfänglicheres plauderte als über seinen Urlaub am Schwarzen Meer oder über private Familienangelegenheiten.

Und jetzt sagte Olga:»Ich glaube nicht, daß ich in England leben möchte. Bestimmt nicht. Natürlich haben Sie ein schönes Fernsehprogramm.« Ihre Zehen verkrampften sich vor Unbehagen. »Aber nein, leben möchte ich dort nicht. Es ist zu kalt – die Menschen, meine ich.« Sie sah mich etwas verwirrt an. »Es ist schwer zu sagen. Ich kann's nicht sagen.«

Offenheit und Geheimniskrämerei leben in vielen Russen Seite an Seite. Es ist ihnen zweite Natur, ihre Rede zu unterdrücken oder selbst ihre Gedanken davon abzuhalten, sich in gefährliche Zonen zu verirren; aber im nächsten Augenblick können sie von bäuerlicher Gradheit sein. »Sie fahren für ein paar Tage nach Susdal?« fragte Olga plötzlich. »Nehmen Sie mich mit?«

War das ihr Ernst? Ich erfuhr es nie, denn im nächsten Augenblick war diese Frage bereits in einem Meer von Worten ertränkt. Die schüchterne Frau des Augenblicks zuvor hatte sich plötzlich entspannt und mir gegenüber saß statt dessen eine herzhafte, kindliche Frau, die mich bat, sich meinen Wagen ansehen zu dürfen, als ob wir beide gemeinsam bei einem ländlichen Tanzvergnügen wären. Oder könnte ich ihn unter ihrem Fenster vorbeifahren, wenn ich dann ginge, damit sie sehen könne, wie ein Morris Marina aussieht.

Jetzt stopfte sie eine Trüffel nach der anderen in ihren Mund, während sie von Dissidenten erzählte, die sie kennengelernt hatte. Ob ich M. kannte, verheiratet mit einer französischen Schauspielerin. Nach einem das geheime Einverständnis herstellenden Nicken und Blinzeln strömten Namen heraus. Ob ich J. kennengelernt hätte, den Führer einer aufgelösten Gruppe, die die Nichteinhaltung der in Helsinki vereinbarten Menschenrechtssatzungen einklagen wollte? Sie goß Branntwein nach. Warum in Teufels Namen brachte die Sowjetunion keine besseren Führer hervor? Chruschtschow, erklärte sie, sei ein Idiot gewesen, und Breschnjew ein Bauer. »Die meisten von ihnen sprechen das *allerschlimmste* Russisch, wissen Sie, beinahe wie Analphabeten. Es macht mich krank, ihnen zuzuhören.«

Binnen weniger als zwei Stunden war sie abwechselnd zurückhaltend, ordinär, kokett, redselig und zuletzt traurig – eine echt russische Seele. Ich hingegen war höflich, scheinheilig und leer wie ein Engländer. Ich schaffte es nicht, sie zu mögen. Als ich mit meinem Wagen unter ihren Balkon fuhr, sah ich ihr Morsezeichen-Gesicht auf mich herabblicken, die spiegelnden Brillengläser wie das Augenpaar einer Eule, hoch droben, ausdruckslos in dem fahlen Gebäude.

Seit ich in Rußland war, hatte ich kaum an den KGB gedacht. Aber ein paar Tage nach meinem Besuch bei Olga, als ich eines späten Abends einen bekannten Dissidenten aufsuchte, prüfte ich gleich zweimal, ob niemand mir folgte. Dieses Mal öffnete mir ein vierzigjähriger Mann, der mit seiner hohen Stirn Gesicht etwas Langsames ausstrahlte, Geduld, und, weit hinten, Verletztsein. Boris hatte seinen Arbeitsplatz als Assistent an der Universität verloren (Dissidenten sind die einzigen Arbeitslosen in Rußland) und lebte vermutlich von der Großzügigkeit seiner Freunde und von Nachhilfeunterricht. Der einzige Luxus in seiner Dreizimmerwohnung bestand aus einer wissenschaftlichen Bibliothek.

Wir saßen an einem kargen Tisch. Seine Frau, mit kastanienbraunen Haaren, legte mir kleine Kuchen vor, dann ließ sie sich gegenüber nieder, legte den Kopf auf die nackten Arme und betrachtete uns mit der schläfrigen Selbstgenügsamkeit einer Katze. Boris sprach mit rauher, bedächtiger Stimme. Ich spürte an ihm diese Hinnahme der Verletzung, die vielen Dissidenten, die gelitten haben, eine düster entschlossene Dickköpfigkeit verleiht. Was sie sagten, klang niemals bitter. Die Repressalien des Systems schienen nicht von Menschen ergriffen, sondern von irgendeiner blinden, unpersönlichen Höhe aus über sie verhängt worden zu sein – einer Naturgewalt, so riesengroß und taub wie das Schicksal oder wie der russische Himmel. Sie waren doppelt abgeschnitten: beschuldigt des Verrats an einer Nation, die sie liebten, und umgeben von dem engstirnigen, allgegenwärtigen Patriotismus ihrer eigenen Landsleute. Wenige andere Länder dieser Erde haben die Macht zu solch unentrinnbarer Verdammung.

Dennoch waren die Dissidenten niemals allein. Sie waren von Freunden umringt. An diesem Abend war es Nikolai, ein bleicher hagerer Philologe. Während Boris und Tanja oft lange schwiegen und dem Leben eine weinselige Hartnäckigkeit entgegenstellten, war Nikolai von sanfter Belebtheit, er schien noch unverletzt zu sein. Schon im Aussehen waren er und sein Freund auffallend unähnlich. Über Boris' großen, freundlichen Brauen zog sich ein Wirbel hellbraunen Haares nach hinten. Sein Gesicht ertrank in Fleisch. Er zeigte einen Hauch von Trauer und Sehnsucht; es verschlang Dinge wie ein Treibsand und fand sodann zu seinem alten Aussehen zurück. Nikolais Züge waren empfindlich geworden und spöttisch, eingebettet in langes schwarzes Haar und einen Bart, belebt von glänzenden Augen. Er sah aus wie ein bleicher, zynischer Christus.

Als ich eintrat, lauschten sie gerade dem Radio. Sie wollten erfahren, wie es einem Gesinnungsgenossen von ihnen ergangen war, einem Priester, der vor Gericht stand, und sie fürchteten, er könne zu einer öffentlichen Selbstbezichtigung gezwungen werden. Wir hörten Nachrichten, Nekrologe, den letzten Teil eines Stückes. Sie horchten mit gesenkten Köpfen, in der Furcht, sie könnten jeden Augenblick die nicht mehr erkennbare Stimme eines Freundes vernehmen. Im Zimmer nebenan erwachten Boris' Kinder und stießen sanfte Schreie aus. Aber das Radio verriet nichts.

Sie atmeten leise auf. Für den Dissidenten haben solche ›Geständnisse‹ ebensowenig Bezug zur Wahrheit wie das Schuldbekenntnis, das auf einer mittelalterlichen Folterbank erpreßt wurde. Aber für den öffentlichen kommunistischen Glauben bedeuten sie eine groteske Art von Heilung. Der Ketzer wird in die Gemeinde zurückgeführt, sein Weggehen bedroht die anderen nicht länger. Die Schuld oder die Unschuld der Gemeinde scheint kaum von Bedeutung zu sein, wichtig ist nur ihre Einigkeit.

»Ein Pfarrer hat hier einen schweren Stand«, sagte Boris. »Auf dem Land muß er bisweilen bis zu dreißig Ortschaften versorgen. Man sagt, unsere Kirchen seien nur voller alter Frauen, und die würden bald aussterben. Aber in den Städten nehmen die Gemeinden zu. Irgendwie gibt es immer eine nachfolgende Generation alter Frauen.«

»Wo sind ihre Männer?« fragte ich und erwartete, daß mir mit dem Hinweis auf die Toten des Krieges eine fromme Erklärung zuteil werde.

»Wahrscheinlich beim Trinken«, antwortete Nikolai. »Das ist ihre Art zu vergessen. Die alten Frauen gehen zu Gott, die alten Männer greifen zum Alkohol.« Er machte eine Geste, als ob er sich auslöschen wollte. »Unglücklicherweise ist es in Moskau leichter, eine Flasche Wodka zu finden als eine Kirche. Einige Kirchen hier sehen aus, als ob sie arbeiteten, aber in Wirklichkeit sind sie geschlossen. Der Olympischen Spiele wegen hat die Regierung sie wieder restaurieren lassen und die Kreuze vergoldet, damit sie aussehen, als ob es ein aktives Gemeindeleben gäbe.«

Boris stöhnte unabsichtlich und starrte auf seine großen Hände auf dem Tisch; Nikolai fuhr mit sanfter Ironie fort: »Aber ja, unsere Herrscher haben sich immer um die Kirche gekümmert. 1974 wurde für das Zentralkomitee der Kommunistischen Partei ein geheimer Bericht angefertigt. Und der Inhalt sickerte irgendwie durch.« Seine Finger deuteten das heimtückische Tropfen an. »Eigentlich ist das nicht erstaunlich. Das Zentralkomitee hat dreihundert Mitglieder, und wenn man an all ihre Ehefrauen und Töchter denkt ...«

»Und ihre Großmütter ...«

»Gleichgültig, der Bericht ging auch auf die Bischöfe ein. Er unterteilte sie in drei Gruppen. Zur ersten Kategorie zählten diejenigen, die die atheistische Politik der Regierung unterstützen – stellen Sie sich so einen Bischof vor! Die zweite Kategorie, das waren die Unentschlossenen, und in der dritten waren die aufgelistet, die sich um ihre Schäfchen kümmern und versuchen, ihre Kirchen instandzuhalten.«

»Die Kirchen instandzuhalten – das ist eine heikle Sache«, sagt Boris. »Wissen Sie, ein Priester spürt oft, daß sein Bischof ihm aus lauter Angst die Unterstützung versagt. Das ist wahrscheinlich nur ein Vorwand dieser Bischöfe, denn sie können ihre regierungsamtlichen Überwacher immer bestechen, damit die ein freundliches Bild von ihnen abgeben. Aber ein solcher Bericht zeigt, wie sorgfältig die Partei die Kirche überwacht.«

Nikolai gluckste. »Kennen Sie den Witz von dem Bischof und dem Dissidenten? Nein? Nun, ein Bischof trifft einen Dissidenten, der gerade den Geheimbericht gelesen hat. ›Welcher Kategorie haben sie mich zugewiesen?‹ fragt der Bischof zitternd. ›Sie sind in der ersten, bei den Atheisten‹, entgegnet der Dissident. ›Bei den Atheisten!‹ – der Bischof schlägt mit Inbrunst ein Kreuzeszeichen – ›Gott sei dafür gedankt!‹«

Tanja blickte hinter halbverschlossenen Lidern auf und lächelte, als ob sie geträumt hätte. Boris sagte: »Trotz alledem, die Bischöfe tun alles, was in ihrer Macht steht – sogar der Patriarch, der doch eine Art Beamter sein muß. Ich wohnte unweit der Kirche, wo er predigt, und ich hatte wirklich den Eindruck, das ist ein Mann Gottes.«

»Kategorie zwei, würde ich sagen!« Nicolai lachte verstockt; er erinnerte an einen frühreifen Jungen, der aus einer schlechten Schule davongerannt war. Aber dann lehnte er sich zu mir herüber, plötzlich ernst. »Wir Russen haben einfach das Problem, daß wir hoffnungslos religiös sind. Natürlich ist der Kommunismus eine Religion. Er war niemals, und in keinem Land, irgend etwas anderes. Er hat seine eigenen Dogmen, seine eigenen Propheten und sogar – ach! – seinen eigenen einbalsamierten Heiligen. Was ist denn das Lenin-Mausoleum sonst? Das ist reines Heidentum oder ein Rückgriff auf die Reliquienverehrung der frühen Christen.«

Die Ähnlichkeit zwischen dem Christentum und dem Kommunismus, sagte er, sei unendlich groß. Der Kommunismus habe mit dem mittelalterlichen Glauben vor allem die gewis-

sensbeherrschende Macht und den Totalanspruch gemeinsam. Er löst das beunruhigende Grau der Welt auf in das
Schwarz-Weiß des Puritaners. Sein Himmel sei die Zukunft,
die der Mensch auf Erden schmiede. Sein Gott sei die Partei,
Moral ihr zu dienen. Aber wenn man einen Vers ihrer Schrift
bezweifle, breche das ganze Gewebe zusammen; der Glaube
verlange Gehorsam. Der Kommunismus schlösse, wie das
mittelalterliche Christentum, jegliche grundsätzliche Diskus-
sion aus; seine Gläubigen bewegten sich in einer blendenden
Ewigkeit des Wortes. Er sei allumfassend, tot.

»Aber in Wirklichkeit ist das durchschnittliche Parteimitglied äußerst zynisch«, sagte Nikolai. »Es sind nur ein paar
ganz wenige, die wahrhaftig gläubig sind – und die sind zumeist
senil oder sehr jung. Für alle übrigen gehört das nur zur
Karriere, es dient dem Vorwärtskommen.

Den Eindruck, daß der Kommunismus seine Kräfte ver-
braucht hat, hatten auf mich – ironischerweise – bereits die
Slogans gemacht. Es klingt Verzweiflung in ihnen an, als ob
sie mit einem Trick versuchten, das Vertrauen des Volkes zu
gewinnen. Denn sie legen es darauf an, die Partei mit jener
älteren, tieferen russischen Religion der *rodina*, des Vaterlandes gleichzusetzen. Gegen dieses beinahe göttliche und
nur schwer zu fassende Gefühl rannten die Haarspaltereien
des Marxismus-Leninismus mit ihrer Vorstellung von einem
vaterlosen Proletariat vergebens an. »Wir sind gegen den
Patriotismus«, erklärte Lenin 1915. Aber kein Volk dieser
Erde gibt sich einer derart sentimentalen, im Unterbewußten
immer lebendigen Vaterlandsliebe hin wie die Russen. Sie
wächst in ihnen wie die bedingungslose Liebe eines Kindes
zu seiner Mutter. Ich habe in Jordanien weißrussische Non-
nen kennengelernt, die noch fünfzig Jahre nach der Trennung
ihrem Heimatland nachweinten. Patriotismus ist Rußlands
Leib und Leben, der Kommunismus ist hingegen bloß – und
keineswegs immer – sein Kopf.

»Die Partei zapft den Nationalismus ganz bewußt an«, sagte
Nicolai, »weil sie es nicht schafft, aus eigener Kraft Begeiste-

rung für den Kommunismus zu wecken. Ich habe gesehen, wie im Laufe meines Lebens das nationalistische Spektakel enorm zugenommen hat. Dieser Kult half im Kriege, die Widerstandskraft zu verstärken; dann ließ er nach, aber jetzt wird er wieder mobilisiert. Das ist wie ein Versuch, das christliche Zeremoniell zu ersetzen. Wissen Sie, Kriegerdenkmäler sind unsere Nationalaltäre. Noch heute, fünfunddreißig Jahre nach dem Krieg, bauen wir welche. Ich habe lange beinahe in Sichtweite des Grabes des Unbekannten Soldaten gearbeitet. Es wurde erst vor kurzem errichtet, und jetzt ziehen Jungvermählte nach der Hochzeit dort vorbei, als ob es ihnen irgend etwas Heiliges mit auf den Weg gäbe.«

Kriegerdenkmälern begegnet man überall im Lande, und viele davon sind ganz neu – Panzer und Feldgeschütze, hoch oben auf Betonsockeln, Erdhügel des Ruhms, ewige Flammen, Heldenbüsten, Obelisken, Symbole, Inschriften. In jeder Stadt stehen die jungen Komsomolzen in zwanzigminütigem Wechsel Wache vor einem Denkmal, das an einen Krieg gemahnt, an den sich nicht einmal mehr ihre Väter erinnern können. Jugendliche, leichte Maschinengewehre oder schwere Kalaschnikoffs fest im Griff, marschieren im Stechschritt hin und her, und Schulmädchen stehen x-beinig auf kleinen hölzernen Podesten, und unter ihren khakifarbenen Mützen schauen die Haarschleifen heraus. Das sind die heiligen Altäre, die Jungvermählte nach der Trauung besuchen. Vor Kälte zitternd legt die leichtbekleidete Braut ihr Bukett vor dem Schrein nieder; das Paar posiert für das obligate Photo, verweilt noch einen kurzen Moment, als ob etwas passieren könnte, und fährt dann weiter. Solche Stätten sind eigenlich keine Denkmäler für die Toten. Sie sind Symbole der russischen Wiedergeburt nach der schweren Demütigung der deutschen Siege und der deutschen Propaganda, die Slawen seien Untermenschen. Das sind Hymnen und Heilmittel in Stein.

»Sie dienen auch dazu, unsere nationalen Minderheiten zusammenzuführen«, sagte Boris, »da wir ja im Krieg alle zusammen gelitten haben ...«

Gelegentlich spürte ich, daß sich Boris und Nikolai Warnsignale und Fragen zusandten, als ob das Gespräch sich unsichtbaren Grenzen näherte. Nach einer Weile mußte ich einfach fragen: »Wird Ihr Telephon abgehorcht?«

Boris' Lachen war mehr ein krankhaftes Husten. »Nicht nur mein Telephon«, sagte er, »sondern diese ganze Wohnung.« Er zeigte auf zwei Stellen an der Wand. »Hier ... und dort. Aber ja, Orwells Bücher sind in unserem Land wahr geworden.« Sein Blick streifte über Tanjas zurückgelehnten Kopf und kehrte zum Tisch zurück. Er sagte: »Sie hören uns jetzt zu.«

Plötzlich herrschte Stille. Draußen, in der Dunkelheit, fiel sanfter Regen; ich hatte es vorher nicht bemerkt. Einen Augenblick lang dachten wir alle an diese unsichtbare Gegenwart unter uns. Ich spürte mein naives Erstaunen über ihre Offenheit. Erst viel später, als mir der KGB tagelang nachgestellt hatte, verstand ich, wie schwer es war, immer in Unwahrheit zu leben, und mit welch leidenschaftlicher Erleichterung ein Mensch jedes Schuldgefühl abwirft, wenn er seine eigene überwachte Integrität feiert. Aber in dem Moment hing mein Blick zwischen Boris, mit dem befreundet zu sein Dummheit oder Mut bedeutete, und Nikolai, dessen Bart (wie ich plötzlich bemerkte) schwach grau schimmerte und zurück zu Tanja, die drunter leiden mußte, daß nicht einmal die Intimität des Schlafzimmers geschützt war.

»Und Sie können sich darauf verlassen, daß der KGB auch über Sie Bescheid weiß!« Nikolais Stimme schmolz zu einem sarkastischen Singsang. »Einer aus dem Westen mit seinem eigenen Wagen! Alleine hier, ledig, und der so lange bleibt! Das ist nicht die Art von Ausländer, die sie lieben, das ist kein guter Ausländer!«

Ich antwortete – und sprach sowohl zu ihm als auch zu dem unsichtbaren Ohr –, daß ich die Polizeiüberwachung dieser passiven Einwohner unerklärlich fände und die Zahl seiner Polizisten absurd sei. Wäre es nicht vernünftiger, dieses riesige Potential an Arbeitskraft produktiver einzusetzen?

Nikolai blickte mich starr an. Seine rastlosen Lippen und seine weißlichen Wangen machten ihn mehr denn je zu einem spöttischen Heiligen. Sehr deutlich sagte er: »Sie befinden sich da im Irrtum. Die Regierung braucht sie. Sie braucht auch den KGB, das ist ihr Rückgrat. Sie braucht sie, um das zu bleiben, was sie ist. *Nur ihretwegen sind wir so fügsam.*« Er machte eine kleine Pause, als wolle er mir (oder dem Ohr) gestatten, das Gesagte zu verdauen. »Der gewöhnliche Polizist ist ein einfaches Werkzeug. Zum größten Teil sind das junge, ehemalige Milizionäre, ungebildete Bauerntölpel. In diesem Beruf beziehen sie ein mittleres Einkommen, und wenn man in Moskau stationiert ist, dann bedeutet das auch Bürgerrecht und Wohnerlaubnis«. Es kam mir so vor, als ob der intensive Wunsch der Russen nach Ordnung im Kern eine angstvolle Anarchie voraussetzte, ein tiefes, nach innen gerichtetes Mißtrauen, dessen Berechtigung ich nicht einschätzen konnte. Aber Nikolai fuhr bedächtig fort: »Daß die Partei uns diese Ordnung aufzwingt, ist keineswegs schwachsinnig. Es ist völlig rational. Wenn wir Wahlen hätten, würden nur fünfzehn Prozent für diese Regierung stimmen.« Er machte eine Pause. »Nein – weniger – *zehn Prozent.* Denn fast die Hälfte unseres Volkes glaubt an Gott, sie sind Christen oder Moslems; und eine Hälfte sind nicht einmal Russen. Merken Sie, daß wir das einzige Empire sind, das auf der Welt übriggeblieben ist? Und sogar die, die Kommunisten sind, sind lethargisch und ohne jede Illusion. Diese Regierung entbehrt jeglicher Grundlage.«

Endlich verstand ich, was er sagen wollte: daß Spannungen und Kampf elementarer Bestandteil der Partei sind. Sie kann sich niemals entspannen, denn ihre Angst kommt aus ihr selbst. Der Druck von außen ist notwendig, damit das ganze System nicht zerfällt. Dieser uralte russische Alptraum, eingekreist zu sein – von China und Japan, der NATO und Amerika –, ist nicht Ursache der russischen Angst, sondern ein Produkt dieser Angst. Kriegsbereitschaft ist hier wie ein Fieber: die gefährliche Aggression eines unsicheren Kindes.

Diese Gedanken erfüllten mich mit kalter Hilflosigkeit. Plötzlich bemerkte ich, wie naiv es gewesen war, jemals gehofft zu haben, daß nur ein übergroßer Mangel an Vertrauen die Welt geteilt hatte. Als ich mich von Boris verabschiedete, zog ich ihn aus dem überwachten Flur seiner Wohnung ins Treppenhaus und fragte, ob ich etwas für ihn tun könne.

Er schaute mich mit fatalistischer Geduld an. Nein, sagte er, nichts. Das klang weniger wie eine Verweigerung, mehr wie die Feststellung einer Tatsache. Durch die Hintertür schlüpfte ich aus dem Wohnblock, dankbar für den verbergenden Regen.

Die Schlange vor dem Lenin-Mausoleum streckt sich, mehrere tausend Menschen lang, aus den Parkanlagen neben der Kremlmauer und windet sich über die graue Einsamkeit des Roten Platzes. An sich schaut sie aus wie irgendeine Schlange in Rußland, nicht mehr und nicht weniger ehrfürchtig als eine, die für Brot oder Bier ansteht. Sie ist grau, verbissen, murmelnd. In ihrer ganzen Länge wird sie von Polizei und KGB-Leuten in Uniform mit nie nachlassender Wachsamkeit betreut. Aber wo sie sich vorne auf das Mausoleum zuwendet, eine niedere Stufenpyramide aus rotem Marmor, verstummt sie. Man nimmt den Hut ab, streicht sich übers Haar. Die Aura des Heiligen ist plötzlich stark und bedrückend. Das ist das Heilige Grab des Atheismus. Ein Junge vor mir wurde angehalten, die Hände aus den Taschen zu nehmen. Einer Frau hinter mir wurde befohlen, mit dem Reden aufzuhören.

Hinter den Bronzetüren, auf beiden Seiten von Wachposten flankiert, tauchten wir in einen düsteren Gang. Wir stiegen Treppen hinunter, entlang an Wänden aus schwarzgrauem Feldspat, der schwach bläulich glänzendes Licht ausstrahlte. Wir durften nie anhalten und waren vielleicht in weniger als einer Minute in der Krypta, unterhalb des Kopfendes eines Glassarkophags, umrahmt von vergoldeten Bannern. Von oben, wo die Wände schroffes, knalliges Rot zeigten, fiel indirektes Licht herab. Die Dunkelheit strengte meine Augen an. Dann ging es eine halbe Treppe hoch, um den Sarg herum. Unten standen unbeweglich vier Wächter.

Größer, als ich ihn mir vorgestellt hatte, lag Lenin da, auch das wenige Haar war heller, sandfarben. Er war in strahlend weißes Licht getaucht. Das Gesicht und die Hände hoben sich lebhaft von seinem dunklen Anzug ab, lebhaft und wie losgelöst. Auf den Wangen lag ein feiner Flaum von Haaren, die Augen geschlossen. Er sah hoffnungslos unwichtig aus. Die Haut glänzte in glasigem, wachsähnlichem Schein, schlecht abgestimmt, strukturlos. Der Anzug vermittelte überhaupt nicht den Eindruck, als ob er einen Körper umhüllte; der Oberkörper schien flach, zu fehlen, die Arme waren steif und aufgestützt, wie die einer Puppe. Ich kann verstehen, daß einige Russen argwöhnten, das sei nicht der Körper Lenins, sondern nur eine Büste.

Bevor ich ihn mir richtig vergegenwärtigen konnte, wurde ich auch schon wieder hinausgeschoben. Ich konnte nur starren. Die Toten sind nicht mitleidig, sondern verwandelt, zum Erschrecken. Dies war auf jeden Fall kein Antlitz, in das ich leidenschaftslos blicken konnte. Die Geschichte und das Dilemma der Welt sprangen aus ihm hervor. Mir schien es, als ob ich nicht auf einen Menschen blickte, sondern auf eine Ikone. Sogar das Gesicht, dessen gewölbte Stirn und dessen breite tatarische Backenknochen mir von tausend Statuen her vertraut waren, hatte den unpersönlichen Ausdruck eines Heiligen angenommen – weder tot noch lebendig.

Drei Mal wurde dieses Grab gestört. Während des Zweiten Weltkriegs, als die Deutschen auf Moskau vorstießen, wurde die Leiche in Richtung Wolga verbracht, ostwärts. Wenigstens einmal war das Mausoleum geschlossen, während an der Leiche kosmetische Reparaturen vorgenommen wurden. Und zwischen 1953 und 1961 lag die einbalsamierte Leiche Stalins, den Lenin zuletzt fürchtete, an seiner Seite.

Aber es war keine Zeit für solche Gedankengänge. Einen Augenblick später war ich ans Tageslicht emporgestiegen und ging an den Gräbern der Kremlmauer vorbei – Gorki, Woroschilow, Gagarin, da Stalin –, einige davon mit Büsten in kleinen, eisenumschlossenen Blumenbeeten, andere mit bescheidenen Tafeln in der Mauer, darunter Vasen mit Bauernrosen aus Plastik. Das war geziemend einfach. Sie ruhten im gradwinkligen und unnachgiebigen Schatten von Lenins Mausoleum und hatten teil an dieser düsteren Helligkeit. Der Leninkult scheint eine tiefe Lücke aus alter Zeit auszufüllen, die das Christentum bei seinem Rückzug hinterließ. Er spricht den gleichen Geist an, in dem die Menschen vor Angst weinten und in dem Frauen und Kinder bei den Begräbnissen der Zaren und selbst dem Stalins zu Tode getrampelt wurden. Es ist ein Teil dieser Jagd nach Gott. Die riesige Düsternis des Mausoleums riecht danach: dringendes Verlangen nach Unsterblichkeit. Es findet einen Nachhall in den Hunderten und Tausenden von kapellenähnlichen Räumen, angefüllt mit verstaubten Photographien, die, in Fabriken und Wohnblocks im ganzen Land, Lenin gewidmet sind.

Dennoch besaß dieses Mausoleum nicht die tiefe, wesenhafte Heiligkeit eines echten religiösen Heiligenschreines. Es war verstrickt in die Ängste seiner eigenen Propaganda. Vor allem war es eine Beleidigung für die persönliche Nüchternheit Lenins, dessen Witwe vergeblich gegen seine Einbalsamierung protestierte. Eingehüllt in pharaonischen Ruhm, der Anständigkeit eines privaten Todes beraubt, ist er das Opfer seiner eigenen Schöpfung geworden: ein *coup de théâtre*. Er ist das Menschenwesen der Geschichte, das am meisten angestarrt wird. Aber Marx schrieb, »der Kult der großen Männer« sei »ein bürgerlicher Mythos«.

Danach zerbrechen meine Tage in Moskau in meinem Gedächtnis. Ich kann keine einsichtige Struktur erkennen, nur eine kurze Woche kaleidoskopischer Bilder und zufälliger Begegnungen.

Eines Abends, als ich in den Campingplatz hineinfuhr – es regnete in Strömen –, kam mir ein Mann durch das nasse Gras und die Pfützen mühsam nachgerannt, und machte

Zeichen, ich solle die Wagentür öffnen. Sein ausgemergeltes Gesicht läßt mich Schwierigkeiten erwarten. Ist er ein verfolgter Dissident? Ein Informant? Er wirft eine Woge nasses Haar von einem noch jungen Gesicht nach hinten. Aber er hat nur eine Bitte: »Jeans.«

»Was?«

»Jeans. Haben Sie Jeans?«

In der Begeisterung junger Russen für Gegenstände aus dem Westen gelten Jeans als das Nonplusultra des Modischen, sie sind ein Idol. Man kann sie zum Achtfachen dessen verkaufen, was sie in London kosten. Ja, ich besaß ein Paar neuer britischer Jeans. »Neu?« Das Gesicht fiel zusammen. Er hatte gehofft, ich besäße eine alte. Er sei zu arm, um neue Jeans zum Schwarzmarktpreis zu kaufen. Er sei verheiratet, eine Tochter, erzählte er, und sie könnten sich nicht einmal ein zweites Kind leisten. Er machte die Tür auf und war im Begriff, in den Regen hinauszuspringen.

»Nehmen Sie die Jeans zum englischen Preis«, sagte ich.

Er starrte mich an, und seine Augen wurden vor Dankbarkeit wäßrig. Erst später wurde mir klar, daß ich ihm den Gegenwert eines Monatsgehalts angeboten hatte. »Oh bitte, ja«, flüsterte er schwach, »ja, ja ...« Seine Finger verschränkten und öffneten sich unter seinem Hals wie die Vorderbeine einer Gottesanbeterin. »Ist das wirklich ihr Ernst?«

Ich schaute auf seinen Bauch. »Ich bin mir nicht sicher, ob sie Ihnen passen werden.«

»Sie müssen«, sagte er, »natürlich passen sie. Natürlich ...« Er ergriff sie und sprang in die nächste Campinghütte, um sich umzuziehen. Einen Augenblick später kam er heraus, eingezwängt in die Jeans und vor Freude keuchend wie eine von Aschenbrödels häßlichen Schwestern, die sich den Pantoffel angezogen hat. Von der Taille abwärts wurde sein Körper schmal wie der einer Kaulquappe, während sich darüber der Brustkorb wölbte in der Anspannung angehaltenen Atems. Er sah schrecklich aus.

»Wunderbar«, sagte er, »ausgezeichnet.«

Von da an begleitete die Nachfrage nach Jeans meine Reise wie eine heimtückische Litanei. Ihr wahrer Wert, das Markenzeichen, wurde hinter vorgeschobenen Gründen versteckt: Die würden sich nicht abtragen wie die polnischen und nicht schrumpfen oder sich ausdehnen. Mit denen könne man ins Bett gehen, denn sie knitterten nicht. Wie die Erklärungen auch lauteten, mit Politik hatten sie auf jeden Fall nichts zu tun.

»Was kann ich für Sie tun?« fragte mich der Mann mit dem Rest seines Atems. »Ich kann Ihnen armenischen Branntwein besorgen. Oder haben Sie Dollar? Falls Sie sie günstig umtauschen wollen ...«

Alle geistigen und politischen Ideale, scheint es, teilen die Welt grausam entzwei; sollte sie je wieder vereinigt werden, dann mit Hilfe von Jeans.

Nein, ich besaß keine Dollar. Der Mann kämpfte sich spinnenbeinig durch den den Regen und ließ mich zurück, verblüfft über soviel Unlogik.

Ich bemerke, daß ich die Jungen betrachte, als ob ich nicht zu ihnen gehörte. Dieser Prozeß des Alterns hat auch seine Vorteile: vielleicht bin ich jetzt objektiver. Hier wurden die Jungen in eine glücklichere Welt geboren als ihre Eltern. Sie finden in ihrer Selbstsucht Trost. Die Alten bewahren sich die schlimmen Zeiten ihres Opferganges.

Ich schaue Mädchen und Jungen auf der Straße an, als ob sie ein Geheimnis in sich trügen. Ihre T-Shirts sind faszinierend: ›Michigan University‹, ›Einsame Kunst‹. Die Gesichter darüber tragen den Stempel westlicher Weltklugheit. Gelegentlich mischen sie amerikanische Brocken in ihre Unterhaltung wie Kennworte. ›Let's go!‹ ›Wow!‹ ›That's where I am at!‹

Ich stehe in der Schlange vor Moskaus bekanntestem slawischem Restaurant, das im neunzehnten Jahrhundert der Treffpunkt von Schriftstellern war. Essen zu gehen bedeutet in russischen Städten eine Schlacht schlagen, wie alles andere eben auch. Die Schlange wird eine halbe Stunde in der Kälte übersehen, dann beginnt sie zu protestieren. Aber die Portiers des Restaurants sind kleine Zaren; Einlaß gewähren oder verweigern sie aus streng geheimen Gründen. Mehrere Paare in teuren Kleidern schieben sich durch, ohne zurückgewiesen zu werden und sie werden mit servilen Verbeugungen empfangen. Ich muß eine Stunde warten, bevor ich hineinkomme. Nein, ich bin keine Gruppe. Aus der großartigen Speisekarte mit ihren sechsunddreißig Gerichten ist nur eines erhältlich.

Ich fange mit den anderen an meinem Tisch ein zusammenhangsloses Gespräch an. Sie sind Anfang zwanzig. Wahrscheinlich genießen sie den Vorzug, von wichtigen Menschen abzustammen; in der Sowjetunion ist es eine Binsenweisheit, daß die Vorrechte in puncto Bildung und Arbeitsplatz erblich sind. Sie sind freundlich, offen und beschwipst. Sie hören die ›Stimme Amerikas‹ (die bald gestört werden sollte) und den BBC, sie verschlingen *Samisdat*-Literatur und besuchen den Schwarzmarkt. Aber sie sind sicher. Die Politik langweilt, sie wissen nichts dazu zu sagen. Sie bedrängen mich mit Fragen nach Neuigkeiten über westliche Popgruppen, aber sie verstehen nicht die Freiheiten des Westens. Sie kennen keine andere Lebensform, die sie mit ihrer eigenen vergleichen könnten. Wären sie nicht sanftmütiger als ihre Eltern, wäre ich deprimiert. Aber selbst ihr Materialismus ist ein häßlicher Trost.

An einem anderen Abend speise ich im Restaurant ›Arbat‹. Es ist überaus großartig. Zugang findet man durch ein undurchschaubares System von Eintrittskarten, die ich drei Stunden zuvor gekauft habe. Ich lehne mich zurück und betrachte die Gäste. Selbst hier, im Herzen des Moskauer Snobismus, sehen sie leicht ländlich aus. An diesem kalten Abend hängen die Damen ihre Jacken um die Schultern. Wo Parties steigen, sind die Tafeln übersät mit Kaviar und Huhn nach Kiewer Art. Die Gastereien gehen unter in dem Sonnenaufgangsrosa des Wodka und Trinksprüchen in vernebeltem Pathos, bis manchmal eine ganze Gruppe stöhnend unter den Tisch sinkt. An anderen Tischen murmeln sich Beamte mitt-

leren Alters verschwörerisch etwas zu, und gesunde junge
Leute, mit einem Touch des Europa der Zwischenkriegszeit,
machen sich in linkischem Schweigen den Hof.

Meine Fragen lassen die enorme Speisekarte zu einer ver-
fügbaren Winzigkeit zusammenschrumpfen. Fleisch ist in
diesem Jahr knapp. Ich verlasse mich auf Borschtsch und
einen mächtigen Kanten Roggenbrot, und später tut mir das
Hühnchen leid; es muß ein schweres Leben gehabt haben.

Umgeben bin ich von der Oberschicht der Moskauer Gesellschaft, die den westlichen Klassendünkel durch den des bürokratischen Ranges ersetzt hat, und man sieht zu, wie sie den
Klischees entspricht: schwerfällig, saufend, stillos. Nur einmal drängt eine langhaarige Gruppe der Jeunesse dorée, in
Lederjacken und engen Hosen, auf die Tanzfläche. Einige
von ihnen tragen sogar frivole militärische Abzeichen, was
äußerst unsowjetisch ist. Aber da fängt gerade das Kabarett an,
und der Oberkellner führt sie höflich hinaus, während die
Kapelle auf dem Podium zu spielen beginnt.

Natürlich gehört der Ruhm dieses Abends der hervorragen-
den Artistengruppe – Akrobaten und Seiltänzer und zuletzt
ein Ballettpaar von ungewöhnlicher Anmut und Kraft. Der
Mann schwang seine grazil wirkende Partnerin mit erstaunlicher Leichtigkeit in Luftwirbeln umher, hielt sie einmal
am Fuß, einmal an einer Hand, während sie wie ein Vogel im
Scheinwerferlicht erstarrte, und die Gäste kauten weiter an
ihrem Hühnchen nach Kiewer Art und ließen sich's an geor-
gischem Champagner wohlsein.

Eines Nachmittags spazierte ich südwärts über die Schleife
der Moskwa, wo der Kadaschewskij-Distrikt anfängt. Dieser
Stadtteil entkam der Feuersbrunst, die während Napoleons
Besetzung die Stadt verzehrte, und die Stuckfassaden seiner
Häuser hinter schattenspendenden Bäumen zeigen heute
liebenswürdigen Verfall. Die Haustüren verbergen sich unter
dem Niveau der Straße. Die kunstvoll verzierten Fensterumrahmungen verschwinden allmählich. Nach der Anonymi-

tät der großen Wohnblocks strahlen sie eine lebensstärkende Vitalität aus.

Zwischen ihnen ragte wie eine halbzerfallene Fabrik ein öffentliches Badehaus empor. Das Gefühl der Unsauberkeit, vermischt mit Neugierde, überredete mich hineinzugehen. Ich weiß nicht, wo die Ursprünge dieser typisch russischen Einrichtung liegen: wahrscheinlich in Byzanz und weit dahinter, in den römischen und griechischen Badehäusern, vielleicht auch bei unbekannten tatarischen Ahnen.

In einer Zelle zwischen einem Treibgut von Schuhen, Flaschen und besoffenen Fliegen zog ich mich aus. Da saß bereits ein antiker Koloß, eingeschlagen in Handtücher wie ein Berberhäuptling. Er wolle hier den Nachmittag zubringen, mit vier Flaschen Bier, und grunzte, es sei witzlos, weniger als drei Stunden in einem Badehaus zu verbringen.

Sodann folgte ein Raum dem andern, wie die Kreise in Dantes Inferno. Die gekachelten Räumlichkeiten des Tepidariums, das umgeben war von Bänken aus Stein, waren von heimtückischem Dampf durchdrungen und voller ruhiger nackter Männerkörper. Der Körper des Russen gleicht keinem anderen, hunderte von Stiernacken, schweren Schultern und schlappen Rümpfen. Ihre Muskeln waren kräftig, aber nicht angespannt. Ihre Besitzer kauerten da und schleppten sich durch die Räume im Durcheinander von freundlichem, aber geschlechtslos aussehendem Fleisch, mit Plastiksandalen und einem phantastischen Angebot von Badehüten.

Ich suchte nach einer Bank für mich allein. Um mich her rubbelten sich Männer gegenseitig ab mit der Hingabe von ausgelassenen Ministranten. Sie gossen Wasser über ihre Köpfe und Rücken und seiften sich gegenseitig gleich dutzendweise ab. Etliche beugten sich nach vorne wie viktorianische Schulbuben, die der Züchtigung harren, während andere sie von hinten von Kopf bis Fuß mit Moorschlamm bedeckten.

Es schien so, als ob gewisse Bänke feste Besitzer hatten. Irrtümlicherweise saß ich auf einer solchen. Ein bleichäugiger Goliath baute sich vor mir auf. »Was haben Sie da auf meiner

Bank zu suchen, Genosse?« Es war das Höchste an Ärger, das ich an einem Russen gesehen hatte.

»Ich wußte nicht ...«

»Sie sind nicht von hier.« Ohne Neugierde glotzte er mich an. Ich zog mich zurück. Er rief hinter mir her: »Er kommt von anderswo.«

Ein brummiger Wärter teilte *veniki* aus, Bündel aus Birkenzweigen. Mit diesen peitschten die Badenden sich die Schultern und Beine, oder sie peitschten sich gegenseitig mit der Kraft reumütiger Flagellanten die Rücken, wobei sie murmelnd »Mehr! Mehr!« verlangten. Die Luft war erfüllt von dem Schwirren und Klatschen. Dann wurden die durchweichten Bündel der *veniki* auf die Erde geworfen. Die Haut zeigte von der Birkenrinde ein flüchtiges Rot, die Poren waren geöffnet. Alle hatten ihr Fleisch schmerzlos kasteit und waren fröhlich nach der vergnüglichen Buße.

Unter einer Dusche hindurch fand ich die Holztür in einen dritten Raum. Die Hitze traf mich wie der Schlag einer Schaufel. Mein Brustkorb hob sich, ich atmete schwer. Durch ein Fenster kroch bloß ein gespenstisches Licht durch nebliges, orangefarbenes Glas in die vollgestopfte Kammer. Die Kacheln unter den Füßen waren heiß. Irgendwo in der Dunkelheit über meinem Kopf verlangte eine Stimme »Gib noch zu!«, bis einer Wasser gegen den Kessel goß und der Dampf den letzten Atem auszulöschen schien. Ich tastete mich vorwärts. Vor mir führten gebrechliche hölzerne Stiegen zu einer kleinen Empore, wo Männer in erschöpfter Betäubtheit umherlagen oder auf ihren Fersen kauerten und sich gegenseitig den Rükken mit Birkenzweigen bestrichen. Es war der tiefste Kreis des Inferno. Jedes Licht, jedes Geräusch, jede Bewegung war zu einem Traum und Schatten verlangsamt. Die Luft war als einzige wirklich anwesend – eine schwarze, erstickende Umarmung. Mit jedem Schritt nach oben schlug die Hitze härter zu. Ich torkelte wie ein Bergsteiger auf dem Gipfel.

Aber der letzte Akt des Rituals im Badehaus wirkt wie ein einschläfernder Balsam. Durch sämtliche Umkleidekabinen

schlendern Geister in weißen Handtüchern und feiern ihr
Entkommen aus dem Purgatorium. Ihre geschrubbelte und
rosige Haut erfüllt sie mit trägem Wohlbehagen. Stundenlang
lungern sie in den Kabinen herum und klatschen über Sport
oder Frauen, kauen getrockneten Fisch oder Salami, gießen
krügeweise wäßriges Bier hinunter. Dem Klicken des Fla-
schenöffners folgte ein Gluckern des hereingeschmuggelten
Wodkas; Stimmen steigen und fallen wieder in geselliger
Vertrautheit; und die schmuddelige Umgebung (wie es die
älteren Badehäuser sind) mit zerbrochenen Statuen und
Leuchtern aus der Zarenzeit, bekommt das surreale Leuchten
eines zerstörten Paradieses.

Ein seltsames Erlebnis nächst dem Arbat, einer der verkehrs-
reichsten Straßen Moskaus. Ein grobknochiger junger Mann
und eine Frau unterhalten sich im Schatten. Plötzlich hebt der
Mann die Faust und schlägt sie ihr ins Gesicht. Sie setzten
ihr Gespräch fort. Ich starre sie an, frage mich, ob ich Opfer
einer Halluzination geworden sei. Das Gesicht der Frau trägt
keine Spuren; es sieht aus wie zeitloses Erdulden. Dann holt
der Mann erneut aus und bohrt ihr die Faust in den Leib.
»Genosse!« rufe ich unpassenderweise. »Was machen Sie
denn da?«
Er dreht sich um und starrt mich leer an. Das Gesicht der
Frau ist völlig ausdruckslos. Dann laufen sie weiter, er den
Arm um ihre Taille gelegt. Alleingelassen sehe ich ihnen nach
und habe das Gefühl, ich hätte ein geheimes Paarungsritual
gestört. Ich erinnere mich daran, in einem Handbuch der
moskowitischen Etikette aus dem sechzehnten Jahrhundert
gelesen zu haben; der Mann solle seine Frau sanftmütig
prügeln, so riet es, damit sie nicht erblinde oder für immer
taub sei. Wahrscheinlich habe ich gestört.

Ich ging zur ›Welt des Kindes‹, dem großen Spielzeugladen
am Marx-Prospekt. In der dichtgedrängten Menge erkämpf-
ten sich stämmige Mütter ihren Weg. Gelangweilt trotteten

ihre Kinder hinter ihnen her. Die Spielsachen waren schrecklich teuer und derart geschmacklos, daß ich mich fragte, wie sie überhaupt die Phantasie eines Kindes beschäftigen könnten. Es gab weniger Kriegsspielzeug als im Westen, so schien es – ich sah lediglich ein paar Raketen und Panzer zum Zusammenbasteln, sowie unbemalte Plastiksoldaten. Ich suchte nach einem Lächeln auf den Gesichtern der Plastikpuppen für die Mädchen, gewahrte aber nur ein starres Grinsen wie das eines Pinocchio.

Jedoch in der Mitte des Geschäftes glich die Auslage ein bißchen die Armseligkeit des Angebots aus. Ein riesiges Schiff, bemannt mit zwei alten Männern, einem kranken Nilpferd und einer lahmen Giraffe drehte sich schwankend auf einem imaginären See. Und aus einer kunstvollen Uhr an einer Wand hoch oben streckte beim Schlag jeder vollen Stunde ein Kuckuck seinen Plastikkopf hervor, hölzerne Figuren standen vor kleinen Türen auf Wache, und auf dem Zifferblatt öffneten sich zwei slawische blaue Augen, die vorsichtig nach links und rechts blickten und sich sodann wieder im Schlaf verschlossen.

Ich kehrte mit der Metro spätabends vom Bolschoi-Theater zurück, dessen scharlachrote, cremefarbene und goldene Ränge in den U-Bahnstationen aus den ruhmreichen 1930er Jahren ihr Gegenstück fanden. Dies sind weniger Stationen als vielmehr Paläste: Augusteische Marmorhallen und feudale Treppenfluchten, Friese mit herabhängenden Fahnen und Waffen aus Stuck, Gewölbe mit Mosaiken ausgekleidet. Hier kann man für ein paar Kopeken endlos herumfahren. Sie ist von zermürbender Sauberkeit und wunderbar schnell. Zu Nachtzeiten hocken in den kleinen Häuschen auf den Bahnsteigen fast nur Frauen mit roten Kappen. Die Rolltreppen, dekoriert mit vergoldeten Fackeln, gleiten sanft dahin.

Immer wieder stieg ich aus und starrte mit einem Gefühl des Staunens und eines gewissen Widerstandes diese stalinistischen Einfälle an. Hier wurde in den dreißiger Jahren der

Luxus der Paläste bewußt dem Volk übergeben. Jede Station war anders, auch jede Linie hatte einen anderen Charakter. Ich lief durch Pantheons aus Stahl und Gips, wo Gemälde und Basreliefs das bukolische Glück der Kolchosen zeigten oder eine stolze Fabrik zur Schau stellten. Die wenigen Mitreisenden waren Familien vom Land, die spätnachts zu Fernbahnhöfen fuhren; sie kauerten mit ihren zum Schweigen gebrachten Kindern auf den Sitzen, umgeben von einem Berg von Einkaufsnetzen und Gepäckstücken.

An einer Haltestelle trat ich in eine Halle hinaus, wo mit Blumen bemalte Fenster den menschenleeren Bahnsteig in ein unirdisches, kirchliches Licht tauchten. Hier war es, wo ich, in ein Mosaik gesetzt, das vertraute Wort ›Friede‹ fand. Aber es schien seine normale Bedeutung abgeworfen zu haben und etwas anderes zu beinhalten. Wiewohl es auf den Lippen eines jeden Russen auf der Straße lag und von jedem auch in vollster Aufrichtigkeit ausgesprochen wurde, klang es doch wie ein tückisch drohendes Instrument der Parteipropaganda, ausgestoßen wie ein Kriegsschrei. Und hier stand es jetzt wieder, verkündet in Stalins Rußland vor seinem Vertrag mit Hitler von 1939, vor der Teilung Polens, vor der gewaltsamen Unterwerfung Osteuropas, der Unterjochung Polens und der Tschechoslowakei, der Besetzung Afghanistans. ›Friede.‹ Es leuchtete feierlich in der gotischen Dämmerung der U-Bahnstation. Friede kann es nach der marxistisch-leninistischen Lehre nur dann geben, wenn die Welt aufgehört hat, sich zu verändern, wenn sie sich zu einem System und einer Idee verfestigt hat. Der Marxismus selber, der auf der hegelianischen Dialektik der Gegensätze aufbaut, gewinnt seine Lebenskraft aus Spannungen und Widersprüchen; der Friede ist lediglich »ein Mittel, seine Kräfte zu sammeln«, wie Lenin sagte.

Ich nahm den nächsten Zug stadtauswärts.

In Moskau besuchte ich mehrere Male die frühere Verlobte eines englischen Freundes. Ludmilla wohnte, zusammen mit

ihrer herzlich aussehenden Mutter und ihrem neunjährigen
Sohn, im zehnten Stock eines Wohnblocks. Das Kind entstammte einer Liaison mit einem ausländischen Diplomaten.
Sie war attraktiv, ohne daß man so recht wußte, warum. Ein
Paar zögernder grauer und ziemlich kindhafter Augen leuchteten aus ihrem bleichen Gesicht, und ihr Mund war voller
vorstehender oder schiefer Zähne, die ihre Lippen in seltsam
sinnlicher Unschuld lächeln ließen.

Sie hatte ihren unehelichen Sohn in den frühen siebziger
Jahren geboren, lange bevor die sowjetische Regierung Ab-
treibungen erschwerte, weil sie die Bevölkerung wachsen lassen wollte. Der KGB hatte ihr nachgestellt, und ich glaube,
ihr Privatleben war lange Zeit die Hölle. An den Abenden fand
ich sie jetzt auf einem wackligen Stuhl, auf dem sie mit hochgezogenen Beinen saß; manchmal schloß sie mitten im Gespräch die Augen, als sei sie müde oder in unablässiger Meditation. Die Tapete in ihrer Wohnung zeigte feuchte Stellen
und die Malereien des Kindes; eine Stellwand aus Küchen-
schränken und verblichenen roten Vorhängen trennte das
Wohnzimmer von einer Schlafstätte ab; und ein schmutziger
Kronleuchter warf ein seltsames Licht auf uns herab.

Ludmilla erzählte von ihrem bisherigen Leben, als rede sie
von einer anderen Person. Selbst von unseren gemeinsamen
Freunden sprach sie nur mit distanzierter, losgelöster Freundlichkeit. »Nach der Geburt des Jungen war ich jahrelang unglücklich. Ich wollte sterben.« Ihre Augen schlossen sich, als
ob sie diesen Gedanken prüfen wollte, dann gingen sie wieder
auf. »Ich hielt diese Welt nicht mehr für lebenswert. Es war
wie ein Nebel von Gestalten, die Geld, Stellungen und anderen Dingen nachjagten. Und ich dachte mir: Was soll's? Sie
waren wie Kinder, die ihren Spielen nachlaufen.« Sie stieß
diese Anklage in einem Ton aus, als ob sie sich von ferne
darüber wunderte, wie jemand, der vom verkehrten Ende eines
Fernrohrs auf die Welt blickt. »Manchmal bin ich dankbar, daß
ich in Rußland geboren wurde«, sagte sie. »Hätte ich in einer
vollkommeneren Gesellschaft gelebt, dann hätte ich geglaubt,

ich sei frei. Ich würde niemals das Leben in mir entdeckt haben. Aber statt dessen wurde ich in diese Hölle hineingeboren und gezwungen den Frieden in mir selbst zu finden. Vielleicht sind wir am Ende hier glücklich ...«

Es war leicht zu erraten, an welche Art von Flucht sie dachte. Hinter ihr mit den Beinen in Lotus-Stellung blickte ich durch die offene Tür ihres Schlafzimmers, offengehalten durch das Fahrrad des Jungen, auf die Photographie eines indischen Guru, dessen girlandengeschmückter Kopf und faltiger dicker Bauch mit bizarrer Ruhe über dem slawischen Chaos thronte. Davor hatte sie eine kleine Vase mit Blumen aufgestellt.

Für sie war die ›wirkliche‹ Welt zu einem Ort der Verlorenheit zusammengeschrumpft. Sie war ihr unerträglich geworden, bis sie sie leugnete und sich in den ruhigen buddhistischen Vorstellungen von Ganzheit und Unverderbtheit eine andere Welt aufbaute. Dem Streben ringsumher, sagte sie, schaue sie mit zunehmender Entfremdung und einigem Staunen zu. Dies sei alles so unwichtig.

»Siehst du, das Leben – die Realität – besteht keineswegs aus diesen Schlachten und Kämpfen.« Sie ergriff einen Apfel, den ihre Katze auf dem Boden herumstieß. »Es ist überall, nur nicht da. In den Bäumen um uns herum, in der Erde. Die Wahrheit zum Beispiel ist in diesem Apfel. Der Apfel ist rein er selbst. Und wir sind von solchen Dingen umgeben, aber wir sehen sie nicht ...«

Das war das wohlbekannte Credo eines neuen Buddhismus. Ungewöhnlich daran war, dies hier in Moskau zu finden, im Zentrum des Pragmatismus. Der Kult der Meditation sei neu in Rußland, sagte sie, aber er sei im Zunehmen begriffen. »Sie behaupten hier, es gebe nur einen einzigen richtigen Weg. Aber richtig und falsch, das ist bedeutungslos – das sind Produkte unserer Phantasie, Was *ist*, das liegt jenseits von Moral. Schau dir diese Katze an« – sie streichelte das Tier auf ihrem Schoß und hielt es mir jetzt entgegen – »Merkst du, warum ich sie mag? Diese Katze ist sie selbst. Sie ist nicht von

Menschenwesen verdorben. Und die Vögel sind das auch nicht. Trotz Revolutionen und Politik – die Vögel singen ...«

Ich erinnerte mich an die Vögel im Wald von Minsk, aber stichelte: »Ich dachte, das Singen der Vögel bedeute Kriegsgeschrei.« Neidlos sah ich auf die Katze.

Aber Ludmilla hörte nicht zu. Sie war sich, auf ihre Weise, ihrer Wahrheit ebenso sicher wie ein früher Bolschewik oder ein orthodoxer Bischof (Kategorie drei). Oftmals ging zwischen uns ein Vorhang des Schweigens nieder. Zeitweise hatte ich den Eindruck, sie befinde sich nicht bei mir und ich nicht bei ihr. Sie schloß oft lange die Augen, stille Minuten, mit zurückweisendem Lächeln. Es war, als schwimme sie unter Wasser – in einer wohligen Umgebung – und stiege nur gelegentlich in eine Atmosphäre, deren scharfe Luft sie nicht atmen konnte. Ich muß in diese ihre Unterwasserwelt seltsam ein- und wieder aufgetaucht sein. Ich weiß nicht, wofür sie mich hielt. Sie blickte mich an mit dem milden, halbbewußten Blick einer Träumenden, und obschon sie soviel von Glück sprach, war in diesem Blick etwas von verwelkter Trauer und Verlorenheit. Einmal murmelte sie: »Ich kann nicht mit Erwachsenen sprechen, ich kann mich nur mit Kindern unterhalten«, und einmal: »Ich weiß nicht, wer ich bin«. Und sie hatte immer noch Angst; Angst, mein Wagen könne vor ihrem Wohnblock bemerkt werden, Angst, mit einem Ausländer in einem Restaurant gesehen zu werden.

Nachträglich erstaunt sie mich. Ihr Mystizismus war in seiner Leugnung der materiellen Welt die reinste Verneinung des Kommunismus, die mir je begegnet ist. Natürlich war das auch ihre Art, mit dem Leid der Vergangenheit fertigzuwerden. Sie glaubte, daß sie dadurch befreit worden sei; ich spürte, daß es sie getötet hatte.

Das war, ob es nun falsch oder richtig war, der äußerste Protest.

III

Einstiges Kernland

IN DIESEM August hing der ganze Himmel voller Regen, der auf die Straßen herabprasselte, pfiff der Sturm durch die Schluchten der Wohnblocks hindurch und heulte über die Felder. Er ließ die weitläufigen Nebenflüsse der Wolga anschwellen, die aus vergessenen Regionen nördlich Moskaus mählich herabtrödeln, und folgte mir ostwärts in dünner werdendem Keuchen, bis er schließlich erstarb. Ich fuhr durch das regenglänzende Licht einer unsichtbaren Sonne. Hundertfünfzig Kilometer östlich von Moskau, nahe der Stadt *Wladimir*, riß der Himmel auf zu schwimmenden Seen von Blau, und ich kam in die wäßrigen Ebenen von Salesje, in das ›Land hinter den Wäldern‹, ein Land des Flachses und der Kartoffeln. Es sah arm aber freundlich aus.

Im zwölften Jahrhundert wurden diese Länder zum Schoß eines neuen Rußlands, nachdem das südlich gelegene Fürstentum Kiew seine Macht eingebüßt hatte. Siebzig Jahre lang trug Wladimir das Szepter von Kiew, bis die Einfälle der Tataren sie beide verwüsteten. Das Herz der Stadt ist heiter und menschlich. Sie erstreckt sich auf einer langen Landzunge oberhalb des Tales, wo Kljasma und Nerl zusammenfließen – ein grüner Hügel, von Kuppeln überblüht. Bauwerke aus vielen Zeiten haben sich hier erhalten – niedrig gebaute Häuser aus Ziegeln, Werkstein und Stuck. In die Hauptstraße ragen die Rundungen eines befestigten Tores aus dem zwölften Jahrhundert hinein, und begraste Bastionen ziehen sich unter alten Bäumen hin.

Wladimir wurde die erste unter den russischen Städten, als Andrej Bogoljubskij, der gottesfürchtige Großfürst von Kiew, sie zu seinem Fürstentum machte und die vorherige glorreiche Hauptstadt auf den zweiten Platz verwies. Es waren schon seit vielen Jahren Menschen aus Kiew in die düsteren Waldlande des Nordens abgewandert. Hier, in Rußlands neuem Kernland, erhoben sich die Städte seiner Zukunft: Wladimir, Susdal, Nowgorod, Moskau. Die handelsverwöhnte Welt Kiews, die nach Byzanz und dem Mittelmeer blickte, sollte nie wieder ihren alten Rang zurückgewinnen.

Andrej war ein strenger, halbtürkischer Tyrann. Aber er gab Wladimir seine Schönheit. Er errichtete die Himmelfahrtskathedrale, die so schön ist wie keine andere im Land, und zur Erinnerung an seinen ältesten Sohn, der im Kampf gegen die Bulgaren fiel, ließ er ein winziges Kirchlein in nahezu vollendeten Proportionen erbauen, das wie eine Träne aus Stein am Ufer der Nerl niederfiel. Aber anno 1174 wurde Andrej von seinen Bojaren, die mit seinem Weib unter einer Decke steckten, gemeuchelt. Seine Leiche sollte den Hunden zum Fraß vorgeworfen werden, aber sein Hofnarr bemächtigte sich ihrer. Dann wurde er, in der bekannten Tradition, mit der die Russen ihre mächtigen Herrscher ehren, so monströs sie auch sein mag, heiliggesprochen und in seiner großen Kathedrale beigesetzt. Seine Mörder wurden gejagt, und ihre Kadaver wurden in geteerte Särge gesteckt und in den Sümpfen der Nerl dem Wasser preisgegeben, wo man sie in den Wintersnächten noch immer stöhnen hört.

An Andrejs Nachfolger, Wsewolod – der wegen seiner immensen Kinderschar das ›große Nest‹ genannt wurde – erinnert Wladimirs Dmitrijewskij-Kathedrale. Groß und beinahe fensterlos spiegelt sie die strenge Schönheit von Andrejs Himmelfahrtskathedrale wider, die nur einen Steinwurf entfernt liegt. Aber indes die Wände der Himmelfahrtskathedrale streng und schmucklos auftragen, sind die der Dmitrijewskij-Kathedrale bedeckt mit einer wilden Kakophonie von Tier und Mensch. Löwen mit maskenhaften wütenden Gesichtern, rasende Pferde, Pfauen, Dämone, Adler – ein ganzes Bestiarium des Orients tummelt sich um die Fenster, hängt zwischen den Halbsäulen und zieht sich um die Kuppel. Hoch oben wird Alexander der Große von Greifen himmelwärts getragen; König David zupft seine Harfe vor einer orphischen Versammlung lauschender Tiere, und ich konnte schwach Herakles erkennen, wie er mit dem nemeischen Löwen kämpft. Auf einer anderen Wand präsentiert Wsewolod dem großen Nest seiner Familie, die ihm in einer sowjetisch anmutenden langen Schlange aufwartet, einen neugeborenen Sohn; während ein Heer speiender Drachen, doppelleibiger Löwen, an Bäumen nagender Ziegen und symbolischer Lämmer sie umgeben.

Weiter unten ist der Sturm plötzlich besänftigt. Zwischen den Halbsäulen stehen Apostel und Propheten auf kleinen kissenförmigen Wolken, oder sie schweben um Baumwipfel. Sie schwenken Weihrauchfässer und halten Schriftzeichen empor. Zusammen mit dem heidnischen Orkan darüber bilden sie einen Mikrokosmos der Welt in ihrer Zeit: Vergangenes und Gegenwärtiges, Dunkles und Geheiligtes, Sichtbares und Unsichtbares.

Die Himmelfahrtskathedrale jedoch war die bedeutendere der zwei Kirchen. Sie blieb zweieinhalb Jahrhunderte lang, als Wladimirs Macht schon lange auf Moskau übergegangen war, die Kathedrale Rußlands. Hier wurden die Großfürsten gekrönt. Am Rande des Plateaus steht sie über der Abfolge von Wäldern und Weiden, wo träge Flüsse sich winden, aus dem gleichen lebendigen weißen Kalkstein gebaut wie die Dmitrijewskij-Kathedrale, von einer großartigen Schönheit. Ihre Mauern steigen klar und schwerelos zu den goldenen Kuppeln, geformt wie slawische Kriegerhelme, empor. Gen Nord und Süd zeigen ihre geschlossenen Fassaden sparsames Dekor, schläfrige Löwen und Frauen, die rätselhaft über die regendurchtränkten Täler sehen.

Ich warf einen Blick ins Innere, wo eine russische Gruppe umherlief. An den Wänden und in den Nischen hielt ein träumerisches Volk gemalter Heiliger und Engel mit ihnen Schritt. Einige waren fast völlig verblichen, andere zu Schemen verblaßt. Sie schwebten in der Kuppel oder saßen entlang des

Chores, ihre verblichenen Hände und Kreuze emporgehoben und erfüllten den dämmrigen Raum mit längst vergangener Herrlichkeit und dem Rauschen und Schlagen ihrer Flügel.

Ein ganzer Zyklus, das Jüngste Gericht zeigend, wurde anno 1408 vom unvergleichlichen Andrej Rublow gemalt – dem Duccio oder Fra Angelico der Orthodoxen –, aber der Gips hat die Farben beinahe gänzlich aufgesogen. Ein Fremdenführer neben mir redete auf die Gruppe ein: »Blicken Sie da hinauf! Sehen Sie, wie deutlich erkennbar die Gesichter sind! Das zeigt, daß Andrej Rublow ein Mann aus dem Volk war, ganz eindeutig ...«

Der russische Patriotismus verlangt, daß die großen vorsowjetischen Landsleute für den Kommunismus vereinnahmt werden. Und hier wurde Rublow, der fromme Mönch und Ikonenmaler, ins ›auserwählte Volk‹ aufgenommen. Die Gruppe stierte hinauf zu der Woge von Gerechten, welche in undemokratisch reichen Gewändern zum Himmel eilten. Und es stimmte, daß die Gesichter der Fresken menschlich und verletzbar waren, mit kleinen slawischen Augen und stacheligen Bärten. Erschaffen während des langsamen Abebbens der tatarischen Flut – die Rußland einst wie eine Geißel Gottes traf –, gehören sie einer Zeit neuerwachten Vertrauens an, als die Menschen gewahrten, daß die Gestalten des Evangeliums, ja selbst die Bewohner des Himmels, aussehen können wie gewöhnliche Sterbliche.

Über das Jüngste Gericht sagte der Führer nichts. Die Gruppe schaute bloß mit denselben zusammengekniffenen, gleichgültigen Augen empor wie die Gesegneten herab. Unterhalb des mittleren Bogens schwamm ein entstellter Christus beinahe gesichtslos in einer Mandorla von Blau. Wenn man lange genug hinaufblickte, traten seine Augen allmählich hervor und trafen die des Betrachters wie aus einer abgeschabten Handschrift, aber sie waren seltsam unruhig, das Gesicht lag traurig in einem Vließ von feinem Haar und Bart. Unter ihm, am Ansatz des Gewölbes, versammelte sich die Aristokratie des Himmels. Apostel und Evangelisten hielten aufgeschlagene

Bücher oder erhoben ihre Hände zum Segen, während hinter ihnen, mit überlappenden Heiligenscheinen, wie die Schuppen einer matten, aber prächtigen Schlange, eine Schar Engel ihre Köpfe in stillem Gespräch einander zuwandten. Sie schienen weniger eine himmlische Schar zu sein, als ein Schwarm von Höflingen in einem kaiserlichen Vorzimmer. Weit entfernt unter ihnen, am Fuß eines Pfeilers, hatte ein einzelner Erzengel überlebt.

Angesichts jener Propheten mit ihren unfehlbaren Büchern mußte ich unweigerlich an ihre Nachfolger denken: Lenin, Kalinin, Kirow – auf der Hälfte aller Plätze in der Sowjetunion stehen sie mit ausgebeulten Hosen. Namentlich die Statuen Lenins sind wie Unkraut aus dem Boden geschossen, wo die von Stalin verschwanden. Die Künder eines neuen Glaubens halten in ihren ehernen Fäusten Schriftrollen und Bulletins fest umschlossen. In diesen Männern setzt sich der alte russische Glaube an eine Geschichte mit einem heiligen Zweck, mit einem Anfang und einem Ende fort. Sie sind die Religionsstifter, die das Feuer vom Himmel geholt haben. Die Gebote und die Warnungen der christlichen Verheißung ersetzten sie durch die Einsichten und die soziologischen Argumente des Kommunistischen Manifestes. Die Botschaft ist sakrosankt und absolut. Die Internationale schleuderte Bannflüche, exkommunizierte Ketzer und definierte den wahren Glauben immer wieder neu. Sogar ihre Sprache war manchmal dem Christlichen entlehnt. Lenin beschuldigte einmal voller Abscheu einen Mitstreiter (den Philosophen Mach), den »Materialismus mit einem Kuß zu verraten«. Manchmal scheint es, als sei sich Rußland im Innersten immer gleichgeblieben. Marx war es, der sagte, »die Tradition aller toten Generationen lastet wie ein Alptraum auf den Gehirnen der Lebenden«.

Aber das wertvollste Kleinod der Himmelfahrtskathedrale befindet sich nicht hier. Die Ikone aus dem zwölften Jahrhundert, genannt die ›Muttergottes von Wladimir‹, die höchstverehrte im Land, wurde bereits im vierzehnten Jahrhundert

in den Moskauer Kreml verbracht und hat in der Tretjakow-
Galerie ihre Heimstatt gefunden. Die vor langer Zeit getrof-
fene Wahl dieser ›Jungfrau der Zärtlichkeit‹ zur Schutz- und
Schirmherrin von ganz Rußland kann kein Zufall sein. Die
Russen übernahmen von Byzanz zwei äußerst unterschied-
liche Maltraditionen. Bei der einen, der *Hodegetria*, stehen
die Jungfrau und das Kind dem anbetenden Betrachter in
hieratischer und unnahbarer Glorie gegenüber; sie ist die über-
irdische Königin des Himmels, er ein schon erwachsenes
Kind, das auf ihrem Schoß thront. Aber den Russen gefiel
diese allzu intellektuelle Darstellung nicht, und sie verliebten
sich statt dessen in die weniger verbreitete, aber wärmere
Eleousa. Hier legt das Christuskind – ein Säugling in Windeln – seine Arme um den Hals der Jungfrau und drückt seine
Lippen auf ihren Mund, indes sie, eine Mutter von sorgen-
voller, dunkeläugiger Schönheit, ihren Kopf dem seinen in
einer Geste würdevoller Verehrung zuneigt.

Dieses Bild der Mutterschaft schlägt in der russischen Seele
eine tiefe Saite an. Es durchzieht den sowjetischen Nationalismus mit seiner mystischen Anrufung der *rodina*, des ›Mut-
terlandes‹, und reicht zurück, so scheint es, bis in die Zeit vor
der Christianisierung, als eine große Urmutter über diese
heidnischen Wälder und Ebenen herrschte. Diese Mutter
besaß kein Antlitz, vielleicht war sie namenlos: ein alles
gebärender Schoß. Durch die animistische Verehrung ihrer
Natur – der Bäume, Seen, des Feuers, der Steine – wurden
ihre Anbeter in ihre Allmacht hineingezogen. Zur Zeit der
Christianisierung, so scheint es, wurde sie gezähmt und zur
Eleousa, der Barmherzigen. Ikonen, Kirchen, Festtage wurden ihr geweiht. Ihr gewöhnlicher und geliebter Name lautet
nicht ›Heilige Jungfrau‹ (die jungfräulichen Heiligen werden
in der Russischen Kirche beinahe übergangen), sondern
Bogoroditsa, ›Mutter Gottes‹, ein Wort voller Seelenkraft.
Der alte Pantheismus ist vielleicht verantwortlich für diese
leidenschaftliche Anhänglichkeit an Ikonen, Reliquien, Kelche – die ganze geküßte und kniefällig verehrte Ausstattung

des Gotteshauses, die noch immer die russische Orthodoxie durchzieht. Die Dialektik von Byzanz und der römische Legalismus sind von dieser bäuerlichen Verehrungsweise gleichermaßen entfernt. Für viele russische Christen ist eine Kirche zuvörderst ein geheiligter Ort der Schätze, in denen Gott wohnt, geradeso wie die Gottheit einst in Pflanzen und Steinen wohnte.

Die vorchristliche Erdmutter flößte den Menschen etwas zutiefst Fatalistisches ein – einen Fatalismus, der sich im *rod* verkörperte, in der Ahnensippe. Nach dem irdischen Leben erwartete den einzelnen keine Auferstehung. Er war lediglich ein Glied in der göttlichen Kette des *rod* – ein flüchtiger Augenblick in der Dauer der Ewigkeit. Aufgehoben in der Allgegenwart der Mutter Erde und in der Autorität der Verstorbenen, war seine Person totgeboren. Schon späte byzantinische Schriftsteller bemerkten das passive Sichanpassen des slawischen Volkes.

Bei den Totenfesten des Frühlings, die auf Friedhöfen noch immer gefeiert werden, wie bei der liturgischen Nachahmung heidnischer Beerdigungsbankette hat sich das *rod* im Christentum behaupten können. Es ist daher nicht verwunderlich, daß die russischen Christen anfingen, sich für ein riesiges *rod* zu halten, mit dem Zaren als Vater. Vielleicht liegen hier die Wurzeln des sowjetischen Kollektivismus, der stets wiederkehrenden Sehnsucht, die Führer als göttliche ›Väter‹ zu betrachten – ›Papa Lenin‹, ›Onkel Stalin‹. In diesem Land der fortlebenden Vatersnamen werden völlig fremde Menschen mitunter als ›Bruder‹ oder ›Onkel‹ angesprochen, als sei die ganze russische Welt eine zärtliche Verwandtschaft oder als verbinde sie die Furcht von Waisen.

An diesem Abend, als mir diese Gedanken durch den Kopf gingen, fuhr ich gen Norden, auf die kleine Stadt *Susdal* zu. Die Vororte von Wladimir mit ihren Fabriken und Apartmentblocks hatte ich hinter mir gelassen. In Susdal zeigten sich in der Dunkelheit nichts als niedrige Häuschen – hier ist kein

Gebäude mit mehr als zwei Stockwerken erlaubt – und die gespenstischen Umrisse von Windmühlen.

Ein paar Jahre lang, im frühen zwölften Jahrhundert, war Susdal als Nachfolgerin Kiews die angesehenste Stadt Rußlands gewesen, dann wich sie der Übermacht Wladimirs. Im Morgenlicht lag sie entlang der gewundenen Kamenka, eine Stadt, die später keinerlei Anwandlungen von Größe mehr störten. Ihre hölzernen Basiliken und Paläste von einst sind schon seit langem niedergebrannt oder völlig verkommen, aber in den Straßen und verstreut über die Felder stehen paarweise Kirchen des siebzehnten und achtzehnten Jahrhunderts – kleine für den Gottesdienst im Winter, eine größere für den Sommer. Als ich südwärts den Fluß entlangspazierte, stieß ich bald auf eine dieser architektonischen Ensembles. Neben der Kirche der Heiligen Cosmas und Damian, ein gewaltiges Oktogon für den Sommergottesdienst, lag, mehr wie eine Scheune, die Bogoljubskaja, bekrönt von einer seltsamen Kuppel. Diese russischen Kuppeln sind nicht die gewaltigen Baldachine Westeuropas oder Byzanz', sondern wenig mehr als die Kreuzblumen der gotischen Türme – als ob sie bescheiden anzeigen wollten, daß es darunter etwas Wichtiges gäbe. Aufeinander hingeordnet lagen die Bogoljubskaja und Cosmas auf dem Hügel, er mit einem grünen Dach, sie mit einem braunen.

Nachdem ich tagelang die sterile Geometrie Moskaus erkundet hatte, machte es mir Freude, frei auszuschreiten. Gräser und taubedeckter Klee klatschten gegen meine Beine, meine Schuhe wurden durchnäßt. Manchmal hielt ich inne, um die verschleierte Sonne zu genießen, während überall um mich her Tausende von Fröschen in den mit Riedgras umwachsenen Tümpeln planschten. Die Kamenka hatte das westliche Ufer unterspült, am östlichen Ufer waren Untiefen entstanden. Ich folgte dem Fluß mit lässigem Vergnügen. In den reichgeschnitzten Fensterumrahmungen der hölzernen Häuser hoch auf dem Ufer wirkten die Gesichter der alten Leute wie Ikonen. Ihre Welt schien eine langsame und zutrauliche Welt zu sein, in der Hunde sich niemals die Mühe machten zu bellen und in der schildpattfarbene Katzen sich an den Beinen der Fremden rieben. Es war still, man hörte nur den lispelnden Regen, dann und wann Vogelgesang. Manchmal, wenn ein Tor offenstand, erhaschte ich einen Blick in das Innere eines Romans oder eines Volksmärchens aus dem neunzehnten Jahrhundert: holzumzäunte Höfe, in denen das Brennholz für den Winter aufgehäuft lag und weiße Hühner und Hähne durcheinanderliefen. Bot sich ein Blick in das Haus, bot sich eine verwirrende Vielfalt von Tüchern und Samowars.

Auf morastigen Pfaden ging ich meines Weges, vorbei an Obstbäumen, an Phlox, Stockrosen und Brennesseln hinter windschiefen Gartenzäunen. Steil oben über dem Fluß dräuten die zerfallenden Ziegelsteinbastionen des Spaso-Jerfimiewskij-Klosters mit ihren altersschwachen Türmen, deren Dächer zum Teil eingestürzt waren. Moos überwucherte das Mauerwerk. Mehrere hundert Meter lang zogen sich Türme und Mauern am Flußufer dahin, während unterhalb im Bett der Kamenka Gemüsegärten angelegt waren. Das andere Ufer und die Wiesen dahinter hielten dichtgedrängt die grünen Kuppeln und Befestigungen anderer Klöster besetzt, bis sich die Zwiebeltürme im Dunstschleier allmählich verloren. Hier, beinahe allein in Rußland, besteht die alte Verbindung zwischen Kirche und Wohnhäusern fort. Keine Hochhäuser verstellen hier den Himmel. Die Türme und die Glockenstühle erheben sich in geweihter Tyrannei über das Land. Es ist wie ein Traum vom Heiligen Rußland vor der Zeit Lenins, ja selbst vor Peter dem Großen – ein Land, in dem der Geist Gottes umgeht, mystisch, abgeschlossen, einfach, das in gepflegten Gärten und Kuppeln sich selbst betrachtet – schön, verzaubert und ungerecht, ausgebreitet entlang des Flusses in einem feudalen Schlaf.

In diesem Frieden schlägt, auf dem östlichen Ufer, das Pokrowskij-Kloster aus dem vierzehnten Jahrhundert einen ernsten Ton an. Hier wurde manche berühmte russische Prinzessin von ihrem gelangweilten Ehemann gezwungen, den Schleier zu nehmen, darunter auch die Gemahlin Iwans des Schrecklichen und die erste Frau Peters des Großen. Die kinderlose Zarin Solomonija, zu Beginn des sechzehnten Jahrhunderts von ihrem Gemahl, Wassilij III., verstoßen, wurde hier eingekerkert, indes er die polnische Prinzessin Helen Glinskaja ehelichte. Aber kaum hatte Solomonija das Nonnenkleid angelegt, da schenkte sie einem Sohn das Leben. Bis zum heutigen Tag weiß niemand, was mit dem Knäblein, dem Erben des gesamten Russenreiches, geschah; seine Mutter, um sein Leben fürchtend, soll ihn aus dem Kloster herausgeschmuggelt, ihn für tot erklärt und sein Begräbnis vorgenommen haben. Vierhundert Jahre lang ruhte diese Angelegenheit. 1934 dann, anläßlich von Ausgrabungen, wurde neben Solomonijas Gruft ein winziger Sarkophag gefunden. Aber statt einer Leiche barg er ein perlenbesticktes seidenes Hemd, in dem eine primitiv gefertigte Puppe steckte.

Das Zentrum Susdals, ein Ring von Erdwällen mit verstreuten Toren, gibt vielen Kirchen Raum: Kirchen mit nadelspitzen Türmen und bemalten Kuppeln, mit einer einzigen großen Kuppel oder einer Vielzahl davon, einfache Kirchen oder gegiebelte wie *Kokoschnik*-Kopfschmuck mittelalterlicher Frauen, gebieterische und bescheidene, silberne, weiße, schwarze, grüne, renovierte und verfallende. Sie erheben sich paarweise wie Gleichnisse von christlichen Vermählungen: hohe Gotteshäuser des Sommers mit ihren winterlichen Gefährten. Mitten auf dem Stadtplatz begleitet die Woskresenskaja mit ihrem Glockenturm die Kirche der Jungfrau von Kasan. Da gab es morganatische Ehen und unverträgliche, reizende Paare, schlampige Verhältnisse und vollendete Liebesheiraten. Auch noch weit jenseits der Mauern waren auf Feldern und Waldlichtungen Kirchen erbaut worden. Hoch oberhalb des Flusses saß ein Paar Zwergkapellen, durch eine tiefe Schlucht voneinander geschieden. Und eine vollendete hölzerne Kirche, erbaut im Jahre 1766, war aus der Umgebung herbeigeschafft und hier neu zusammengesetzt

worden – ein einsamer Junggeselle aus einer dörflichen Welt
aus Holz, dessen pagodenhafte oder spitz wie Hexenhüte
zulaufende Türmchen beim Bauen in Stein übernommen
wurden.

Vor dieser Kirche bemerkte ich eine Tafel und ein Schild,
das besagte:»Lieber Tourist, wenn Sie ihren Namen verewigen möchten, dann auf dieser Tafel und nicht auf dem Denkmal. Die Verwaltung versichert, Ihren Namen aus den öffentlichen Geldern zu erhalten.« Niemals wurde die Neigung, in
Kritzeleien sich zu verewigen, derart gerügt! Die Touristen
hatten hier ihren Namen und die Stadt gehorsam aufge-
schrieben: ›Jurij aus Leningrad‹, ›Natascha aus Klin‹. Da
fiel mir ein, daß ich in der Sowjetunion nicht ein einziges
Graffito gesehen hatte: nicht einmal eine einfache Liebes-
erklärung, geschweige denn irgendetwas Anzügliches oder
Politisches. Als ich die hölzernen Gesichter der Touristen-
familien betrachtete, wie sie in Grüppchen durch die Kirche
liefen, wünschte ich plötzlich, daß sich jemand stritte oder
ein aufsässiges Kind zu brüllen anfinge.

Aber nicht eine Maus piepste. Freie, grasbewachsene Flächen in der Stadt verstärkten die friedliche Ruhe. Susdal,
einmal vor Wladimir zurückgewichen, ist seither immer
weniger geworden, bis es so liebenswürdig und unbedeutend
zurückblieb. Die Kupfertüren der Kathedrale, dreizehntes
Jahrhundert, damasziert in Gold, stammen aus reicheren,
bedrohteren Zeiten, aber ihre eingelegten Figuren, gedunkelt
seither, glühen noch immer voll Leben, während im Kampa-
nile daneben alte Glocken hängen, die schlagen und tönen,
wann immer ihnen danach zumute ist.

Ich überquerte die Kamenka südwärts. Weit draußen auf
den Weiden, auf denen Vieh stand, drängte sich die Kirche
der heiligen Flora und Laura aus dem neunzehnten Jahrhundert unter einem Wirbel von Silberkuppeln. Sie war eine
Mesalliance eingegangen mit einer rundlichen Basilika aus
dem achtzehnten Jahrhundert. Und den ganzen Fluß entlang,
bis zu den abweisenden und schiefen Türmen des Pokrowskij-

Klosters, setzten sich diese Kirchen fort. Man hatte das Gefühl, in einer anderen Welt zu sein. Weiße Ziegen fanden neben den Häusern ihr Futter, und Fischer stapften durch die Sümpfe, wo sich ganze Gänsefamilien wohlfühlten. Als ich mich aber einigen alten Frauen näherte, um sie nach dem Namen einer nahegelegenen Kirche zu fragen, sahen sie einander an und preßten die Lippen aufeinander. »Ich weiß nicht«, sagte die eine. »Wie soll ich das wissen? Das ist jetzt alles vorbei.«

In ganz Susdal wurde nur in zwei Kirchen der Gottesdienst regelmäßig gefeiert.

Die fast gänzliche Schließung von Rußlands Kirchen – 1939 waren nur noch etwa einhundert geöffnet – muß im Leben der einfachen Leute ein tiefer Einschnitt gewesen sein. Selbst heute, in nicht so strengen Zeiten, dürfen in diesem riesigen Land nur 7500 Kirchen besucht werden; vor der Revolution waren es mehr als das Siebenfache davon. In Susdal ist es leicht, sich die emotionalen Wirkungen dieses Verlustes auszumalen. Einst beherrschten die Kirchen, ästhetisch wie physisch, jedes russische Dorf und erfüllten die Luft mit der goldenen Verkündigung ihrer Kreuze: der Heiterkeit des ewigen Gesetzes.

Was Wunder, daß der zur Macht drängende neue Glaube sich ihnen angleichen wollte. Während der Zeit der Stalinherrschaft strebten öffentliche Gebäude unbewußt danach, einen beinahe sakralen Eindruck zu machen und nahmen dazu unbeholfen die Versatzstücke des klassischen Heidentums in ihren Dienst. In den Vorhallen mit kannelierten Säulen fuhren Parteifunktionäre in anspruchsvollem dorischem Stil oder im korinthischen Zuckerbäckerstil gen Himmel, Gipsgirlanden schwangen sich hin und her, Urnen liefen über, Füllhörner vermochten den Reichtum nicht zu fassen. Bahnhöfe verkündeten das neue Zeitalter der Maschine in überraschenden Kuppeln und an Wänden voller Basreliefs. Ob die Kanalisation funktionierte, spielte keine Rolle, auf die künstlerische Wirkung kam es an. Heute kichern junge Russen über derlei Monstrositäten (Chruschtschow hat sie deswegen zur Ordnung gerufen). Aber solche Bauwerke sind in die kommunistische Geschichte eingegangen. Sie sind inbrünstig, primitiv. Sie scheinen an einer Unschuld teilzuhaben, die unwiederbringlich verloren ist. Schon ihre Hoffnung rührt seltsam an. Sie haben ihre vollkommensten Vorbilder in den verlachten Statuen, die sie schmücken – Statuen, deren körperliche Proportionen, wie die im antiken Griechenland, geistige Energien darstellen. Aber auf diesen kommunistischen Plinthen und in den Giebelfeldern steht kein Zeus und keine Aphrodite des Praxiteles, sondern die werktätige Artemis oder der Zeus eines anderen Zeitalters – die Hacke über der Schulter, den Hammer in der Hand: der gemeine Mann zum Gott erhoben. Die Vorbilder dieser Zeit sind die entschlossen dreinblickenden Dorfmädchen mit männlichen Gliedern und Mutterbrüsten, die Schmiede und Straßenbauer. Die Symbole in ihren Händen sind Spaten und Sensen.

Mit Kranz und Leier ist es vorbei.

Auf meinem Weg nach Nordwesten, durch leichten Regen, wollte ich noch jenes andere große moskowitische Fürstentum besuchen, Nowgorod die Große. Es liegt mehr als fünfhundert Kilometer nördlich an der Straße nach Leningrad, an einer typisch sowjetischen Fernstraße, schlecht asphaltiert und voller Lastkraftwagen. Gegen Abend trat am Horizont eine wäßrig rote Sonne hervor, der Regen ließ nach, und ich gewahrte, daß ich auf einer Dammstraße entland der Wolga fuhr. Ich hielt an und schaute aus dem Wagen. Eine breit angeschwollene, ruhige Wasserflut, grau unter einem grauen Himmel, zog sich zwischen versumpften Inselchen mit der Majestät eines Sees oder eines Meeres dahin, das auf Wanderschaft geht. Selbst so weit im Binnenland schwirrten Möven mit schrillen Schreien über dem Fluß.

Die Wolga teilt mit dem Nil etwas von dessen numinosem Mysterium, auch mit jenen anderen großen geschichtsträchtigen Flüssen – dem Euphrat, Indus und Ganges –, welche durch die Wüsten und die Dschungel Asiens dahinziehen. Sie beschäftigten so die Phantasie des Kindes, daß bei der ersten Begegnung mit ihnen das Gefühl aufkommt, sie seien längst bekannt. Auf diese Weise weckte die Wolga in mir, vielleicht durch ein Volksmärchen oder eine längst vergessene Ballade, eine Erinnerung an slawische oder warägische Kaufleute und an all jene riesigen Flüsse – an den Dnjepr, Don, Dnjestr –, die sich als die Wasserwege der Zivilisation durch Rußlands Wälder wanden, durch die dunklen Jahrhunderte in den Tagesanbruch des nördlichen Europa. Sie alle entspringen nah beieinander – auf der glazialen Wasserscheide westlich von Moskau. Sie lenkten den Handel nordwärts in Richtung Ostsee, indes sie nach Süden zu den Rändern der antiken Welt flossen: der Don und der Dnjepr zum Schwarzen Meer, die Wolga zum Kaspischen Meer, wo die alte Seidenstraße vorbeiführte. Zweitausend Jahre lang verbanden sie über die ganze Weite Rußlands hinweg den Norden mit dem sonnenbestrahlten Griechenland und Rom, Byzanz und Venedig, und auf ihren breiten, sanft dahinfließenden Rücken trugen sie Seide, Juwelen und Gewürze, im Austausch für Pelze und Sklaven. Wo ich am Ufer hockte, maß die Wolga bereits Hunderte von Metern zur anderen Seite hinüber, aber sie floß weitere dreitausend Kilometer bis zum Kaspischen Meer. Nichts an diesem trägen Strom, weder seine grünen Ränder noch seine grauen Wasser, verrieten, daß er von den giftigen Abfällen Hunderter von Fabriken verschmutzt war.

Beim Einbruch der Nacht traf ich auf dem Campingplatz von *Kalinin* ein und erhielt eine zeltförmige Hütte zwischen Sträuchern zugewiesen. Auf einer Lichtung parkte ein großer Wagen, der Australiern gehörte, auf einer anderen ein paar Belgier. Neben unseren kleinen Behausungen stand ein modernes Restaurant, wo ich zwei Schüsseln Fleischsuppe, *soljanka* genannt, verschlang; dort gab es auch eine Tanzfläche, wo sich des Abends die Jugend aus der Stadt versammelte. Sobald die Kapelle zu spielen anfing, standen alle wie auf Kommando auf und begannen feierlich zu twisten. Sie

waren einander außerordentlich ähnlich. Sie schüttelten sich
und wippten, ohne sich auch nur ein bißchen gehenzulassen,
bemühten sich gewissenhaft, dem Ritual, jung und modern
zu sein, zu entsprechen. Viele der Mädchen tanzten miteinander. Sie sahen aus wie englische Mädchen aus den Fünfzigern, ordentlich und unverbraucht. Vergebens versuchte
ich, in ihnen eine Spur westlichen Aufruhrs zu entdecken –
sie empfanden nicht so. Sowie die Band aufhörte, verließen
sie wie ein Regiment die Tanzfläche, und plötzlich lachten und
scherzten sie auch wie befreit.

Ich ging zurück zum Campingplatz, fühlte mich deprimiert.
Ein Betrunkener hatte einige der Australier angesprochen und
versuchte, mit einer Flasche Wodka zu ihnen zu gelangen.
Nur Campinggäste dürften herein, sagte der Wachmann am
Tor. »Faschist!« gröhlte der Betrunkene. Das wollte der
Wächter sich nicht bieten lassen. Er jagte schwerfällig in der
Dunkelheit hinter dem Betrunkenen her und versuchte mit
einem gefalteten Regenmantel auf ihn einzuschlagen. Ich
schaute hinter dem ungleichen Paar her.

Als ich durch die Pforte ging, benützte eine hünenhafte
Gestalt die Abwesenheit des Wachmannes und schlich sich
neben mir mit zwei Dosen Bier herein. Sascha war Mathematiklehrer. Er war hager und sah gut aus mit schwarzem
drahtigem Haar und einem kleinen Oberlippenbart. Die
wachsamen, unruhigen Augen zeigten, zusammen mit den
knochigen, vorwärtstreibenden Bewegungen seines Körpers,
eine unterdrückte Frustration. Wir tranken das Bier gemeinsam in meinem Häuschen.

Sascha wollte einfach plaudern, seinen Ärger über die Welt
um ihn her und die Armseligkeit dieses Ortes ausgießen. Die
Zustände in seinem Land würden immer schlimmer, sagte er.
Seit sieben oder acht Jahren ginge es mit der Wirtschaft bergab. Die Verbitterung brach aus ihm heraus. Da gebe es Städte,
nur eine Tagesreise von Moskau entfernt, wo man weder
einen Fetzen Fleisch noch Fisch oder Obst kaufen könne. Die
Gehälter seien seit acht Jahren so gut wie eingefroren, aber

die Preise seien steil gestiegen. Die gegenwärtige Führung sei so unfähig, er könne sich kaum ihre Namen merken.

Drei oder vier Mal sprang er hoch und riß die Hüttentür auf. Jedes Mal blies nur die Nachtluft zu uns herein, die plötzlich kalt geworden war. »Ich dachte, ich hätte etwas gehört. Haben Sie nichts gehört?« Einen Augenblick starrte er hinaus auf die schwarzen Büsche und hinauf zu den Sternen, dann stieß er die Tür wieder mit dem Fuß zu. Ich war über das Risiko erstaunt, das er bewußt auf sich nahm, um einmal frei heraus reden zu können. Seit Alexander hatte ich nicht einen einzigen Russen kennengelernt, der mit dem System zufrieden war. Die Hungersnöte der Kriegszeit gingen den Menschen nicht aus dem Kopf, und die Nahrungsmittelknappheit war seither in aller Munde. Selbst in Moskau hatte ich nur bescheidene Fleischwaren gesehen: Würste und dürre Hähnchen, und allenthalben gab es diesen Fisch in Dosen, von dem die Moskauer sagen, er sei ungenießbar. Das Versagen der Volkswirtschaft – einige nannten es Talfahrt, andere sprachen von Stagnation – stand im Mittelpunkt einer jeden vorsichtig geführten Unterhaltung.

Sascha gehörte zu denen, sie sind im Zunehmen begriffen, die mit Nostalgie auf die Stalinherrschaft zurückblicken. »Chruschtschow hatte Unrecht, als er ihn anklagte. Stalin war ein starker Mann, ein großer Mann. Und wer war Chruschtschow? Bloß ein Hanswurst.« Sascha war zu jung, um sich richtig an die Stalinzeit zu erinnern: sowohl an die niederen Lebensstandard als auch an den Terror. Ihm gefiel einfach die Vorstellung eines mächtigen Herrschers, denn dessen Stärke würde auch seine Stärke sein. Er teilte die alte russische Sehnsucht nach einem Zaren oder einem Gott, nach jemandem, der dieser Nation statt der überkommenen Wirrnis und Gleichgültigkeit eine Ordnung auferlegte. Das war altbekannt. Als Stalin starb, wurde ein ganzer Teil der Bevölkerung fast von Panik ergriffen, wie Kinder, die schutzlos zurückblieben; und ein Engländer des sechzehnten Jahrhunderts schrieb über Iwan den Schrecklichen, »kein Fürst der Christenheit werde mehr gefürchtet von den Seinen als er, aber auch keiner mehr geliebt«.

Ich sagte geradeheraus, Stalin sei ein Ungeheuer gewesen.

»Aber wir brauchen ihn«, beharrte Sascha. »Wir brauchen diese Strenge und Ordnung. Haben Sie die Stalinaufkleber auf Privatautos gesehen? Nun, die nehmen zu. Vielleicht wollen die Leute nicht einmal einen neuen Stalin, ich weiß nicht. Aber das ist auch eine Art, gegen das jetzige Regime zu protestieren.«

Wir hörten draußen Schritte im Gras. Er sprang an die Türe. Im Türrahmen stand ein dickes Mädchen mit kastanienfarbenem Haar, das uns mit belustigten Augen anblickte.

»Ach, du bist's bloß, Vera. Komm herein.«

Sie warf sich auf die Pritsche.

»Sie ist nett«, sagte er.

Sein Ärger machte sich weiterhin in etwas gedämpfteren, zusammenhangslosen Sätzen Luft, während er sie betrachtete. Hinter seiner Verdammung lag ein stiller Neid auf Westeuropa, das er sechs Jahre zuvor in einer überwachten Gruppe besucht hatte. »Aber es nützt zum Beispiel gar nichts, *ihr* das zu erklären. Sie hat diesen Teil des Landes nie verlassen. Es ist für jeden, der noch nicht draußen war, unmöglich, das zu verstehen.« Sie erwiderte sanftmütig sein Lächeln. Jeder Russe, der den Westen besucht hat, wird von dem Kontrast zwischen West und Ost niedergeworfen und auch davon, daß er ihn anderen einfach nicht mitteilen kann. Es ist besser, einmal zu sehen, als hundertmal zu hören«, pflegen sie zu sagen. Aber nur wenige von ihnen wollen für immer weg.

Saschas Widerwillen gegen seine Umgebung entsprang seinen persönlichen Kümmernissen. Er verdiente kaum genug, seine beiden kleinen Töchter und seine Frau, die er nicht liebte, zu ernähren. »Manchmal stocke ich mein Einkommen auf, indem ich nachts Waggons entlade. Damit kann ich in acht Stunden dreißig Rubel verdienen – das ist der Wochenlohn eines Schullehrers! Ärzte und Lehrer verdienen hier be-

sonders schlecht. Ich sagte zu meiner Frau, ich würde heute nacht abladen helfen und erst morgen früh zurück sein.« Er legte dem Mädchen eine Zigarette in den Schoß und ließ seine Hand dort liegen. »Meiner beiden Töchter wegen bleibe ich bei meiner Frau. Aber wenn man nicht manchmal rauskommt, wird man verrückt. Da habe ich diese Nächte draußen – beim Abladen der Waggons … mit Mädchen …«

Die Scheidungsrate ist erschreckend hoch. Ein Drittel aller jungen Ehen in der Sowjetunion scheitert innerhalb des ersten Jahres. Hierfür wird der Alkoholismus, allzu beengte Wohnverhältnisse und der Umstand, daß die Frauen arbeiten, verantwortlich gemacht. Aber jeder Fall, dem ich begegnete, war noch wesentlich komplizierter oder ließ diese Gründe einfach irrelevant erscheinen. »Ich war bis über beide Ohren in meine Frau verliebt«, sagte Sascha, »aber wir waren grundverschieden. Sie kommt nämlich aus einer Familie von Zahnärzten. Die blieben immer unter sich. Aber meine Eltern waren richtige Arbeiter. Mein Vater war Gerber, das Herz immer auf den Lippen, und bei uns daheim war das ein einziges Kommen und Gehen. [Ein subtiler Klassenunterschied: ein Zahnarzt verdient weniger als ein Gerber.] Mein Vater wußte, daß ich unglücklich werden würde. Er starb kurz nach unserer Hochzeit. Ich glaube, es hat ihm das Herz gebrochen.«

Saschas sensible Züge hatten sich verhärtet; er suchte bei mir Mitgefühl. Aber ich stellte mir seine Frau vor, eine Lehrerin, wie sie von der Arbeit zurückkommt, um die Kinder aus der Tageskrippe abzuholen, dann zurückkehrt in die leere Wohnung, um den Kindern ihr Essen zu geben und sich um sie zu kümmern. Die gerühmte Gleichheit der russischen Frau ist eine Täuschung.

»Ja, es ist schwerer, als Frau im Leben zu stehen, denn als Mann«, sagte Sascha. »Wir denken mehr an uns.« Er sah nicht danach aus, als ob er dies ändern wollte.

Wir wechselten das Thema und lachten über die Politik – die in seiner Welt und die in meiner –, denn wir trauten keiner von beiden. Dann erhob er sich, um zu gehen. Er wollte früh

am nächsten Morgen seine Töchter zum Schwimmen in die
Wolga mitnehmen. »Ich hab' meiner Frau gesagt, ich würde
gegen zwei Uhr zurück sein.« Aber es war erst Mitternacht.
Auch Vera war aufgestanden. Er drückte mir die Hand, als er
ging. »Sie sind überhaupt nicht wie ein Engländer«, sagte er.
»Sie sind mehr wie ein Russe!«

Ich nahm das, was er damit sagen wollte – daß ich die Scheu
abgelegt hätte – dankbar auf, und schaute den beiden nach,
wie sie am Ende des Pfades verschwanden.

In meiner Hütte schwirrten die Mücken hin und her. Ich
ging mit einem gefalteten Exemplar der ›Iswestija‹ auf sie los
und breitete dann meinen Schlafsack auf der Holzpritsche
aus. Dankbar dachte ich an Sascha. Diese intensiven Unter-
haltungen in Campinghütten oder in kleinen Wohnungen,
hastig geführt, hatten für mich etwas Erlösendes. Ich spürte,
wie Angst und Argwohn, die ich unbewußt mit mir herumge-
tragen hatte, sich auflösten. An der Tiefe meiner Freude darüber erkannte ich, wie groß die Angst gewesen war. Das
Wesentliche des Fragens und Antwortens waren weniger die
Fakten und Argumente als der Austausch menschlicher
Empfindungen, die Russen wurden für mich Menschen aus
Fleisch und Blut.

Am nächsten Morgen bummelte ich durch die Stadt.
Kalinin, früher Twer geheißen, war einst eine kaiserliche
Postkutschenstation zwischen St. Petersburg und Moskau
und breitet sich heute im müdegewordenen Glanz des Klassizismus entlang der Wolga aus. Es war ein Sonntag, und
Tausende von weißen, sonnenbadenden Körpern machten
die Flußufer zu richtigen Stränden. Im ›Park der Ruhe und
Kultur‹ verkauften alte Frauen rote und weiße Gladiolen. Die
Ruhe wurde gestört aus Lautsprechern, die ihre politischen
Tiraden verströmten, denen niemand zuhörte, und die Kultur
beschränkte sich auf ein Freilichttheater, auf dem nichts geschah; auf seinen Rängen saßen Familien und starrten mit
dem gewohnten Ausdruck von Leere auf die Bühne. Auch in
diesen staubigen Gärten waren am Eingang eine Ehrentafel

und ein onkelhaftes Bild Lenins aufgestellt worden. Etliche Tische standen nebeneinander im Freien, dort spielten Männer mittleren Alters Schach. Unweit davon fuhren kleine Buben Autoscooter, ohne dabei zu johlen oder Zusammenstöße mutwillig herauszufordern; statt dessen zogen sie in bedächtiger und höflicher Zeremonie ihre Kreise, und es gab kaum Lärm. Die politischen Reden aus den Lautsprechern wurden durch martialische Marschlieder voller Patriotismus abgelöst, die von einem Sendungsbewußtsein sprachen, das mich frösteln machte. Zusammen mit Volksliedern in schönen Baßstimmen, die Schaljapin nacheifern, sind sie die tägliche Kost aller ›Parks der Ruhe und Kultur‹, und sie sind für mich mit der Erinnerung an meine Reise durch Rußland unweigerlich verbunden.

Ich wurde von einem Auflauf um eine Gruppe kleiner Mädchen angezogen. Makellos, in Kleidern mit weißen Krägelchen und weißen Söckchen, das Haar zu einem Schwänzchen mit Schleifen gebunden, knieten sie auf dem Spielplatz und malten mit Kreide Bilder auf den Asphalt. Das Zeichenmotiv – es war ein Wettbewerb – lautete: ›Friede‹; und die Jury, ein Trio freundlich dreinblickender städtischer Bediensteter, wurde von den Müttern bedrängt. Die Mädchen waren ganz still. Sie zeichneten ihre Bilder mit dem gleichen Ausdruck gesetzter Feierlichkeit wie die Jungen sich in ihren Autoscootern verhielten. In die Ecke eines jeden Bildes schrieben sie ihren Namen und das Alter.

Ich betrachtete die Zeichnungen neugierig, als ob ich einer ganzen Generation in Herz und Verstand blicken wollte. Sie ähnelten einander auf herzzerreißende Weise. Die meisten zeigten den Olympia-Bären Mischa mit runden Ohren und wuscheligem Fell unter der Überschrift: ›Die Olympischen Spiele bedeuten Frieden.‹ Ein paar wenige Katzen und Blumen erschöpften ihren Vorrat an Phantasie. Über diese Bilder hatten die fünf- oder acht- oder zehnjährigen Kinder geschrieben: ›Friede‹ oder ›Friede der Welt‹. Sie hatten nichts gezeichnet, was wirklich aus ihnen kam.

Ein älterer Herr, mit dem ich zuvor geplaudert hatte, nahm mich sanft am Arm. »Sie werden jetzt bestimmt verstehen, wie sehr wir den Frieden wünschen«, sagte er. »Ich hoffe, Sie werden das Ihren Leuten daheim erzählen.«

Ich konnte seine Aufrichtigkeit nicht bezweifeln, aber ich starrte weiter auf die Bilder. Vielleicht war ich so verquer, daß ich um jeden Preis etwas Leeres oder Erschreckendes finden wollte. Die Zeichnungen schienen mir nur angelernte Phrasen und Symbole, eine wie die andere. Diese Kinder, das spürte ich, könnten ebensogut ›Krieg‹ hingeschrieben haben. Ich wünschte dem Mann zu sagen, daß, während diese weißstrumpfigen Unschuldslämmer ihre Bären auf den Teerstreifen von Kalinin malten, sowjetische Gewehre in den Bergen des Hindukusch Afghanen mordeten.

Doch unterdessen waren die Kinder zu ihren Eltern hingelaufen, oder sie standen in kleinen Grüppchen beieinander und betrachteten die Bilder, die sie für ihre eigenen hielten. Ein einzelnes frühreifes Mädchen hatte etwas anderes hingemalt. Ihr Bild zeigte eine Bombe, umgeben von grotesk aussehenden Amerikanern mit Zylindern, deren Knopfaugen über gemästete Backen hinwegschielten, im Mund Zigarren. Darüber stand ein weiterer aktueller Regierungsslogan: »Nein zur amerikanischen Neutronenbombe«, und darunter: »Gezeichnet von Anna, neun Jahre alt«.

Verschwommen im Nieselregen, auf viele Kilometer hin, lief die Straße über das leichte Atmen der Ebene dahin, durch Weideland und regenverblichene Wälder auf *Nowgorod* zu. Die blassen Kuppeln der Stadt konnte ich bereits erkennen, als eine junge Frau vom Straßenrand in die Mitte der Fahrbahn torkelte und dort mit niedergeschlagenen Augen stehenblieb, als wolle sie den Tod herausfordern. Als ich anhielt, kam sie herbei und klopfte mit beringten Fingern kläglich an das Wagenfenster. Sie war nicht lebensmüde – nur herrlich betrunken. Sie wollte nach Nowgorod mitgenommen werden. Da mein Beifahrersitz zu einer Liegefläche umgebaut war,

kletterte sie mit ihrem Strauß welker Blumen auf den Rücksitz und schlang die Arme um meinen Hals, während wir
weiterfuhren. Die Arme waren weich und schlank. Sie war
weder hübsch noch häßlich, die Augen öde hinter Gläsern.
Ihre Rede war ein atemloses, musikalisches Schwatzen.»Ich
bin besoffen«, sagte sie schamlos. »Aber ich kann Ihnen den
Weg zeigen. Ich bin verrückt, das sollte ich Ihnen sagen. Ich
bin unglücklich, das ist's nämlich, wenigstens sagen meine
Eltern so.« Sie begann zärtlich mit meinen Ohren zu spielen.
    »Wo ist Ihr Freund?« fragte ich.
    »Er schreibt mir nicht. Er ist Kampfpilot, in Polen. Ich
mach' mir Sorgen, oh Gott, ich mach' mir solche Sorgen. Wo
ist Ihre Freundin? Sind Sie allein?« Sie drehte ihren Kopf, als
ob einer der Sitze vielleicht eine Frau freigäbe. Dann kehrte
sie zu den Ohren zurück. »Ich bin so froh, daß ich Sie getroffen habe. Wo wollen wir hingehen? Meine Eltern haben
soeben eine neue Wohnung bekommen. Ich weiß nicht, ob
sie gerade dort sind oder in der alten ...«
    Im Rückspiegel ließ ihr bebrilltes Gesicht im schlaffen
Oval ihres Haares eine Art zweifelhafter und intelligenter
Sirene ahnen. Als wir nach Nowgorod hineinfuhren, zeigte
sie auf die Sehenswürdigkeiten, wobei sich ihre Fingernägel
in meine Schultern gruben. »Das ist die Kirche vom hl. So-
undso ... und dort das Hauptquartier des KGB ... hehehe ...
Ich bin nicht wirklich betrunken, oder etwa doch? ... Und
dort steht der alte Lenin ...« Sie machte mit ausholendem Arm
eine Bewegung nach vorn. »Da drüben hab' ich mal gearbeitet ... Ich arbeit' immer noch manchmal ... und manchmal
gehe ich mit jemand ins Bett ... Fahren Sie hier nach rechts ...
Probieren wir's mit der neuen Wohnung.« Sie zog die Brille
bis übers Kinn herab und rieb sich die Augen. »Ich hoffe, Sie
haben nichts gegen mich ... Ich werde Sie nie mehr wiedersehen, das ist mir klar ...«
    Wir erreichten die Wohnung über einen Hinterhof, wo
Männer unter zerzausten Bäumen eine Art Backgammon
spielten. Diese riesigen Wohnblöcke sind ein Paradies für

Neugierige – wir gerieten in ein Kreuzfeuer von Wißbegierde –, trotzdem wissen die Leute oft nicht einmal den Namen ihrer Nachbarn, das alte gemeinsame Dorfleben hat aufgehört. Ich war erleichtert, die beiden Brüder des Mädchens anzutreffen, die gerade am Eingang gegen einen Haufen unansehnlicher Möbel und Bücher ankämpften. Sie stolperte durch die schmalen Zimmer. Nach sowjetischen Vorstellungen war die Wohnung geräumig, und sie krähte vor Freude bei dem Gedanken, jetzt ein Zimmer für sich zu haben. Bisher hatte die ganze Familie in einem Raum geschlafen.

Als ich zu gehen versuchte, blickte sie mich mit unbestimmter Traurigkeit an, bat mich sodann, sie zu ihrer alten Wohnung zu fahren und setzte sich entschlossen wieder auf den Rücksitz meines Wagens. Tränen begannen über ihre Wangen herabzurollen. Ich wußte nicht, was ich tun sollte. Der sexuelle Puritanismus geht hier seltsamerweise Hand in Hand mit bäuerlicher Freizügigkeit, und das kann zugleich plump und rührend sein. Vor allem die jungen Menschen leben hier in einem lebhaften Helldunkel von Prüderie nach außen hin und Libertinage im Privaten.

Neben uns hielt eine Lada-Limosine. Darin saßen ihre Eltern: eine steinerne Mutter und ein glatzköpfiger Vater mit autoritären grauen Augen.

»Das sind sie«, sagte sie. Ihre Stimme hatte sich zu einem kläglichen Flüstern gesenkt. »Sie sind wütend, weil ich in einem ausländischen Wagen sitze.«

Das waren sie. Auf der Hinterbank saß ein schreckliches Paar Großmütter mit gorgonenhaften Blicken, die zusammen mit den Eltern in Beschimpfungen ausbrachen, bis das ganze Auto einer wütenden, empörten Hydra glich. Ich ging zu ihnen hin, um zu erklären, aber sie blickten absolut durch mich hindurch, in unterdrückter Wut, voller Scham über ihre neurotische Tochter.

Jetzt stand das Mädchen neben mir. »Mutter.« Sie klopfte mit den Fingern an die Wagentür, wie sie es auch bei mir gemacht hatte. »Mutter …« Zitternd warf sie ihren zerfledderten

Blumenstrauß durch das zu einem Viertel geöffnete Fenster.
Die Mutter packte ihn wild und warf ihn nach hinten. Das
Mädchen wandte sich zu mir. »Auf Wiedersehen«, sagte sie
undeutlich. »Adieu. Sie sind so … so sehr …«

Sie war, dachte ich mir später, die modernste Russin, der
ich begegnet war. Sie hätte ebensogut irgendein junger
Mensch aus der verlorenen Generation des Westens sein
können. Und Nowgorod schien an diesem Abend Mitgefühl
mit ihr zu haben, sich düster seiner Armut bewußt zu sein.
Auf den Straßen einige wenige, eilige Menschen. Die leeren
Räume der Landschaft schienen in die Stadt eingedrungen
zu sein. Straßen, Gebäude, Plätze – alles war größer als die
Menschen.

Die Altstadt bewahrt ihre gepflegte keimfreie Schönheit.
Sie wird instandgehalten, gereinigt, umsorgt. Der Wolchow
teilt sie. Auf dem Westufer bricht der Kreml, ihr fürstliches
Herz, aus dunklen Bäumen hervor. Auf dem östlichen mar-
kiert eine Gruppe von Kirchen das alte Kaufmannsviertel.
Nowgorod wurde groß wie die Hälfte dieser Städte des
Nordwestens, als ein Handelsposten zwischen Ostsee und
Schwarzem Meer. Regiert wurde die Stadt von dem hoch-
mütig-republikanischen Geist seiner *veche*, einer Versammlung führender Bürger, deren Versammlungsort, bewacht
von einem achteckigen Turm, noch immer am Flußufer steht.
Ein praktischer, irdischer Geist durchzog diese Stadt fast
schon seit ihren Anfängen. »Herr Nowgorod der Große«, wie
seine Bürger sie nannten, war die einzige Republik in Rußland. »Wenn der Fürst nichts taugt – in den Dreck mit ihm«,
sagten sie. Die Kirchen entlang der Uferbänke wurden nicht
von Bojaren erbaut, sondern von den Zünften der Kaufleute.
Zu ihrer Glanzzeit besaß die Stadt vierhunderttausend Einwohner.

Die ältesten erhaltenen Briefe eines ihrer Bürger, geschrieben auf ein Stück Birkenrinde im vierzehnten Jahrhundert,
sind bezeichnend für ihren Pragmatismus: »Befehl an Gri-
gorij: Ich hab' Dir einen Eimer Stör gesandt.« »Grüße an

Vater und Mutter: Sobald Du das Haus verkauft hast, kannst
Du nach Smolenks oder Kiew gehen. Brot ist hier billig ...«

Selbst ihre Ikonen verraten ihre Sachlichkeit. Die aus
Wladimir und Susdal, Nowgorods Rivalen, sind durchdrungen von einem kühlen patrizischen Lyrismus; sie bevorzugen
lila-braun und silbergrau, und ihre gemalten Propheten
scheinen in einem himmlischen Ballett mitzutanzen, dessen
choreographische Leitung in Konstantinopel oder im Paradies
liegt. Nowgorods Ikonen hingegen sind robust und empha-
tisch, voller Lebensfreude. Machtvolles Scharlachrot, Gelb
und ein lebhaftes Blaugrün herrschen vor. Sie sind am typisch-
sten, wenn sie Aktion zeigen. Dies sind die Ikonen eines
Bauernvolkes: warm, sinnlich, patriotisch. Ihre Jungfrauen
und Apostel stehen mit beiden Füßen auf der Erde, bereit zu
nüchternen Verhandlungen. Man argwöhnt, daß das wirkliche Handelsgut dieser clever aussehenden Heiligen nicht
menschliche Seelen sind, sondern Flachs oder Teppiche.

Ich stelle mir vor, daß die Züge dieser heiliggesprochenen
Geschäftsleute in den Einwohnern von heute weiterleben.
Aber das war ein anderes Gesicht, das an diesem Abend, als
ich mich auf dem Campingplatz niederlassen wollte, durch
meine Windschutzscheibe blickte. Umgeben von goldenen
Haaren wie von einem Heiligenschein schauten mich braune
Augen in fragendem Erstaunen an. Ich öffnete die Tür, und
das sanftmütige Löwengesicht kam auf mich zu. Sein Ausdruck lag zwischen Scheu und Vertrauen.

»Sie sind der Engländer?« Wadim sprach fließend Englisch.
Er war Ingenieur in einer unweit gelegenen Fabrik, deren
Tore beschlagen waren mit Parolen, mehr zu arbeiten. Er
hatte erfahren, daß ein Engländer in Nowgorod eingetroffen
sei, und er wollte sehnlichst Bücher haben. Ob ich, per Zufall,
die Romane von James Hadley Chase bei mir hätte. Oder
vielleicht Dickens oder Lawrence ...

»Ich kann hier keine englischen Romane bekommen, und
unsere eigenen sind hoffnungslos öde.« Er ließ sich in meinem
Wagen nieder und holte zwei Flaschen Wodka aus seinen

Taschen. »Da, wir wollen uns besaufen. Haben Sie eine Tasse?« Wir gluckerten abwechselnd aus einem Plastikbecher. »Das ist ein schlimmer Fusel«, sagte er, »Das Zeug schmeckt mir nicht, aber ich suche das Vergessen.«

Wir fingen also an zu trinken – Wodka, dieses farblose, unschuldige Wässerchen. Er ist der Fluch und der Segen Rußlands, eine das eigene Ich auslöschende Flucht aus Langeweile und Leere, aus nimmer enden wollenden Winternächten und den noch längeren, dunkleren Nächten der Seele. Getrunken wird in ausgelassenen, dumpfen, hemmungslosen Sauforgien, mit der vollen Absicht, alles aus dem Gedächtnis schwinden zu lassen. Es bleiben nur leere Flaschen übrig. Die Gläser werden stets in einem Zug geleert, und es gibt kein Aufhören, bis nicht die letzte Flasche ausgetrunken ist. Der Alkoholismus ist verantwortlich für mehr als die Hälfte aller Verkehrsunfälle und ist beinahe bei allen Morden im Lande im Spiel. Er hat auch Auswirkungen auf die Kindersterblichkeit und verringert die Lebenserwartung der Männer. Bereits im neunten Jahrhundert, so heißt es, als sich die Russen vor die Frage gestellt sahen, welche Religion sie annehmen sollten, wiesen sie den abstinenten Islam erschaudernd zurück. »Trinken ist Rußlands Vergnügen«, erklärte ihr Fürst, »ohne das können wir nicht leben.« Und seit dem sechzehnten Jahrhundert waren Reisende darüber erstaunt, wie die Moskowiter das Trinken wie einen selbstmörderischen Sport betrieben, wie Staatsbankette damit endeten, daß der gesamte Zarenhof unter dem Tisch lag, und wie Betrunkene tot auf der Straße zusammenbrachen.

Was mich anbelangt, so war mein Kopf sofort benebelt, verwandelt zu wohltätiger Schwerelosigkeit auf Schultern ohne Gewicht; meine Stimme glich Holzbläsern, die ihr Instrument vor einem Konzert stimmen, welches niemals stattfindet; und mein Blickfeld zog sich auf das cherubimhafte Gesicht meines Gastgebers zusammen, das anfing, sanft um seine traurigen, braunen und noch immer erstaunten Augen zu kreisen. Wir plauderten über Pop-Gruppen im Westen, über die ich nicht viel wußte. Trotzdem vernahm ich schwach, wie ich mich über Pink Floyd, die Rolling Stones und verschiedene andere Gruppen ausließ, die ich erfunden haben mußte. Wir ließen sie alle hochleben.

Nur einmal verirrte sich Wadims Gespräch in die Politik. Er sagte, denen in Moskau glitte die Führung aus den Händen. Ich spitzte ein besoffenes Ohr. »Wieso?« fragte ich.

»Diese ganze Propaganda«, murmelte er, »zum Kotzen. Gleichheit! Ich sag' Ihnen, unweit von mir leben Leute, die beinahe Millionäre sind ... vier oder fünf davon ... Apropos, kennen Sie diese schwarze amerikanische Gruppe? ... Natürlich nehmen diese Millionäre ihren Reichtum nicht aus ihren Gehältern ... sie betreiben alle irgendein Geschäft im Untergrund, verkaufen irgendwelches Zeug auf dem Schwarzmarkt ... Machen wir noch die andere Flasche auf ...«

Drei Stunden später fuhr ich Wadim durch die Dunkelheit zurück zu seiner Wohnung. Ich war fürchterlich betrunken. Ich tastete mich auf der Straße wie ein Maulwurf voran, konzentrierte mich auf die schwächlichen Lichtkegel meiner Scheinwerfer. Mein Kopf war eine Gasblase, die im Nichts trieb. Betend, daß mich die Polizei nicht anhielt, ließ ich Wadim zwei Straßen vor seiner Wohnung aussteigen, wie er wünschte. Mit Ausländern zu plaudern sei gestattet, sagte er, aber man sähe es nicht gern. Nowgorod sei sehr provinziell. Wir machten aus, uns am übernächsten Tag zu treffen, und er verschwand torkelnd in der Schwärze.

Den ganzen nächsten Tag lag ich wie ähnlich Leidende ausgestreckt in dem Park, der den Kreml der Stadt umgibt. Vom Wodka heißt es, er hinterlasse kein Kopfweh, nur eine schmerzlose Betäubung; doch mein Kopf dröhnte und meine Augen schienen wie mit Blei gefüllt. Von Zeit zu Zeit hob ich die Lider und schaute hinüber zu der ausgedehnten Festung über dem Wall mit hohem Gras und Büschen, vor dem sich ein sumpfiger Wassergraben voller Schmetterlinge und gelber Blumen dahinzog. Untersetzte Mauertürme mit Dächern in Hexenhutform und kleinen vergitterten Fenstern verstärkten den altersgrauen Kreis der Mauern, die sich über einen Kilometer erstreckten und die Innenstadt oberhalb ihres stahlhellen Flusses umschließen. Auf dem Ostufer blubberten die Kirchen des Kaufmannsviertels empor, in einer Fantasia von Kugeln und Kegeln, runden Türmen, Zwiebelkuppeln und Spitzen; meine wodkagetrübten Augen nahmen nur schwach die ausgehöhlten Arkaden eines Marktes aus dem siebzehnten Jahrhundert wahr – eine letzte Erinnerung an jene laternenbehängten Buden und vielfarbigen Zelte, in denen einst um Gewürze und Sklaven auf der Nowgoroder Messe gefeilscht wurde.

Traurigkeit durchweht die Bauten des Kreml. Sie stehen inmitten weiter Grasflächen, verschlossen und mit Brettern vernagelt. Die Heiligenfresken an den Wänden der Verklärungskirche sind zu Schatten verblichen, ihre Ausstrahlung ist verschwunden; und den Narthex der St. Nikolaus-Kirche hat man zu einem der Museen des Atheismus gemacht, die zwischen den Kriegen so verbreitet waren. Ich fand ein Plakat, auf dem ein Priester in Gestalt einer schwarzen Fledermaus seine Gemeinde zurückhält, während neben ihr eine Rakete zum Mond emporschießt.

Die Kathedrale aus dem elften Jahrhundert ist ebenfalls leer. Ihr Christus blickt mit verlorener Süße herab. In den gewölbten Kammern des Facettenpalastes, dessen Wände von düsteren Fresken bedeckt sind, fand die stolze Republik Nowgorod ihr Ende. Der wachsenden Macht Moskaus 1478 unterlegen, wurde ihr unabhängiger Geist zuletzt von Iwan dem Schrecklichen gebrochen, der sechzigtausend ihrer Bürger abschlachtete und ihre führenden Bojaren und Geistlichen zu einem Bankett in seinen Palast lud, wo er sie mitten in der Orgie massakrieren ließ. Zu Beginn des siebzehnten Jahrhunderts zählte die Stadt lediglich zweitausend Seelen, verlorene Geister in der Schale der halbvergessenen Stadt.

Die Kirche der Fürsprache lehnt sich an einen der Kremltürme. Am Tag bevor ich nach Leningrad weiterfuhr, schlug Wadim vor, wir sollten uns dort zum Abendessen treffen. Die

Kirche war zu einem Restaurant umgestaltet worden. Stiegen und eingezogene Böden verbanden sie mit dem Turm. In der klösterlichen Atmosphäre von roh gezimmerten Bänken und schmiedeeisernen Leuchtern schlürften die Gäste Borschtsch und Soljanka in Räumen, wo einst den Cherubimen zugejubelt wurde.

Wadim war nervös. Er hatte einen Tisch in einem dämmrigen Anbau bestellt und gehofft, wir könnten ungesehen miteinander plaudern. »Vermutlich werden die Leute hier Sie für einen Esten halten«, sagte er zu seiner eigenen Beruhigung. Esten seien groß und schlank wie ich, fügte er hinzu, und sie sprächen schlecht Russisch.

Eine Zeitlang teilten wir den Tisch mit einer Familie aus einem Gebiet in der Nähe der Mongolei in der Nähe des Baikalsees; der Vater war Elektriker. Sie besuchten zum ersten Mal den europäischen Teil Rußlands, und die Vornehmheit des Lokals beeindruckte sie gewaltig. Der verschlafene kleine Junge mir gegenüber lud mich ein, mit ihnen heimzufahren und auf die Bärenjagd zu gehen. Dies brachte ihm eine Schimpfkanonade seiner verschämten Mutter ein, die alle Äusserungen ihres Kindes zu unterdrücken suchte: »Spiel nicht mit dem Besteck ... Nimm die Ellbogen vom Tisch ... Kratz dich nicht am Hals ... Bärenjagd, wie kannst du nur? ... Der Genosse geht bestimmt sowieso genug auf die Jagd ...«

Wadim war erleichtert, als sie aufstanden, und plötzlich bestellte er Getränke für ein ganzes Gelage: georgischen Weißwein, Branntwein, etliche Fruchtsäfte und einen Krug Meet. Er sah aus, als ob er sich für die Nacht hier niederlassen wollte. »Der Wodka hat Sie also bös getroffen«, sagte er. »Das nächste Mal müssen Sie am Morgen etwas mehr trinken. Das vertreibt den Kopfschmerz.« Nachdenklich zupfte er an seinem goldfarbenen Schnurrbart. »Wodka kann die meisten Leiden heilen, aber er kann einen dafür auch umbringen. Wir nennen ihn ›die grüne Schlange‹, ich weiß nicht recht warum, und die Trunkenheit ›das weiße Fieber‹.« Er blickte zur Decke hinauf. »Wissen Sie, daß ich zum ersten Mal in einer Kirche bin? Meine Frau wünschte sich eine kirchliche Trauung, und mich hätten sie dafür aus dem Komsomol ausgeschlossen.«

Zwei Stunden später waren Meet und Wein zu Ende, und der Branntwein gluckste melodisch in unsere Gläser und von da in unsere Kehlen. Wadims Wangen trugen das Licht des Sonnenuntergangs, aber seine Augen blieben verloren. Er fing an, über das System zu klagen. Mit diesen Jeremiaden war ich mittlerweile vertraut. Sie klangen nach tödlicher Langeweile und Enttäuschung. Keine Rebellion, kein Blick nach vorn. Es wurde auch kein Wandel erwartet. Dabei waren es vor allem Klagelieder junger Leute. Mir kam es vor, als ob die Hälfte der Energien dieser Nation in Bitterkeit und Suff ertränkt oder erst gar nicht erwachen würden.

»Bürokratie sagen Sie!«– Wadim befeuchtete den Gedanken sofort mit einem Schluck Branntwein – »Haben Sie unseren Palast des Sowjets auf dem Hauptplatz gesehen? Sieht aus wie ein Berg und beherbergt Tausende von Verwaltungsangestellten, wo fünf genügen würden. Wir haben für jeden Arbeiter zehn, die die Arbeit organisieren.«

Ich brummte etwas von wegen Änderung und Wandel vor mich hin.

»Wandel! Wie kann sich hier etwas ändern? Nicht einmal bei den Wahlen für den örtlichen Sowjet, die ja wirklich nicht viel zu bedeuten haben, gibt es eine freie Entscheidung. Die zwei oder drei Kandidaten sind bereits aufgestellt. Theoretisch kann man zwar ablehnen, aber dazu müßte man zu der Wahlkabine nach vorne gehen, und das würde jeder sehen. Und natürlich ist auch der KGB da.«

Diese Vorstellung von einer dschungelhaften, unüberwindbaren Bürokratie reicht bis hinunter zu den bescheidensten Leuten. Die asiatische Wertschätzung einer ›Stellung‹ hat Rußland jahrhundertelang durchdrungen. Hinter Millionen von Schreibtischen und Ladentresen blicken einen die Gesichter behaglich inthronisierter Mediokrität an, und schaffen um sich her einen Bereich eigener Autorität, indem sie einem in wichtigen Augenblicken den Dienst versagen.

Vielleicht ist die fixe Idee, alles zu regeln und zu überwachen, die Kehrseite einer natürlichen, eingeborenen Anarchie. Ich erinnerte mich an die Worte Nikolais in Moskau: daß das System ohne Zwänge auseinanderfliegen würde. Erst am Abend zuvor war ich Augenzeuge eines Vorfalls geworden, der wie ein Schattenspiel ablief, so völlig geräuschlos und geisterhaft. Ich ging auf einem der Boulevards, als ich sah, wie an einer Straßenecke drei große Wagen hintereinander anhielten. Eine Minute später wurden acht oder zehn Fabrikarbeiter von Polizisten und Hilfspolizisten mit roten Armbinden in die Wagen gestoßen. Ihre Bewegungen waren von einer verbissenen Ergebenheit. Nur ein großer Mann rief mir noch etwas zu, was ich nicht verstand. Er wurde sofort an beiden Handgelenken gepackt und weggezogen. Weiter unten in der Straße sah ich, wie andere Polizeiwagen weitere Opfer abtransportierten. Kurz darauf waren sie verschwunden; mich hinterließen sie in einem unwirklichen Gefühl, als sei ich soeben aus einem Traum erwacht. Der Boulevard hatte sich unterdessen geleert. Der einzige andere Zeuge, der sich noch nicht entfernt hatte, war ein hinkender Straßenarbeiter; doch als ich ihn nach dem Grund der Festnahmen fragte, sagte er bloß: »Sie nehmen sie zu Dutzenden fest«, und wandte sich ab. Ein paar unheimliche Augenblicke lang hatte sich in dem gleichmäßig dahinlaufenden Leben eine Kluft aufgetan und sich sodann wieder geschlossen. Eine Erklärung gab es dafür nicht: eine kafkaeske Pantomime. Es sah aus, als hätten Opfer und Häscher zusammengearbeitet, so ruhig und unvermeidlich war alles abgelaufen. Solche Augenblicke sind so böse, weil sie so heimlich ablaufen. Über sie wird nie berichtet.

»Es stimmt, daß wir lernen, zwischen den Zeilen unserer Zeitungen zu lesen«, sagte Wadim, der von diesem Vorfall nichts wußte, »aber wie können wir auch etwas erfahren, wenn überhaupt keine Zeilen veröffentlicht werden?«

In der späten Nacht, als er vielleicht seinen *cri de cœur* über sein Land und seine Stadt schon wieder bedauerte, sagte er plötzlich: »Aber ich liebe Nowgorod mehr als irgendeinen Fleck auf dieser Erde. Die meisten Menschen hier sind gut, müssen Sie wissen, und ich glaube, man verliert etwas, wenn man weggeht. Vor Jahren hatte ich eine Freundin, sie hat einen Lastwagenfahrer aus Amsterdam geheiratet und ist ausgewandert. Das erste Mal kam sie aus Heimweh zurück. Aber bei späteren Besuchen trug sie die Nase hoch. Oh, Gott! Sie hatte eine Abmagerungskur gemacht und etliche Kilo verloren! Vorher war sie ein großes, kräftiges Mädchen gewesen, und jetzt sah sie wie ein Gespenst aus – so ganz künstlich, ich kann das gar nicht erklären. Sie hielt uns alle für verrückt, weil wir in Nowgorod blieben, und sie machte uns teure Geschenke, als ob wir ihr leid täten. Aber ich schaute sie an und dachte mir: wie komisch, was ist bloß mit ihr passiert? Sie will, daß wir so werden wie sie, aber ist sie besser? Was ist sie denn schon?«

Wadim schenkte den letzten Branntwein ein. Ich konnte mir das Mädchen vorstellen, ihre Bäuerlichkeit heruntergehungert bis zur Imitation eines westlichen Mannequins, die hohen Backenknochen mit Rouge bedeckt, ihr Verstand und ihre Gefühle vorsichtiger: weniger geradeheraus, weniger langsam, weniger aufrichtig [natürlich war das nur meine Phantasie]. Auch ich bezweifelte, daß sie ›besser‹ war. Äußerlichkeiten und materielle Dinge scheinen die Russen immer noch nur oberflächlich zu interessieren. Sie erwerben manchmal Dinge mit einem großen Aufwand an Zeit und Geld, aber ebenso oft verschenken sie sie oder verjubeln sie bedenkenlos in einem Ausbruch von Überschwang oder in einem sentimentalen Augenblick. Sie leben nach ihren Gefühlen und für ihre Freundschaften: dies ist eine stolze und urtümliche Art zu leben. Und als ich über den Tisch voller Flaschen zu Wadim hinüberblickte – das Abendessen mußte ihn den Arbeitslohn von drei Tagen gekostet haben –, da schien auch er noch immer ganz in dieser Tradition zu stehen.

Doch inzwischen war es spät geworden. Durch die offene Tür hinter uns zeigte sich ein kaltes Geviert von Sternen. Wir ließen unsere Nationen gegenseitig ein letztes Mal hochleben und stolperten hinaus auf die verschlungenen Wege des Kreml.

IV

Leningrad

LENINGRAD ist mit keiner anderen Stadt Rußlands oder der ganzen Welt zu vergleichen. Es verleugnet sein halbasiatisches Hinterland und wendet sich ganz der Anmut des Europa des achzehnten Jahrhunderts zu. Wie ein fahles, schönes Fragezeichen liegt es an dem nördlichsten Rand der alten byzantinischen Welt. 1917 nahmen ihm die Bolschewiken seine Stellung als Hauptstadt. Es zeigt heute den gleichen verblichenen Glanz wie Istanbul oder Alexandria. Leningrad wirkt durch seine Vergangenheit. Es symbolisiert die paradoxe Anlehnung Rußlands an den Westen, die herrührt von der immer wiederkehrenden Furcht vor China und seiner jahrhundertealten Sehnsucht nach Anerkennung durch die europäischen Völker.

Indes die Straßen der meisten alten russischen Städte von einer verfallenden oder verschwundenen Kreml-Burg ausstrahlen, folgen sie hier dem Verlauf der den Stadtplan prägenden Kanäle, die im Zentrum zusammenlaufen. Als ich tiefer in die Stadt hineinfuhr, wichen die Bürohäuser und Blocks allmählich herrschaftlichen Wohnhäusern aus dem neunzehnten Jahrhundert, die heute verschmutzt und heruntergekommen an den äußeren Wasserwegen stehen. Dann, in einem schneller werdenden Pulsschlag von Wasser und Stein, bot sich das schlagende Herz der Stadt dar. Kanäle und Prachtstraßen in langen, schimmernden Bögen von immerzu wachsender Schönheit reißen nicht ab, bis dorthin, wo die Newa unterhalb der Paläste, die das Wasser widerspiegeln, dahinfließt und der Finnische Meerbusen sich gen Westen öffnet.

Leningrad wurde das Venedig des Nordens genannt. Aber in Wirklichkeit ähnelt es Venedig kaum mehr als Paris oder London dies tun. Nicht mediterrane Wärme hängt über der gesetzten Großartigkeit seiner Kanäle, sondern ein reines, kühles nordisches Licht. Palast folgt auf Palast, Terrasse auf Terrasse, mit der klaren Ausstrahlung einer Bachkantate. Alles ist kalt, verhalten, weitläufig. Unter dem hellen Himmel reihen sich Tausende von ruhigen, großen Häusern entlang der Kanäle. Ihnen mangelt jeglicher Zauber südlichen Ornaments oder Lichts, sie wirken allein durch die Eleganz ihrer Proportionen. Da und dort unterbricht ein Giebel über einem Fenster oder ein leichter Fries die Gelassenheit des Steins, sonst gibt es nur den sanften Wechsel zwischen Quadraten und Rechtecken. Ihre Farben sind winterlich blaß – zart und zurückhaltend im Licht der Sommersonne, da ich sie jetzt sah: pastellfarbenes Gelb, Ocker, Orange. Die Kais sind mit rosagrauem Granit belegt, und die Brücken überspannen die Kanäle mit kühnen Bögen aus elegantem Schmiedeeisen, geschmückt mit geflügelten Köpfen und Wappenschildern.

Die Innenstadt ist atemberaubend. Die Paläste schimmern über der Newa in der unerreichten Verfeinerung des achtzehnten Jahrhunderts. Fast schien es ein Verbrechen, hier mit dem Auto herumzufahren, aber eine Zeitlang tat ich es doch in meiner Begeisterung. Straßenbahnen und ungarische Busse schaukelten durch die Straßen, die oftmals halb verlassen lagen. In jeder zweiten Nebenstraße geriet mein Wagen auf unregelmäßigen Pflastersteinen ins Schlingern. In der Mitte großer Durchfahrtsstraßen gähnten Schächte, ohne Warnschild davor, und zweimal wäre ich fast mit dem Auto hineingefahren. Jede Straße war ein langer, heimtückischer Hinterhalt. Straßenbahnschienen standen gefährlich weit über das Pflaster hinaus; und einmal wäre ich fast mit einer jener schwarzen Regierungslimousinen kollidiert, die sich in der Straßenmitte rücksichtslos ihren Weg bahnen.

Die Stadt war nicht für den Autoverkehr gebaut, und so eroberte ich mir am nächsten Tag in einem richtungslosen

Mich-Treiben-Lassen die Stadt zu Fuß. Das sowjetische Leningrad schwand dahin, und ich träumte, im zaristischen St. Petersburg umherzugehen. Die sirupbraunen Kanäle, der Granit der Gehsteige unter meinen Füßen, die Hängelaternen mit ihrem reliefgeschmückten Fuß versetzten mich in eine alte, vertraute Welt.

Trotzdem erkannte ich immer mehr, daß die Stadt auf ihre Weise zutiefst russisch ist. In ihren großen Durchblicken und Prospekten, die sich zu Plätzen, weit wie Seen, auftun, in den endlosen Fronten der Institute und Paläste mit ihren unzähligen Säulen, umgeben von riesigen, beinahe menschenleeren Gärten, schien die Größe des Landes widerzuhallen wie das Meer. Gleichermaßen gruppiert sich der Ziegelstein des heutigen Moskaus hier in riesenhaftem Ausmaß, dessen blasses Gelb ebenso bedrohlich sein kann und ebenso distanziert wie ein Wolkenkratzer der Stalinzeit. Damals wie heute stellt sich das öffentliche Gesicht Rußlands in dieser unpersönlichen Größe und Weite dar. Seine Stimme, hätte es eine, spräche ein abweisendes *Njet*. Und all die Kanäle und herrschaftlichen Häuser würden in ihrer höflichen, doch entschiedenen Art gleichfalls *Njet* sagen.

Schon damals hat die Magie der Größe die Nation fasziniert. Bauwerke wurden zu Symbolen. Entlang der zehn Hektar großen Parkflächen des Marsfeldes zieht sich eine Flucht von Kasernen im Palladio-Stil über Hunderte von Metern hin. Kaiserliche Ministerien, in einem mammuthaften Bogen hinter 768 Fenstern, umschließen die südliche Fassade des Winterpalais mit seinen fünfzehnhundert Räumen. Unweit davon erhebt sich die Admiralität, auf deren Baustelle sich zur Zeit Peters des Großen zehntausend Arbeiter abplagten, bis zu einer Höhe von annähernd sechzig Metern. Die St. Isaaks-Kathedrale ist noch um die Hälfte höher und nahm einmal eine Gemeinde von dreizehntausend Menschen auf. ›Unsere Liebe Frau von Kasan‹ wurde im Wettstreit mit der Peterskirche in Rom als die drittgrößte Kathedrale der Christenheit gebaut. Solche Bauwerke nahmen vermutlich im Herzen der

Nation einmal den gleichen Platz ein wie heute der große
Staudamm von Bratsk oder das LKW-Kombinat an der Kama.
Sie gehören zum Gigantismus eines Volkes, das in seinem
geheimsten Innern von einem Minderwertigkeitskomplex be-
unruhigt wird.

St. Petersburg wurde von einem Mann gegründet, der mit
seiner geradezu vulkanischen Energie den Abstand zu Westeuropa aufholen wollte. Peter der Große riß das Land aus
seinem mittelalterlichen Schlaf und schleuderte es ins wissen-
schaftliche Zeitalter; und wiewohl er nur eine Entwicklung
beschleunigte, die bereits zögernd begonnen hatte, und er
sein Werk ungesichert hinterlassen sollte, wurde Rußland von
Grund auf verändert. Er modernisierte die Armee und schuf
aus dem Nichts eine Marine, für die er sich begeisterte, baute
die Industrie aus und erneuerte die Verwaltung, wodurch er
sich eine neue Elite heranzog. Er nahm die ganze Nation in
die Pflicht. Den Adel, hoch wie niedrig, band er auf Lebens-
zeit in den Dienst der Regierung, teilte ihn in vierzehn Ränge
ein, in denen jeder nach Verdienst aufstieg.

So machte er der alten Adelsordnung ein Ende. Aber aus
seinem neuen ›Tableau der Ränge‹, so scheint es, entwickelte
sich eine dümmliche Einbildung auf einen Rang oder heute
diese Bürokratie, die von kleinlichem Formelkram besessen ist.
Vielleicht ist es die Unbeholfenheit der Russen in derlei Dingen, ihre Gleichgültigkeit gegenüber den Notwendigkeiten
des Alltags, die ihnen diesen schwerfälligen Beamtenstand
beschert hat. Die russische Bürokratie hat sich vervielfacht,
gerade weil die Russen sich so schlecht auf sie verstehen. Marx
schrieb, unter dem Kommunismus werde selbst der Staat
absterben; aber hier wuchert er weiter und setzt, wie die
Brennesseln, immer neue Triebe an.

In seiner Ungeduld fegte Peter der Große wie ein Wirbelwind durch die Geschichte seines Landes. Nichts und niemand entkam ihm. Er änderte die Orthographie und den
Kalender und zwang die oberen Schichten der Gesellschaft,
ihre wallenden Bärte abzuschneiden und die knöchellangen

Kaftane gegen westliche Kleidung einzutauschen. Manchmal scherte er ihnen in seinem Ungestüm höchstpersönlich das Haar und schnitt ihnen die Kleider ab. Er befahl ihren von jedem öffentlichen Auftreten ferngehaltenen Frauen, bei Hofe zu erscheinen, eingezwängt in Pariser Toiletten. »Sie sitzen da, schweigen und blicken sich bloß gegenseitig an«, bemerkte ein Gesandter.

Im Aufbau von St. Petersburg manifestiert sich der kaiserliche Wille. Errichtet über hölzernen Pfählen auf den sumpfigen kleinen Inseln des kurz zuvor eroberten Brückenkopfes zur Ostsee, wurde dieses ›Fenster nach Europa‹ Hauptstadt und Stützpunkt für die im Entstehen begriffene Marine. Ausgesetzt den jähen Fluten, und durchzogen von einem Netz von Strömen, war seine Geburt ein Alptraum. Peter drosch rücksichtslos auf seine Bauleute ein. Zu Zehntausenden wurden sie unter bewaffneter Bewachung aus allen Teilen des Reiches hierhergebracht. Ohne Unterkunft und halbverhungert starben Tausende von ihnen an Dysenterie und Skorbut oder wurden von den Fluten weggespült. Aber weitere Tausende wurden an ihrer Stelle herbeigeführt; und der Adel, der diese Stätte haßte, wurde per kaiserlichem Ukas gezwungen, hier zu leben und Häuser aus Stein zu errichten. »Auf der einen Seite das Meer«, stöhnte ein Hofnarr, »auf der anderen das Leid, auf der dritten Sumpfboden, auf der vierten ein Seufzer.«

Von seiner dreizimmerigen Hütte aus überwachte Peter persönlich die Entstehung seiner Hauptstadt; die Hütte ließ Katharina die Große später mit einem Überbau aus Stein schützen. Sein bescheidener Sommerpalast, dessen Räume mit ihren niederländischen Kacheln und Öfen Freundlichkeit ausstrahlen, beherrscht noch immer die Gärten, welche er mit aus Rom und Venedig herbeigeschafften Statuen bevölkerte. In den weitreichenden Schatten von Eichen und Platanen posieren diese Skulpturen von Göttern und Halbgöttern, griechischen Helden und römischen Kaisern. Wenn es in diesem Land wirklich einen echten ›Park der Ruhe und der

Kultur‹ gibt, dann ist es vielleicht dieser hier. Nicht einmal heute nötigt das geheimnisvolle Lächeln dieser Statuen den Vorbeigehenden ein Bekenntnis ab, wie die bitteren späteren Ideologien es verlangen. Werktags sind es kräftige Arbeiter im Urlaub, stämmige Frauen mit erstaunlichen Hüten, Kinder, *babuschkas* (Großmütter), Veteranen, sie alle gehen unbelästigt vorbei und halten inne, um die Statuen zu betrachten, als ob sie sich bemühten, eine fremde Sprache zu lesen ...

Bojaren und ihre Frauen, die Peter den Großen aufsuchten, sahen sich manchmal plötzlich eingeschlossen und durch den Zaren und seine Kumpane in ein ausschweifendes Trinkgelage hineingezogen. Dieser Mensch konnte das höfische Leben kaum ertragen und sich Zeremonien unterwerfen. Stürmisch, rauh, riesenhaft – er war mehr als zwei Meter groß – umgab er sich mit begabten Ausländern und emporstrebenden Russen, Schiffbaumeistern und Mätressen aus der Unterschicht, und schließlich heiratete er die Tochter eines litauischen Bauern. Auf alle ließ er ohne Rücksicht auf Alter, Geschlecht oder Rang seine Umarmungen, Schläge, Küsse und Tränen hinuntergehen. In unkontrollierten Anfällen von Gewalttätigkeit schlug er seine Berater mit der Faust ins Gesicht, oder er warf sie auf die Erde und stieß sie mit den Füßen. Sein leidenschaftliches Interesse für das Handwerk führte ihn zur Ballistik und dem Ingenieurwesen, erklärt die Faszination, die Fortifikationen, Steinmetz- und Metallarbeiten, die Drechslerei, die Papierherstellung, Lederverarbeitung, Radierkunst und Stiche auf ihn ausübten. Eine unverbrauchte gierige Intelligenz trieb ihn. Er machte sich seine Stiefel, seine Möbel, sein Boot selber. Doch seine Handschrift war entsetzlich und seine Rechtschreibung nicht minder. Seine Herrschaft war geschüttelt von Gegensätzen: Auf patriotische Ermahnungen folgten groteske Rüpeleien; gotteslästerliche Zeremonien mischten sich mit Triumphzügen im römischen Stil, der Vermählung von Zwergen, Feuerwerken, öffentlichen Auspeitschungen und Köpfungen, berüchtigten Orgien, respektgebietenden Stapelläufen, wütenden Besäufnissen.

Im Winterpalais findet sich eine ungewöhnliche, lebensgroße Wachsfigur des Zaren, gegossen von dem Florentiner Carlo Rastrelli. Ihre Kleider und vielleicht sogar das Haar sind von Peter selbst, Hände und Füße wurden nach Wachsabdrücken gegossen, welche unmittelbar nach seinem Tod angefertigt wurden. Es ist eine fremdartige, erschreckende Gestalt. Der Mensch selber scheint einem leibhaftig gegenüberzusitzen, in den Stuhl gelehnt, mit großem, aufrechtem Körper, als ob er im nächsten Augenblick aufspringen wolle. Die seltsam feinen Hände zittern auf den Lehnen, man meint fast, die Finger trommeln zu sehen. Seine Kleidungsstücke in Blau und Gold sind heute verblichen – sie entsprechen einem Mann, der am liebsten in gestopften Strümpfen und abgewetzten Röcken herumlief, die Taschen vollgestopft mit amtlichen Dokumenten. Seine mageren Unterschenkel laufen in kleinen, auffällig schmalen Füßen aus. Der ganze Körper ist eine wunderliche Mischung aus Grobheit und Zartheit.

Aber noch befremdlicher ist das Gesicht des Zaren, denn in ihm kommt die beinahe unerträgliche Anspannung zum Ausdruck. Die vollen Wangen sind von einem kränklichen Gelb, die dunkelbraunen Haare zerzaust. Unter kräftig gezeichneten Brauen glänzen die leicht schielenden Augen mit der Kraft des Wahnsinns. Seine Miene ist ganz Zuhören, Aufpassen, um zu verstehen, aber zeigt auch die Anstrengung, die urgewaltigen Ausbrüche des Körpers nur einen Augenblick zurückzuhalten. Die Gesichtszüge und der Nacken scheinen im nächsten Augenblick in den wilden Krampf zu verfallen, der seinen Wutanfällen voranging. Die zähe Kraft seines Körpers, die verrückte Anspannung seiner Gliedmaßen, der kleine, intolerante Mund, sie alle zeugen von einem genialen und kaum gezähmten Wilden, der zwischen dem Willen, zu verstehen, und der Leidenschaft, zu handeln, gespalten ist.

Eine solche Gestalt verrät, daß die Verwestlichung Rußlands selbst seinem Reformer nicht allzu tief unter die Haut ging. 1698, als er bereits für die europäische Zivilisation

schwärmte, legte Peter selbst Hand an bei der inquisitorischen
Folter und der Enthauptung von Rebellen, deren gepeitschte
Rücken über langsamen Flammen geröstet und deren Leichen
zu Tausenden um Moskaus Tore und den Kreml aufgehängt
wurden. Sogar zu der Zeit, als St. Petersburg in der entliehe-
nen Pracht Athens schon aus den Sümpfen emporwuchs, ließ
er seinen eigenen Sohn Alexis wegen Hochverrat zu Tode
prügeln. Seine Untertanen besaßen keinerlei wirkliche Rechte.
Der Zar war ein Autokrat, und Rußland war sein persönlicher
Besitz, wie es mehr als anderthalb Jahrhunderte zuvor das
Eigentum Iwans des Schrecklichen gewesen war.

Besucher aus dem alten Europa stießen sich damals an der
St. Petersburg zugrunde liegenden Bäuerlichkeit. Freimütig
und ungezwungen saß Peter bei den alljährlich stattfindenden
Bällen, zu denen sowohl Adelige als auch Bauern geladen
waren – »der Zar in Gold und Juwelen Seite an Seite mit seinen
niedrigstgeborenen Untertanen«, schrieb eine erstaunte Engländerin. Wer sich nicht durch die schier endlosen Bankette
und Polonaisen und durch das Vorbeirollen von viertausend
Karossen und dem Maskenball von zwanzigtausend Gästen
blenden ließ, stellte fest, daß die französische Kleidung der
Russen keineswegs mit französischen Lebensformen gepaart
war, daß die Ehefrauen allenthalben geprügelt wurden, daß
die Kinder rachitisch waren und die Aristokratie, in den Worten Macaulays, »wimmelte von Perlen und Ungeziefer«. Eine
Anglo-Irin schrieb 1805 grausam: »Haben Sie je ein unbeson-
nenes, umhertollendes dummes Ding von zwölf Jahren gesehen, das auf dem Kopf eine vornehme Pariser Haube trug?
So kommt meinem Auge dieses Kaiserreich vor.« Sie glaubte,
Rußland werde fünf- oder sechshundert Jahre brauchen, um
aufzuholen.

Die gleiche Zeitgenossin schrieb düsterer, daß der russische
Despotismus die Moral verderbe, indem er Gut und Böse
einfach mit Gunst und Ungunst gleichsetze – die Kommunisten von heute denken vielleicht ganz ähnlich bei dem Dienst
für die Partei. Der übellaunige Marquis de Custine hinerließ

im neunzehnten Jahrhundert ein Gemälde, welches das Unglück des zwanzigsten vorwegnimmt. Die Angst vor der Wahrheit war allgemein. Selbst die Vergangenheit sei unauffindbar geworden. Zu denken sei ein Verbrechen.

Die Schönheiten Leningrads bleiben immer mit den Grausamkeiten von einst verbunden. In dem roten Gemäuer des Michaels-Schlosses, ein trutziges Bauwerk aus Granit, durchzogen von geheimen Gängen, wurde der halbverrückte Zar Paul I. von Adeligen erdrosselt, die mit seinem Sohn unter einer Decke steckten. Auf dem nördlichen Ufer der Newa liegt die Peter-Pauls-Festung. Ihre Mauerwerke stehen abweisend über dem Wasser des Flusses, indes über ihnen einer jener goldenen Spitzen, die die Russen lieben, wie ein vergiftetes Rapier in der Luft glänzt. Unter der Kuppel der Kathedrale liegen die späteren Zaren und Zarinnen in kalter, entheiligter Pracht in weißen Sarkophagen mit goldenen Kreuzen begraben. Sie werden weder geschmäht noch verehrt. Nur am Grabmal Peters des Großen liegen rote und weiße Nelken. In den Verliesen der Festung wurden alle früheren Revolutionäre gefangengehalten, u. a. Bakunin, Pisarew, Gorki, auch Dostojewskij. Hier wurde der Sohn Peters des Großen getötet. Außerhalb der Mauern wurden die fünf Rädelsführer des Dekabristenaufstandes von 1825 hingerichtet. Heute gehören die Kerker zum Besuchsprogramm, wo Delegationen aus Kuba und Gabun herumlaufen und erschaudern und sich alles aufschreiben, gleichgültig was ihnen die Führer vorsagen. All die ins Land geholten Schönheiten von St. Petersburg – die Beschwingtheit eines Bartolomeo Rastrelli, die klassizistischen Bauten von Rossi können ein Gefühl von Unbehagen nicht unterdrücken, ein Gefühl, daß allzu nah hinter dieser europäischen Harmonie noch immer die Düsternis eines älteren Rußlands fortdauert.

Dank einer höchst zufälligen Empfehlung wurden meine Tage in Leningrad von einem überschwenglichen Paar verschönt, das sich meiner gänzlich bemächtigte, mich nährte, betrunken machte, herumführte, meine Wäsche versorgte. Lucia und Anatol arbeiteten beide in der Theaterverwaltung. Er war fünfzig Jahre alt, halb Armenier – ein beleibter, überschäumender Mann, dessen Gesicht normalerweise zu gutmütigen Falten gerunzelt war. Aber seine tiefliegenden intelligenten Augen zeugten von leichter Reizbarkeit, und wenn er mit Arbeitskollegen telephonierte, war seine Autorität nicht zu verkennen. Lucia war viel jünger als er, und sie war schön. Blond, mit regelmäßigen Zügen, ein klassisches russisches Gesicht. Ihre blaugrauen Augen leuchteten weit voneinander getrennt, und ihre hohen Wangenknochen waren die einer Tatarin. Sie entstammte einer alten Leningrader Familie. Ihre Großmutter hatte vor der Revolution das Smolnyj-Institut besucht, ein Seminar für adelige Fräulein, gegründet von Katharina der Großen, und danach als Lehrerin ihr Leben gefristet. Daher stammte wohl der Intellektualismus der Enkelin. Lucia war sich ihrer Schönheit vollkommen bewußt. Sie besaß einen Anflug von Tschechowscher Trägheit und Träumerei, und sie verachtete ein wenig ihre Umgebung, als ob sie sie undeutlich an einem Europa messen würde, das sie niemals gesehen hatte.

Die beiden wohnten in der Stadtmitte in einem Haus aus dem neunzehnten Jahrhundert, vier Etagen hoch, die man über majestätische Steintreppen mit einem kunstvoll gearbeiteten Geländer erreichte, düster und schmutzig heute, die Fenster voller Sprünge. Ihre Drei-Zimmer-Wohnung lag über einem hallenden Hof, in dem sich Lattenkisten auftürmten. Das Wohnzimmer mit dünnen durchsichtigen Vorhängen vor den Fenstern wurde völlig beherrscht von zwei riesigen Betten auf Holzpflöcken. Schwere Möbel standen umher, die Schubläden randvoll mit abgewetzten Decken, Kissen, Büchern. Ein Wellensittich hockte still in seinem Käfig. Da gab es keine Teppiche, kein Bild, keinen schmückenden Gegenstand, nichts, was auch nur wie ein Versuch der Verschönerung ausgesehen hätte. Das ästhetische Empfinden der Russen schien mit Lucias Voreltern ausgestorben zu sein.

Das war nichts Ungewöhnliches; jedermann, dessen Bekanntschaft ich machte, wohnte in der gleichen Unbehaglichkeit. Das Befremdliche an diesem Paar lag in dem Raffinement seiner äußeren Erscheinung – sie waren elegant gekleidet und besaßen einen ›Wolga‹ – angesichts des kläglichen Zustandes ihrer Wohnung.

»So pflegten die Armen zu wohnen«, sagte Anatol. »Aber jetzt sind wir alle arm. Eines Tages werden wir vielleicht dazu kommen, die Wohnung zu tünchen, aber wir haben einfach keine Zeit.« Er sah zur Decke hinauf, wo sich ein gewaltiger Spalt auftat. »Einen Stukkateur zu finden bedeutet in Leningrad äußerste Anstrengung. Man kann eigentlich nur hoffen, einen ausfindig zu machen, der es neben seiner Arbeit tun will, schwarz. Wahrscheinlich werde ich es selber machen.«

An diesem Abend, als wir in den lauten Hof hinabblickten, kam es mir vor, als ob sie einige Vorteile genossen und insgesamt zufrieden waren. Ihre Wolga-Limousine glänzte unter uns neben meinem staubverkrusteten Morris. Ich begann sie vorsichtig auszuhorchen. Ob es ihnen peinlich sei, fragte ich, falls ihre Nachbarn bemerkten, daß sie einen Ausländer zu Gast hatten. Doch Anatol schob das beiseite. »Vielleicht fürchten sich Leute in einem Ort wie Nowgorod. Aber hier sind sie daran gewöhnt. Abgesehen davon, wir kennen unsere Nachbarn überhaupt nicht.« Er versank in Schweigen. Aus der Dunkelheit kam das Geräusch von zersplitterndem Glas und von Geschrei. Wahrscheinlich (sagte er) trieb die Polizei in einem Wirtshaus Leute nach der Sperrstunde auseinander. Ich murmelte etwas über die Anzahl der Polizisten in Leningrad.

»Je mehr Polizisten es gibt, desto besser«, sagte Anatol geradeheraus. »Ohne sie hätten wir niemals unsere Ruhe.« Lucia bereitete ein Abendessen vor, das noch mehr Zeit kostete als Geld: Zunge, schwarzer Kaviar, Smetana, Gurken, Champagner. Sie hatte auch Karten für das Kirow-Ballett beschafft, das seine Spielzeit bis in den Spätsommer ausgedehnt hatte. Solche Karten waren Goldes wert. Offenbar besaßen die beiden *blat* – Einfluß, Beziehungen –, was mehr wert ist als Geld, und was in den Händen dessen, der es besitzt, sei er Türsteher oder Polizeidirektor, zur Waffe wird. Leicht scherzend sagte ich, daß die Hälfte der Stars vom Kirow-Ballett – Nurejew, die Makarowa, Baryschnikow – sich in den Westen abgesetzt hätten und daß ich gern die andere Hälfte zu sehen wünschte.

»Es ist besser, daß wir diese Art von Stars loswerden«, sagte Lucia, »und daß die Welt sie bekommt.« Das war eine ungewöhnliche Bemerkung für eine Russin, für die die äußere Welt nur ein Schatten ist und die ihre eigene so leidenschaftlich liebt.

Erstaunt und immer noch etwas förmlich murmelte ich, ich hoffe, der Westen und die Sowjetunion rückten enger zusammen; es sei gut, daß wir einander ähnlicher würden. Es käme mir jedoch so vor, als ob die in Rußland heranwachsenden Kräfte – die Nomenklatura, die Schicht der Reichen in privilegiertem Luxus – dieselben wären, die den Westen gröblich verzerrt nachahmten und daß unsere größeren Freiheiten hier kaum etwas zählten.

»Einander ähnlicher werden?« Anatol lachte, dann sagte er gelassen: »Besser wäre nur, es würde uns gutgehen wie Euch!« Entweder war es dieser Wunsch oder der Champagner, der ihm einen Ozean von Stoßseufzern entlockte. »Zu Chruschtschows Zeiten lebten wir in einem Goldenen Zeitalter – dann ging 1968 nach der Besetzung der Tschechoslowakei die Axt nieder. Und wir haben uns davon noch nicht erholt.« Er holte im Radio die verbotene ›Stimme Amerikas‹ herbei, als ob er sich rächen wollte. »Wissen Sie, daß es hier Verrückte gibt, die sich nach den Tagen Stalins zurücksehnen? Wenn das käme, säßen Lucia und ich nicht hier, und Sie würden nicht bei uns sein. Was Fernsehen und Radio anbetrifft, das weiß der Himmel ... Selbst heute ist die einzige Möglichkeit, der Wahrheit nahezukommen, *das da.*« Er deutet auf die ›Stimme Amerikas‹, die ein paar Tage später gestört wurde. »Unsere Zeitungen predigen uns, als ob wir Unmündige wären.«

Viele Russen haben es gelernt, die Nachrichten auf ihre Weise zu interpretieren. Instinktiv sondern sie mit einem geistigen Sieb die Fakten von dem Beiwerk. Mehr aus schierer Langeweile denn aus Unglauben ignorieren sie die schwülstigen Leitartikel nationaler Beweihräucherung, welche ein marxistisches Universum des Klassenkampfes, der kapitalistischen Verschwörung und eines sowjetischen Vaterlandes zeichnen, das eingekreist ist von Feinden. Sie neigen statt dessen dazu, die kleinen Meldungen zu lesen: saubere, klare Tatsachen, und sie nehmen es als gegeben hin, daß wichtige Nachrichten oftmals nicht im Druck erscheinen, gerade wie zu Zeiten des Zaren. In ihrem Privatleben wenden sie die gleichen Techniken an. Automatisches Doppeldenken steckt ihnen in Fleisch und Blut, mit einer Sprache reden sie in der Öffentlichkeit, unter Freunden verwenden sie eine völlig andere. Mögen einfache Leute der Propaganda noch so viel Glauben schenken (und das tun sie) und noch so wenig über den Westen wissen (und sie wissen wenig), so finden sie es doch in einem tieferen oder eher gefühlsmäßigen Sinne schwierig, den Menschen aus dem Westen zu hassen. Die Vorstellung vom Westen mag sie schaudern machen, aber den Fremden von dort finden sie menschlich und zugänglich, und die offenherzige Art der Russen läßt sie ihn mit einer Direktheit umarmen – das war zumindest meine Erfahrung –, die um so rührender ist, weil dies so völlig im Widerspruch steht zu allem, was man ihnen beigebracht hat.

Unter den Gebildeten macht die zunehmende Enttäuschung über die Führung die Menschen noch skeptischer gegenüber den Medien. »Kennen Sie die Gesammelten Werke Breschnjews?« fragte mich Anatol mit gespieltem Ernst. »Ja, sechs oder sieben Bände voller politischen Blödsinns. Als ob wir davon nicht schon genug hätten ...«

»Haben Sie sie gelesen?«

»Ich?« Er schaute richtig ärgerlich. »Halten Sie mich für einen Narren? Ich würde sie nicht anfassen. *Kein Mensch* kauft sie oder liest sie.« Er wischte das Thema mit einem rügenden Schwenk der Champagnerflasche vom Tisch. »Nein, ich lese gerade etwas anderes, das als *Samisdat* veröffentlicht wird – Untergrundliteratur, wissen Sie. Es heißt ›Farm der Tiere‹, von einem Mann namens Orwell …«

Der Rest des Champagners spritzte in unsere Gläser und versetzte uns in wohlige Schläfrigkeit. Lucia kicherte bei dem Gedanken, Anatol könnte Breschnjew lesen. »Raten Sie, wer es war, der geschrieben hat, daß eine zensierte Presse eine Regierung verdirbt und das Volk zwingt, eine private Existenz zu führen.« Er stieß eine zynische Wolke von Zigarettenrauch in die Luft. »Marx.«

Am nächsten Sonntagmorgen ging ich durch verlassene Straßen zum Gottesdienst im Alexander-Newskij-Kloster, Leningrads ältester religiöser Gründung, dessen elf Kirchen wie eine barocke Fanfare am Ende des Newskij-Prospekts emporsteigen. Auf den verschlungenen Pfaden der Friedhöfe bettelten alte Frauen die Kirchgeher um Almosen an, oder sie liefen unter den Bäumen umher, um Kräuter zu sammeln, wobei sie sich von Zeit zu Zeit bekreuzigten als Sühne für den Diebstahl. Ein kaum wahrnehmbarer Duft von Weihrauch hing über den Gräbern und schwebte in der Luft. Tschaikowskij liegt hier unter den Ahornbäumen begraben und dort, Seite an Seite, Borodin und Mussorgskij; Rimski-Korsakow ruht unter einem mächtigen, keltisch anmutenden Kreuz und Dostojewskij unter einem Beet von scharlachroten Begonien.

Weihrauch drang durch die Portale der Kathedrale und trieb hinauf in die Wölbungen des Kirchenschiffs wie der Odem Gottes. Alles da drinnen schimmerte und schwamm in einer Woge gesteigerter Farbe, wo Priester und Akolythen und die gemalten Heiligen von hundert Ikonen das gleiche Universum von Mysterium und Hoffnung bewohnten. Es kam mir vor, als hätte ich mich auf die illuminierte Seite eines mittelalterlichen Psalters verirrt, oder als hätte sich in der einfachen materiellen Welt, zu der Rußland sich selber verdammt hatte, eine Falltür geöffnet und mich in diese andere, geheime Schicht seiner Seele befördert.

Die Gemeinde stand dicht aneinandergedrängt, Reihe um Reihe, vor dem Gitter der Ikonostase. Es müssen mehr als tausend gewesen sein. Die meisten von ihnen waren alte Frauen, einige von winziger Größe, alle mit einem Kopftuch bedeckt. Aber ich sah auch Gruppen junger Männer und Mädchen am Arm ihrer Mütter. Neben mir verneigte sich ein bärtiger Student mit dem Eifer eines Wüsteneremiten; und nicht weit entfernt standen drei Armeeoffiziere und ein Flieger.

Aber nichts schien weiter entfernt zu sein von den alten religiösen Wurzeln Rußlands als der Glanz dieser Kathedrale aus dem achtzehnten Jahrhundert. Die Heiligen starren nicht mit dem feierlichen Ernst von den Wänden herab wie die in Byzanz. Statt dessen umfängt das Kirchenschiff in einem eleganten Gegensatz von Pilastern und kannelierten Säulen die Gemeinde. Die gemalten Propheten und Apostel stehen in vergoldeten Rahmen, oder sie schreiten über die Ikonostase in einer Prozession mit Erzengeln in renaissancehafter Schönheit und Weltlichkeit, während hoch darüber eine an das Pantheon erinnernde Kuppel in einem Kranz von Licht den Altarraum überdacht.

Aber diese Aura religiösen Theaters war nur die eine Seite. Der orthodoxe Ritus ist wie ein weitschweifiges und zeitloses Mysterienspiel. In mehr als dreizehnhundert Jahren hat sich kaum eine Silbe seiner Liturgie geändert. Er schreitet mit gemächlichem Pomp voran, der mehr erfüllt ist vom Sieg des auferstandenen Christus als von der Schuld und Spannung entfremdeter Menschen. Durch den Nebel von Weihrauch und gefiltertem Sonnenlicht kamen und gingen die kräftig gebauten Priester, eingehüllt in wallende schwarze Bärte und Meßgewänder, glitzernd und feierlich, indes von einer Galerie hinter uns die ersterbenden Töne des Chores das Schiff mit schwermütigem Wechselgesang erfüllten.

In einem Seitenschiff, in einem offenen Sarg ruhend, erwartete eine alte Frau ihr Begräbnis, die Füße unter Blumen

verborgen. Bekleidet war sie mit einem gestickten Bauerngewand und einem Halstuch; sie schien beinahe behaglich mitten
zwischen die Gemeinde gebettet zu sein, von der viele
ebenso bleich waren wie sie. Während der ganzen Messe
bekreuzigten sich die Gläubigen unentwegt wie ein bewegtes
Wasser. Dann liefen sie in den Kirchenschiffen umher, als
seien sie hier zuhause, kauften Kerzen, kauten Brot, küßten
ihre Lieblingsikone, den Rahmen, die Füße. Sie standen in den
Ecken und klatschten, versammelten sich sodann mit alten
Freunden um den Sarg, um ihre Beileidsbezeugungen zu
murmeln, sagten, wie schön die Tote aussähe. Eine vertraute,
freundliche Ehrfurcht besänftigte jede ihrer Handlungen und
nahm die ganze Gemeinde – die Lebenden wie die Toten – in
die Familie Gottes auf. Manchmal kroch eine alte Frau, die
wegen ihres abgetragenen Mantels doppelt gebückt wirkte,
zwischen den leuchtenden Priestern umher, um einen demütigen Dienst zu leisten: ein Gebetpult oder einen Schemel zu
verrücken. Dann, an einem dieser ruhevollen Höhepunkte,
die wie Wellen die Liturgie durchziehen – beim Dreifachen
Großen Segen, beim Hereintragen des Buches und der
Hostie – fiel die halbe Gemeinde auf die Knie nieder und berührte mit der Stirn den Steinfußboden.

Dieser tiefe Gemeinschaftsgeist der orthodoxen Kirche beschränkt sich nicht auf Rußland. Man kann sein Wesen auch
bei jedem Dorfgottesdienst in Griechenland oder unter christlichen Arabern spüren. Aber er dient und erneuert das alte
russische Gefühl für *sobornost*, Zusammengehörigkeit, sie
erbten es im zehnten Jahrhundert mit all der Ruhe einer abgeschlossenen Entwicklung. Als nämlich der orthodoxe Glaube
in Rußland eintraf, war seine Theologie bereits zu Stein erstarrt, das intellektuelle Drängen aus ihm bereits verschwunden. Es war eine Familie, eine Tradition, ein Schoß – weit
entrückt von dem lebhaften Meinungsstreit des lateinischen
Westens. Für die orthodoxen Christen fanden Beichte und
Lossprechung von den Sünden gemeinsam statt, und die
unaufhörliche Bitte im Gottesdient ›Oh Herr, vergib mir!‹

sollte allmählich ihre Dringlichkeit verlieren und zum Losungswort von heute werden, zu einem Talisman, wie eine Hand, ausgestreckt gegen den bösen Blick.

Das Bedürfnis der Russen nach *sobernost* scheint zurückzugehen auf jene alte slawische Gemeinschaft, den ›mir‹, der wie das Herz und das Gewissen eines Dorfes waltete. Seine Entscheidungen, wie die von Parteikonferenzen, mußten immer einstimmig gefaßt werden. Wer dagegen stimmte, war ein Ketzer, eine Bedrohung. Das Kollektiv war Zweck an sich, in ihm verlor – oder gewann – der einzelne seine Bedeutung. Sich außerhalb davon Treue vorzustellen, verlangte ein unvorstellbares Ausmaß an Phantasie. »Am *mir* kann man nichts aussetzen«, sagten sie. Und wer zeitweise nicht dazugehörte, für den hielt er die Allmacht der Vergebung und der Erlösung bereit. Es gibt Parallelen zur Kommunistischen Partei, ebenso wie zur Kirche, im Überfluß.

Lässig folgte ich in der Mitte des Gottesdienstes einer *babuschka*, die an der Hinterseite der Kathedrale ein Bündel Gladiolen eine Treppe hinuntertrug. Das Singen über uns ließ nach. Ich durchschritt einen Flur und fand mich an der Außenseite der Krypta. Die Frau war verschwunden. Dann, als ich eine Türe öffnete, überfiel mich ein wüstes Schreien wie aus der Unterwelt. Es fand in den Gewölben schwingenden Widerhall und klang wie das Geheul eingesperrter Tiere. Die ganze Krypta war übersät von Babykleidung, Handtüchern, Puppen, Windeln, Spielsachen. Dieses Wehgeschrei schien eher ein Massaker herodeshaften Ausmaßes anzukündigen als eine christliche Taufe. Aber jetzt gewahrte ich, daß in der Mitte der Krypta ein hünenhafter Priester Säuglinge unbarmherzig in ein silbernes Becken tauchte. Mütter und Großmütter gurrten und zwitscherten ihren brüllenden Nachkommen zu, schüttelten sie und rüttelten Spielsachen, um sie abzulenken. Aber das Kreischen wütete wie ein Fieber. Die Kindchen wurden dem unbarmherzigen dreifachen Eintauchen unterzogen. »Katja wird getauft im Namen des Vaters, Amen ...«, dröhnte der Priester, und die Schreie des Babies hörten plötzlich auf, als es im Wasser verschwand, dann wurde es jammernd wieder ans Licht gezogen, um sodann unnachgiebig erneut eingetaucht zu werden»...im Namen des Sohnes. Amen.« Noch einmal erhob es seine Stimme, um das Gebrüll ringsumher zu verstärken, die kleinen Augen wurden vor Angst immer größer, und vor seinem Mund standen wolkige Blasen. Nur die Erwachsenen, die Kerzen fest umschlossen, betrachteten den Vorgang mit Wohlgefallen. Aber kaum hatte der Name des Sohnes es zu einem blubbernden Wutschrei gebracht, als es ein drittes Mal ins Wasser eintauchte und wieder gerettet wurde, dank des Heiligen Geistes. Vierzehn Säuglinge wurden in diesem Pandämonium getauft und mit Öl auf der Stirn gesalbt, an Händen und Füßen, zusammen mit sechs älteren Kindern, welche ihre langen Röcke und ihre Hosen scheu hochzogen, um sich salben zu lassen. Dann umschritten Eltern mit ihren Kindern gemeinsam das Taufbecken – Gutangezogene wie Schlampige Seite an Seite, strahlend alle, alle friedfertig. Die nassen, verzerrten Gesichter der Kinder hatten die Augen noch vor Jammer zusammengekniffen und den Mund zu einer Schnute geformt.

Manche Taufe wird eher aus Gründen des Sentiments und der Tradition denn aus Glaubensgründen vorgenommen. Andere werden im geheimen vollzogen. Kein Mensch weiß, wie viele Christen es noch in Rußland gibt. In diesem Riesenreich von mehr als zweihundertsechzig Millionen sind vielleicht fünfunddreißig Millionen gläubig. Aber zuverlässige Zahlen gibt es dazu nicht. In den Zwanziger und Dreißiger Jahren, und nochmals unter Chruschtschow, wurde die Kirche entsetzlich verfolgt, heute genießt sie ein ruhiges Wiedererwachen, geduldet als eine konservative moralische Kraft und als ein Teil der uralten Persönlichkeit des Vaterlandes.

Die Eintönigkeit des Alltaglebens verleiht vielleicht dem so völlig anderen Gottesdienst eine magische Anziehungskraft – oder macht ihn auf brutale Weise überflüssig. Als ich nach dem Handgemenge in der Krypta wieder in das Kirchenschiff zurückkam, blickte ich mit neuem Erstaunen auf das, was sich dort abspielte, etwas Uraltes, das in die Gegenwart hereingerissen wurde. Mit emporgehobenen Kerzen und goldenen Fächern erschienen die langhaarigen, grünberockten Meßdiener so ausdruckslos und erschöpft zu sein wie byzantinische Engel. Wiewohl die Gemeinde groß war, füllte sie das Kirchenschiff nur zur Hälfte. Die Stätte sah bedroht und vergänglich aus, die Menschen so alt. Der Gesang hob an und fiel mit unerträglicher Melancholie. Selbst der Priester, den Kopf zurückgeworfen zur Hymne an den Himmlischen Sieger, stimmte in tiefem Baß an, als ob er den Choral aus dem Grab hervor sänge. Dann öffneten sich die Mitteltüren der Ikonostase. Darüber schwebte der Heilige Geist in Gestalt einer Taube, die Flügel ein Zusammenklang von goldenen Wolken und Flammen. Und im Innern, hoch erhoben über dem von Priestern umdrängten Altar, lehnte sich der Metropolit von Leningrad wie ein winterlicher Kaiser auf seinen pastoralen Hirtenstab und betete mit schwacher, weit entfernter Stimme. Seine Gewänder waren aus verblichenem Gold. Er schien fast völlig dahinzuschwinden. Es war, als sei die Mitte dieser Kathedrale, der Religion und selbst die Gottes ein wohlklingendes Raunen. Das silberbärtige Gesicht unter der kugelförmigen Krone, umrahmt von seinem weißen Hochaltar, hätte ebensogut eine Meile oder ein Jahrtausend entfernt sein können.

Eine halbe Stunde standen die Menschen Schlange, um aus Kelche und Schale die Kommunion zu empfangen, dabei küßten sie dem spendenden Priester die Hände. Dann kam der Metropolit schlurfend den Gang entlang zum Ausgang, dabei die Stirnen der Frauen sanft berührend, die um seinen Segen nach vorne stürzten. In dem Gedränge wurde ich beinahe gegen ihn gestoßen. Jetzt, da sie an uns verbeidefilierten, wurden die gewichtigen Priester und die vergeistigten Akolyten zu Fleisch und Blut. Sie verloren alles Numinose, verwandelten sich zu dem, was sie waren: stämmige Bauern in Phantasiekostümen. Selbst der Metropolitan wurde seiner Majestät beraubt und sah alltäglich aus, als er vorbeitappte

– ein schwachäugiger alter Mann. Das Schauspiel war vorbei.
Nur die alte Frau in ihrem Sarg mußte noch dem ewigen Leben übergeben werden. Ihre Freunde küßten sie auf die
Stirn – eine, gestützt auf einen stattlichen Gatten, weinte –,
und der Deckel wurde über ihr geschlossen.

Geburt, Trauung, Tod – es gibt kein staatliches Ritual, das
solche Anlässe mit dem gleichen Gehalt ausstatten könnte wie
die Kirche. Weltliche Begräbnisse sind oberflächliche Angelegenheiten, und zivile Trauungen klingen hohl: nicht, weil
Gott nicht mit dabei ist, sondern weil eine unaufrichtige Anstrengung gemacht wird, das Gepränge der Religion beizube-
halten, ohne daß die Verheißungen des Glaubens noch dazu-
gehören.

Eines Tages schloß ich mich verschämt einer Gruppe an,
welche die Stufen des ›Heiratspalastes‹ an der Newa empor-
klomm. Nur ein kleiner Kreis von Verwandten und Freunden
nimmt an diesen Feierlichkeiten teil, und heute waren es vielleicht dreißig in allem. Tschaikowskijs Klavierkonzert Nummer 1 erklang hinter einem vergoldeten Vorhang, während
wir emporstiegen. Dann traten wir in eine Galerie und stellten
uns dort zu beiden Seiten auf, und ich betrachtete meine neue
Adoptivverwandtschaft. Allen sah man ein hölzernes Unbehagen an, aber sie waren wohlgelaunt, wenn auch nicht sehr
glücklich. Ohne Neugierde glitt ihr Blick über mich hinweg.
Die Männer trugen ihre besten Anzüge, in reizlosen Farben.
Die Haare waren angeklebt. Die meisten von ihnen spielten
nervös mit einer Nelke herum, indes die Frauen, in kurzen,
stillosen Kleidern, Buketts mit Gladiolen in der Hand hielten.

Dann erklangen, unmöglich zu sagen, woher, die gedämpften Töne von Mozarts Jupiter-Symphonie, und herein kam
etwas mühsam ein plumpes junges Paar, sie in Weiß, er in
einem schlecht sitzenden braunen Anzug. Sie sahen gesund
und verlegen aus, als ob sie befürchteten, allzuviel Mühen zu
verursachen. Die Braut hatte ein Allerweltsgesicht, Lippenstift und Lidschatten stachen daraus hervor wie Verrat. Im
nächsten Augenblick schritten sie durch unsere Reihe, die

murmelte und grinste, und wir drängten uns hinter ihnen in einen leuchtergeschmückten Saal. Der Schreibtisch in der Mitte ließ unwillkürlich an einen Altar denken; aber dahinter stand statt eines geweihten Priesters eine rotblau angelaufene, stark schielende junge Frau in sattem Grün, welche die Eheschließung des Paares und den Segen des Sozialistischen Sowjetvaterlandes verkündete. Auf den Stühlen hinter dem Paar saßen die Freunde und Verwandten und zeigten weder Freude noch Tränen, überhaupt nichts. Man erklärte das Paar zu Mann und Frau. Statt der verbundenen Kronen und des symbolträchtigen Ablaufes des orthodoxen Ritus wurde die sowjetische Nationalhymne gespielt. Alle standen auf, eine taube *babuschka* ausgenommen, sie blieb in aller Bequemlichkeit über ihren Stuhl hingegossen. Unter den Klängen Rachmaninoffs setzte das Paar seine Unterschrift unter die Heiratsurkunde, tauschte die Ringe aus, und dann war's vorbei.

Ich starrte die Verwandten an, wie sie sich zu den formellen Umarmungen dicht zusammendrängten, und hoffte, für einen entfernten, unküßbaren estnischen Vetter gehalten zu werden. Das Brautpaar nahm die Glückwünsche mit erlöstem Lächeln entgegen, und wir schritten schweigend die Treppen hinab. Ich war ein bißchen betroffen. Während wir hinabstiegen, blickte ich zurück und sah ein weiteres Paar zur Jupiter-Symphonie die Galerie betreten. Die Zeremonie hatte wenig mehr als zehn Minuten gedauert. Die verheißungsvolle Musik, die grandiosen Räumlichkeiten und der altarhafte Tisch; die eifrige, würdige, aber unweigerlich bedeutungslose Beamtin; der sowjetische Staat, der anstelle von Gott den Vorsitz führte – sie alle hatten das unsichere Versprechen eines verliebten Mannes und einer Frau mit einer aufgeblasenen Feierlichkeit umgeben. Sie verhießen eine Vision von moralischer Absolutheit und von Unendlichkeit, welche auf ewig verschwunden sind. Etwas ganz Einfaches und Strenges wäre besser gewesen, dachte ich mir, passender. Aber wenn niemand versucht hätte, unter den Lüstern Gott aufs neue zu erschaffen, hätte ich mich vielleicht heimtückisch betrogen gesehen. Es war unmöglich, mir etwas recht zu machen.

Am nächsten Abend wurde ich in einer südlichen Vorstadt angehalten, weil ich eines der unzähligen, kleinlichen Verkehrsgesetze gebrochen hatte, über das die Polizei verbissen wacht. Ein einfältiger junger Polizist warnte mich höflich und ging dann auf die Geschwindigkeit und die Pferdestärken meines Wagens ein. Eine Minute später tauchte hinter ihm jedoch ein schwergebauter Mann mit schwarzem Kraushaar auf, mit einem schwarzen Regenmantel bekleidet. Er murmelte dem Polizisten etwas zu, worauf der sich zurückzog und verschwand. Dann wandte sich der andere mir zu. Statt normal zu sprechen, brüllte er. Seine Fragen knallten wie Pistolenschüsse. Woher ich käme, wohin ich führe, wo meine Papiere seien, warum ich mich in diesem Teil Leningrads befände.

Ich brauchte nicht zu fragen, was er war. Ich murmelte verwirrte Antworten, flüchtete mich in ein schlechteres Russisch. Ich war nämlich auf dem Weg zu einem bekannten Dissidenten.

Warum ich nicht im touristischen Teil der Stadt sei. Wo ich abgestiegen sei. Wo meine *Gruppe* sei. Betäubt blickte ich ihn an. Sein Blick war wie eine Bohrmaschine. In mir stieg die Frage auf, bis zu welchem Grad solche Männer gefühllos, sadistisch oder patriotisch waren; aber ich kam zu keinem Schluß. Dann, nachdem ich alle seine Fragen beantwortet hatte, lächelte er, schritt nach hinten, als sei er auf einem Exerzierfeld und war im nächsten Augenblick in der Menge verschwunden.

Ich glotzte ihm nach. Die Oberfläche des russischen Alltags war jählings unter meinen Füßen aufgebrochen. Sie hatte sich ebenso schnell wieder geschlossen, aber der Boden sah nicht mehr so aus wie vorher. Ich fühlte mich angeekelt, bemerkt zu haben, daß in dem Lächeln dieses Mannes eine Spur von Charme lag.

Auf meinem Weg zu dem Dissidenten fuhr ich durch einen Abgrund leerer Straßen und versicherte mich laufend, daß mir niemand folgte. Nachdem ich in seinem Wohnblock war, blieb ich wie ein Meuchelmörder in einem schlechten Film eine Zeitlang unter den Treppen stehen; aber nach mir kam niemand herein. Ich war mit den Nerven fix und fertig.

Wolodja hatte, wie die meisten Dissidenten, keine Stelle; er lebte in einem Zimmer einer Wohnung, die er mit anderen teilte. Er war schwächlich und leicht erregbar – nur der Schatten eines Menschen. Sein Gesichtsausdruck wirkte so niedergeschlagen, daß ich mir nicht vorstellen konnte, er besitze auch nur ein Quentchen Kraft. Trotzdem war er in einer jetzt aufgelösten Menschenrechtsgruppe ein prominentes Mitglied gewesen, er veröffentlichte Untergrundliteratur, und der KGB hatte ihm jahrelang unauffällig nachgestellt. Sieben oder acht junge Männer und Frauen füllten sein Zimmer, sie saßen auf Polstern und lehnten sich gegen die Wand. Die Blüte der Jugend und der Hoffnung schwebte über ihnen, durchdrang ihre Unterhaltung und glühte in ihren Augen. Von Beruf waren sie Lehrer, Halbtagskünstler oder Stückeschreiber. Wolodja, zwanzig Jahre älter als sie, saß zwischen ihnen, die dünnen Beinchen vor sich überkreuzt. Wenn er sprach, und das war selten genug, hörten sie ihm begierig zu. Sie zeigten für seinen Intellekt, sein Alter und was er hatte erdulden müssen, scheuen Respekt, und als ich sein zerfurchtes Gesicht mit ihren offenen Gesichtern verglich, war ich bewegt von der Tiefe und der Grausamkeit der Kluft, die sie voneinander trennte.

Sie schwätzten mit der Selbstsicherheit junger Studenten über Ausstellungen von Untergrund-Kunstprodukten und über *Samisdat*. Ich saß neben einem Möchte-gern-Stückeschreiber, der alle paar Minuten die Schwellen zwischen Lebensfreude und Pessimismus überquerte. Er war gerade dabei, sein Stück durch die vielfältigen Schichten der Zensur zu bekommen, sieben davon hatte er bereits überwunden; aber er meinte, einige lägen noch vor ihm. »Natürlich kritisiert das Stück das System nicht offen. Ich müßte verrückt sein, wenn ich das versucht hätte. Es ist so 'ne Art Fabel. Heutzutage tarnen sich ernst zu nehmende Stücke als was anderes – sie maskieren sich als Märchen oder als 'n harmloses Kapitel Geschichte. Aber wenn's mal soweit ist, daß die Zensoren es durchhaben, dann erkennt man es ohnehin kaum wieder.«

Wolodja warf mir ein Bündel gebundenen Papiers zu. »Das ist etwas von mir.« Es war ein Exemplar der Zeitschrift für Religion und Kultur, die er veröffentlichte. Ich blätterte eifrig darin herum. Es strahlte die typisch russische Elementarkraft aller Untergrundliteratur aus – spinnwebendünnes Kanzleipapier voller verblichener, mit Blaupapier durchgeschlagener Zeilen, abgenutzt und eselsohrig von den zahllosen unbekannten Händen. Es war eine von drei solchen Zeitschriften in Leningrad, jetzt in seiner zwanzigsten Folge, es enthielt Gedichte und Essays über Religion, Philosophie und nonkonformistische Kunst. Ausgetüftelte Diagramme begleiteten einen Artikel über Ästhetik; eine Frau, die sich mittlerweile in den Westen abgesetzt hatte, hatte etwas ›Über die existentielle und religiöse Bedeutung der inoffiziellen Kultur‹ geschrieben.

Es mußte eine Heidenarbeit gewesen sein, die vielen Kopien mit der Schreibmaschine anzufertigen.

»Ach, das ist gar nichts«, sagte Wolodja. »Wir haben den ganzen ›Archipel Gulag‹ von Solschenizyn mit sechs Durchschlägen getippt. Eine Kopie geht vielleicht durch Tausende von Händen. Wir können einfach nicht wissen, durch wie viele – sie werden im Untergrund weitergereicht.«

»Wir glauben, unsere Produkte haben einen Umlauf von drei- bis fünftausend«, sagte eine Stimme neben mir. Ich blickte in ein Gesicht von ernster Träumerei: ein zwanzigjähriges Mädchen. »Aber wir wissen es nicht. Sobald eine Zeitschrift rausgeht, hören wir kaum mehr etwas von ihr. Einen Rückfluß kann's da nicht geben.« Mit einer Stimme geheimtuerischen, kindlichen Melodrams fügte sie hinzu: »Wir leben in einer Phantomwelt.«

Als ich jedoch die Zeitschrift umdrehte, sah ich dort die Namen und Lebensläufe der Autoren kühn aufgedruckt, darunter auch die Wolodjas. Ich war erstaunt.

»Ist das nicht gefährlich?«

»Alles ist gefährlich«, sagte Wolodja.

Ich blickte in diesem Kreis unerfahrener Männer und sanftäugiger Mädchen umher und dachte an den KGB-Mann. Sie sahen fürchterlich isoliert aus. Sie lebten auf einer Spielwiese von Ideen, Leidenschaften und Möglichkeiten, die noch nicht durchkreuzt waren. Sie plauderten mit der Heiterkeit ihrer langen, unbekannten Zukunft. Es war berauschendes und unverantwortliches Zeug und erinnerte mich an Nächte, die schon allzu lange hinter uns liegen, als Gruppen von Studenten (ich einer davon) in London die Welt perfektionierten, indem sie ein intellektuelles Kaleidoskop durcheinanderschüttelten. Jetzt las einer von diesen hier ein politisch riskantes Gedicht vor, ein anderer sprach von einer geplanten Ausstellung von Skulpturen aus dem Dissidentenkreis. Angesichts des Verbotenen und dieser Initiativen vibrierte im Raum eine unreife Erregung. Ich hatte Angst um sie. Sie besaßen die Energie der Revolutionäre, die 1825, und 1917 nach einem besseren Leben getrachtet hatten; sie waren die Revolutionäre von heute. Aber statt mit Dogma und mit Rücksichtslosigkeit arbeiteten sie mit Gedichten. Wenn ich ihnen zuhörte, hatte ich mitunter das Gefühl, als ob die politischen Schachzüge des Kreml nicht mehr waren als nur die Wunschvorstellungen von patriarchalischen alten Herren, die versuchten, die Welt so zu erhalten, wie sie sie einst kennengelernt hatten. Aber es war unmöglich, dachte ich mir, daß der KGB Wolodjas Zeitschrift und seine Autoren nicht kannte. Und Wolodja mußte wissen, daß sie alles wußten. Der KGB zog es vor, wie die zaristische Polizei vor ihm, nicht den ganzen Dissidentenschwarm in den Untergrund zu treiben, sondern ihn zu beobachten und zu kontrollieren. Hingegen war die Tatsache, daß die Autoren sich weigerten, ihre Namen geheimzuhalten, eine Behauptung ihrer Unschuld.

»Haben Sie die schon gesehen?« fragte das Mädchen. Sie teilte von einem Stapel handgedruckte Radierungen eine nach der anderen aus. Das waren verbotene Werke aus dem Atelier eines Künstlers aus Lemberg (Lwow) – Bilder, die allzu avantgardistisch waren, um ausgestellt zu werden. Wir reichten sie wie Talismane von einem zum andern. Das waren dichte, abstrakte Kompositionen voller religiöser Symbole. Im Westen, dachte ich mir, würden sie für pedantisch gelten. Aber hier war ihre Ehrlichkeit aufregend. Das Unerlaubte wurde gleichgesetzt mit dem Guten. Die Intensität, mit der der Kreis von Gesichtern jeden einzelnen Stich sorgfältig betrachtete, verriet, wie ausgehungert sie waren, sie suchten neue Wege des Betrachtens, des Denkens, des Seins, jeder Sinneserregung.

Den sowjetischen Behörden kommt es vor, als ob die Bücher und die Bilder der Avantgarde eine schreckliche Sprengkraft besäßen. Und vielleicht trifft dies zu. Die Furcht vor einem abstrakten Gemälde, das den Weg öffnen kann zum Verständnis einer Welt, die weniger einfach beschaffen ist als unsere sichtbare, ist die Furcht, daß der Vorrang der Betrachtungsweise sich vom Kollektiv zum Privaten hin verschiebt. Und wenn diese Verschiebung einmal begonnen hat, dann kann es kein Zurück mehr geben zur so verlorenen, ursprünglichen Unschuld.

Die Wahrheit eines Wortes oder eines Bildes ist in der Sowjetunion kostbar und mächtig und zwar, weil sie verboten ist. Ein wahres Wort, das man in Rußland fallen läßt«, schrieb de Custine bereits 1839, »ist wie ein Funke, der in einem Faß Schießpulver landet.« In einer solchen Atmosphäre wird Kunst sowohl wertvoller als auch gefährlicher. Kein Wunder also, daß Gemälde von Malewitsch und anderen seit mehr als einem halben Jahrhundert in den Kellern der Museen herumliegen, ohne ausgestellt zu werden. Und als ich das ›Russische Museum‹ in Leningrad besuchte, sah ich mit Erstaunen, daß dort eine Ausstellung von Larionow vorbereitet wird, mit dessen Werken der Westen seit 1906 vertraut ist.

Gerade das ist es, warum die Dissidenten den Kreml verunsichern, und zwar nicht durch ihre Zahl, die ist winzig, sondern weil sie eine Wahrheit verkörpern. Diese Wahrheit klagt an und erklärt das ganze System für schuldig. Sie drückt aus, was in Wirklichkeit jedermann weiß: daß der Kommunismus weniger ist als das Leben. Sie zersetzt den Mythos vom sowjetischen Paradies. Und das verzeiht man ihr nicht.

»Was halten Sie von den Stichen?« fragte das Mädchen, während sie den letzten von meinen Knien zog. Ich sagte, ich hielte sie für ehrlich und interessant. Ihre Augen leuchteten. Selbst für mich hatten die Drucke die Aufregung von Schmuggelware angenommen.

»Haben Sie so etwas schon in England gesehen?«

Mit Ironie dachte ich an Schriftsteller und Maler aus dem Westen, die einfach links liegengelassen wurden, deren Ehrlichkeit keine Anerkennung fand; indes der Kreml hierzulande Kunst und Ideen zum wertvollsten aller Güter machte, ihre zersetzende Kraft anerkannt hatte und ihnen die Ehre antat, sie zu verfolgen.

Doch jetzt wandte sich das Gespräch der Kritik des sowjetischen Alltags zu, und Enttäuschung machte sich allenthalben breit. Ihre Berge von Anklagen türmten sich auf die Pyramide in meinem Kopf (beinahe jeder, den ich traf, legte noch ein, zwei Steine dazu): weitverbreitete Bestechlichkeit, tiefsitzende Korruption und politische Heuchelei, wohin man auch blickt. Die angemaßten Vorrechte der Spitzenleute der Partei tun empfindlich weh – die vielerlei Arten von privaten Läden, die besonderen Schulen, Universitäten und die Arbeitsplätze in der Verwaltung, in die sie ihre Kinder hineinbringen; die Möglichkeit ins Ausland zu reisen, ihre Datschas auf dem Land – natürlich auch ihre Jachten. In all dem sahen meine Bekannten das Emporschießen einer Klassengesellschaft – mit einer Oberschicht und einem Bürgertum im mittleren Management –, verbunden mit der Lethargie und dem zunehmendem Materialismus ihrer eigenen Generation, die nichts mehr wissen will von Idealen. Die alten Herren im Kreml

schufen einen erstickenden Zentralismus und eine starre
Angst vor allem Wandel. Durchschnittlich zwölf Prozent des
Einkommens (dies nach einer westlichen Statistik) fällt auf
eine blühende Schattenwirtschaft, und es gibt ganze Fabriken
im Untergrund, die knappe Güter produzieren. Allein in
Leningrad, sagte ein Mann, gäbe es mehr als sechsunzwanzig
Rubelmillionäre, die ihren Reichtum Untergrundgeschäften
verdanken.

Sie redeten und redeten mit dem verzweifelten Zynismus
der Jugend, der die Wut und die Überraschung bereits hinter
sich gelassen hat.

»Einfluß ist wichtiger als Geld«, sagte Lucia. »Viele Leute
haben Geld, aber sie kommen nicht an die Dinge heran, die
zu kaufen sich lohnt.«

Diese Bemerkung klang um so trauriger, als wir gerade den
Newskij-Prospekt entlang wanderten, einst die eleganteste
Straße Rußlands. »Die Geschäfte sind uninteressant«, sagte
sie. »Alles Besondere ist sofort vergriffen – aber wahrscheinlich taucht es überhaupt nie auf.« Nach Osten öffnete sich vor
uns der fünf Kilometer lange Boulevard in einer Front breiter,
ruhiger Fassaden. Die Paläste, Banken und die exklusiven
Geschäfte von einst waren zu nüchternen Büros und Kinos
verkommen. Ihre oberen Stockwerke, mit zartem Stuckwerk
oder kühnen Säulen, Gipsmasken und Friesen, verkümmerten
nach unten hin zu Neonlampen, einem Gewirr von Trolley-
buskabeln und halb unterirdischen Läden. Jedes zweite Ge-
fährt war ein schrottreifer Bus oder Lastwagen.

Lucia kannte den Prospekt wie ihr Zuhause. »Ich wuchs
eine Straße von hier auf. Sehen Sie, wie schön er ist!« Aber
sie sprach davon, als ob sie ihn bald verlieren würde, was ich
nicht verstand. Sie zeigte auf die prächtigen Stadthäuser,
nannte sie mit ihren alten, halbvergessenen Namen. Hier
lebte Gogol, dort starb Tschaikowskij. In Nummer 30 haben
Wagner und Berlioz dirigiert, und Liszt hat dort gespielt. Ein
bißchen weiter, sagte sie, hatte Fabergé sein Atelier. Unweit

davon starrte der Stroganoff-Palast im Moika-Kanal auf sein Ebenbild – ein grün-weißer Narziß. Im Erdgeschoß des angrenzenden Jussupow-Palais hat Fürst Felix den wilden Rasputin vergiftet, der allerdings danach noch lebte, bis sie ihn unter das Eis der Newa versenkten. Am Ende eines Kanals brachen die gerstenzuckerfarbenen Spiralen samt den zerborstenen Kuppeln einer Kirche im moskowitischen Stil auf wie ein Fluch. Stück für Stück nahmen Lucias Erklärungen der großen Straße ihre Neonröhren und Straßenbahnen weg und setzten die Kutschen des neunzehnten Jahrhunderts mit ihrer von Perlen und Ungeziefer wimmelnden Aristokratie wieder in Bewegung, riefen die Eleganz der Kleidung und die stattliche Gemächlichkeit des St. Petersburger Lebens hervor – und auch die graue, beinahe unbemerkte Masse der Armen von einst, die sich dazwischen schob und auf ihre Zeit wartete.

Gegenüber der Kasaner Kathedrale (heute ein Museum des Atheismus, Grabmal Kutusows), gerieten wir in ein seltsames Gebäude, das oben in einem Turm aus Glas und Engelsskulpturen endete – einst das Verwaltungsgebäude der Nähmaschinenfirma Singer. Daraus ist Leningrads größte Buchhandlung geworden. »Aber hier gibt's nichts, was zu lesen sich lohnte«, sagte Lucia.

Es war verwirrend. Zwischen den Regalen mit wissenschaftlichen Lehrbüchern, Kriegsmemoiren und irgendwelchen Romanen, zwischen all den verstaubten Regalen von unverkauftem Marx, Lenin und Breschnjew, suchte ich vergeblich nach den russischen Klassikern. Tolstoi, Puschkin, Dostojewskij, Tschechow, Jessenin – man fand keinen von ihnen. Warum? Ich konnte das nie sicher herausfinden, aber es war überall das gleiche. Lucia sagte, die offizielle Begründung laute: Papierknappheit. Aber es werden jeden Tag buchstäblich Millionen ungelesener Pamphlete gedruckt. Um sie loszuwerden und die vorgeschriebenen Verkaufsnormen zu erfüllen, brauchen die Buchhändler die Kunden nur zu verpflichten, daß sie mit beispielsweise einem Band Turgenjew

auch vier, fünf Büchern über den Marxismus-Leninismus
oder den Komsomol zu übernehmen haben. Ich bemerkte ein
kleines Regal mit Werken in Englisch; aber das waren schlaf-
mützige Gesellen – Jack London (ein alter Favorit), Scott
Fitzgerald, Robert Penn Warren.

Lucia blickte verzweifelt um sich. »Das ist alles so deprimie-
rend.« Als wir an einem Stand vorbeikamen, der Poster der
Oktoberrevolution und der sowjetischen Errungenschaften
verkaufte, sagte sie: »Ausländische Freunde von mir kaufen
solche Poster und hängen sie daheim in ihre Toiletten.« Sie
fing an, gefährlich zu lachen.

»Gehn wir weiter.«

Dann begann sie, als ob sie sich schämte, die Stadt zu ver-
herrlichen. In dem jahrhundertealten Streit zwischen Leningrad und Moskau stand sie mit Herz und Verstand auf seiten
Leningrads. »Moskau ist ein Schandfleck, das kann man nicht
zum Vergleich heranziehen. Selbst unsere Metro ist besser als
ihre. Und wir sprechen ein reineres Russisch.« Ein moskowitischer Geist in mir begehrte auf, aber sie machte ihn mit den
gebietenden Worten schweigen: »Schließlich wurden wir zum
Herrschen geboren.«

Wir betraten einen Platz, auf dem sich die Bäume drängten.
Jenseits davon schwamm das Puschkin-Theater – eine *tour de
force* des Architekten Rossi – federleicht in bleichem Gelb und
flauschigem Weiß, geformt aus Luft oder weißem Zuckerguß.
Säulen mit korinthischen Kapitellen führten ihre Loggia himmelwärts, und hoch oben auf seinem Giebel stand der Wagen
des Apoll.

»Ich gehe jeden Tag auf dem Weg zur Arbeit über diesen
Platz«, sagte Lucia, »und er nimmt mich jeden Tag gefangen.
Auf der einen Seite hier die Kirow-Schule – das beste Ballett
in Rußland. Mit dem Puschkin-Theater geht's bergab. Wir
scheinen keine jungen Schauspieler mehr zu haben. Aber
schauen Sie, wie schön!« Wieder klang ihre Stimme, als erwar-
te sie einen Verlust, als ob die Gebäude vor ihren Augen ver-
sänken. Ein sanftes Rot zeichnete sich auf ihren Backenkno-

chen ab. »Ich möchte die ganze Zeit, den ganzen Tag in dieser Stadt umherlaufen.«

Plötzlich begriff ich, daß sie wegwollte: nicht nur aus Leningrad, sondern aus der Sowjetunion. Ich hatte keine Ahnung, wie sie das anstellen wollte; aber Schönheit mochte ein so wirksamer Schlüssel sein wie Geld. Sie blickte verlegen und traurig drein, als ich sie danach fragte, und sagte nur: »Ja, ich gehe in den Westen. Das macht es jetzt so komisch, hier herumzulaufen. Es scheint schöner zu werden, während ich es betrachte. Es ist, als ob man einen Menschen verließe. Das macht es fast unerträglich.«

Ganz plötzlich sah ihr Gesicht erschöpft und älter aus. Anatol erwähnte sie nicht. Aber ich spürte, daß sie auch ihn verlassen würde. Anatol war zu alt, um neu anzufangen.

Von dem kleinen Platz gingen wir in die Straße hinein. Ich stellte keine weiteren Fragen. Jenseits der Anitschkow-Brücke, auf der Statuen von pferdebändigenden Knaben stehen, verjüngt sich der Newskij-Prospekt zu einem linkischen späten neunzehnten Jahrhundert. Gewaltige Karyatiden ächzen unter schwerem Gebälk. Gedrängt und stumm, mit groben Formen, wachsen Fassaden empor. Wir blieben also auf dem Platz, betrachteten dort die Statue von Katharina der Großen – eine dreizehn Fuß hohe betuliche ältere Dame aus Bronze mit einem Kranz und dem Reichsapfel. Zu ihren Füßen versammeln sich um sie her die Bronzefiguren ihrer Staatsmänner und Liebhaber, plaudernd, stolzierend, in vertrautem Gespräch, und wir konnten beinahe den Duft ihrer parfümierten Perücken riechen und etwas auffangen von ihrem aufgeblasenen, unzüchtigen Klatsch. Der generöse Orlow und der unterwürfige Suworow; die Fürstin Daschkowa, ein Blaustrumpf, in ein Buch verliebt; Derschawin, der gerade ein Gedicht zitiert (niemand hört ihm zu); der bärenstarke, sinnliche Potemkin – sie saßen in ihrem Schatten wie zu ihren Lebzeiten.

Wahrscheinlich war es nicht Katharinas Menschlichkeit oder ihre Aufgeklärtheit, die ihr Standbild vor dem Ärger der

Revolution bewahrte. In nichts ist die Willkür des Sowjetkommunismus größer als in bezug auf die Zaren, die er verehrt oder vergißt. Soweit ich weiß, steht heute kein Denkmal
mehr von Alexander II., dem Befreier der Leibeigenen; aber
unerklärlicherweise reitet der gestrenge und reaktionäre Nikolaus I. noch immer auf seinem bronzenen Streitroß auf dem
St.-Isaak-Platz. Nach russischer Art hat man den Zaren ver-
geben, je nach dem, wie mächtig sie waren; die Macht des
Vaterlandes rührt von ihnen her.

Stalin begann mit der Restauration. Auf dem Höhepunkt
des zweiten Weltkriegs, als Moskau unmittelbar vor dem
Zusammenbruch stand, rief er in einem Atemzug Rußlands
kriegerische Heilige und Lenin an. Nach der Schlacht von
Stalingrad wurden Garderegimenter im kaiserlichen Stil geschaffen, militärische Orden wurden nach den zaristischen
Marschällen Suworow und Kutusow benannt, und die Uniformen der Offiziere strotzen vor stolzen Schulterstücken.
Stalins Propagandisten verglichen ihn, ohne zu erröten, mit
Peter dem Großen und Iwan dem Schrecklichen, und die
Verehrung von Peter – dem ›ersten Bolschewiken‹ –lebt noch
fort. Die Hütte und der kleine Sommerpalast des Zaren werden ebenso liebevoll gepflegt wie die Häuser, in denen Lenin
lebte, und Schilder an den Wänden des Palastes erinnern an
seine einfache Lebensweise – Zitate von seinen Dienern, wie
gern er Haferbrei oder Krautsuppe aß und daß er sich bei Tisch
nicht aufwarten ließ. Sein Reiterstandbild, gegossen von dem
französischen Bildhauer Falconet, überblickt unweit der von
ihm gegründeten Admiralität die Newa, ist eine patriotische
Pilgerstätte. Mit graugrüner Patina überzogen, steigt der wilde
stolze Hengst mit seinem Reiter auf einem riesigen Granit-
sockel empor, als sei beider triumphierende Kraft kaum zu
bändigen. Berufsphotographen warten darauf, Touristengruppen zu verewigen, und Hochzeitspaare legen ihre Buketts
zu dem Blumenschmuck der vielen anderen Besucher.

Dabei war der Mann, den sie hier ehren, ein Tyrann. Er
erbaute St. Petersburg auf den Knochen der Arbeiter, ermu-

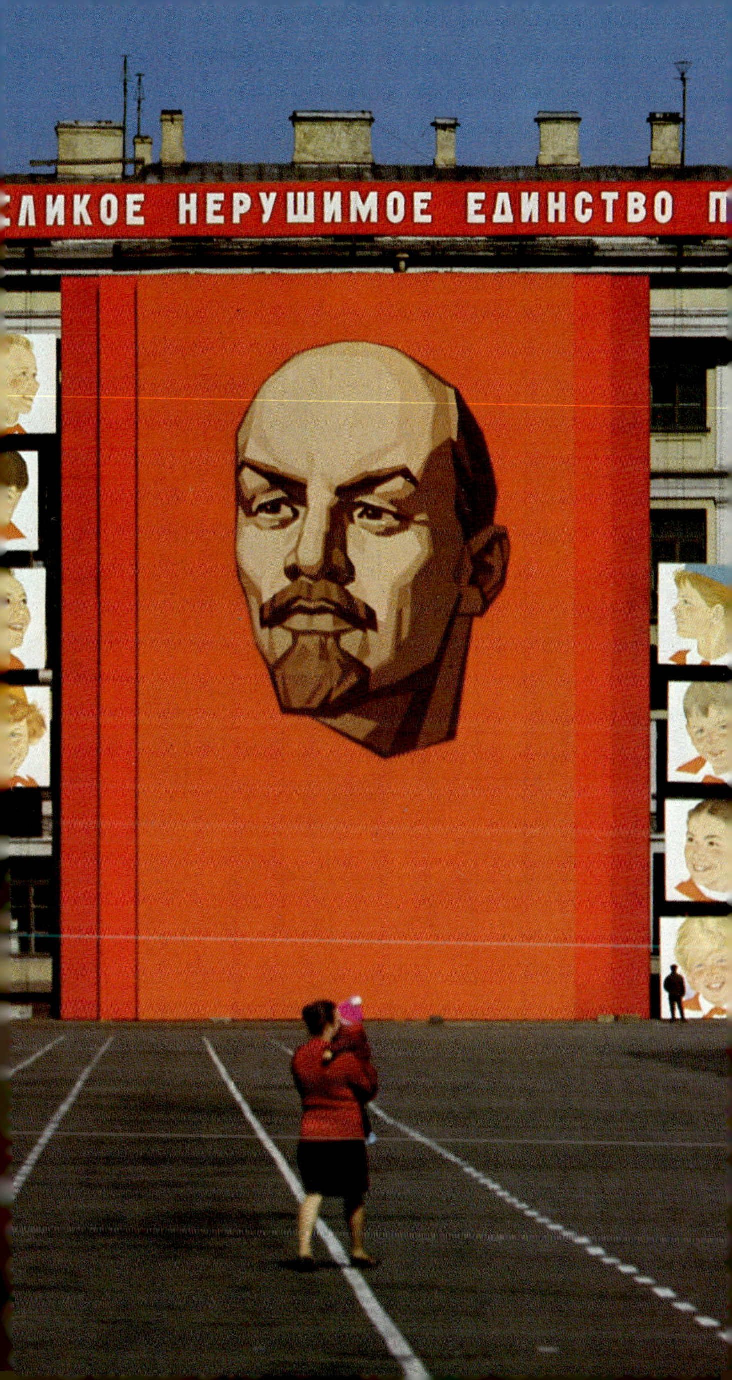
ЛИКОЕ НЕРУШИМОЕ ЕДИНСТВО

tigte kapitalistische Unternehmer, sich an die Spitze der Modernisierung zu stellen, und erlaubte den Gutsbesitzern, ihre hilflosen leibeigenen Bauern noch fester in den Griff zu nehmen. Natürlich wird all dies übersehen, weil Peter der Große die Größe der Nation widerspiegelt und verkörpert. Auch bei den Bauwerken fasziniert die Größe an sich. Die entweihte Isaaks-Kathedrale, ein verschmutzter Klotz aus Marmor und Granit, krümmt sich unter einer goldenen Kuppel zusammen wie eine arme *babuschka* unter einem grellfarbenen Hut, und sie wird noch immer von den Russen ihrer riesigen Ausmaße wegen in den Himmel gehoben. Und der kolossale Winterpalast, Sitz der Zaren und Schauplatz der verschwenderischsten Hofhaltung der Zeit, ist jeden Tag Anziehungspunkt für dreißigtausend stolze, gaffende Besucher.

Der Palast wurde zwischen 1755 und 1762 von Bartolomeo Rastrelli für die luxusliebende Kaiserin Elisabeth erbaut. Während des folgenden Jahrhunderts dehnte er sich nordostwärts zur Eremitage hin aus, bis sich entlang der granitenen Kais der Newa achthundert Meter lang eine geschlossene überwältigende Fassade hinzog. Rußland kann seinen fremden Architekten einen seltsamen Genius auferlegen, und Rastrellis Barock weiß um die Liebe der Einheimischen für starke Farben und auseinanderfließende, riesige Gebäude mit machtvollen Ornamenten. Entlang der türkisfarbenen Fronten strahlen Säulen in glänzenden kalkweißen Reihen oder sie bündeln sich um Einfahrten. Phantasievolles Schweifwerk und Friese schmücken die Fenster, deren Giebel mit lüstern blickenden Cherubimen bekrönt sind, Löwenmasken aus Stuck, greisenhaft gerunzelt und mit zahnlosen Mäulern, starren aus den Lünetten. Nicht einmal weiter oben findet der Blick Ruhe, die Dachfirste sind von nahezu zweihundert bronzenen Göttern und Heroen besetzt. Das Ganze erweckt den Eindruck einer überschäumenden Laune, von architektonischer Unmäßigkeit – aber gleichwohl feinsinnig angeordnet und verschämt ausgeführt –, den Eindruck einer vollendeten Pracht.

Südlich dieses Mammutgebäudes schließt sich ein erstaunlicher Platz an, umarmt von den ausgreifenden Armen und der einfachen Majestät von Rossis Ministerien. Er ist beinahe leer. In der Mitte des Platzes wird wieder ungemeinen Dimensionen Tribut gezollt: dort steht eine monilithische Säule aus graurosafarbenem Granit, die bis zu dem sie krönenden Engel über sechzig Meter hinaufreicht, der größte einzelne Stein, der je aus dem Fels geschnitten wurde. Sie wurde zur Erinnerung an den Sieg Alexanders I. über Napoleon errichtet.

Das gleiche stumpfe Zahlenspiel durchzieht aufs unsinnigste den ganzen Winterpalast – 1500 Räume, 1786 Türen, 1945 Fenster, 117 Treppenfluchten. Obschon 1837 durch Feuer beschädigt, gelang es Soldaten und Feuerwehrmännern, die in der Eremitage angehäuften Schätze zu retten, und die Interieurs wurden bald im klassizistischen Stil wiederhergestellt. Die schiere Unermeßlichkeit des Innern trifft einen wie ein Keulenschlag. Schon in den gewölbten und galeriebewehrten Hallen des Erdgeschoßes, wo sich einst die Küchen und die Räume der Dienstboten verteilten, sind verschwenderisch die verschiedenartigsten Marmorarten verwandt; meine Augen schmerzten, waren geblendet von Farbe, ich war erdrückt von den Decken voll feinen Stucks, an denen sich Rokokoreben und waffenumstellte Schilde mit Drachen und Löwen und einer Myriade mythologischer Tiere mischten. Und überall der doppelköpfige Adler der Romanows, mit Szepter und Reichsapfel in seinen Krallen.

Nach fünf Stunden wurde ich verwirrt hingespült an den Fuß der Großen Treppe. Umstellt von Alabasternymphen führen ihre Marmorstufen empor in die ruhige Heiterkeit des Obergeschosses zu gemalten Deckenfresken, auf denen der Olymp der antiken Götter festgehalten ist. Ich wanderte in dumpfer Benommenheit umher. Um mich herum und über mir entfaltete sich Raum um Raum, die in jedem Quadratzoll von Gold glänzten wie der Panzer eines Insekts. Im Stuck Wirbel von Greifen, Löwen mit goldenen Pranken. Raffael, Rembrandt, Leonardo, Rubens – ihre Meisterwerke schwam-

men in einem Triumphzug von schwer verdaulicher Pracht
an mir vorbei. Ich wandelte vorbei an phantastischen Fackel-
trägern und Karyatiden, und glitt über glänzende Flächen
wertvollen eingelegten Holzes. Zu allen Seiten um mich her
trabten Massen russischer Touristen durch die Pracht ihrer
verleugneten Vergangenheit. Ihre freundlichen, bäuerlichen
Gesichter und die Bildnisse kaiserlicher Höflinge betrachteten einander mit beidseitigem Erstaunen. Raum folgte auf
Raum, Bühnenbilder erblühten in Marmor und Porphyr und
fanden ihr Ebenbild in goldumrandeten Spiegeln, taten sich
auf mit ihrem Parkett in Ebenholz, Mahagoni und Amarant
und versanken in einer Flut von Kristall. Dem Malachit-
Raum, wo Ausblick auf die graue Newa und einen düsteren
Himmel wie Bilder in den Fensterrahmen hingen, gaben zwei
Tonnen dieses grünen Schmucksteins, der aus dem Ural
stammt, in den Kamineinfassungen und Säulen Leben. Der
grüne Ballsaal, wo die Kaiserin Elisabeth ihre Feste feierte,
wobei die Gäste in Verkleidung aufzutreten hatten, prahlte
mit der Fülle seiner kannelierten Pilaster, 116 an der Zahl,
und seinen Mammutlüstern. Sie sahen mit Rauhreif bedeckten Weihnachtsbäumen gleich mit ihren Wappen aller
russischen Provinzen.

In den Michailowskij-Gärten zog ein alter Mann von vier-
undachtzig Jahren die Aufmerksamkeit auf sich. Er schwang
seinen säbelförmigen Spazierstock, während er den Weg ent-
langlief, seine militärischen Abzeichen baumelten, auf Bändern aneinandergereiht, auf seiner Brust, und über einem
breiten weißen Bart zeigten sich martialische Gesichtszüge.
Er sah aus wie Gottvater, der gerade über eine Wolke blickt.
»Ich bin ein alter Bolschewik«, verkündete er mir. »Einer
der ersten Revolutionäre.«
Geist aus den zwanziger Jahren, der er war, freute er sich
noch immer darüber, daß sie alles gemeinsam besaßen. Voller
Besitzerstolz tätschelte er die Baumstämme; »Das ist *mein*
Baum und auch *dieser* gehört mir.«

1907 sei er zum Revolutionär geworden und in Ketten hätten sie ihn nach Sibirien geschickt. Aber ein Mitgefangener habe im Rockaufschlag eine Feile verborgen, und sie hätten sich ihre Handschellen durchgesägt und seien wieder nach St. Petersburg geflohen. Das waren die Tage, als Strafgefangene und Verbannte – darunter Trotzkij, Stalin und Bakunin – mit lächerlich einfachen Mitteln aus Sibirien flohen und frei wie streunende Katzen über die Grenzen wechselten. 1917 hatte sich der alte Mann den Bolschewiken angeschlossen und drei Jahre lang gegen die Weißen gekämpft. Er nahm einen militärischen Schritt an, während er davon erzählte, und stieß den Bart wie einen Torpedo vor, und sein Blick blitzte über den Garten hin. »Runter vom Rasen, Genossin!« belferte er. Eine junge Mutter, die neben ihrem Kinderwagen im Gras Platz genommen hatte, blickte erstaunt hoch. »Gehen Sie runter vom Rasen unseres Vaterlandes!«

Er verkörperte die zudringlichen Gebote des frühen Kommunismus, dessen Zeloten ermutigt wurden, einander zu überwachen, sich gegenseitig Geständnisse abzulegen und sich zu denunzieren. Er war der selbsternannte Beschützer und Verfolger aller um ihn herum, der Anachronismus eines Urelefanten in den 1980er Jahren. Kurz darauf lehnte ein Mädchen an der Baumgabel eines seiner wertvollen Bäume. »Geh weg da«, röhrte er. »Merkst du denn nicht, daß du ihn am Wachsen hinderst? Weg da!« Sie blickte ihn an, bewegungslos, ohne ein Wort zu sagen. Gelassen marschierte er weiter. Sein Bannfluch traf sogar eine mausende Katze. »Worauf lauerst du, Genosse? Laß die Kreatur in Ruhe!« Es schien ihn nicht zu stören, sofern er es überhaupt bemerkte, daß niemand auf ihn hörte.

In einem kleinen Akazienhain ruhten wir uns aus. »Als ich ein Kind war«, sagte er, »schaute ich zu, wie diese Bäume gepflanzt wurden.« Er zeigte auf den größten unter ihnen. »Dieser Baum war damals nicht größer als ein Laternenpfahl. Natürlich war es kein öffentlicher Garten, aber als Junge kletterte ich oft über den Zaun. Der Zar und die Zarin pflegten hier im Sommer spazierenzugehen.« Aus dem Knurren eines Wolfshundes wurde schnurrende Erinnerung. »Einmal, als ich gerade in den Büschen versteckt lag, sah ich sie mit eigenen Augen … Wie sie aussahen? Es ist schwer, sich genau daran zu erinnern. Aber sie war eine schöne Frau, das weiß ich noch. Ihre Hand lag auf seinem Arm. Und er sah sehr groß und stattlich aus, und …« Aber er kam nicht ans Ende. Der argwöhnische Kommissar in ihm brach wieder hervor. »Was machen Sie da, Genosse?« Unter uns harkte ein Mann Unkraut aus einem Zierteich. »Wie kommen Sie dazu, das Unkraut aus dem See zu entfernen?«

Ungerührt blickte der Gärtner hoch. »Ich arbeite hier.«

Arbeit – das Zauberwort.

Sofort, als ob eine segnende Hand ihren Zauber über die Stirn des Alten gegossen hätte, verwandelte sich sein Gesichtsausdruck zu einem Blick gütigen Tadels. »Gut«, murmelte er, »er arbeitet.« Für ihn besaß dieses Wort die gleiche Kraft wie ›Revolution‹ oder ›kollektiv‹. Auch die mausende Katze, dachte ich mir, war bei der Arbeit, aber sie war nicht in der Lage, ihm das Losungswort zu nennen.

Bevor wir uns trennten, sagte er: »Lassen Sie mich Ihnen meine Adresse geben. Es ist nur eine Postanschrift, nicht die richtige. Die halte ich geheim. Sehen Sie«, wiederholte er sich, »ich bin einer von den alten Bolschewiken.«

Ich habe mich seinerzeit gefragt, ob er im Kopf wohl ganz richtig war. Er kritzelte seine Adresse in riesigen Buchstaben auf ein Stück Zeitungspapier. Erst als er schon weggehen wollte, fiel mir ein, da er mir ja sein Alter gesagt hatte, daß seine ganze Geschichte Unsinn war. Die Zaren sandten keine elfjährigen Knaben mutterseelenallein nach Sibirien.

»Wie alt, sagten Sie, sind Sie?« fragte ich.

»Ich weiß, was Sie jetzt denken«, antwortete er. Seine Augen zwinkerten mir verschmitzt zu. »Ihr Esten seid schlaue Burschen. Sie denken, daß ich nicht als Elfjähriger nach Sibirien geschickt worden sein kann. Aber ich bin in Wirklichkeit vierund*neunzig* …« – und er lief zwischen den Bäumen davon.

Eines Abends ging ich mit Lucia zum Kirow-Ballett. Niemals zuvor habe ich einen hinreißenderen Theatersaal gesehen – fünf Ränge mit Gold, Weiß und Blau, dazu ein blaugoldener Vorhang, im Begriff, sich zu ›Schwanensee‹ zu öffnen. Aber das Publikum davor, herausgeputzt in seinen schönsten Kleidern, war auf das unschuldigste stillos. Sie saßen in schlechtsitzenden braunen und grauen Anzügen oder seltsam geblümten Kleidern unter Lüstern und Cupidos, die sich zwischen vergoldetem Blattwerk vergnügten. Die alte Zarenloge war mit Lokalhonoratioren und ihren Gattinnen vollgestopft.

Das Kirow-Ballett im Vergleich zum Bolschoi entsprach einmal dem Verhältnis Leningrads zu Moskau; das Kirow-Ballett pflegte die klassische Linie und die gedämpfte Grandezza, so daß die Lebenskraft des Bolschoi-Balletts daneben roh wirkte. Aber an diesem Abend schien es nicht zuzutreffen, denn ein neuer Überschwang durchdrang Tänzer und Publikum. Da tanzte eine mollige Ballerina, deren unerwartete Sprünge von allen Seiten des Hauses Salven von Beifall hervorriefen. Von der Galerie jubelte eine Claque dem männlichen Hauptdarsteller zu, und technische Bravourleistungen wurden mitten im Sprung beklatscht, als feierte ein italienisches Publikum das hohe ›C‹.

»Das ist kein echtes Leningrader Publikum«, behauptete Lucia ärgerlich. »Einige haben ja nicht einmal Krawatten um.«

Aber die Künstler und die Zuschauer waren eins. Die Lust am Tanz steckte sie alle an. Ich erinnerte mich, daß die Pawlowa, die Karsawina, Nijinskij, Ulanowa, Nurejew, Makarowa hier ihre ersten Tanzschritte gemacht hatten. Unter der klassischen Disziplin brach ein altes russisches Feuer hervor und sprang über auf die Zuschauer, von denen einige am Ende der zweiunddreißig *fouettés* des schwarzen Schwanes aufsprangen, Beifallsrufe übertönten die Musik.

Aber in den Pausen flanierte das Publikum unerwartet gesetzt, Arm in Arm linksherum entlang des Teppichs im oberen Vestibül. Jetzt, da die Lichter brannten, waren ihre

Gesichter wieder leer. Man hätte nicht erraten können, daß sie fünf Minuten zuvor, aus der Dunkelheit in diesen sprachlosen Zauber von Anmut und Kraft entlassen, alle Hemmungen abgestreift und ihre Seelen sich hatten anfüllen lassen.

Ich besuchte Puschkins Wohnung im Herzen der Stadt – bescheiden in der ersten Etage eines Hauses. Dorthin hatten sie ihn im Januar 1837 mit tödlichen Verletzungen gebracht, nachdem er sich mit einem französischen Emigranten duelliert hatte, der mit seiner Frau wahrscheinlich eine Liaison unterhielt. Einen Tag und zwei Nächte wütete der Gasbrand in seinen Wunden, ehe er erlöst wurde. Zwei Tage lang flutete das einfache Volk von St. Petersburg in spontaner Huldigung und Anteilnahme durch das Haus.

Die Wohnung ist noch immer ein Heiligtum. Die Fremdenführer sprechen dort mit einem Ton gedämpfter Melancholie. Auf seinem Schreibtisch liegen Papiere verstreut umher, wie er ihn im Tod verlassen hat; Handschuhe und Rock, die er zum Duell trug, werden ehrfürchtig aufbewahrt; die Couch, auf der er starb, steht noch da.

Puschkins literarisches Mammutwerk umfaßt beinahe jede literarische Kunstform, und selbst die Sprache der modernen russischen Lyrik geht auf ihn zurück. Auch er hat die Spannungen des Riesenhaften an St. Petersburg gespürt. In seinem ›Der Bronzene Reiter‹ malte er sich aus, wie die Statue Peters des Großen zum Leben erwacht und Menschen durch die mondbeschienenen Straßen verfolgt. Die Größe von Leningrads Bauwerken und die widerhallenden offenen Räume zwischen ihnen, die großen Parks und die weit umgrenzten Plätze scheinen noch immer diesen Alptraum hervorzulocken. Heute ist Puschkin Eigentum der Nation. Die Anzahl seiner Statuen wird nur noch von denen Lenins übertroffen. In jeder Stadt, durch die ich fuhr, erinnerte ein Denkmal an ihn. Zu seinen Lebzeiten waren seine liberalen Ansichten verdächtig – er prangerte die Leibeigenschaft an –, und viele seiner Werke zirkulierten als *Samisdat*-Literatur. Der Kommunismus hat ihn daher ohne Schwierigkeit als einen Rebellen in seine Reihen aufgenommen und ihn posthum zu einem ›Mann des Volkes‹ gemacht. Seine Ausschweifungen werden (wie die Jessenins) von sowjetischen Kritikern selten erwähnt, und seine etwas gewagteren Schriften werden gänzlich totgeschwiegen. Denn kein Volk verfolgt und ehrt seine Dichter so wie die Russen. Sie jagen sie, und lassen sie lange nach ihrem Tod wieder auferstehen und schließen sie zu guter Letzt stolz in ihre Liebe ein.

Dostojewskijs Wohnung, in der der große Dichter die beiden letzten Jahre vor seinem Tod, 1881, lebte, liegt in einem ärmeren Stadtteil. Die Umformung seiner Vergangenheit ist noch in vollem Gange. Er wurde wegen angeblicher Verschwörung gegen den Zaren zum Tod verurteilt, und die Scheinexekution – er wurde begnadigt, als er bereits dem Erschießungskommando ins Auge blickte – wird heute hochgespielt, desgleichen seine Verbannung nach Sibirien. Aber sein tiefreligiöser und traditonalistischer Monarchismus wird übergangen.

Seine Wohnung wurde nach Photographien, Souvenirs und Erinnerungsfetzen zärtlich rekonstruiert. Bevor ich sie sah, konnte ich mir nur schwer vorstellen, daß dieser gequälte Prophet überhaupt irgendwo gewohnt hat. Aber hier standen die Bücher, die er seinen Kindern vorgelesen hatte, seine Tabaksdose, seine Ikone, ein paar liebevolle Zeilen von seiner Tochter. Und hier vollendete der schwache, ausgezehrte Epileptiker, der des Nachts arbeitete, angeregt von unzähligen Tassen bitteren Tees, seine ›Brüder Karamasow‹: vielleicht eine Synthese seiner eigenen zerrissenen Seele.

In Vororten verirrt, ging ich zu einer Baustelle, wo einige Arbeiter gerade Schotter in eine Karre schaufelten, und tippte einem von ihnen auf die Schulter, um ihn nach dem Weg zu fragen. Unter einem eingebeulten Helm wandte sich mir ein Gesicht zu, das von langen Ohrringen eingefaßt war und aus dem Lippenstift hervorsprang. Es war eine zarte Blondine.

Auch die anderen drehten sich um und schwatzten mit hellen Stimmen los.

Vermutlich war es ihre Schlankheit, die mich staunen machte, da ich mich schon an diese traurigen Mannweiber gewöhnt hatte, an Frauen, die nicht nur die Straßen kehren, sondern sie auch instand halten. Gleichheit der Geschlechter ist ein marxistisches Dogma. Aber bezeichnend war, daß auf der Baustelle vor mir der Vorarbeiter und der Kranführer Männer waren.

Ich muß die blonde Maurerin sehr erstaunt angeblickt haben, daß sie mich so angrinste. Als ich sie fragte, warum sie solche Arbeit verrichtete, runzelte sie die Stirn und schob sich den Helm vom Kopf, was einen Schwall von Haaren freimachte. Eine Sekunde lang vermutete ich, sie würde irgendeinen Partei-Slogan über den Aufbau des Vaterlandes wiederkäuen.

Aber sie sagte: »Warum? Weil's so verdammt langweilig ist, daheim rumzuhocken, das ist's.«

Ich fuhr mit Lucia zum Katharinen-Palast, dessen goldener und azurblauer Körper sich oberhalb seiner Parkanlagen mehr als dreihundert Meter hinstreckt. Lucia machte von ihrem *blat* schamlos Gebrauch. Ihr Anblick genügte und Türwächter und Museumsdirektoren schmolzen dahin und ließen uns Teile des Palastes anschauen, die normalerweise nicht gezeigt werden. Er war während des Krieges beinahe völlig ausgeschlachtet worden, wurde aber jetzt mit den besten und ursprünglich verwendeten Materialien restauriert. Kein anderes Volk der Erde hat soviel Sorgfalt und Sachverstand aufgewandt, sein aristokratisches Erbe zu bewahren, wie gerade Rußland. Wir schritten durch eine Flucht blendender Räume. Beinahe alles, was wir ansahen, war neu, aber die Täuschung war vollkommen, so gewissenhaft, so reich und so einfühlsam war die Arbeit der Restauratoren.

Doch das barocke Gaudium aus der Mitte des achtzehnten Jahrhunderts findet im Palast von Pawlowsk seine Grenze.

Der Katharinen-Palast prunkt mit seinem Charme; Pawlowsk hingegen ist ein Gentleman (eine richtige kleine Datscha, sagte Lucia entzückt). Er drückt seine Zurückhaltung in dem englischen Understatement seiner Gärten aus. Hier, zwischen Tempeln und Pavillons und einem Fluß, den man zu Kanälen und kleinen Seen gezähmt hat, hielt Zar Paul mit seiner knausrigen Gemahlin Hof – und Lucia und ich wurden hier von einem Gewitter überrascht. Zuerst nur langsam, dann schwerer, kam der Regen durch das dichte Dach der Eichenblätter über uns, bis wir ihm völlig ausgesetzt waren. Nach einem langen, untröstlichen Donner prasselten große Tropfen auf schutzlose Haut.

Lucia, mit völlig durchnäßter Bluse, strahlte über das ganze Gesicht.»Das ist gar nichts«, sagte sie,»das macht Spaß.« Ihr Haar hing glatt herab, die Schminke blutete komisch über ihre Wangen, und sie rief mir ausgelassen wie ein Schulmädchen zu:»Rennen Sie zum Auto!«

Wir hätten ebensogut schwimmen können. Das Auto war eine Meile entfernt geparkt. Lucias St. Petersburger Flair hatte sich mit ihrer Wimperntusche aufgelöst. Jetzt klatschte ihr das Haar dünn gegen die tatarischen Backenknochen, sie schien aus einem anderen Zeitalter hervorzustürmen und so erdverbunden und dickköpfig zu sein wie der Rest ihrer widerstandsfähigen Landsmänninnen. Ich verstand, warum Anatol sie liebte.

Sergej lebte irgendwo in den nördlichen Vorstädten. Ein Bekannter in Moskau hatte mir seine Adresse gegeben und mich gewarnt, er sei »ein bißchen wild«.

Aber seine Wohnung zu finden war zum Verzweifeln. Meilenweit nach Norden stießen und drängten sich die Wohnblocks entlang nahezu autoloser Straßen. Mit der Trockenheit mathematischer Formeln, die man im Urzustand vom Zeichenbrett weg auf den Erdboden geschoben hat, preßten sie sich zusammen, und ihre eingepferchten Bewohner spazierten wie Winzlinge in der Wildnis zu ihren Füßen. Mancher Block teilte sich auf in drei- oder vierhundert Wohnungen; doch wenn ich mich ihnen näherte, brachen ihre majestätischen Reihen entzwei, und das Land dazwischen schien weit und menschenleer. Wo ein Gebäude gerade fertiggestellt worden war, hatten sich Tümpel gebildet, ringsumher ein Ödland voller Schrott und Betonklötze, Spielplatz der Jungen. Ich erinnerte mich, daß im sowjetischen Fernsehen gerade eine Folge lief, die sich über die absolute Ähnlichkeit dieser Schlafstädte lustig machte. Da besucht der Held, ein Leningrader, Moskau, glaubt aber, geistesabwesend, er sei zuhause; die Umgebung ist so ähnlich, daß er in der Straße, die er für seine hält, seinen Wohnblock findet, seine Wohnung – und sogar seine Schlüssel passen.

Irgendwo in dieser Mondlandschaft wohnte Sergej. Durch Zufall fand ich die Straße. Sie war von einem riesigen Bildnis Lenins überspannt, überschrieben: ›Die Lehren Lenins sind Wahr‹. Große halbleere Geschäfte reihten sich aneinander. Schlangen standen hier nicht, denn es gab fast nichts, wofür man hätte anstehen können. Ein paar Frauen liefen zu zweit umher, ihre Babies auf dem Arm.

Ich zögerte vor Sergejs Wohnung, fragte mich, wie ein Russe, der »ein bißchen wild« war, wohl beschaffen sein mochte. Leningrad hat mehr Exzentriker und auf den Hund Gekommene als ihm zustehen. Die Straßen der Innenstadt werden von herumstrolchenden Trunkenbolden heimgesucht, deren aufgedunsene Gesichter und deren bleiche Augen gelegentlich durch die Windschutzscheibe meines Wagens stierten und nach Dollars brüllten. Ich war kurz einem mürrischen Messias begegnet, der, umschlungen von einem orangefarbenen Gebetsschal, umherlief, auf dem Kopf Goldbänder, eine zerbrochene Gitarre auf dem Rücken. In Chelsea oder in Greenwich Village wäre er womöglich überhaupt nicht aufgefallen, aber hier war solch ein Anzug wie ein Manifest.

Ich läutete, und Sergejs Kopf erschien hinter der um einen Spalt geöffneten Türe. Er sah wesentlich jünger aus als dreiunddreißig. Ein waagrechter Strom schwarzen Haares floß auf seinem Kopf nach hinten, seine Augen traten vor Erregung hervor.

»Sie kommen von Viktor? Hat er Ihnen schon das Neueste erzählt?« Doch dann preßte er theatralisch einen Finger gegen seine Lippen. »Aber psst – meine Frau mag das nicht. Psst.«

Ich hatte keine Ahnung, wovon er redete. Wir saßen in seiner Küche, schlangen Salami mit Wodka hinunter, während seine Frau mich mit angespannten grünen Augen beobachtete. Sie schien nervös und geknickt zu sein.

»Sie ist ganz verrückt wegen dieser Wohnung«, sagte Sergej, und redete, als sei sie gar nicht da. »Sie ist ihr Traum. Vorher hatten wir ein einziges Zimmer. Aber jetzt haben wir sogar *fließendes heißes Wasser*.« Sein Kopf zitterte vor Freude, und noch Sekunden später bebte sein Haarschopf für sich nach. »Ich werde Sie herumführen. Das ist ein richtiger Palast hier.«

Sie schienen mehr Raum zu haben, als sie einnehmen konnten. In Leningrad, das so übervölkert ist, daß eine Wohnbewilligung unbezahlbar ist, war dies ungewöhnlich. In einem Zimmer saßen seine rehäugigen Töchter und schauten fern. Sie lächelten mich schüchtern an und zogen ihre Spielkleidchen um die Knie. Im Zimmer nebenan lag eine Promenadenmischung von einer Hündin zwischen ihren vierzehn Jungen. Die papierdünnen Wände vermischten das Kichern der Mädchen mit dem dünnen Kläffen der Hündchen.

Sergejs Freude über diese Wohnung widerlegte meine Niedergeschlagenheit über diese Vororte. Denn solche wurzellosen architektonischen Leistungen sind, trotz all ihrer Euklidischen Sterilität, doch eindrucksvolle Verkörperungen nationaler Energie. Vor dreißig Jahren bewohnte kaum eine Familie in der Stadt eine Wohnung für sich allein. Die Leute lebten zusammengepfercht, manchmal zwei, drei Familien in einem Zimmer, abgeteilt vielleicht durch eine Wäscheleine, eine Sperre aus lumpigen Möbeln oder durch gar nichts. Küche und Bad, falls es sie überhaupt gab, teilte man sich. Im letzten Vierteljahrhundert hat die Regierung gegen diese Armut eine

Wohnungsbaukampagne titanischen Ausmaßes gestartet. Jedes Jahr wurden zwischen zwei und drei Millionen Wohneinheiten neu gebaut. Ästhetisch sind diese Wohnungen ein Nichts, sie sind auch schlecht gebaut: noch bevor das Haus richtig steht, lösen sich Steine, der Beton reißt auf, die Farbe blättert ab. Aber sie haben das Leben dieser Menschen verwandelt.

»Hat Viktor Ihnen nicht erzählt«, flüsterte Sergej, sowie seine Frau die Küche verlassen hatte. »Ich haue im Herbst ab, gehe weg von hier. Zuerst nach Finnland, dann nach Deutschland.« Während er sprach, erglühte sein Gesicht und erlosch sodann wieder, in seinem beständigen Helldunkel von Freude und Angst. Er sah vertrauensselig und töricht aus. »Ich möchte mich einer Pop-Gruppe anschließen.«

»Welcher Pop-Gruppe?«

»Einer christlichen. Ich weiß nicht, wo oder wie. Aber Gott wird es mir zeigen. Ja, ich möchte meinem Gott dienen!« Sein Haar tanzte einen Fandango. »Ich liebe mein Land, aber hier kann ich Christus nicht dienen. Es ist alles zu ... zu schwierig. Aber da draußen, vielleicht in Schweden oder in London ...« Er drückte meinen Arm. Verführerische Städte und Länder taten sich hinter seinen Augen auf. »Möglicherweise New York!«

»Das wird nicht einfach sein.«

»Gott wird mir den Weg weisen!« Ich dachte mir, er muß mit einer geheim arbeitenden Evangelisationsgruppe zusammengeraten sein. Er vibrierte vor mächtigem, überweltlichem Optimismus und kaute dazu seine Salami wie ein Gaul.

»Wie wollen Sie rauskommen?«

»Ich werde fliehen«, sagte er. Die Angst legte sich wieder über seine Züge. »Ich gehe mit einem Freund, im September, wenn das Meer warm ist. Wir schwimmen mit Sauerstoffgeräten unter Wasser über den Finnischen Meerbusen.«

»Das gibt's doch nicht«, sagte ich, war mir aber nicht sicher.

»Wir haben es genau ausgetüftelt. Es ist nicht einfach, aber es geht. Gott wird uns beistehen.«

»Gott wird Ihnen nicht helfen, wenn Sie keine Geduld haben«, sagte ich, aber auch da war ich mir nicht sicher. »Wie oft sind Sie schon getaucht?«

»Bisher noch nie.«

Ich sah ihn an. Sein Gesicht war offen, lachend, erfüllt von einer schrecklichen, tiefsitzenden Einfachheit. War es nicht, daß ich ihm auf den Seiten Dostojewskijs schon einmal begegnet war?

»Und Ihr Freund?«

»Das ist ein prima Kerl.« Feierlich goß er das letzte Restchen Wodka aus der Flasche »Sobald ich nach Helsinki komme, schließe ich mich einer Gruppe an. Ich will kein Geld. Ich will nur für meinen Heiland singen, ich will nur ...«

Seine Frau kam zurück in die Küche und saß schweigend bei uns. Ihre grünen Augen fixierten mich mit vorwurfsvollem Verstehen. Sie muß genau gewußt haben, was los war. Sergej schien fast verrückt zu sein. Ganz bestimmt fragte sie sich, wie bald sie wohl Witwe sein würde und ihre Kinder Waisen.

Sergej blickte zum Fenster hinaus. »Wo ist Ihr Wagen?«

»Ich habe ihn in einiger Entfernung geparkt«, sagte ich, »ich dachte, das sei besser.«

»Nein, es ist besser, wenn meine Nachbarn ihn sehen«, sagte er. »Dann wissen sie, daß ich wichtige Freunde habe, Ausländer. Fahren Sie ihn her, und fahren Sie die Mädchen ein bißchen spazieren.«

Eine halbe Stunde lang fuhr ich sie mit ihrem Vater durch die sterilen Straßen. Die Dämmerung brach herein. Die weiße Geometrie der Vorstadt fügte ihre geisterhafte Verrücktheit der unsrigen hinzu. Die beiden kleinen Mädchen saßen auf meiner Matratze, ihre vier weitaufgerissenen Augen schienen körperlos im Dämmerlicht.

»Ist das nicht ein schönes Auto?« fragte sie Sergej. Es starrte vor Schmutz.

»Schön«, schallte ihr Echo.

»Sergej«, murmelte ich ein bißchen später, »und was ist mit *ihnen*?«

»Ich komme zurück«, murmelte er. »Mein Land wird mir verzeihen, wenn es versteht, daß ich es wirklich liebe.«

»Vielleicht verzeiht es Ihnen nicht.«

Ich fuhr sie zurück zu ihrem Wohnblock. Mit seinem Hundert durch Vorhänge in ihrer Helligkeit gedämpfter Vierecke überwältigte er den Nachthimmel. Sergejs tragisch blickende Frau führte die Mädchen in die Diele. Ich konnte mich von ihnen nur verabschieden, indem ich mir sagte, daß all seine Pläne Phantastereien waren, ein harmloses Hirngespinst, um durch den Zauber des Unerreichbaren die alltäglichen Ärgernisse zu überwinden.

Aber sicher war ich mir nicht.

An meinem letzten Abend gingen Lucia, Anatol und ich zum kleinen Maly-Theater, ein Juwelenkästchen in Orange, Weiß und Gold. Lucia trug ein Kleid, das ihr Freunde aus England geschickt hatten, und die Blicke der Frauen ringsumher verschlangen sie. Sie genoß es seelenruhig.

Wir sahen uns ein Sonntagsprogramm an, mit sentimentalen Liedern und Cellosolos. Dann trat ein rundlicher Herr mittleren Alters auf, der Gedichte rezitierte, und zwar mit dieser feierlichen Intonation, die für Puschkin, für abstrakte politische Ankündigungen, fernsehübertragene Leichenreden und dergleichen reserviert ist. Die Zuschauer im Westen würden sich vor Lachen kugeln; aber der See russischer Gesichter wurde von einem Erzittern schmerzlicher Innerlichkeit gekräuselt. Eine lange, widerhallende Besänftigungstirade aus Romantik, Wahrheit und Bedeutungsfülle strömte aus des Redners Mund. Lucias wegen war ich tief verlegen, denn sie war es, die uns gedrängt hatte, hierherzugehen. Eine Zeitlang wagte ich nicht einmal, zu ihr hinüberzusehen. Ich konnte einfach nicht erraten, ob sie tumultuarisches Gelächter oder Zynismus unterdrückte. Aber als ich zuletzt ihr Gesicht überflog, schien sie es gar nicht zu bemerken.

Sie war aufgelöst, ein Strom von Tränen rann über ihre Wangen herab.

Stunden später schwebten wir in ihren Hof, um uns voneinander zu verabschieden.

»Sie fahren jetzt nach Estland?« fragte Anatol. »Tja, an Ihrer Stelle würde ich dort nicht Russisch sprechen. Versuchen Sie es mal mit Deutsch. Die Esten hassen uns – wir haben ihr Land erobert.«

Lucia sagte klagend: »Geben Sie uns Ihre Adresse – Ihre Adresse in England.«

Ich schrieb sie ihnen auf. Als ich ihr nachdenkliches Gesicht ansah, fragte ich mich, wieviel größer die Chancen für sie waren, Rußland zu verlassen, als für Sergej.

»Schreiben Sie uns eine Postkarte«, sagte Anatol.

»Ja, natürlich.« Da fiel mir erst ein, daß ich nicht einmal ihre Nachnahmen wußte. Sie waren mir einfach als Lucia und Anatol vorgestellt worden.

»Anatol heißt Barinow«, sagte sie. »Ich heiße Lucia Krukowskaja.«

Sie waren also nicht verheiratet.

Wir umarmten uns, wie man das in Rußland macht, und noch weit unten in der Straße sah ich sie winken, umrißhaft in einem See von Lampenlicht. Ein paar Tage lang verkörperten ihre Abschied nehmenden Gestalten für mich Leningrad – seine abendländische Schönheit und eingeborene Großzügigkeit, seine Anmut und seine Wehmut.

Eine der Segnungen der Bürokratie besteht darin, daß sie sich immer wieder selbst aufs Kreuz legt. Ich fuhr zu meinem Campingplatz zurück und erfuhr, daß die Behörden meine Papiere durcheinandergebracht und mich einem Zeltplatz zugeteilt hatten, den es überhaupt nicht gab. Ich wurde also zur Unperson. Frei. Als ein derartiger Luftikus kampierte ich friedlich an der Ostsee, lauschte dem melancholischen Rauschen der Wellen und den Schreien der Vögel, die ich nicht kannte.

Dreißig Kilometer weiter westlich liegt der verschwenderischste Sommerpalast der Zaren, *Peterhof*, an der Südküste des Finnischen Meerbusens. Es war mein letzter Blick auf Leningrad. Begonnen während der Herrschaft Peters des Großen und erweitert unter der Kaiserin Elisabeth, erhebt er sich über einer Treppe aus hinreißenden Brunnen, deren Wasser, unten angekommen, zur Ostsee fließen. Peter persönlich hatte den Großen Wasserfall konzipiert, als den Rivalen zu Versailles, und zur Erinnerung an seinen Sieg über die Schweden in der Schlacht von Poltawa, 1709.

Der ganze Hügel wurde ein schwindelerregender *coup de théâtre*. Unter der schwebenden Symmetrie des Palastes fällt die Doppeltreppe in riesigen, blitzenden Stufen zwischen ein Gewirr von vergoldeten Göttern und Göttinnen inmitten springender und sich drehender Wasserspiele. Zwischen dem festlichen Tumult und dem Kreuzfeuer des Wassers tanzen und winden und ringen sie auf ihren Piedestalen oder herzen sich in Grotten unterhalb der großen Terrasse. Satyrn spielen das Cymbalon und schwenken Trauben; Liebesgöttinen verweilen; Urnen und Vasen nehmen das bißchen Raum ein, welches das Wasser ihnen übrigläßt – Wasser, das zu Bögen und Säulen gepreßt wird, gegen die Schwerkraft geschleudert, zu feinem Musselin gesponnen wird.

Für einen eingeplanten Augenblick von Frieden weicht dieser *feu de joie* auf eine breitere Plattform aus. Dann beginnt das Schauspiel erneut, da Schlangenskulpturen, von gigantischen Fäusten gedrosselt, ihren vergifteten Strahl in den Wind speien. Für kurze Zeit verschwindet die Strömung unter der Erde, oder sie gurgelt unter den Knien zurückgelehnter Flußgötter, um sodann in Brunnenschächte mit grünlichem Farn hinabzugleiten. Aber weit drunten, in dem großen Becken, wo all dieser springende Sprühregen sich zuletzt versammelt, reißt ein riesenhafter goldener Samson an den Kiefern eines zahmen Löwen, aus dessen gequältem Maul ein Wasserstrahl zweiundsechzig Fuß himmelwärts emporsteigt. Vergoldete Fische zappeln und springen um seine Füße. Nereiden blasen ihre wäßrigen Hörner. Delfine springen empor. Frösche quacken. Alles bläst und spuckt, bis zuletzt,

am Fuße des Hügels zur Ruhe gekommen, sich das Wasser in
einem geraden Bett zum Meer stiehlt, wo Tragflügelboote
entlang der bewaldeten Hügel des Finnischen Meerbusens
gleiten.

Während dieser geistvollen *fêtes champêtres*, besucht von
Bauern und Adeligen, glühten einst über die ganze Länge des
Sturzbaches Zehntausende von Lampen in unirdischem Zauber unter dem Wasser des Brunnens; während weit draußen,
den Blick begrenzend, eine künstliche Sonne von achtzehn
Meter im Durchmesser in der Ostsee unterzugehen schien.
Dieses wäßrige Spektakel gehört weniger zu einem Garten als
vielmehr zu einer Siegesparade. Ihm fehlt die stille Majestät
von Versailles, das ihm als Vorbild diente. Irgend etwas darin
stimmt nicht. Der Ort riecht nach Bombast, vielleicht nach
Unsicherheit. Es ist ein frühes Beispiel von russischem Gigantismus.

»Was halten sie von Peterhof?« fragte mich ein sympathi-
scher Besucher, während ich noch dort herumlief. »Gibt es
in Amerika etwas Ähnliches?«

Es gibt nichts Ähnliches. Der einhundertzwanzig Hektar
große Garten ist der wuchtigste von allen ›Parks der Ruhe und
der Kultur‹. Er ist übersät von den Villen und Pavillons Peters
des Großen, von weiteren Kaskaden, ingeniösen Wasserspie-
len, künstlichen Bäumen. Sommers folgen die Menschenmassen den Fußwegen zu den Kiosks mit Souvenirs, zu den
Freilichttheatern, Restaurants und den Stränden.

Aber im allgemeinen kehren sie zuletzt dorthin zurück, wo
die Zentralterrasse in zitterndem Leben zur See hin abfällt
und wo die einschüchternde Figur Samsons – der Löwe symbolisiert das besiegte Schweden – seinen Strahl nationalen
Ruhmes himmelwärts speit.

V

An der Ostsee

ANFANG September fuhr ich von Leningrad westwärts zu jenen unglücklichen baltischen Staaten – Estland, Lettland, Litauen –, deren Tragödie ihre geringe Größe war, eingekeilt zwischen den beiden Mächten Deutschland und Rußland.

Die Wolken, die sich den ganzen Morgen am Horizont gedrängt hatten, lockerten sich auf und wurden gegen Mittag dunkel. In Narwa, dessen Burgen, halb zerstört, sich an der schnellfließenden Narowa gegenüberstehen, überfuhr ich die Grenze zur Sowjetrepublik Estland, während sich im Norden die Ostsee schifflos und düster im Regen zeigte.

Ich nahm einen Anhalter mit: einen ausgemergelten estnischen Studenten. Sorgsam hob er seine bestiefelten Füße auf die Matratze, die in meinem Wagen den Nebensitz ersetzte, und fuhr sich mit den Fingern nervös durch ein Dickicht herabhängender blonder Haare. Solche Augenblicke sind wie geschaffen für Aufrichtigkeit. Allein in einem britischen Wagen, zufällig zusammengetroffen und dem andern nicht namentlich bekannt, sprachen wir furchtlos miteinander. Er studierte an der estnischen Universität Dorpat (Tartu) Archäologie. Jeder Student, sagte er – und beinahe jeder Este – könne die Russen nicht ausstehen. Die offiziellen Demonstrationen der Freundschaft mit der Sowjetunion seien eine entwürdigende Farce. Die Sorge sei, daß die estnische und lettische Bevölkerung nicht mehr wachse, während die Russen in die Städte strömten, um dort in der Industrie zu arbeiten. In der estnischen Hauptstadt Reval (Tallinn) – wir sahen sie schon vor uns – überträfe die Zahl der Russen beinahe die der Einheimischen; in der lettischen Hauptstadt Riga

sei dies bereits der Fall. Diese Republiken hätten den höchsten
Lebensstandard in der Sowjetunion, aber sie hätten keine
Zukunft mehr.

Er faßte mich um die Schulter mit heftiger Intimität, bevor
er ausstieg. Das kleine Estland sei lieblicher als das ganze
Rußland. Ob mir Leningrad gefallen habe – dieser kalte Klassizismus? Reval sei schöner, menschlicher. Er sagte auf estnisch
Lebewohl – *Hääd aega* (es klang trotzig skandinavisch) – und
lief durch den nachlassenden Regen davon.

Kein Wunder, daß der Nationalismus der Sowjetrepubliken
der Alptraum des Kreml ist. Die baltische Bevölkerung wächst
vielleicht nicht mehr, aber in den moslemischen Gebieten
vermehrt sie sich fünfmal schneller im Vergleich zum russischen Durchschnitt und könnte innerhalb von zwanzig Jahren
ein Drittel der jungen Bürger ausmachen. Eine bessere Bildung hat das Nationalbewußtsein gefördert, nicht geschwächt,
und heute gleicht es dem Patriotismus der Russen. Binnen
weniger Jahre werden die Großrussen – schon heute nur noch
zweiundfünfzig Prozent der Gesamtbevölkerung – in ihrem
eigenen Reich eine Minderheit sein. Moskau mag glauben,
die föderativen Republiken befänden sich im Übergang zu
einer Gesellschaft von Sowjetmenschen – wobei die Russen
die entscheidenden, gleichsam unabhängigen Stellungen in
den Parteigliederungen einer jeden Republik einnehmen –,
aber diese Gliedstaaten zeigen alle Anzeichen, daß sie ihren
Status festigen oder erhöhen wollen, sie verlangen mehr
Autonomie.

Auf dem Campingplatz von *Reval* traf ich viele Esten aus
Schweden oder Finnland, wohin sie und ihre Eltern 1944 ge-
flohen waren, bevor Stalin der Unabhängigkeit der baltischen
Staaten ein Ende machte. Sie kehrten jetzt im Urlaub nach
Estland zurück. Ihre großen Wagen glänzten zwischen den
Camping-Hütten, ihre Transistorradios plärrten, ihre Frauen
und Kinder trugen leichte skandinavische Sommerkleider.
Befreit von den strengen finnischen Alkoholgesetzen feierten
sie ausgelassen bis in die Nacht, während die einheimischen

Esten verdrießlich vor ihren Primuskochern saßen und Fisch-
stücke brieten oder Weizengrieß kochten.

Die Russen, die auch in ihren spartanischen Zelten pick-
nickten, hörten dem Jubel der Ausgewanderten mit mattem
Widerwillen oder leichter Verwirrung zu. Diese sowjetische
Mitteklasse tauchte auf allen Camping-Plätzen auf, wo ich
Halt machte. Es waren Techniker, Ingenieure, kleine Beamte,
die vielleicht dreihundert Rubel (etwa 1050 Deutsche Mark)
im Monat verdienten. Sie fuhren ihre Autos mit dem vorsichtigen Stolz von Neuwagenbesitzern. Ihre bleichen Augen
beobachteten mich reserviert: an öffentlichen Orten eine
instinktive Abwehr. Ihr Desinteresse schien unerschütterlich
zu sein.

Reval selber gemahnt an jene Jahrhunderte schwieriger
Geschichte – an Vergangenheit im Schatten anderer Mächte –,
in der die baltischen Staaten sich zwischen deutschen Kauf-
leuten, schwedischen Königen und der emporstrebenden
Macht Rußlands zu behaupten suchten. Die Altstadt steigt
von burgbewehrten Höhen in einem Wirrwarr von Gassen
und Türmchen hinab an die See. Die pastellfarbenen Fassaden
ihrer Häuser lehnen sich aneinander und überlappen sich
unter steilen Dächern und spitz zulaufenden Giebeln. Eiserne
Tore öffnen sich auf Höfe von gähnender Leere. Die Stadt
scheint noch immer jenen drei Jahrhunderten vor 1561 anzugehören, als hanseatische Bürger unter dem Deutschen Ritterorden hier den Ton angaben – eine Stadt, die nicht zum Vor-
zeigen gebaut wurde, sondern zweckdienlich und dem Handel
angenehm sein sollte. Eine bürgerliche Bescheidenheit durchdringt sie. Sie ist dichter besiedelt und intimer als die russischen Städte, süßer, besser proportioniert, dennoch ein wenig düsterer. Die größeren Gebäude machen sich nicht breit,
wie es russische Art ist, sondern sie steigen jählings, wie durch
Zufall, empor an den Ecken der gewundenen Straßen. Byzantinische Vorbilder wichen der Gotik. Kollegiatskirchen und
Zunfthäuser drängen sich unter lutherischen Türmen und
Fialen zusammen, und gegen den Himmel zeichnen sich

Wetterfahnen ab, eiserne oder kupferne Banner, die im Winde
fliegen, bekrönt von Meerjungfrauen und Drachen.

Nichts scheint den eingeborenen Esten zu gehören. Die
verfallenen deutschen Mauern klettern zu einer alten däni-
schen Zitadelle empor. In den Schiffen des Doms sind die
Wappenschilde der toten baltischen Barone und die Grabplat-
ten deutscher Zunftmeister – Fleischer, Schuster – aufgestellt,
drängen sich im Hauptschiff zusammen mit den Tumben
schwedischer Marschälle und einem russischen Admiral. Nur
der Kalksteinhügel, auf dem der Dom steht, wird der riesigen,
sagenhaften Ahnfrau des estnischen Volkes zugeschrieben.
Das ist überhaupt kein richtiger Hügel, sagen sie, sondern der
Grabhügel des Volkshelden Kalew, aufgetürmt von seiner
Mutter, deren Tränen den jenseitigen See füllten. Eine Statue
dieser furchterregenden Ahnfrau, gekleidet in ein tief ausge-
schnittenes Bärenfell, wurde in den Jahren Estlands unzu-
länglicher, aber geliebter Unabhängigkeit, zwischen 1919 und
1940, enthüllt und thront noch immer über einem Park, der
von Liebespaaren und Trunkenbolden gern besucht wird.

Ich folgte dem Lauf der Gassen, angefüllt mit Eigentüm-
lichkeiten: schmiedeeiserne Lampenträger, eine schwingende
Uhr aus dem siebzehnten Jahrhundert, Türstürze mit dem
Helmschmuck von Hansestädten – Nowgorod, Brügge, London. Manchmal verstärkten kleine Bastionen die Stadtmauer
oder sie öffnete sich zu jetzt leeren Tortürmen, bewachsen
mit Kletterpflanzen. Ein paar russische Touristen waren unterwegs, ferner estnische Matrosen, die zu zweien herumliefen.
Einmal hörte ich hinter hohen Mauern die fröhliche Weise
eines Akkordeons. Dann wurden die Festungsmauern, grau
und drohend und bahnten sich ihren Weg entlang von Gassen,
die dumpf und beinahe unbelebt waren. Das Kopfsteinpflaster
wölbte sich grob unter den Füßen, und einmal fand ich mich
in einer lichtlosen Sackgasse, wo Grabsteinplatten mit ver-
löschenden Wappen an übelriechenden Mauern hingen. Aus
einem Dominikanerkloster, über dessen Eingang geschrieben
stand: ›Hier ist wahrlich das Haus Gottes und das Tor zum

Himmel‹, stieg dünner, stockender Gesang einer langsam vergreisenden Kongregation.

Ich setzte mich auf eine Bank nieder. Ein estnischer Hafenarbeiter mit den matten Augen des chronisch Betrunkenen ließ sich neben mir nieder und bat mich so geradeheraus um Geld zum Vertrinken, daß ich ihm zwanzig Kopeken gab. Er küßte mich auf die Backen und marschierte weiter. Selbst im Sommer hing noch etwas von dem Gefühl der Kriegszeit über der Stadt. Das Innere der Bürogebäude und der Banken war spartanisch und schlecht beleuchtet. In dem Restaurant, wo ich zu Mittag aß, das Gleiche. Traurig dreinblickende Kellnerinnen mit den Zöpfen von Rheinmaiden legten den Touristen statt des Goldes der Nibelungen Würste vor, und ein ältlicher Violinspieler drangsalierte die russischen Urlauber mit deutschen Volksmelodien. Ich entschied mich für ein Gericht mit Makkaroni und Smetana und versuchte, mit dem dunkelhäutigen Esten gegenüber ins Gespräch zu kommen. Er grunzte, er spreche nicht Russisch, und hielt dabei seine harten Augen auf seinem Fleisch, als es ob ihm sonst entkommen könnte.

Aber der Eindruck von Armut ist nur zur Hälfte richtig. Man lebt hier besser als beinahe überall sonst in der Sowjetunion. Die Menschen kleiden sich in freundlicheren Farben, und sie werden besser bezahlt. Was die Kultur angeht, genießen sie Freiheiten, die in Moskau unbekannt sind. Die abstrakte Kunst hat hier einen scheuen Anfang gemacht; und die Buchhandlungen, bemerkte ich, führten Proust, Evelyn Waugh, P. G. Wodehouse, Jack Kerouac.

Am alten Marktplatz sah ich einen Mann, aus dessen Tasche ›To the Lighthouse‹ hervorlugte, und ich nahm dies als Vorwand, mit ihm ins Gespräch zu kommen. Es stellte sich heraus, daß Jaan Chemiker und Methodist war. Hinter seinen dünnrandigen Augengläsern leuchteten die Augen schwer und träge, und die wächserne Bleiche seines Gesichtes, umringt von schwarzen Locken, verlieh ihm das Aussehen eines verhungerten Bohemiens. Er sah älter aus als einunddreißig – sein

spindeldürrer Körper war gebeugt –, aber wenn er über etwas
sprach, das ihn packte, dann wurde seine Stimme drängend,
ja harsch, und sein Stottern machte ihn dann wütend. Mit mir
redete er freimütig. Entweder flößte ihm meine Nationalität
Vertrauen ein oder die Kürze meines Aufenthaltes.

Der schon vertraute Refrain – russische Einwanderung –
kam hoch. Die Entwicklung der baltischen Industrie – Grund-
stoffe, Chemie, Bitumenöl – hatten Arbeitsplätze geschaffen,
und es gab nicht genügend Einheimische, sie zu besetzen.
Also kamen Russen. Er redete über sie, wie Engländer mitunter über die Iren reden. Sie lebten schmuddelig in großen
Wohnblocks. Geld hätten sie genug, aber sie gäben es mit
Trinken aus. Dies sei auch das Problem seines eigenen be-
trübten Volkes, sagte er. Viele Esten und Russen vertränken
die Hälfte ihres Gehalts. »Sie trinken weil sie sich langweilen
– sie haben nichts, worüber sie nachdenken könnten. Sie
können nirgendwo hingehen, nichts tun. Wenn sie sich dieser
Leere in ihrem Leben bewußt werden, trinken sie.«

Als wir zu seiner Wohnung fuhren, ließen wir die steilen
Blöcke der russischen Wohnbezirke hinter uns und kamen in
einen rein estnischen Stadtteil: Gärten schmiegten sich um
die mit Stuck verzierten Häuser. Jaan lebte mit seiner Frau
und seinem kleinen Sohn im oberen Stockwerk seines Eltern-
hauses – ein Landhaus in einem Garten, der sich unter Fichten ungebändigt ausbreitete. Stachelbeeren und Tigerlilien
wuchsen hier wunderlicherweise in enger Nachbarschaft, und
ein lebhafter Hund hauste in einer umgekippten Kiste zwischen den Blumen.

Jaans Frau war ein nordischer Engel: blaue Augen, eine
Haut wie Porzellan. Ihr kleiner Sohn, noch ein wenig blonder,
machte mir zu Ehren die ersten Schritte, ehe er in einem
weichen Kleiderhaufen landete. Sie entschuldigte sich für
ihre drei Zimmer, die mit abgenutztem Linoleum ausgelegt
und mit selber gezimmerten Möbeln ausgestattet waren. Jaan
und sie, erklärte sie, warteten auf ihr eigenes Haus; sie seien
schon auf der Liste.

»Und wir werden lange warten müssen«, sagte er. »Das kann Methodisten hier passieren. Diese Art Verfolgung erregt kein Aufsehen, aber es gibt sie überall. Man wartet vielleicht ein bißchen länger auf ein Haus, einen Wagen, einen neuen Arbeitsplatz, auf alles. Unsere Pastoren sind am schlimmsten betroffen. Es ist weniger wahrscheinlich, daß man sie unter einer hochgespielten Anklage festnimmt – dazu sind sie zu prominent –, aber man stellt ihnen manchmal jahrelang nach.« Seine Stimme fing an zu zittern. »In der Universität wurde ich meines Glaubens wegen fünfmal mit Relegation bedroht, aber ich hab's überlebt. Ich hatte einen Freund, auch ein Christ, der sagte, er wolle Gott in seinem Herzen bewahren und nach außen hin den kommunistischen Zinnober mitmachen – aber er fing an zu trinken. Wissen Sie, die äußeren Zeichen sind wichtig. Ich kenne ein Mädchen, die wurde als Lehrerin in ein entferntes Dorf geschickt. Dort konnte sie nicht in die Kirche gehen, ohne daß es bemerkt wurde, also mußte sie zwischen ihrem Glauben und ihrem Beruf wählen – und sie entschied sich für ihren Beruf.« Plötzlich sah er bitter aus. »So rauben sie uns unsere Seelen.«

Die beiden schienen in puritanischer Reinheit zu leben. Sie tranken nicht, sie rauchten nicht. Sie machten nicht einmal Dinge ein bißchen *na levo*, auf links, wie die Russen sagen.

»Hier betrügt jeder«, sagte Jaan. »Wenn man beispielsweise sein Auto verkaufen möchte, macht man es automatisch auf dem Schwarzmarkt. Man läßt sich eine Bescheinigung über den offiziellen Wert geben – sagen wir dreitausend Rubel –, und dann verkauft man es für achttausend, Autos sind ja so knapp. Aber wie kann ein Christ so etwas machen?« Er beugte sich vor und ergriff die Hand seiner Frau in ihrem Schoß. »Wir können's nicht. Deswegen sind wir natürlich arm.« Dabei lächelten sie beide, als ob dies ohne Bedeutung sei. »Mein Hochzeitsanzug hat mich drei Monatsgehälter gekostet. Und das ohne die Krawatte und die Schuhe.«

Wir aßen zusammen ein einfaches Mahl, Jaan sprach das Tischgebet. An den Küchenwänden hingen Poster mit Ansichten von Städten und von Landschaften, die sie niemals sehen würden: Mailand, die Dordogne, Afrika. Auf einem Kalender hieß es: ›Kommen Sie zur Internationalen Konferenz der Kirchenjugend nach Cornwall.‹

Der Methodismus, sagte Jaan, habe in der Sowjetunion nur in Estland überlebt. »In Leningrad, in Moskau und in Lettland haben sie uns ausgelöscht. Nur hier waren wir stark und dauerhaft. In Reval haben wir sonntags eine Gemeinde von siebenhundert Personen, so daß zweihundert stehen müssen. Manchmal blicke ich umher und staune, weil sie entweder jung oder sehr alt sind. Die mittlere Generation – die Stalingeneration – fehlt. Aber ich kenne viele, die insgeheim Christen sind, vornehmlich aus den freien Berufen. Sie empfangen die Kommunion zuhause. Das gibt's hier ...«

Am nächsten Morgen, als ich beim Zentrum der Methodisten nahe dem Martkplatz vorbeischaute, fand ich nur einen winzigen alten Pastor, der dort im Obergeschoß seine Wohnung hatte. Seine Plattfüße steckten in zerschlissenen Pantoffeln, und eine goldene Uhrenkette rieselte aus seiner Hosentasche, als ob sie sich glücklicherer Zeiten erinnerte. Er zeigt mir den Versammlungsssaal mit seinen wenigen Stühlen und dem Piano. Aus England käme ich also. Er erinnerte sich an Portsmouth, Hull ...

Ein typischer Este, dachte ich mir, er kennt die Seehäfen. Er begann in einem Mischmasch aus Deutsch und Englisch zu kramen. Aber es war schwierig, sich wirlich die Vergangenheit eines Menschen seines Alters (er war fast neunzig) und seiner Nationalität vorzustellen. Als die Letten und Esten anno 1918/19 die Russen vertrieben und ihre Unabhängigkeit errangen, diente er bereits in der Marine. Und als der Zweite Weltkrieg zu Ende ging – nach den Deportationen und der Ausmerzung von mehr als 60000 Esten durch Stalin in den 1940er Jahren, nach dem Holocaust an den Juden durch die Nazis und nach den Massenverbannungen durch die Russen als Vergeltung für die Kollaboration mit den Deutschen –, da war er schon weit in den mittleren Jahren. Was hatte er nicht gesehen?

Aber es waren nicht diese Dinge, die im Kopf des alten Mannes umgingen. »Mein Gedächtnis, ich bin jetzt so alt ... « Die Anstrengung des Denkens ließ ihn seine Augen zusammenziehen. Er suchte nach Worten. Er erinnerte sich daran, daß er mit sechzehn zur See ging, als Zar Nikolaus II. noch ganz jung auf seinem Thron saß. Er arbeitete auf einem Klipper, der Holz von Riga nach Yarmouth brachte. »Und von Yarmouth lief ich zu Fuß nach Hull. Geld hatte ich nicht, müssen Sie wissen. Aber was heißt das schon für einen jungen Menschen?« Er massierte seinen Kopf, als wolle er seine Erinnerungen und Bilder aufwärmen. Eine Strähne glänzendweißen Haares glitt durch seine Finger. »Von Hull arbeitete ich dann auf Dampfern, als Deckarbeiter oder als Heizer. Im Winter fand ich im Heizraum was zu tun, weg von der Kälte. Im Sommer fand ich mir einen Platz auf Deck, weg von der Hitze.« Er zwinkerte dann und wann, wenn er sich seiner Schläue erinnerte. Dann, fünf Tage vor Oslo, habe sein Schiff Feuer gefangen. Ein verbrannter Finger seiner rechten Hand sei in Oslo in einem Krankenhaus amputiert worden. Er hielt den Stummel hoch, wo einmal der Finger war; nach siebzig Jahren war die Haut noch verfärbt, beinahe durchsichtig.

»Aber das war mein Weg zu Gott«, sagte er. »Die Krankenschwester, die mich im Krankenhaus betreute, war ein achtzehnjähriges Ding, eine Methodistin, und sie bekehrte mich.« Er lachte wieder – über sich selbst, denke ich. Er dachte zurück. »Zwei Jahre lang studierte ich im Seminar in Frankfurt, dann kam ich nach Estland zurück und wurde Pastor einer fünfzigköpfigen Gemeinde in Tapa. Das war meine erste Herde ... «

Wir spazierten in seinem Garten: Margeriten und Rosen wucherten um einen schilfigen Tümpel. Sein lebendiges Gesicht wandte sich immer wieder dem meinen zu. »Sie sind wahrscheinlich ein gebildeter Mann. Ich wollte, ich wäre das auch. Geographie habe ich immer geliebt, aber ich hatte keine

Zeit zum Lesen.« Er zog seine Brille aus der Tasche, als ob er sich auf etwas vorbereitete, und strich seine Weste glatt. »Aber wenn man zur See fährt, wissen Sie, dann entwickelt man langsam ein Gespür für die Gestalt und die Größe der Erde. Das ist auch eine Art Studium.«

Aber nun verließ ihn seine Heiterkeit. Es sei nicht einfach gewesen, sagte er. Während des Zweiten Weltkriegs sei ihr Gotteshaus in Reval zerstört worden, doch sie hätten es mit eigenen Händen wieder aufgebaut. Heute teilten sie sich eine Kirche mit den Adventisten – er hielt sie für eine ziemlich radikale Gruppe. Aber Christen müßten miteinander teilen...

Für meinen Besuch sei er mir dankbar, sagte er. Er fühle sich danach gestärkt, getröstet. Vielleicht habe Gott mich gesandt. Bevor wir uns trennten, nahm er meine Finger in seine verkrüppelten Hände. »Wie alt sind Sie?«

»Einundvierzig.«

»Nun, ich bin ein alter Mann.« Er blickte mich nicht an. »Sie sind jung, und ich bin alt. Wir werden uns also nicht wiedersehen.« Plötzlich fing er an zu zittern. Seine runden Augen zuckten, und ich sah unter dem Rand seiner Brille Tränen glänzen. »Wir werden uns nicht wiedersehen, nicht hier.« Er deutete die Treppe hinauf. »Dort oben werden wir uns wiedersehen.« Einen Augenblick lang glaubte ich, er deute auf seine Wohnung. Aber er meinte den Himmel.

Verwirrt stand ich im Flur, hilflos angesichts seiner Einsamkeit. Für ihn, das spürte ich, war ich wie ein Gesandter aus einer großen gläubigen Welt – dem christlichen Abendland –, die er seit Jahren nicht mehr gesehen hatte.

»Wir haben Gott«, sagte er heiser, »wir haben Gott.«

Dann spürte ich seine Entrücktheit, den Schatten der Weltpolitik zwischen uns, und das noch grauere Verstreichen der Zeit. Er schien eingeschlossen in seine Vertrauensseligkeit und sein Unwissen. Ich nahm sein altes Gesicht in meine Hände und küßte ihn.

Er stolperte die Treppen hinauf, Tränen fielen auf seinen Rock, und ich stürzte auf den Martkplatz hinaus.

Abend. Nahe meinem Zeltplatz lag der größte Friedhof der Stadt – ein nach Fichten duftendes Tal der Toten. Die Hälfte der heutigen Gräber zeigt christliche Symbole; ihre Kerzen brannten zwischen den Kränzen. Neben vielen standen kleine Bänke; selbst gegenwärtig nehmen einige Familien an den Gräbern der Verschiedenen ihre Mahlzeiten ein – ein Relikt heidnischer Totenfeste.

Auf diesem staatlichen Friedhof lagen alle Konfessionen beieinander. Ich sah sogar die Skulptur einer jüdischen Menora. Andere Gräber zeigten den kommunistischen Stern oder die Flamme der Atheisten (die Flammen der Hölle, witzeln Christen). Ich fragte mich zerstreut, wie eine atheistische Bestattung wohl vor sich gehe. »Die lesen Gedichte vor«, hatte Jaan gesagt, »und singen Lieder über die Natur und über die Vögel, die in den Bäumen singen. Es ist grotesk.« Aber ihre Inschriften waren einfach und ehrlich. ›Die Erinnerung an Dich bleibt.‹ Ohne Trost blickten sie der Trauer ins Gesicht, nur darauf hoffend, daß das Gedächtnis eines Menschen größer sei als der Tod.

Zwei Tage später flog ich nach *Riga*, der Hauptstadt Lettlands. Links von mir saß der Leiter einer niederländischen Delegation von Geflügelfarm-Fachleuten, zu meiner Rechten schnarchte ein Offizier der Armee. Unter unserer langsam kreuzenden Tupolew glätteten sich die estnischen Flachlande zu Rechtecken mit gelblich werdendem Weizen, Weideland, überstreut mit buntscheckigem Vieh, schneisendurchschnittenen Wäldern. Ein Land der Schweinezucht, der Kartoffeln, des Weizens, des Flachses. Auch Lettland. Ich starrte hinunter auf eine weiße Symmetrie von Kolchosen und auf jene unbefestigten Straßen, auf denen niemals Ausländer fahren. Deutsche Traditionen der Bewirtschaftung, sagte der Niederländer, hätten diesen Ländereien zu den höchsten Erträgen in der Sowjetunion verholfen.

Während des Fluges gab es Mineralwasser. Jeder trank einen Becher voll und versank sodann in die *Prawda*, in *Sowjet*

Sport oder in den Schlaf. Zwanzig Minuten vor Riga wurde
der Offizier von seinem Mineralwasser mit einem Rülpser
geweckt, und wir gerieten in ein lustloses Gespräch. In dem
Augenblick, da ich ihn über die Armee befragte, zog er sich
zurück wie eine Schildkröte in ihren Panzer, streckte nur noch
den Kopf heraus, um mich mit seinen kleinen Reptilienaugen
zu beobachten und allem zuzustimmen, was ich sagte.
Ob die Armee ihm viel freie Zeit ließe, fragte ich.

»Wir haben Freizeit.«

»Viel?«

»Etwas.«

Ob er es für ein interessantes Leben halte.

»Es ist interessant.« Und so weiter.

Ich tippte auf seine militärischen Schulterklappen. »Wel-
chen Rang bedeutet das?«

Eine halbe Minute verging – dreißig Sekunden gerunzelte
Brauen und ein zusammengekniffener Mund –, bevor er dieses
gewaltige Geheimnis lüften konnte.

»Major.«

Wir flogen gerade über verstreute Dörfer, zogen sodann
über dem Meer eine Schleife und kamen tief herein, wo das
Mündungsgebiet der Düna wie fette, träge Finger im Dunstschleier lag.

Zwei Stunden später starrte ich aus dem dreiundzwanzig-
sten Stock von Rigas neuestem Hotel auf einen Vorhang aus
Regen. Das Hotel selber entsprach den Erwartungen aufs
kläglichste. Er war klotzig, ohne jeden Charme, exhibitioni-
stisch. Die Letten spotteten, diese Touristengettos bestünden
zu sechzig Prozent aus Glas, zu dreißig Prozent aus Eisen und
Beton und zu zehn Prozent aus Abhöranlagen. Sämtliche
Armaturen, all diese kleinen Dinge, die es Archäologen später
einmal, wenn diese Zivilisation verschwunden ist, erlauben,
sie zu beurteilen, waren äußerst dürftig. Als ich den Licht-
schalter andrehte, machte der Strom ein Geräusch wie trip-
pelnde Ratten auf der Vorhangstange – und verstarb. Die
Möbel bestanden aus schwarzgefirnißtem Fichtenholz; die

Vorhänge waren hauchdünn. Das lauwarme Wasser, das aus der Dusche tropfte, war vermehrt durch Lecks an anderer Stelle, und der Regen schlug gegen das doppelt verglaste Fenster und lief den Rahmen entlang hinab. Ich registrierte dies bloß mit gedämpftem Erstaunen. Mir war es gleichgültig; und den Russen erging es nicht viel anders. Sie sind an Unbequemlichkeit gewöhnt. Solche Hotels sind architektonische Statussymbole, Metaphern für Zivilisation.

Das Hotel wurde überwacht, das war vorhersehbar. Für den Durchschnittsbürger Rigas war es *terra incognita*. Niemand kam ohne Erlaubnis an den Türstehern vorbei. Auf jeder Etage saß, hinter einem Schreibtisch, eine stattliche, wachsame *deschurnaja* und übte ihre Herrschaft aus. In ihrem schlaflosen Vierundzwanzig-Stunden-Wachdienst (auf den drei freie Tage folgten) verkörperte sich die russische Überwachungsmanie. Im allgemeinen war sie mittleren Alters oder alt, immer arm. Oftmals hatte der Zweite Weltkrieg sie um die Jugend betrogen und sie ohne Mann zurückgelassen. Nur nach außen hin war sie fürchterlich. Ein Scherz oder eine Freundlichkeit aber pflegte ihr Granitgesicht zu einem mütterlichen Lächeln aufzubrechen. Dann wurde sie gefühlvoll und nachsichtig, rückte zusätzliche Lichtbirnen und Decken heraus, erbot sich, die Wäsche zu besorgen. Meine jüngste *deschurnaja* in Riga war drei Jahre zuvor in Kuba gewesen – sie wollte mir nicht sagen, warum –, und die riesenhaften Blumen und die tropische Sonne hatten sie zum Malen gebracht. Wenn sie von jenen wimmelnden westindischen Städten sprach, dem glänzenden Zuckerrohr und den Tabakfeldern, schüttelte sie den Kopf, als könne sie nicht glauben, daß sie dort war. Später traf ich weitere Russen, die aus der kulturellen Isolation durch die Sinneseindrücke oder den intellektuellen Schock eines neuen Landes herausgeholt worden waren. Nach ihrer Rückkehr waren sie niemals wieder die gleichen.

Dunkelheit verdrängte den Regen, und alles, was ich bislang von Riga erhascht hatte, war eine wäßrige Silhoutte im Rechteck meines Hotelfensters. In der Hoffnung auf ein Abendbrot ging ich hinunter. Aber von den drei Restaurants in dem Hotel war eines wegen Renovierung geschlossen, eines war an diesem Tag nicht geöffnet, und an der Tür des dritten hing eine Notiz, die jedermann den Zutritt verweigerte, der nicht einen Anzug und eine Krawatte trug. So etwas überraschte mich nicht mehr. Anzugslos, krawattenlos und keiner Gruppe zugehörig, wanderte ich in die Stadt.

Aber es war neun Uhr, und der ganze Ort war eine Einöde. Die Straßenlaternen warfen Pfützen matten Lichts auf leere Bürgersteige. Selbst die Hauptstraße zeigte wenig mehr als dunkle Fenster. Wo immer auch ein Schild ›Restaurant‹ verkündete, verschlossen untersetzte Schließerinnen oder unerschütterliche Portiers die Tür gegen weitere Fragen. Ein paar junge Paare liefen gleich mir in zielloser Suche durch die Straßen. Wenn wir ein Restaurant sahen, preßten wir unsere ausgehungerten und anklagenden Gesichter gegen die Glastüren und machten den Wächtern darin Zeichen, die ignoriert wurden.

Aber es schien, als ob in der ganzen Hauptstadt von Lettland keine bescheidene Speisegaststätte für einfache Leute geöffnet sei. Alle Versuche liefen ins Leere. Man ließ uns nicht ein, ohne daß wir den Grund erfuhren. Es fehlte ihnen einfach der Anreiz, uns einzulassen. Niemandem gehört etwas; und das bürgerliche Gleichgewicht von Angebot und Nachfrage gab es nicht.

Ich ging zurück in mein Hotel und versuchte dort, in den Nachtclub zu gelangen.

»Sie brauchen ein Ticket«, sagte man mir.

»Ich werd' eins kaufen.«

»Es gibt keine.«

»Aber der Club ist beinahe leer«, sagte ich.

»Aber es gibt keine Tickets.«

So gab ich also meine unfruchtbaren Bemühungen um ein Abendbrot auf und ging nach oben, bettwärts. Das rattentrippelnde Licht ging noch immer nicht, und ich schmierte die Ereignisse dieses Abends – gerade weil sie so gewöhnlich waren – beim Schein einer staatlichen Werbeanzeige nieder, welche das Dach gegenüber schmückte: ›Die Ideen Lenins...‹

Der Morgen verwandelte die Stadt. Vom gläsernen Horst meines Schlafzimmers aus starrte ich hinab auf ein aufgefaltetes Panorama von Dächern, in welchem sich vorspringende silberschwarze Ziegel und verrostetes Blech durchdrangen. Gegen den Himmel zeichneten sich vielköpfige Kamine, Fialen, Kreuze, Antennen, Kuppeln einer anscheinend straßenlosen Stadt ab, nach Norden zu dem schwermütigen, von Inseln durchsetzten Delta der Düna hin verfließend.

Wenn Reval einen behäbigen, wohlhabenden Verwandten hat, dann ist dies Riga. Die Stadt besitzt noch immer das grundsolide, stattliche Aussehen eines alten Bankenzentrums. Hübsche Gebäude aus dem neunzehnten Jahrhundert breiten sich an einem baumbestandenen Kanal aus – einst Wassergraben vor Bastionen, die heute verschwunden sind –, und in der Stadt auf der anderen Seite drängen sich Kirchen, Zunfthäuser und mittelalterliche Verkaufshallen zusammen. Da und dort erheben sich die steilen Dächer und die gegabelten Fassaden von Kaufmannshäusern – sechzehntes oder siebzehntes Jahrhundert, dem Verfall geweiht. Die Kirchen sehen in ihrer Massigkeit aus Backstein und rußigen Ziegeln etwas bedrohlich aus: leidgeprüfte Bastarde, deren gotischer Leib von barocken spitzen Türmchen bekrönt wird. Aber alle sind sie zutiefst deutsch. Gesunder Menschenverstand und bürgerlicher Eigennutz hängen in der Luft. Die russische Vorliebe fürs Gigantische fehlt hier. Im hiesigen Opernhaus war Wagner festangestellter Kapellmeister, bevor er 1839 seinen Gläubigern entfloh; Schumann gab hier Klavierkonzerte und schrieb nach Hause, daß die Bürger nichts über Musik wüßten und nur übers Essen redeten.

Riga teilt auch Revals Geschichte – die gleiche Unterwerfung der autochthonen Bevölkerung unter die Leibeigenschaft durch die christianisierenden Deutschen; die gleichen trüben und verworrenen Auseinandersetzungen mit den

Rittern vom Deutschen Orden, mit Hansebürgern und streit-
süchtigen Bischöfen. Lettland war immer von Riesen umgeben. Aber der Handel machte es reich. Selbst seine Ritter
(deren Burg hier noch steht), betätigten sich »in jedem Geschäft, das Rittern nicht zukommt«, klagten die konkurrieren-
den Kaufleute, »sie verkaufen Obst, Kohl, Rettiche, Zwiebeln ...« Die Stadt riecht noch immer nach Handel. Und sie
erlitt das gleiche Martyrium wie das gesamte Baltikum:
Schweden, Polen und Rußland überschritten wechselseitig
seine Grenzen. Die Unabhängigkeit zwischen den beiden
Weltkriegen war nur ein flüchtiger Augenblick. Seine germa-
nisierte Bevölkerung rettete sich durch harte Arbeit. Heute
ist Lettland nicht nur ein Land der Schwerindustrie, wie
das benachbarte Estland, sondern es produziert auch die an-
spruchvollsten und besten Konsumgüter in der Sowjetunion.
Riga ist bekannt für seine Radios, Eisschränke, Wasch-
maschinen und Uhren. Auch hier drängen sich russische
Arbeiter in die Industrien. Die Menschen sind besser gekleidet als alle anderen, die ich sonstwo sah (Jeansanzüge überall),
und sie schienen die alten Straßen mit so etwas wie Sicherheit
zu erfüllen.

Aber auch hier wanden sich Einkaufsschlangen wie in Rußland – einhundertfünfzig Menschen aneinandergereiht für
fetten Schinken, fünfundsiebzig für Speiseeis – durch die
kopfsteinbepflasterten Gassen, durch die ich ziellos schlen-
derte; und als ich die ›Kirche der Geburt Christi‹ besuchte,
fand ich sie in ein Planetarium verwandelt (›Mars – rätselhafter
Planet‹ wurde um zwölf Uhr gezeigt).

Ich sah eine Gruppe von Zigeunerinnen beim Handlesen.
Sie mischten sich mit lockeren Schritten, angetan mit schok-
kierend grellen Schals und Kleidern, die bis zum Boden hinab-
hingen, unter die Menge: gutaussehende, dämonische Frauen
mit olivfarbenen Kindern auf den Armen. Niemand vermochte mir zu sagen, woher sie kamen. Aus der Moldau, sagte ein
Mann; aus Georgien, ein anderer. Man stimmte auf jeden Fall
überein, daß sie unkontrollierbar seien. Erstaunt folgte ich

ihnen durch die Straßen. Sie liefen wie ärgerniserregender Adel, anarchisch und frei. Die Leute wandten die Blicke ab.

Während meines zweiten Tages in Riga begegnete ich einer Unabhängigkeit, die bitterer und vergeistigter war, als die der Zigeunerinnen. Ich lernte Edvigs an einer Straßenecke kennen, an einer Maschine, die für drei Kopeken wäßrigen Apfelsaft ausstieß. Er war dreißig Jahre alt, schwer, mit beginnender Glatze, nachlässig gekleidet. Die Maschine verschlang unser Geld, aber sie rückte keinen Apfelsaft heraus. Edvigs stieß sie in die eine Seite, ich hämmerte auf die andere. Dann fingen wir zu lachen an. Er erkundigte sich nach meiner Nationalität und ich nach der seinen. Er war Lette.

Er erinnerte mich daran, daß die Briten Lettland 1919 geholfen hatten, seine Unabhängigkeit zu erringen. Sein Blick tastete sich über meine Kleidung, um sich meiner ausländischen Herkunft zu versichern, bevor er der Maschine einen Abschiedsstoß verpaßte. »Ich wette, die ist aus Rußland.«

Alles an Edvigs bestätigte seine verletzte Unabhängigkeit. Er sah aus wie eine Bulldogge, die fett wird. Mit mir gesehen zu werden, machte ihn unbehaglich. Sein Beruf – er war Dolmetscher – machte ihn verwundbar. Wir aßen in einem Restaurant, das von Letten der Mittelklasse besucht wurde; den Nachmittag verbrachten wir in den Mezopark-Friedhöfen weit draußen am Stadtrand, wo sich die Gräber der Kriegstoten in trostlosen Reihen hinziehen. Zwei Jahre lang, bis 1917, kämpften die Letten gegen die Deutschen, bis zu einer Waffenruhe an der Düna, und Tausende von Gefallenen sind hier begraben, zusammen mit Männern, die 1919 die Bolschewiken abwehrten. Unweit davon liegen die neuen städtischen Friedhöfe, ein Birkenwald mit weißen hölzerenen Kreuzen, schwarzen Grabsteinen, weinenden Engeln und kleinen Bänken, auf denen niemand saß. Als wir uns der Gedächtnisstätte Rainis' näherten, des lettischen Nationaldichters, wichen die Kreuze den Grabsteinen der Parteihonoratioren unter den ihnen zukommenden Titeln Porträtphotos – ruhmbedeckte

Gesichter über lamettageschmückten Brüsten. Wieder fragte ich mich, wie wohl das Begräbnis eines Atheisten aussähe.

»Man bestellt einen Redner, der das hauptberuflich macht«, sagte Edvigs verächtlich. »Sie werden für jede Rede bezahlt. Sie kriegen ungeheuer viel Geld. Wenn sie an einem Tag sechs Reden schwingen, bekommen sie zwei- oder dreihundert Rubel dafür.« Er brach in bitteres Lachen aus. »Das ist's, was ich hätte machen sollen! Die kriegen das Zehnfache von meinem Gehalt! Natürlich erhalten sie 'ne Menge Informationen über den Verschiedenen. Aber sie werfen alle Toten durcheinander. Es ist fürchterlich. Sie fangen plötzlich an, über *ihn* zu sprechen statt über *sie*, und sie verleihen Leuten Auszeichnungen oder Kinder, die niemals welche hatten. Ich hab' ein paar Reden gehört, die ich Ihnen einfach nicht beschreiben kann. Und die Pfarrer sind genauso schlecht.«

Sein Gesicht war verzerrt zu einer kampflustigen Grimasse, und mit einer fortdauernden charakteristischen Geste – die Handflächen nach außen gekehrt, die Finger gespreizt – streute er seinen Abscheu in die Gegend. »Ich steck im falschen Gewerbe! Verdammt! An der Universität habe ich ausländische Literaturgeschichte studiert. Aber was zum Teufel kann man damit anfangen? Es ist nicht einmal sicher, eine freundliche Kritik über einen toten Schriftsteller zu verfassen – bevor man das Ding fertig hat, kippt der Trend um. Steinbeck war beispielsweise hierzulande beliebt. Dann schrieb er etwas Positives über den Vietnam-Krieg, und über Nacht war er verschwunden.« Wieder verschmutzte der Ruck der gespreizten Hände die Luft mit diesen Ungereimtheiten. »Und jetzt taucht Somerset Maugham auf. Warum? Weiß der Himmel, das war auch so ein Bourgeois.«

Es waren die Wissenschaften und die Künste, die Edvigs zusagten. Sie seien in den Händen konservativer Letten mittleren Alters geblieben, sagte er, die die Russen eifersüchtig von diesen Gebieten ausschlössen. Aber zwischen seiner Altersgruppe und jener tue sich eine tiefe Kluft auf. »Diese mittlere Generation und die ganz Alten reden immerzu über das Land – Lettland – und über das, was für das Land gut ist oder schlecht. Sie haben immer noch Ideale. Sie verabscheuen die Russen. Sie reden andauernd über Freiheit. Und sie haben schon die Hölle mitgemacht. Meine Eltern wurden beispielsweise durch den Krieg und die Jahre unter Stalin geprägt – durch den Kampf um die einfachsten Dinge. Aber diese Schlachten sind jetzt gewonnen. Hier stirbt niemand mehr auf der Straße.« Seine Worte klangen hart und müde. »Ich kann mich nicht mehr an den Krieg erinnern, nicht einmal mehr an Stalin. Keiner von uns Jungen kann das. Wir sind das alles leid. Natürlich wollen wir frei sein, aber wir nehmen's mit philosophischer Gelassenheit. Es sind nur unsere Eltern, die von schnellen Wundern reden.« Ein neues Rucken seiner Hände verwarf so etwas. »Meine ganze Generation ist zynisch, wenn's um Politik geht.«

»Auf diese Weise werden sie Euch verschlingen«, sagte ich grausam. Junge Letten verheiraten sich heute nämlich auch mit Russen.

Edvigs stieß sein bitteres Lachen aus und antwortete nicht. Die ganze Zeit über blieben die Massengräber seiner Landleute der dumpfe, anklagende Hintergrund unseres Gesprächs. Als wir am Grabmal des Dichters Rainis vorüberkamen, wurde Edvigs von einem flüchtigen, bitteren Nationalismus gestreift. »Dieser Mann wäre ein Goethe oder ein Shakespeare geworden, wenn er irgendwo anders geboren wäre. Aber er schrieb lettisch ... und wer liest das schon? Dichtung, Politik, Religion – das haben wir alles verloren. Lettland ist heute ein x-beliebiges Land. Wir Jungen suchen nach etwas, was uns den Verlust ersetzt. Aber was kann man machen? Trinken, Sex? ... Man blickt ins Nichts.«

Jetzt lagen unter Lindenalleen die Gräber dichter beieinander. Auch hier wurden einige der Toten durch Photographien und Titel erhöht, aber die meisten Ruhestätten zeugten nur von mitleidigem Gedächtnis – an liebevolle Väter, umsorgte Frauen. Grabsteine, behauptete Edvigs, sorgten dafür, daß unsere Heuchelei bis zum Ende in Liebes- und Glaubens-

beteuerungen besteht. Dennoch waren diese Gräber die ge-
pflegtesten und die persönlichsten, die ich je gesehen habe,
abgetrennt durch hohe Hecken und sorgsam gehegte Blumen-
beete und jedes mit mehr Raum im Tod, als manche Stadt-
wohnung einem Lebenden gewährt.

»Auferstehung, Himmel ... ich möchte an all das glauben«,
sagte er. »Meine Eltern sind praktizierende Lutheraner, aber
ich bin Atheist. Jahrelang habe ich nicht begriffen, warum
dieser Gott für sie notwendig ist.« Seine Stimme senkte sich,
obschon niemand in der Nähe war. »Dann geriet mein Vater
in Schwierigkeiten. Er leitete ein Camp der Jungen Pioniere,
und sie hätten ihn wegen Veruntreuung von Parteigeldern
acht Jahre einlochen können. Er hat den Leuten in seiner
Umgebung zuviel Vertrauen geschenkt. Er wurde zwar frei-
gesprochen, aber seine Karriere war kaputt. Sie wissen, wie
das geht: Da wird einem der Mantel geklaut, und fünf Jahre
später weiß kein Mensch mehr, ob er der Dieb war oder das
Opfer – aber es bleibt an ihm hängen. Nun, danach fing ich
an, mich zu verändern. Ich ertappte mich dabei, wie ich durch
die Straßen lief und mir dachte: was noch, was noch? Damals
ist mir aufgegangen, daß meine Eltern überhaupt nicht religiös
waren. Sie gingen einfach aus Gewohnheit in die Kirche.«

Wir waren langsamer geworden und jetzt stehengeblieben.
Über einem nahen Grab umarmten sich zwei Frauen, hielten
sich aneinander fest. Es waren Russinnen. Die ältere wehklag-
te in beinahe archaischer Weise.

Edvigs wandte sich ab. »Wahrscheinlich denken neunzig
Prozent meiner Freunde so wie ich«, sagte er. »Im tiefsten
Innern sind sie religiös ... Aber es ist uns kein Gott geblieben.«

In der Zwischenzeit gab es auf diesem Friedhof eine Gedenkstätte für die Opfer der lettischen Zivilbevölkerung, die
1919 von den Bolschewisten erschossen und hier verscharrt
worden waren. Ein einfaches Kreuz bezeichnete diese Stelle,
es war an den Stamm einer Fichte genagelt und erstaunlicherweise beschriftet mit den Worten: ›Vater, vergib ihnen.‹
Natürlich ist das verschwunden.

Edvigs hatte nicht einmal davon gehört. Auch diese Geschichte war aus einer anderen Generation. Auf eine gewisse Weise, sagte er, beneidete er sie. Solche Erinnerungen seien eine Art Freiheit, wohingegen seine Generation in einer Welt der Täuschung und der Reglementierung zu leben habe.

»Man wird immer wie ein Kind behandelt. Es gibt nichts weiter als Bürokratie, Dogma, Reglement! Das ist alles so blöde. Sie stellen einem sogar Fragen, wenn man in meinem Alter noch nicht verheiratet ist. Natürlich nicht offiziell, aber es gibt Anspielungen. Sie wollen wissen, was bei einem nicht stimmt.« Die Kiefer der Bulldogge zitterten. »Die Ehelosigkeit könnte haargenau die empfindlichste Stelle eines Menschen sein – ein wirklicher Kummer – Impotenz, Homosexualität. Und dieses Reglementieren beginnt mit dem Augenblick der Geburt. Wenn man in der Grundschule nicht recht mitkommt, setzen sich Eltern und Lehrer zusammen und fragen sich: ›Was stimmt nicht mit dir, kleiner Edvigs, warum willst du nicht lernen?‹ Sie stellen eine Kommission zusammen. Man wird als anormal eingestuft. Und so geht's immerfort weiter. Sie lassen einen spüren, daß man die Gesellschaft, das System und das Land enttäuscht. Gott!« brach es aus ihm heraus, »wer *ist* das Land, das System? Auch *ich* bin das Land! Laßt mich doch atmen!«

Meinen letzten Abend verbrachte ich in einem Konzert im Dom der Stadt, dessen hochragendes romanisches Kirchenschiff, gesäumt von den Gräbern und Gedenksteinen deutschstämmiger Bischöfe, einen in eine ganz deutsche Welt versetzte. Mehr als zweitausend Menschen – zumeist einfach gekleidete Letten mit schlichten Arbeitergesichtern – lauschten den Präludien von Bach mit andächtiger Aufmerksamkeit. Die Orgel der Kathedrale ist die viertgrößte der Welt – 6768 Pfeifen aus verschiedenen Hölzern und Metallverbindungen, die von wenigen Millimetern bis zu zehn Meter Länge reichen. Sie brachte die dämmrige Luft in ein unergründliches Schwingen und erfüllte mit ihren *fortissimi* mühelos das Kirchenschiff.

Als das Licht in den farbigen Glasfenstern dunkelte, verblichen die geschnitzten und bemalten Wappenschilde deutscher Barone an den Wänden und Pfeilern – beeindruckende
gotische Harnische, überwuchert von den Ausschweifungen
der Renaissance. Oberhalb eines jeden Wappenschildes, ein-
gekerbt, um die Turnierlanze aufzunehmen und geschmückt
mit Türmchen und Kronen, ruhte ein Helm in einem Schwall
von Laub- und Bandelwerk; während zu seinen Seiten ge-
flügelte Drachen, Löwen und Hengste – steigend, liegend, mit
Mähnen oder Hörnern – mit Schwertern und Bannern miteinander handgreiflich wurden oder vor steif aussehenden
preußischen Cupidos zurückwichen. Als das Zwielicht sich
verdichtete und der Chor zu Mozarts ›Requiem‹ ansetzte,
wirkte diese Heraldik der Toten, der Verehrer von Soldaten-
Heiligen und einer kriegerischen Variante der Jungfrau Maria,
noch bedrückender, als ob sie noch einmal wiederkehrten, um
gegen die Schweden zu kämpfen oder die Hansestädte zu
bedrängen. Aber ihre Wappen verraten sie. Diese, nüchternes
Zeichen der frühen Ritter – eines rauhen westfälischen Adels
von Lehnsmännern und Grundherren –, haben an Substanz
verloren und sind degeneriert zum snobistischen Zubehör
einer verweichlichten Ritterschaft des sechzehnten Jahrhunderts. Als nämlich diese Totenschilde zu endgültiger Ordnung
sich verfestigten, und die letzten Rauten und Kreisfelder ihren
Platz fanden, war der Deutsche Ritterorden zu einem feierlichen und nahezu machtlosen Hof herabgesunken, einem
Vasallen der polnischen Krone.

Aber sein Einfluß lebte weiter. Der überlebende Adel wurde erst anläßlich der Landreformen in der Zeit der lettischen
Unabhängigkeit, in der Zwischenkriegszeit, seiner Privilegien
beraubt. Doch ihre Kultur steckte noch heimlich in den feierlichen lutherischen Gesichtern um mich her, die das Pathos
von Mozarts ›Lacrimosa‹ und das überschwengliche Jauchzen
des ›Sanctus‹ genossen.

Orchester und Chor waren beide hinter dem Orgeltisch
verborgen, die Musik erfüllte das Kirchenschiff mit über-

irdischen Klängen. Meine Rührung war grenzenlos. Die Solisten waren arm, das sah man. Aber in diesem Augenblick schienen sie ein universales Sakrament darzubieten, eine Kraft, die Heilung bringt.

»Hoffnungslos«, murmelte das Mädchen neben mir, als das ›Agnus Dei‹ zum Ende emporschwang. In den Pausen hatte sie den Kopf geschüttelt und sich über die Qualität der Stimmen beklagt. »Die Altstimme könnte ich besser singen.«

Das schien ihr Ernst zu sein. Ich schaute in ein Gesicht von lettischer Frische. Sie wäre gern Sängerin geworden, sagte sie – sie sei sogar eine Schülerin der Archipowa in Moskau gewesen –, aber zwei Operationen hätten ihrer Ausbildung ein Ende gemacht. Wir verließen die Kathedrale und gingen zusammen durch die Gassen heimwärts. Sie war im gleichen Hotel abgestiegen wie ich. Das war komisch. Ich begann zu fragen, ob sie nicht für den KGB arbeitete, doch dann wischte ich den Gedanken beiseite. Sie strahlte eine fast kindliche Offenheit aus. Sie plauderte über Musik und Kosmetikartikel aus dem Westen, und ihr Körper streifte beim Laufen den meinen. Sie schien eine lebendige Verkörperung jener zärtlichen, spontanen Sinnlichkeit zu sein – die Russen nennen es unübersetzbar *unileniye* –, die einer Welt angehört, welche zwischen einem Gefühl und seinem Ausdruck nichts duldet.

Wir saßen neben dem Wassergraben unter den Bäumen. Bevor sie ihre Gesangsausbildung zu Ende führen konnte, erzählte sie, mußte sie beinahe ein Jahr im Krankenhaus zubringen. Als sie den Gesang wieder aufnehmen wollte, waren ihre Willenskraft und ihre Stärke weg. Doch sie lächelte ohne Selbstmitleid. Sie war wie ein Kind, das seiner eigenen Geschichte lauscht. Sie sagte: »Ich möchte gern einmal für Sie singen. Wann reisen Sie ab.«

»Morgen.«

»Morgen!« So freudig sie mit mir ins Gespräch gekommen war, so schnell umwölkte sich ihr Gesicht, und sie ließ den Kopf sinken. »Aber wir haben uns doch eben erst kennengelernt!«

Einige Minuten lang, während wir über andere Dinge plauderten, jagte ihr Blick zwischen den schwarzen Bäumen und dem sternenerfüllten Wassergraben hin und her. Dann, erwärmt von neuen Gedanken, fing sie wieder an, über ihre Vergangenheit zu sprechen, und sie starrte mich mit ihren fremdartigen, hellen Augen an und preßte ihren Oberschenkel an meinen. Ihre Haare streiften meinen Nacken. Obgleich ihr Vater tot sei, sagte sie, sei ihre Familie reich – ja, es gäbe in Lettland viele reiche Leute –, und sie müsse nicht arbeiten. Im Alter von zweiundzwanzig Jahren habe sie einen kleinen Jungen adoptiert, dessen Eltern gestorben waren (war das nicht in Wirklichkeit ihr eigener, fragte ich mich), und das Kind sei ihr ein und alles, und das sei sie auch für ihn: Mutter, Vater, Schwester. Ob ich Kinder gern hätte, wollte sie wissen. Und bald fragte sie mich mit der gleichen ziemlich aufdringlichen Offenheit aus. Was ich so mache. Warum ich allein sei.

Die meisten ihrer Fragen kamen mir unbeantwortbar vor. Wenn ich in ihr offenes Gesicht blickte, in dem die geöffneten Lippen glänzende Zähne sehen ließen, und ich den unruhigen Freimut ihrer Augen sah, kam ich mir unverzeihlich schwierig vor. Als ich ihr sagte, daß ich in England eine Frau liebe, schwand ihre Fröhlichkeit dahin. Wir versanken in ein törichtes Schweigen. Ich erinnerte mich eines britischen Studenten, der während seines Studiums an der Universität Moskau elf Heiratsanträge erhalten hatte von Mädchen, denen der Westen wie ein Paradies jugendlicher Emanzipation vorkam. Ich war nicht dieses Mekka, das ich vielleicht verhieß. Ich hatte keine Ahnung, was das Mädchen sah, wenn sie mich betrachtete. In der Dunkelheit sah ich vermutlich ziemlich jung aus und schien sanftmütig zu sein, und ich hörte ihr zu.

Aber im nächsten Augenblick hatte sie sich wieder erholt und lachte und flüsterte mir Grobheiten über die Russen ins Ohr. Langsam gingen wir zurück, jeder zu seinem Zimmer. Sie schlang ihre Finger zwischen meine. Aber ihre Aufdringlichkeit war nicht das, was sie zu sein schien, sondern das Bedürfnis einer einsamen Waise.

VI

Zum Kaukasus

WENIGE KILOMETER südwestlich von Moskau liegt, zwischen Wäldern und Teichen hingestreut, das Dorf *Peredelkino*. Es entstand in den dreißiger Jahren als Schriftstellerkolonie, und zwischen seinen Bäumen stehen hölzerne Datschas in Obsthainen und verwilderten Gärten. Ein überwachsener Friedhof zieht sich einen Hügel hinauf, Grabsteine und eisenvergitterte Gräber in dichtem Gedränge, durch die sich Fußpfade schlängeln. Auf meiner Fahrt nach Süden hielt ich hier an und suchte nach Pasternaks Grab. Es war eine einfache Platte am Fuße des Hanges, auf der Vasen mit Phlox und Maßliebchen standen und Zweige voller Beeren lagen.

Jenseits davon, über ein gepflügtes Feld hinweg, stand in der Stille die Datscha, wo er fünfundzwanzig Jahre lang, bis zu seinem Tod, 1960, gelebt hatte. Sie sah privat aus, totenstill. Hier war es, wo Pasternak – dank einer unerklärlichen Laune Stalins – überlebte, indes beinahe alle seine großen Zeitgenossen von Arbeitslagern verschlungen wurden oder auch durch Selbstmord endeten. Das ganze Jahr 1957, während ›Doktor Schiwago‹ von den sowjetischen Behörden geprüft wurde und seine Veröffentlichung in Italien Furore machte, verbrachte er in diesem abgeschiedenen Haus, das seiner schrecklichen, melancholischen und ihm halb entfremdeten zweiten Frau unterstand. Hier empfing er auch die Nachricht von der Nobelpreisverleihung an ihn, und rannte hinaus in die regennassen Wälder, um nachzudenken. Dort fand ihn Stunden später eine Gruppe ausländischer Zeitungskorrespondenten. Die monolithische Parteimaschine setzte sich bereits gegen ihn in Bewegung.

Ich starrte einen überwucherten Steig entlang. Erst seit dem Betreten Rußlands hatte ich das tote Gewicht des Patriotismus in diesem verfolgten Land verstanden. Die Wahrheit ist für ihn nur ein störendes Hirngespinst und ein einzelnes Buch oder ein Gedicht kann das Dogma der Unfehlbarkeit der Partei erschüttern. Daß ›Doktor Schiwago‹ derart an den Pranger gestellt wurde, ist sowohl ein Zeichen tiefer Unsicherheit und auch der unbedingten Hingabe Pasternaks an etwas anderes. »Der russische Dichter«, schrieb Maxim Gorki, »ist eine unbeschreiblich einsame, tragisch einsame Figur.«

Als ich den Fahrweg zur Datscha hochging (ich hatte eine Empfehlung an Pasternaks ältesten Sohn bei mir), kam mir der Platz wie ein leeres Ehrenmal vor. Aus dem Haus drang kein Laut. Selbst die Birken waren still. Gleich daneben wand sich ein Fußweg über verkrümmten Baumwurzeln hin zu einer primitiven Holzbrücke über einen kleinen See, wo einst die Frau gelebt hatte, die Pasternak liebte, das Vorbild zu seiner Heldin aus ›Doktor Schiwago‹, Lara.

Schenja Pasternak ähnelte seinem Vater verblüffend. Er lebte mit seiner Frau und seiner Tochter in einer Hütte neben dem großen Haus. Ein Hauch feinen grauen Haares wuchs auf seiner Stirn, gleichwohl sah er jung aus. Sein Gesicht zeigte die hageren Züge Pasternaks, mit einem Hauch schmerzlicher Süße. Die gleichen nach innen gewölbten Schläfen und Wangenpartien stellten sich zwischen die Stirn und den volllippigen Mund, als ob sie Kontinente zerteilten. Er habe in jungen Jahren als Techniker gearbeitet, sagte er – sein Vater habe ihn gewarnt, die Künste seien gefährlich –, aber jetzt ging er ganz darin auf, die Briefe seines Vaters zu sammeln und seine Werke zu veröffentlichen, soweit dies möglich war.

Wir saßen in der Küche. An einer Wand rief eine Kuckucksuhr; auf der Anrichte glänzte ein Samowar. Wir sprachen über Poesie, Archäologie, Freunde in England. Er war feinsinnig gebildet. Er spürte mein Interesse für den Nahen Osten und ging auf die Ausgrabungsstätte von Ebla und die Ursprünge des Alphabets ein, wobei er in einem schleppenden Tonfall

sprach. Für gewöhnlich hing sein Blick irgendwo an der Tisch-
kante. Dann erschien seine hohe Stirn abgetrennt von dem
übrigen Gesicht, seine braunen Augenbrauen hingen dort für
sich, bis er plötzlich aufblickte und sein Gesicht sich um die
haselnußbraunen Augen verdichtete.

Wir aßen ein einfaches Abendbrot und plauderten unaufhörlich zwischen Löffeln ungekochter Marmelade – dies eine
russische Spezialität – und Tee. Seine Familie setzte sich zu
uns. Seine freimütig blickende Frau schien halb so alt zu sein
wie er, seine Tochter hatte die Physiognomie Pasternaks ge-
erbt und versprach eine Schönheit zu werden. Aber unser
Gespräch kehrte zuletzt immer wieder zu seinem Vater zurück,
zu seinen Gedichten und zu seiner Shakespeare-Übersetzung,
die während der ›Säuberungen‹ der dreißiger Jahre die einzige
Möglichkeit für ihn war, sich frei zu artikulieren. Schenja
sagte, Rußlands wahre Kultur habe immer in der europäischen
Tradition gelegen. Von Osten dräue Asien, die Erinnerung an
die Mongolen, Barbarei. Im Westen entspringe der Quell der
Humanität; in diese Welt versetzte er Pasternak, wie er ihn
nannte (niemals ›mein Vater‹).

Wir liefen auf dem Fahrweg in den dunkler werdenden
Abend. Durch das Schlafzimmerfenster erklang leise die
Stimme seiner Frau, die ihrer Tochter Puschkins Märchen
vorlas. Der Hügel jenseits des Tores, wo sein Vater begraben
liegt, verschwand in der Dämmerung. (»Hunderte von Leuten
kommen hierher – das Grab ist selbst bei schlechtestem Wetter
mit Blumen bedeckt.«) Neben uns, im großen Haus, brannten
hinter geschlossenen Vorhängen Lichter. »Dort lebt jetzt die
Witwe meines Bruders«, sagte Schenja. »Das Haus bleibt in
Händen unserer Familie, der Schriftstellerverband hat es an
uns vermietet. Das ist eine ungewöhnliche Situation. Es ist,
als warteten sie darauf, Pasternak wieder in ihren Kreis aufzunehmen. Ich glaube, daß dann aus dem Haus ein Museum
werden soll.«

Boris Pasternak bleibt also in einer Vorhölle, irgendwo
zwischen Heiligsprechung und Verdammung. Bald sollte,

zum erstenmal, in der Zeitschrift ›Nowy mir‹ ein ausschließ-
lich freundlicher Artikel über ihn erscheinen, ohne einen
Hinweis auf seine ›Irrtümer‹ – dies ein frühes Zeichen, daß
der perverse Patriotismus, mit dem Rußland seine besten
Männer umarmt, nachdem ihre Verlegenheit stiftende lebendige Wahrheit nicht mehr stört, ihn eines Tages rehabilitieren
wird.

Als ich am nächsten Tag gen Süden bog, war mein Weg
übersät mit Erinnerungen an Dichter – Turgenjew, Tolstoi,
Lermontow –, die der europäischen Familie angehörten, von
der Schenja gesprochen hatte. Der Künstler wird in Rußland entweder Heiliger oder Opferlamm. Vornehmlich dem
Schriftsteller, der in seinem privaten Netz von Ideen und
Freiheiten sitzt, wird das Kompliment der Verfolgung zuteil.
Selbst diejenigen, die schon lange tot sind, müssen neu einge-
ordnet werden, und die Giganten des neunzehnten Jahrhunderts wurden als Propheten des Marxismus in Reih und Glied
gestellt.

»Mein Glaube an eine künftige Gerechtigkeit ist unerschütterlich« – das sind nicht Lenins Worte, sondern die
Worte Tschaikowskijs, aus dem Zusammenhang gerissen und
unter die Büste des Komponisten in seinem Haus in Klin
gesetzt. Sowjetische Besucher gehen ohne Lächeln an dieser
Absurdität vorbei, bemerken kaum, daß ihr geliebter Kom-
ponist – in Wahrheit ein glühender Monarchist – in die Herde
der Indoktrinierten überführt wurde. Weder seine krankhaften Neurosen noch seine Homosexualität werden je erwähnt.

Als ich auf dem Parkplatz vor Tolstois Haus in *Jasnaja
Poljana* anhielt, mehr als hundertsechzig Kilometer südlich
von Moskau, erinnerten mich die vielen Besucher an die
Leidenschaft der Russen für Literatur; mit ihr könnte man ein
Moskauer Sportstadion füllen, wenn dort Gedichte vorge-
tragen würden. Das Haus steht in einem Lande sanfter Hügel
und Täler. Hinter den Tortürmen, die den niedriggeborenen
Tschechow in solchen Schrecken versetzten, daß er davon

abließ, Tolstoi zu besuchen, erhob sich zwischen den Bäumen, in zwei langen Geschossen, umsäumt von Veranden und Balkonen, eine wohnliche Villa aus Holz und Ziegelstein. Ich spazierte zwischen kleinen Teichen, die neben Weiden glitzerten, und durch Gestrüpp und Obstgärten. Am Eingang standen Familien und posierten vor Kameras. Sie sahen feierlich stolz aus, als ob ihnen eine Photographie den *genius loci* vermache. Im Innern mußten wir große Überschuhe anziehen und schlurften dann wie Schnabeltiere über die hölzernen Böden.

Hier verbrachte Tolstoi siebzig seiner zweiundachtzig Jahre. Dieser Ort sei sein Vaterland, sagte er, sein reinstes Rußland. Der hölzerne Trakt, in dem er das Licht der Welt erblickte, wurde abgerissen; er verkaufte ihn, während er im Krimkrieg war, und verlor den Erlös binnen zweier Tage im Spiel in einer gottverlassenen Artilleriestellung nahe Sewastopol. Aber das Haus und der weiträumige Park sind übervoll mit seinen ›Erinnerungen‹ an seine Kindheit, auch an die kläglichen Beziehungen, mit denen die exzentrische Familie das überempfindliche Kind umspann. In seiner Erinnerung mischten sich despotische, mütterliche und halbverrückte Tanten und Haushälterinnen, mit einem Geruch von Harz und Urin an sich, mit Leibeigenen, die um Öfen herumsaßen und plauschten oder in versteckten Räumen vor sich hindösten, mit Mönchen, Pilgern und entfernten Cousinen, welche kamen und gingen – oder für immer blieben. Beide Eltern starben in seiner Kindheit und prägten sich seiner Phantasie als vollkommen ein – der Vater liebenswürdig und freundlich; die Mutter (sie starb, ehe er zwei Jahre alt war) ein gewaltiger und idealisierter Schatten, in immerwährender Liebe. Aber an ihre Stelle drängte sich eine phantastische Großmutter. Sie pflegte in einem hochrädrigen, gelben Wagen, vor den zwei Leibeigene angeschirrt wurden, umherzufahren, und die Läufer erhielten Befehl, die schönsten Zweige der Haselnußsträucher niederzubiegen, damit sie Ernte halten konnte; und des Nachts, wenn eines der Kinder mit ihr das Schlafzimmer teilte, lag sie hochaufgerichtet auf einem Berg Kissen vor ihrer verzierten Ikonenlampe, und ein blinder Diener erzählte ihr Geschichten, bis sie in die Träume des kleinen Leo Tolstoi als eine pergamentfarbene Königin auf einem Thron aus Schnee einging.

In der Hälfte der Räume deklamieren heute Touristenführer in respektvollem Geleier, die angefüllt sind mit Gegenständen aus Tolstois reiferen und aus seinen Greisenjahren: der bemalte Tisch, an dem seine Frau endlos die immer wieder aufs neue korrigierten, kaum leserlichen Fassungen des Manuskripts der ›Anna Karenina‹ abschrieb; der niedrige Stuhl und der Tisch, an dem er schrieb, den kurzsichtigen Blick fest auf die Seiten geheftet; sein eisernes Bettgestell; seine Bücher – einige in Griechisch, Hebräisch, Tatarisch, Arabisch – versehen mit Bleistiftnotizen; die dicken Wände und die doppelten Türen der gewölbten Kammer, in der er ›Krieg und Frieden‹ begann.

Mit offenem Mund, erwartungsvoll, hatschten wir von der Bibliothek in das Schlafzimmer, und von dort in das Studierzimmer, als ob sie etwas hergeben müßten von dem Wesen dieses Titanen, der sie einst bewohnte. Aber sie waren für ihn unwichtig geworden, Schatten. Allmählich begann er, ihren Luxus zu hassen, das Haus, seine hysterische Frau – alles, bis auf die Bäume, die Erinnerungen. Ein bienengleiches Summen des Mitgefühls erhob sich bei den Besuchern beim Anblick der rauhen Hemdbluse und des Schlapphutes, die er getragen hatte, um zu werden wie seine Bauern. Er wollte, mehr als jeder Leibeigene, ein Mann des Volkes sein; bis er zuletzt, in hohem Alter, sein Leben als eine Last von häuslichem Versagen und moralischer Verderbnis empfand, erkannte, daß er in hoffnungslosem Widerspruch zu seiner Philosphie lebte. So floh er eines Nachts aus seinem Haus und starb in der Hütte eines Schrankenwärters in einem winzigen Dorf an Lungenentzündung.

Diese Umstände haben ihn der gegenwärtigen Ideologie lieb gemacht – trotz seines Pazifismus, trotz seiner Religiosi-

tät. Aber seine persönlichen und sich verändernden Überzeugungen vergingen in seiner geistigen Glut, und man läßt diese Räume – ihre großzügige Aufteilung, ihre meisterlichen Möbel aus Korbgeflecht und Mahagoni – hinter sich mit dem Gefühl, daß dieser Mensch zu anspruchsvoll war für die Stille des Glaubens.

Alles, was er liebte oder erwähnte, wurde bewahrt. Der riesige dreigeteilte Stamm seiner Lieblingseiche schraubt sich noch immer, tot und morsch heute, aus der Gartenerde; und die Schule, die er 1859 für die Bauernkinder eröffnete, – sie bot eine zutiefst antisowjetische Form individualistischer Erziehung an – ist ein zum Schweigen verurteiltes Museum. Die Pfade im Wald, auf denen er schritt, werden noch immer freigehalten. Ich saß auf seiner Lieblingsbank. Und begraben wurde er, wie er es wünschte, ohne religiöse Einsegnung auf einer Lichtung in seinen Wäldern.

Ich folgte einer Hochzeitsgesellschaft den langen Waldpfad hinab zu seinem Grab. Es ist ein stark ausgetretener Weg. Bräute kommen hierher, um ihre Buketts niederzulegen, wie sie es auch an den Kriegerdenkmälern machen, in Ausschau nach dem Gott, den sie verloren haben. Und Tolstois geistliche Statur – auch sein bärtiges, pantokratisches Gesicht – kommen einem irdischen Ersatz für Gottvater so nahe, wie man es sich nur denken kann. »Haltet keine Zeremonien ab, wenn Ihr meinen Körper in der Erde versenkt«, hatte er gebeten. »Nur ein hölzerner Sarg, und wer ihn tragen mag oder hinüberfahren nach Sakas, gegenüber der Schlucht, bei dem ›grünen Stock‹, den laßt es machen.« Ein gutes Dreiviertel Jahrhundert früher, als er noch ein kleiner Junge war, hatten er und sein Bruder sich in die kindliche Idee verliebt, in dieser Schlucht sei ein grüner Stock verborgen, auf dem das Geheimnis des verlorenen Glückes eingeritzt stand.

Da liegt er also unter einem Grashügel in den Wäldern begraben. Nichts mehr: kein Stein, kein Wort. Jemand hat dort Gladiolen niedergelegt, und Eichen- und Eschenblätter wehten über das Grab. Die Braut blickte verlegen auf die schweigende Lichtung und legte dann zögernd ihr Bukett an die Aufschüttung. Falls das Gefühl hochkam, irgend etwas fehle hier, so zeigte es die Gruppe nicht, sie verweilte bloß noch ein bißchen, als ob etwas geschehen könnte, während die gelben Blätter weiter in die enge Bergesschlucht fielen.

Es war beinahe dunkel, als ich *Spasskoje-Lutowinowo* erreichte, das Heim Turgenjews. Im Gegensatz zu Tolstois Haus sah es halb verlassen aus. Das Gutshaus, in dem er gelebt hatte, war einem Feuer zum Opfer gefallen, wie so viele hölzerne Herrenhäuser; aber ein Flügel war so restauriert, wie er ihn gekannt hatte. Eine Aufseherin ertappte mich, als ich durch die zugezogenen Fenster hineinzusehen versuchte, und sie ließ mich außerhalb der Öffnungszeiten ein. Vieles von dem eleganten Mobiliar hatte überlebt, aus Rosenholz und Birke, und sie erläuterte mir jedes Stück, bis das, was als eine Gefälligkeit begonnen hatte, zum Vergnügen wurde und schließlich zur Leidenschaft wurde. Hier stand die englische Großvateruhr, er hat sie in ›Der Brigadier‹ erwähnt, sagte sie; dort stehe das Gewehr des Dichters – ob ich ›Die Aufzeichnungen eines Jägers‹ gelesen hätte. An der anderen Wand hing die Zeichnung eines seltsamen, gnomenhaften Kindes: Iwan Turgenjew als Sechsjähriger. Der Körper war der eines Kindes, dessen Füße von dem Stuhl, auf dem es saß, den Boden nicht berühren konnten, aber das Gesicht war erschreckend alt. Aus dem unnatürlich großen Kopf blickten Augen aufmerksam hervor, aber ohne Tiefe. Sie sahen so alt aus wie die Zeit. Das war in Wirklichkeit nicht ein Kind, das dort saß, sondern eine Vorahnung seines späteren Leidens.

Der Vater hatte des Geldes wegen geheiratet und war oft außer Haus, der Junge erinnerte sich nur an dessen Reserviertheit. Aber seine Mutter war eine garstige, schwarzäugige Barbarin, die ihre eigene verprügelte Kindheit an ihren Kindern und an den Dienstboten ausließ. Sie teilte ihre Strafen und ihre Gunstbezeichnungen mit der rigorosen Willkür einer Ungeliebten aus. Mit ihrer perversen Besitzgier erstickte sie

den kleinen Iwan; einmal prügelte, einmal verwöhnte sie ihn.
Fünftausend Leibeigene stöhnten unter ihrer Fuchtel. Sie
beherrschte sie mit grotesker Etikette und Grobheit. Einmal
stellte sie sich sogar sterbend, damit sie einen jeden bestrafen
konnte, der fröhlich aussah.

Der Junge floh in die Parklandschaften des Gutes, die noch
immer großartig sind. Hundertfach recken die Bäume ihr
stolzes Haupt empor. Riesige, windumtobte Birken lehnen
sich schwankend aneinander, und gigantische Lindenalleen
ziehen sich durch die Wälder. Der Wohlgeruch dieser Bäume,
die Stimmen der Golddrosseln, der Zeisige und Nachtigallen,
dazu die Veilchen und die zerbrochenen Kreise Sonnenlichts
auf der schwarzen Erde füllen die Romane Turgenjews mit
ihrem Klang und ihrem Duft. Der Junge lag zu ihren Füßen,
verzaubert von Insekten und Vogelsang; aber es war auch
unter diesen Bäumen, wo das ungleiche Duell zwischen einer
Viper und einer Kröte seinen Lauf nahm, das ihn an der Güte
des Himmels verzweifeln ließ.

Am Ende des Parkes tauchen die Wege ein in einen Wald
um einen verwunschenen See. Hier, wo das schwermütige
Kind die Fische mit der Hand fütterte, hat sich nichts verändert. In der düsterer werdenden Dämmerung lag das Wasser ruhig und unheilschwanger da. Sein Spiegel war dick mit
Schilfgras überwuchert, das in der Stille seltsam rauschte,
und wurde nur in der meist bewegungslosen freien Mitte
manchmal von konzentrischen Kreisen unterbrochen, als ob
dort vor Jahrhunderten etwas Wichtiges aufgestiegen oder
hineingefallen sei.

Obschon er viele Jahre seines Lebens in Westeuropa zubrachte, im Gefolge einer Frau, die er liebte – der Sängerin
Pauline Viardot, so dunkel und exotisch häßlich wie seine
Mutter –, kehrte Turgenjew immer wieder nach Spasskoje
zurück. Hierher wurde er verbannt, nachdem er 1852 einen
allzu löblichen Nachruf auf Gogol verfaßt hatte, und er schlug
seine Zeit mit Schreiben, Jagen und Flirten mit den leibeigenen Mädchen tot. Seine Mutter war unterdessen gestorben,

der Ort voll halb bitterer, wehmütiger Erinnerung. Die Diener, an die er sich erinnern konnte, waren Greise. Kurz vor seinem Tod kehrte er auf sein heruntergekommenes Gut zurück – der Garten verstummt, schreiende Krähen, Efeu, der über die Veranden wuchert. Selbst jetzt unterhielt er flüchtige Liebschaften – zu einer adeligen Witwe und zu einer jungen Schauspielerin, derentwegen er am Rand des Weihers eine Badehütte errichten ließ; aber seine Liebe blieb eine Affäre auf Distanz und der unredlichen Sinnlichkeit, eine Phantasie, ein endloses Abschiednehmen.

Viele seiner Zeitgenossen verziehen Turgenjew niemals seine Jahre im Ausland, das war wie ein Schimpf, der ihnen persönlich angetan wurde. Er ist der verwestlichste der großen russischen Romanciers, und den Marxisten sollte er – was er aber nicht ist – ein widerwärtiger Held sein. Der sozialistische Realismus des Kommunismus feiert, wie die meiste religiöse Kunst, die offenbarte Wahrheit. Er schließt veränderliche Bewußtseinslagen aus, dieses Gefühl, daß etwas undurchschaubar ist, das die Seiten Turgenjews durchzieht. Sein Volk kann so etwas Flüchtiges nicht als eine Sicherheit erleben. Turgenjew ist der Dichter eines fremdartigen Geistes.

Ich war nur siebzig Kilometer entfernt von dem Campingplatz bei *Orjol*, der ›Hauptstadt der Dichter‹. In der Nacht, da ich fuhr, bedurften die ereignislosen Felder und Wälder dieser Region keiner Phantasie. Mein Kopf war voll mit literarischen Erinnerungen – an die gähnenden Stunden und die leeren Entfernungen, mit denen es diese Gutsbesitzer des neunzehnten Jahrhunderts zu tun hatten, isoliert, weit entfernt von Moskau und voneinander, in vertrödelter, herbstlicher Langeweile. Auf den Seiten von Tschechow und Gontscharow blühen sie auf und vergehen, unbehelligt von Arbeit oder Zielen. Die Stunden dehnen sich. Verwurzelt in dieses weite russische Schicksal, das sie umschließt und am Ende auslöscht, sind sie auf ihre Weise zutiefst Teil eines Ganzen. Gerade die eigensinnigen Bauern und die kleinen Beamten

bei Gogol, die so schrecklich ungeeignet sind für das Fabrik-
leben, aber verhext von greifbaren Gütern – Mänteln, Stiefeln, Kohl, von allem eben –, sie sind leicht wiederzuerkennen,
wie sie vor den Geschäften Orjols Schlange stehen.

Am nächsten Morgen, während ich durch das kleine
Schriftstellermuseum spazierte, beobachtete ich beinahe
schmerzlich, mit welcher Pietät jeder Künstler dargestellt war.
Bunin, Andrejew, Fet, Leskow – die Blätter ihrer Manuskripte
wurden unter Glas aufbewahrt wie Pergamentrollen der Bibel,
ihre Schreibtische und Tintenfässer und Papierbeschwerer
wurden, als ob sie gerade benutzt worden wären, aufgestellt
wie Reliquienschreine, die außer dem nichts enthalten durften.
Während ich mich von einem Exponat zum nächsten schleppte
– ich hatte schlecht geschlafen und war deprimiert –, hatte ich
die Vorstellung, diese literarischen Artefakten seien das Treibgut eines vergangenen Individualismus, der für immer verloren war und daß Rußland zurückgekehrt sei zu einer Einförmigkeit, die schlimmer war als die des Mittelalters.

Ich muß meine Deprimiertheit darüber ziemlich taktlos
vorgebracht haben, denn als ich mit einem Studenten ins
Gespräch kam, überflog dessen Gesicht ein flüchtiges Verletztsein.

»Wie können Sie glauben, daß wir alle in diesem Land das
denken, was man uns vorschreibt?« Er stopfte die Hände in
die Taschen seiner abgewetzten Fliegerjacke und fixierte mich
mit dieser Art weit auseinanderliegender russischer Augen,
denen zu vertrauen ich mir unterdessen angewöhnt hatte.
»Die Regierung versucht wohl, uns ihre Denkweise aufzu-
zwingen, aber ich kenne keine Menschenseele, die dem ge-
horcht. Keine Seele! Jeder, den ich kenne, hat seine eigenen
Vorstellungen – selbst der größte Holzkopf von einem Bauern.«
Natürlich würden Leute von der Parteipropaganda berührt,
sagte er, aber sie blieben doch auch frei davon. Das System
sei einfach eine Grundtatsache ihres Lebens. Menschen be-
nützten es oder ignorierten es oder umgingen es. Sie liebten
es nicht, und sie bekämpften es nicht. Die individualistischen

Werte eines ›Doktor Schiwago‹, welche 1858 die sowjetischen Behörden so gequält hatten, seien seiner Generation zur zweiten Natur geworden. Er setze sich statt dessen mit Schriftstellern auseinander, die in der Chruschtschow-Ära das Wort ergriffen hatten und den Beschränkungen der späten sechziger und der siebziger Jahre trotzen – Jewtuschenko, Wosnessenskij, Aksjonow. (Allerdings sagen Intellektuelle in Moskau schon seit langem, Jewtuschenko sei ein Schreiberling der Partei.).

Vor einem Tisch blieben wir stehen; er zeigte einige Romane moderner Autoren, Namen, die mir fremd waren. Ihre Schutzumschläge strotzten vor Heldentum: Industrie, Krieg. Der Blick des Studenten flog über sie hinweg, seine Gleichgültigkeit war vollkommen, er empfand nicht einmal Verachtung.

»Das ist alles Schund«, sagte er. »Märchengeschichten! Man merkt ihnen gleich an, daß sie sich selbst nicht ernst nehmen. Manchmal lese ich sie, wie ich Science-fiction lese, wenn ich nichts Besseres auftreibe. Aber normalerweise würde ich mir nicht einmal die Mühe machen, so etwas in die Hand zu nehmen. Nach einer Zeit bekommt man einen Blick dafür, man braucht nur die Umschläge anzuschauen.«

Nicht daß diese Autoren Scharlatane seien, sagte er, sie seien einfach Handlanger des Staates. Wenn sie die Wahrheit verdrehten, dann geschehe dies zugunsten der öffentlichen Moral. Sie seien einfach armselig, überflüssig. Die Kluft zwischen ihren niedergeschriebenen Glaubensbeteuerungen und ihren tatsächlichen Erfahrungen sei tödlich breit geworden. Der Student wischte sie beiseite. »Ihr im Westen habt sowas nicht.«

Nein, sagte ich, wir hätten unseren eigenen gedruckten Müll: nicht Mythen von Gemeinschaft, sondern Liebesgeschichten, Porno. Der Unterschied bestehe darin, daß unsere Regierungen Gutes nicht unterdrückten.

Wieder flog ein Schatten von Beleidigtsein über sein Gesicht. »Unsere Regierung fürchtet dies vielleicht, aber sie kann es nicht unterdrücken. Nicht immer. Nicht alles davon. Er tauchte tiefer in seine Taschen und zog ein Buch heraus, eingeschlagen in mehrere Schichten braunen Papiers. Es sei ihm gelungen, es für zwanzig Pfund zu erstehen, mehr als das Dreißigfache des aufgedruckten Preises. »Hören Sie.«

Es sprang von allein in seinen Händen auf. Er begann zu deklamieren. Und das Erstaunliche war, daß dieser Student im provinziellen Orjol, der von Geburt an von Propaganda umgeben war, daß er instinktiv gespürt hatte, wie unwirklich sie war, und daß er über den allerbittersten Zeilen Wosnessenskijs leidenschaftlich werden konnte:

> *»Wie im Delirium fällt alles entzwei*
> *Menschen lösen sich ...«*

»Sowas bewundere ich einfach! Einen Menschen, der soviel Kraft in eine Handvoll Worte packt! Das gefällt mir auch an den japanischen Gedichten. Haben Sie Issa gelesen? Bascho? Und was halten Sie von Verlaine? ...«

Während wir die letzten Räume des Museums durchquerten, angestarrt von düsteren Photographien der Schriftsteller, ihrer Frauen, Geliebten und Kinder, enthüllte er einen seltsamen Archipel von Kulturheroen: Kurt Vonnegut, Tarkowskij, die Rolling Stones, Stendhal, Matsuo Bascho, Iris Murdoch. Er hätte unlängst fünfzehn Rubel für eine Paperback-Ausgabe von Murdochs ›The Black Prince‹ gezahlt.

»Die meisten ausländischen Romane kann man einfach nicht kaufen. Ein Buchhändler setzt für eine russische Übersetzung einen beliebigen Preis fest. Die Leute kaufen, weil es en vogue ist.« Er faltete Wosnessenskijs Gedichte sorgfältig zusammen – die Seiten waren am Herausfallen, sie hatten sich durch häufige Benützung im Bund gelöst – und steckte sie zurück in die Tasche. »Aber manchmal hört man von geheimen Orten, wo Bücher auf dem Schwarzmarkt die Besitzer wechseln. Gewöhnlich in Parks. Glücklicherweise ist die Polizei ziemlich ungebildet, drum kommt sie nicht dahinter. So habe ich Vonneguts »Slaughterhouse Five« erstanden – für nur acht Rubel.«

Er sei (sagte er) an der Universität typisch für seine Generation. Für sie sei die Revolutionäre Geschichte langweilig.
Sein Vater, ein Taxifahrer, habe ihm die Liebe zu den russischen Klassikern eingeflößt. Die Revolution könne den Fluß
dieser Tradition ebensowenig zerbrechen wie man mit einem
Messer nicht einen Fluß abschneiden könne. In Orjol sei es
schwierig, die Werke Mandelstams zu finden, geschweige
denn Solschenitzyn. Tolstoi zu lesen sei eine Erholung.

Die Straße stieg und fiel in großen, ruhigen Seufzern, zwischen
Maisfeldern und durch Birkenwälder. Da und dort folgte eine
Reihe Weidenbäume einem trägen Fluß, und Hunderte von
schwarzen und weißen Rindern zogen wie Nomaden über die
Weiden. Die Straße mit ihren zwei Fahrspuren war die wich-
tigste Verkehrsader in den Süden. Noch immer war ich über
1500 Kilometer nördlich des Kaukasus. Zwei Tage lang fuhr
ich in einer schleppenden Schlange von Lastkraftwagen und
aß in Imbißstuben neben der Landstraße, wo LKW-Fahrer
sich mürrisch über Fußball oder die Preise unterhielten, ihr
wäßriges Bier tranken und Schüsseln mit Nudeln, Würsten
und Kohlsuppe hinunterschlangen. Ohne es zu bemerken,
glitten wir von dem Quellgebiet einer Flußfamilie in das einer
anderen. Zuerst schlängelte sich zwischen Inseln der west-
lichste Nebenfluß der Oka; dann tauchten Arme des Dnjepr
auf – morastige Schleifen von Wasser, mit Fischern und
trägen Booten. Manchmal hob sich die Straße und gab einen
Blick frei auf regendurchnäßte Wälder und Ackerland, aber
die Bäume waren hell geworden, und die Blätter von Eiche
und Akazie standen zum Schutz gegen den Wind.

Noch etwas änderte sich. Die erdrückenden Wogen von
Autorität, welche von Moskau ausgingen, begannen hier allmählich auszulaufen, der strenge Griff der Polizei wurde
sanfter. Die Entfernungen zwischen den Kontrollhäuschen
wuchsen. Märkte erschienen neben der Straße: ganze Haufen
von *babuschkas* feilschten mit vorbeifahrenden Motoristen
tüchtig über Körbe mit Äpfeln und Kartoffeln. Diese Funken

von Unternehmertum erwärmten mich. Inzwischen waren mir die Unzulänglichkeiten des Kommunismus eher ein Trost als eine Enttäuschung. Ich hatte einen verborgenen Gesinnungswandel vollzogen. Zu tief steckte ich in dieser Welt persönlicher Liebe und Wahl, welche der Kommunismus zu verdrängen suchte. Die Gefahr bestand darin, daß ich, wie ein sowjetischer Besucher im Westen, der sich angewidert fühlt von Dingen, die seiner Gesellschaft fremd sind – Arbeitslosigkeit, organisiertes Verbrechen, Pornographie –, daß ich meine Aufmerksamkeit vielleicht allzu zwanghaft auf die Unzulänglichkeiten richtete, die mich beunruhigten.

Aber jetzt fuhr ich durch eine Gegend, welche fünfunddreißig Jahre zuvor dem Erdboden gleichgemacht wurde. Orjol, Kursk, Belgorod, Charkow – die zerstörten Stadtkerne waren wiedererstanden. Südlich von Charkow stieß ich auf *tschernosjom* – die dunkel schimmernde Erde, die von der Ukraine bis nach Sibirien reicht, mehr als fünftausend Kilometer. Dies ist die Erde des Steppenlandes, dessen pferdehohes Gras die Tataren auf ihrem Weg nach Westen ernährte; und das tausendjährige Faulen dieses gleichen Grases schuf die reichen schwarzen Humusböden, die großen russischen Getreidekammern. In den flachen Tälern war der Boden wie vertrocknet. Ich verbarg meinen Wagen zwischen den Bäumen und lief über die Felder. Über dem Riedgras und den Kornblumen im Niemandsland zu meinen Füßen lag das Schwirren von Insekten. Die Erde krümelte durch meine Finger; das Land war überflutet von Sonnenlicht. Endlich war ich im Süden.

Ich sprang in ein unendliches Feld mit Sonnenblumen. Ihre zungenförmigen Blättchen schlugen gegen meine Schultern, und die Sonne hatte ihre Köpfe in ihre Richtung gelenkt. Wenn der Wind zwischen diese Van-Gogh-Gesichter hineinblies, bewegten sie sich wie bei einem Tanz von Schlafwandlern und nickten in Augenhöhe um mich her. Bienen saugten Honig aus ihren Herzen, in denen herausgefallener Samen schwarze Stellen hinterlassen hatte.

Nach Südosten lag das Tal des Don, der Fluß von Inselchen verdeckt. Auf seinem Weg nach Süden, durch weiche Erde, in langen, miteinander verbundenen Seen, gewann er seine Kraft insgeheim. Weit hinten, zwischen den Feldern und dem Horizont, streckten sich die Rücken von aufgehäuftem Heu, jeder fast hundert Meter lang, wie ein zusammengerollter gelber Teppich, der auf einem schwarzen Boden lag. Auf den ersten Blick war es unbegreiflich, warum die Ernte dieses gigantischen Erdreichs nicht die ganze Nation zu ernähren vermochte, ja die ganze Welt, gleichgültig wie willkürlich der Regen fiel und wie brutal der Wind blies. Aber die Kolchosen und die Sowchosen beharren in chronischem Versagen. Die Bauern sind die Leibeigenen des Kommunismus. Bis vor kurzem blieb ihnen selbst der Besitz eines Passes versagt, mit dem man innerhalb des Landes reisen kann. Zwischen ihnen und den Arbeitern in der Industrie gähnt eine tiefe Kluft. Lange hat der Stadtbewohner sie entweder mit Herablassung betrachtet oder mit romantischen Schuldgefühlen. Sie werden schlechter entlohnt als er, sie sind weniger gebildet, abgeschnitten.

Ich nahm zwei winkende Bauern mit. Ohne einen Funken Stolz sprachen sie über ihre Arbeit. Sie waren jung. Die stalinistischen Mythen und die Träume von kollektiver Landwirtschaft waren in ihnen erstorben oder hatten nie existiert. Die alten Binsenweisheiten stimmten immer noch: die Parteifunktionäre und die Revisoren lähmten selbst in diesem Bereich das System. Der Kollektivbauer hat kein Motiv, etwas zu tun. Dreißig Prozent von Rußlands landwirtschaftlicher Produktion wächst auf nur drei Prozent seiner bebauten Fläche – das sind die Äcker der Bauern in ihrem Privatbesitz. Kein Mensch wird sich für eine abstrakte Idee abplacken, wie er für Weib und Kind schuftet.

Die Backsteinhäuser der Bauern schmiegten sich besitzergreifend zwischen die ihnen gehörenden Obstbäume. Das freie Unternehmertum manifestiert sich in den größeren Märkten, die sich unter Zeltbahngestellen an der Straße langziehen: Eimer mit Aprikosen, grünen Bohnen, Melonen, Sonnenblumenkernen, gelbkappigen Pilzen. Sie waren teurer als die Nahrungsmittel aus den Kollektivbetrieben – sie waren auf jeden Fall teuer –, aber sie ließen einem eine Wahl und gaben einem ein bißchen Qualität. Den ganzen Tag über saßen alte Bauersfrauen vor ein, zwei Krügen mit Pflaumen oder einer Handvoll säuerlicher Trauben – dennoch boten sie größere Auswahl als irgendein Markt in einer Stadt des Nordens.

Am Straßenrand winkte eine Frau, und ich hielt an. Sie sah fast aus wie sechzig. An fünf Tagen in der Woche fuhr sie per Anhalter die dreißig Kilometer zu ihrer Arbeit in einer Textilfabrik. Der Bus koste für den Hin- und Rückweg einen Rubel, und das könne sie sich nicht leisten.

Es war schon elf Uhr. Wann sie in der Arbeit sein müsse.

»Zehn, elf, zwölf! Was kommt's drauf an?«

Ob sie keine Familie besitze.

»Ach!« Sie winkte sie weg. Sie lebe alleine in einer winzigen Wohnung. In vier Jahren werde sie monatlich eine Rente von fünfundvierzig Rubel beziehen. Das sei zwar zum Leben nicht genug, aber sie freue sich darauf. Was ihren Mann anging, den habe sie verlassen, weil er trank – die alte, alltägliche Tragödie. »Er hat soviel getrunken, es war hoffnungslos. Wir waren siebenundzwanzig Jahre verheiratet, und ich hab' es immer ertragen. Aber zuletzt war er völlig weg. Er verstand überhaupt nichts mehr und redete bloß noch Unsinn. Meine Tochter sagte: ›Du mußt ihn verlassen!‹ Und das hab' ich auch gemacht.« Ihre Rede war schrill, aber ohne Haß. »Was kann eine Frau sonst schon machen?«

Wenn die Alten nicht von ihren Familien unterstützt werden, von den staatlichen Renten können sie kaum leben. Aber die Frau schien für mein Mitleid zu robust zu sein. Sie plauderte und lachte durch eine Reihe glitzernder Silberzähne. Vor der Fabrik ließ ich sie aussteigen: ein baufälliges Gebäude, in dem viele Hunderte beschäftigt waren. Aber Arbeit war besser als Langeweile. Sie bot mir zehn Kopeken an – russi-

sche Autofahrer nehmen Geld von den Anhaltern –, aber sie
steckte es nach meiner Weigerung, es zu nehmen, dankbar
wieder ein und marschierte durch das Fabriktor.

Den ganzen Tag über lag das Land in stumpfer Ruhe unter
einem Himmel, der an dem weiten Umkreis des Horizonts in
bleichen Dunst überging. Aber dann, nördlich von Rostow,
fuhr ich an Abraumhalden der Kohlegruben des Donez-
beckens vorbei. Verblaßte schwarze oder rosafarbene Pyra-
miden schossen aus der baumlosen Abfolge der Täler empor.
Manchmal standen sie einsam am Horizont wie vergessene
Grabhügel. Öfter sah es so aus, als ob ein riesiger Maulwurf
unter den Tälern gewühlt und über seinen Stollen Hügel und
Erdhaufen aufgetürmt hätte. Kilometer um Kilometer standen sie da, im gleichen urgewaltigen Ausmaß wie das Land,
auf dem sie ruhten. Tintenfarbene steile Abfälle bedrohten
Bergarbeiterhütten, Ventilationsanlagen, Fördertürme, Müh-
len, Kompressoranlagen. Auf trostlose Weise waren sie eindrucksvoll, wie ein Poster aus dem Rußland der Dreißiger
Jahre.

So kam ich nach *Rostow-am-Don*. Auch dies mag ein Symbol sein für den Marsch der Industrie über die Steppe – der
Triumph des neuen Rußlands über die alte Kosakenanarchie.
Es ist das Eingangstor zum Kaukasus und zu den östlichen
Küsten des Schwarzen Meeres. Seine Bürger sind stolz auf
diese Stadt, und das Personal des Campingplatzes überfiel
mich – einen seltenen einzelnen Menschen aus dem Westen –
mit einem Studenten der Sprachwissenschaften als Führer.

»Das ist Jurij«, sagten sie. »Er ist Kosake.«

Ich blickte in ein Gesicht, das fast keine Merkmale zeigte,
der Blick so grau und ungezielt wie die Steppen seiner Heimat.
Ich erinnerte mich an meine Erlebnisse in Minsk, besaß aber
nicht das Herz, ihn wegzuschicken. Ich sei sein erster ›richtiger Engländer‹, sagte er.

Zwei Tage lang führte er mich zu den offiziellen Anzie-
hungspunkten von Rostow. Pflichtgetreu zitierte er seine
Fakten – gute und schlechte – mit einer kehligen, gepreßten

Stimme. Er zeigte nichts von dem hektischen Missionierungsdrang eines Alexander Intourist. An einem Wolkenkratzer, sagte er, bauten sie schon seit fünfzehn Jahren – er sei ein Kind gewesen, als sie damit anfingen –, und kein Mensch wisse, wann er fertig sein werde. Und das riesige Gorki-Theater, das in Gestalt eines Traktors erbaut war – ein letztes Aufbegehren des Konstruktivismus in den frühen dreißiger Jahren –, berührte ihn kaum.

Aber Jurij war empfindlich. Und über den Westen wußte er absolut nichts; er konnte seine Phantasie kaum zu einer gezielten Frage darüber verdichten. Die Sowjetunion um ihn her war so weit und so hermetisch abgeschlossen, daß sie die gesamte vorstellbare Welt umfaßte.

An eine Sache erinnere ich mich mit merkwürdiger Klarheit. Das war, als ich Jurij erzählte, daß wir im Westen uns vor Rußland fürchteten. Einen Augenblick lang starrte er mich mit offenem Mund an, dann platzte er in ungläubiges Gelächter aus. Das war das einzige Mal, daß ich ihn lachen hörte, so widersinnig, so offensichtlich töricht dünkte ihn die Vorstellung, sein Land sei gefährlich. Diesen Unglauben hatten auf meiner Reise auch schon andere Russen gezeigt. Zweimal fragte mich Jurij, ob ich nicht spaße, dann starrte er mich lange an, erstaunt über das Ausmaß meines Wahns.

Und mich faszinierte, umgekehrt, seine Kirchturmperspektive. Für ihn war Rostow der Maßstab aller Dinge. Er brachte mich zu den Toren der Mammut-Fabrik Rostelmasch, dem größten Hersteller landwirtschaftlicher Maschinen im Land, die, wie er sagte, den Lenin-Orden und den Orden der Großen Sozialistischen Oktoberrevolution erhalten habe. Er sang diese Orden wie eine Andacht. Dann gingen wir zu einem ›Volkspalast der Kultur‹. Wir spähten in Musik- und Balletträume, in Ateliers für Film und Bildhauerei. Sie wurden schwer bewacht. Jurij spürte mein Mißfallen, aber er kam nicht auf die Ursache. Seine Freude ließ nach, und er verdoppelte seine Bemühungen. Er führte mich zu Freizeitzentren am südlichen Ufer des Don, geleitet von den Gewerkschaften. Das waren

Komplexe aus blechgedeckten Hütten, verziert mit Blumen, die in alte Autoreifen eingepflanzt waren. Alles war grell angestrichen. Hierher kämen im Sommer Menschen, die ihren Wohnungen entfliehen wollten, sagte Jurij; der schönste Komplex sei von Gagarin besucht worden und zeige zur Erinnerung einen Brunnen, der allerdings schon zerfiel. Kein Odem von proletarischer Freude belebte diese Lager. Sie waren beinahe verlassen. In drei solchen Komplexen sah ich nur ein Feld für Ballspiele, eine zerbrochene Tischtennisplatte und einen Billardtisch, dessen Auffangtaschen in Fetzen herunterhingen.

Jurij gefielen die Bäume und zu wissen, daß nahebei ein Fluß strömte. Er lebte zwar in der Stadt, aber er war ein Landmensch. Er trug die Steppe mit sich in die Straßen. Sie schlummerte in seinem Gang und machte den unverständlichen Ausdruck seines Blickes und seiner Hände aus. Vielleicht verkörperte er den russischen Menschenschlag, den Leute aus dem Westen unterschätzen – anständig, gewissenhaft, ausdauernd.

Seine Ahnen waren für ihn so entfernt wie für mich. Wir verbrachten einen Morgen in *Nowotscherkask*, der Hauptstadt der Kosaken – eine Stadt wie jede andere, sagte er. Aber zwei Triumphbögen feierten den Einzug von Platows Kosaken in das Paris Napoleons, und die Krypta der abweisenden Kathedrale war angefüllt mit den Grabmälern wilder Atamane. Ein paar wenige alte Kosakenfamilien lebten noch immer in der Stadt, sagte Jurij, aber sie blieben unter sich, und er kenne sie nicht. Also spazierten wir durch das Museum der Donkosaken und betrachteten das Plündergut aus Samt, Glas, Teppichen.

Die Kosaken verweigern jede ideologische Indoktrination. Der Leibeigenschaft und der Revolution entflohen, genossen diese Männer mit ihren flammenden Schnauzbärten und die Frauen mit ihren Zöpfen das Leben in Ausschweifungen, mit viel Geschrei, betrunken und frei. Dieses scheinbar unzerstörbare Volk verschmolz an den Grenzen des Reiches zu unregierbaren Volksherrschaften, halb unabhängig vom Zaren, und wurde zuerst zum Märtyrer der Bauernerhebung, dann zum brutalen Werkzeuge kaiserlicher Unterdrückungspolitik. Die späteren Zaren erhoben sie zu einer militärischen Elitetruppe, bis sie die grausamsten und reaktionärsten Regimenter der Armee bildeten.

All das – royalistisch oder revolutionär – war in ungestümer Fülle in dem Museum ausgebreitet. Aber ihre spätere Geschichte war zu gespenstischen, nur halb erkennbaren Schemen verunstaltet. Ihre Rolle bei der Unterstützung der Weißen Armeen war taktvollerweise geschrumpft; verschwiegen wurden auch jene, die während des Zweiten Weltkrieges für Deutschland gekämpft hatten und im Vertrag von Jalta verraten wurden; und auch Stalins Kollektivierung der Kulaken, der reicheren Bauern, die in einem Wirrwarr von Gewalt und von Familienstreiten vonstattenging, um in Massenverhaftungen und Massendeportationen zu enden.

Aber der Zug in die Städte zerstörte das Kosakentum sicherer und weniger schmerzhaft. »Man kann nicht Kosake sein und in der Stadt leben«, sagte Jurij, während wir in einem selbstbewußten Kosaken-Restaurant am Don Fischsuppe und Pfannkuchen mit Rindfleischfüllung verschlangen. »Man muß im Dorf, der *staniza*, bleiben. Ein Kosake in der Stadt ist ein Widerspruch.«

Wir sahen hinaus auf den Fluß. Zwischen seinen ungleichen Uferbänken – das nördliche höher und von Bäumen bekrönt, das südliche niedrig, in die Steppe übergehend – zog er dahin, reich an Geschichte, auf seinem Weg zum Asowschen Meer. Auf seiner Oberfläche spielte den ganzen Nachmittag ein leichtes, unruhiges Kräuseln, das aber seine Tiefen nicht berührte, als ob die großen Wasser sich kaum fortbewegten. Weiter oben, sagte Jurij, fließe der Fluß nicht mehr an den Flechtwerkpalisaden der *stanizas* vorbei wie einst, sondern er käme jetzt aus einem Land der kollektivierten Gehöfte und der Aufforstungen.

»Die ganze Gesellschaft liegt im Sterben«, sagte er. »Das geht sehr schnell. Wenn ich nur an meinen Großvater denke,

der im Bürgerkrieg mit der Roten Kavallerie ritt!« Und wie
in einer Geisterbeschwörung zauberte er diesen alten Krieger
vor meine Augen: einen schlanken, leicht erregbaren Barbaren
mit sichelförmigem Schnauzbart, dessen Haardickicht unter
einer Schafsfellkappe hervordrängte und dessen Gorillaarme
von Brandnarben verziert waren. Das Saufen hatte ihn umgebracht.

»Aber was geschah mit ihm in den Dreißigern?«

Jurij wandte seine Augen nicht von dem grauen Fluß ab und
erzählte ohne Gefühlsregungen: »Meine Großeltern wurden
als Kulaken eingestuft, weil sie ein Pferd, einen Pflug und
einen Streifen Land besaßen. Sie wurden nach Sibirien de-
portiert. Bevor sie loszogen, gaben sie meine Mutter – sie war
damals ein kleines Mädchen – an eine meiner Tanten. Das
waren schlimme Jahre damals: Hungerjahre. Meine Mutter
ist klein geblieben. Sie kam aus dem tiefen Kosakenland – hundertfünfzig Kilometer nördlich von hier.« Er deutete flußaufwärts. »Aber sie will nicht zurückgehen. In diesen Dörfern,
sagt sie, sind sie noch immer voller Bitterkeit. Sie würden
einem Fremden nicht einmal ein Glas Wasser anbieten. Und
natürlich hassen sie jeden Gedanken an Stalin. Drei Viertel
unseres Volkes verabscheuen Stalin.«

Gen Süden überfällt einen ein Gefühl der Zeitlosigkeit.
Nach Westen hin verschmelzen Asowsches und Schwarzes
Meer, in die die großen Ströme münden, unsichtbar mit der
Mittelmeerwelt. Nach Osten zu erstrecken sich die wolkigen
Steppen des Kaspischen Meeres und Asiens, alte Mutter der
Hälfte aller Erdenvölker, die es, vor Menschengedenken, in
ungebärdiger Flut entließ. Skythen, Hunnen, Avaren, Tata-
ren, Parther, Magyaren – eine Myriade von Barbaren wuchs
in diesem furchtbaren Schoß auf und ergoß sich nach Westen
und Süden und Osten, Woge um Woge, den zivilisierenden
Küsten zu.

Da und dort an der Straße, wo Urlaubsreisende in Autos,
überquellend von Kindern und Zelten, nach Norden zurückfuhren, stand eines der großen Donpferde in schimmernder

Einsamkeit – hochbeinige Schönheiten, gebaut, um über die Graslande zu blicken. Das Land läßt Sonnenblumen und Reben wachsen, die nun dahinwelkten, und Erntemaschinen erhoben ihre Saurierköpfe aus den Maisfeldern. Wieder einmal war das ganze Land zu einem ozeanischen Frieden geglättet, als ob es sich ausgießen müßte über den Rand der Erde.

Schließlich tauchte, bleicher als der Himmel, ein langer, farbloser Bergrücken auf. In jeder anderen Landschaft hätte es weniger bedeutet, aber seit sechstausend Kilometern hatte ich nichts so Hohes gesehen. Er erhob sich aus dem Flachland wie ein Vorbote eines neuen Landes, abrupt und unheimlich. Und bald fuhr ich entlang eines Plateaus erschöpfter Hügel, die sich in Wellen an der Straße brachen. An sanften Abhängen schnitten die Spuren früherer Regenfälle durch die Felder; über anderen stand der Glanz der Weidenbäume.

Hundertfünfzig Kilometer später tauchten die ersten Berge auf. Riesig, aber unwirklich, überlagerten sie sich wie Schatten, die gegen den Himmel geworfen wurden. Als es dämmerte und ich am Campingplatz von *Pjatigorsk* eintraf, standen die schwarzen, harten Silhoutten der Vorposten des Kaukasus über mir. Das Lager war halb leer. Ich trug mein Bettzeug zu meiner Schlafhütte, während am Himmel schon die Sterne glänzten. Aber jemand war schon vor mir da.

»Bitte entschuldigen Sie mich, mein Herr« – ich sah einen dunklen Mann mit aalglattem, einschmeichelndem Gesicht. »Darf ich Sie freundlich ersuchen, mich Mischa zu nennen? Die Behörden haben mich dazu ausersehen, Ihnen als Führer zu dienen, weil Sie ein besonders ehrenwerter Gast sind.«

Ich war nicht darauf aus, von diesen obskuren Behörden bemerkt zu werden, aber sein schrulliges Englisch vertrieb ein leises Unbehagen. Er war klein und schmächtig, mit einem undurchschaubaren Gesicht: ein vierzigjähriger Knabe. Sein Kopf war kugelrund, eingehüllt in kurzes, schwarzes Haar, das unpassenderweise mit Grau gefleckt war. Von Zeit zu Zeit drängte sich ein ungewollter Dialekt in sein komisches Lehrbuchenglisch.

»Morgen werden wir die Schönheiten des Badeortes Pjatigorsk besuchen. Aber darf ich Sie zuerst mit ein bißchen Hochprozentigem verwöhnen angelegentlich Ihres erfolgreichen Eintreffens?« Er hielt in jeder Hand eine Flasche grusinischen Champagners, und die ganze Zeit über, während er sprach, schoß seine Strin in komischen Krämpfen auf und ab, und seine Augen sprangen vor, als versuchte er, wachzubleiben.

»Es ist Führern nicht erlaubt, mit Ausländern allein zu zechen, aber trotzdem«, sagt er, entkorkte sodann den Champagner und ließ ihn in zwei Gläser gurgeln, die er aus seinen Taschen zog. Wir saßen am Tisch in meiner Hütte, die Vorhänge zugezogen. Mischa lehnte sich mit befangenem Lustgefühl im Stuhl zurück, in der einen Hand die Zigarette, in der andern das Champagnerglas erhoben, über sein Gesicht flog ein genießerisches Grinsen. Ich konnte ihn nicht ausloten. »Um Ihnen die Wahrheit zu sagen, in Pjatigorsk gibt's überhaupt nichts zu tun«, sage er, »es sei denn, man hat Magenbeschwerden. Was mich anbetrifft, mein Herr, meine Herkunft, sie liegt nicht in Pjatigorsk. Traut man der Anthropologie, dann habe ich vermutlich Tatarenblut. Ich komme von der Wolga. Aber manchmal halten mich die Leute irrtümlich für einen Bergjuden oder für einen Italiener, vielleicht weil ich soviel rede.«

Er redete, ohne zu lachen. Manchmal erweckte sein Wechsel zwischen Pedanterie und einem vulgären Umgangston in mir den flüchtigen Eindruck, er sei ein Gentleman von Charles Dickens, den es in schlechtere Zeiten verschlagen habe. Er habe am Pädagogischen Institut in Moskau Englisch studiert, sagte er. Jetzt sei er Schullehrer und zeitweise Fremdenführer in Pjatigorsk. »Und was ist Ihr Beruf?« fragte er plötzlich.

Ich begann die alte Geschichte von der Geschäftsführerstelle in einem Betrieb. Er goß wieder Champagner ein.

»Sie haben heute lange gebraucht, bis Sie hier eingetroffen sind. Ich hab' seit drei Uhr auf Sie gewartet – ich war die Stütze der Bar, wenn Sie diesen Ausdruck gestatten.« Seine

Stirn vollführte eine Mazurka von Krämpfen. Ich dachte mir, er sei wohl ein wenig angetrunken. »Ich hatte schon Angst, es sei Ihnen etwas zugestoßen.«

Nein, sagte ich, nichts davon. Er öffnete die zweite Flasche Champagner mit feierlicher Geste. »Das ist Black Label aus Georgien. Der beste! Diese Geschäftsführerstelle, die Sie da einnehmen ...«

Das Getränk schien sich auf meine Augen zu legen, sie zu umwölken. Ich beobachtete Mischa durch einen dünnen Schleier. Seine Stirnpartie zuckte weiter in selbstbewußtem Schwachsinn. Einen Augenblick fragte ich mich, ob er geistig zurückgeblieben sei. Aber seine Fragen waren bohrender geworden. Irgendwo, weit hinten in meinem Kopf, läutete eine Warnglocke.

»Morgen«, sagte er, »gehen wir in die Berge. Es gibt da ein Jagdreservat, wo ich einen Freund hab'. Ich möchte Sie zu nichts zwingen, aber Sie sind doch ein Sportler, oder? Ich liebe die Jagd. Jagen Sie auch gerne? Es ist hier zwar verboten, aber trotzdem.«

Die zweite Flasche ging schnell zur Neige. Mischa füllte die Gläser mit einer Hingabe ohne Reue und grinste wegen nichts. Ich hielt ihn für betrunkener als mich selbst, aber mein Kopf schaukelte schon leicht, und ihm den letzten Schluck zu verweigern, hieße seine Gastfreundschaft beleidigen.

Er fing an, über Politik zu reden. Er sei Mitglied der Kommunistischen Partei, sagte er, und ganz bestimmt genoß er bescheidene Vorrechte: er hatte russischen Gruppen im Ausland als Dolmetscher gedient; er hatte auch die bekanntesten westlichen Darstellungen über das sowjetische Leben gelesen. »Diese Bücher haben recht«, sagte er. »Die Politik hier ist eine Farce.« Er rülpste. »Bloß Propaganda. Niemand kann etwas Ernstzunehmendes herausfinden, außer durch die geheimen Informationskanäle der Partei. Wissen Sie, daß es gerade jetzt in Polen Streiks gibt ... ernste Streiks ... und beinahe niemand hierzulande weiß etwas davon.« Welche politische Ansichten ich teilte, wollte er wissen.

Ich murmelte ein paar britische Selbstgefälligkeiten, spürte meine Trunkenheit, fühlte mich unglücklich. Als er mein Glas wieder füllte, goß ich es heimlich in den Aschenbecher. Seine Nachricht über Polen nahm ich nicht ernst; ich hatte davon nichts gehört.

Eine entfernte, ziehende Stimme (meine eigene) fragte: »Wie können Sie Parteimitglied sein, wenn Sie das alles für eine Farce halten?«

Er grinste, verstand mich nicht richtig. »Ich habe meinen Platz in der Partei verdient. Ich war in den frühen Sechzigern mit sowjetischen Truppen in Somalia, wir haben Mitglieder des somalischen Widerstands erschossen und so weiter. Dann ging bedauerlicherweise das Land zu den Briten über, und wir wurden rausgeworfen.« Er sagte das Wort ›Briten‹ so, als ob es mit mir nichts zu tun habe.

»Sie haben Somalis erschossen ... aber Sie halten Ihre Politik ...«

In meinem champagnergetränkten Hirn wirkten die Ideen Mischas inzwischen hypnotisch. Ich suchte nach einem verborgenen Grund für seine zersetzenden Überzeugungen, aber er rückte nichts heraus. Einmal ließ er die Bemerkung fallen, die ganze Sojetunion sei mit Korruption durchsetzt. Dann wieder bat er mich, ihm aus England eine Postkarte zuzuschicken und ihm wegen der glorreichen Sozialistischen Oktoberrevolution seines Landes zu gratulieren. Seine Rede war ein schamloses Schwarzweiß von Ideologie und Zynismus. Es war, als sei seine Integrität vor langer Zeit verfault, oder als habe es sie nie gegeben.

Plötzlich sagte er: »Sie werden mich gegenüber den Behörden nicht erwähnen?«

»Ich kenne niemanden in den Behörden.«

Er warf seine Zigarette in den Aschenbecher. Sie zischte in meinem ausgegossenen Champagner. »Warum haben Sie ihn weggeschüttet?« Er stand auf. »Wir gehen jetzt ins Camp-Restaurant. Dort warten Freunde auf mich. Wir lassen eine Party steigen.«

Von diesem anschließenden Besäufnis, das weit in die Nacht hinein dauerte, hat sich mir nur Unzusammenhängendes erhalten. Eine Galerie betrunkener Gesichter glänzt in meiner Erinnerung, losgelöst von Zeit und Raum; ihre Worte schwimmen in bedeutungsloser Isolation, und ganze Reden liegen ohne Anfang und ohne Ende irgendwo herum. Aber die Gesichter, erinnere ich mich, waren ein Mikrokosmos des sowjetischen Reiches. Mir gegenüber erhob ein slawisches Plumpuddinggesicht schwerfällige Trinksprüche, und sein Grinsen geschah mit der Langsamkeit tektonischer Bewegungen, während neben ihm ein zitronenhäutiger Architekt aus einem russischen Volksmärchen entsprungen zu sein schien. Mischas niedrige Stirn und seine tatarischen Wangen hatte ich zu meiner Rechten; zu meiner Linken bot mir ein langgesichtiger armenischer Schankkellner, mit der cremigen Haut und der Stimme dieses Volkes, für meinen Morris verführerische Summen an.

Der Architekt, hatte ich den Eindruck, blickte zurückhaltend drein, unbehaglich. Kleinlaut plauderte er mit mir. Seine Kinder, Teenager, sagte er, seien verhext von Pop-Musik; er wolle wissen, ob ich irgendwelche Platten von Victor Sylvester dabei hätte – die liebe er. Er teile die russische Leidenschaft für die Natur und pflegte oft für zwei Tage zum Fischen zu verschwinden, sehr zum Leidwesen seiner Frau.

»In Wirklichkeit angeln sie Frauen«, sagte der Puddinggesichtige, in ein Grinsen ausbrechend. »In Pjatigorsk gibt's keine, nur Sanatorien.«

Einer nach dem andern stießen wir gewichtige Trinksprüche aus, mit wackelnder Feierlichkeit versuchten wir auf die Beine zu kommen. Wein, Wodka und armenischer Drei-Sterne-Branntwein rann durch unsere Kehlen. Bei jedem Toast flogen die kleinen Gläser mit Wodka in einem Ruck empor, so daß die Trunkenheit sprungweise zunahm und unsere Geistesgaben schlagartig nachließen. Auf der einen Seite von mir trieben die Autopreise des Armeniers in phantastische Höhen, auf der anderen stieß Mischa dauernd sein Glas gegen meines,

zwitscherte dazu »Ganz aufrichtig!« und sprach von sich selber
in der dritten Person: »Mischa braucht Urlaub ... Mischa ist
es Leid, Lehrer zu sein ... Morgen, oder vielleicht übermorgen,
gehen wir in die Berge und sehen ewiges Eis und Schnee.
Mischa liebt die Schönheit. Lieben Sie die Schönheit?«
– Gläser stießen aneinander – »Ganz aufrichtig! ... Mischa
hätte Anwalt werden sollen ... Wozu hat Sie ihr Vater gezwungen? ... Er hat nicht? Ihre Herren Väter im Westen sind
sehr nachsichtig ... Mischas Vater sandte ihn auf ein Spracheninstitut für Englisch ... Ganz aufrichtig! Ich war erst siebzehn,
und ich wollte Jus machen ...« Fetzen von Pop-Musik dröhn-
ten unzusammenhängend in seine Rede, dann wechselte er
ohne Vorwarnung das Thema oder stellte plötzlich eine Frage.

»Es stimmt, daß es in Pjatigorsk keine Mädchen gibt ... nicht
wenn man Moskau kennt. Mischa hat in Moskau viel Spaß
gehabt. Aber es ist keine Stadt für gute persönliche Beziehungen ... *Bye-bye, baby, bye-bye* ... Russische Mädchen, wenn
ich Ihnen das anvertrauen darf, mein Herr, geben ausgezeich-
nete Ehefrauen ab, vorzüglich im Haushalt, sehr zärtlich und
in sexualibus nicht sehr erfahren ... Was macht Ihr Vater
beruflich?«

Es fiel mir auf, daß Mischa nicht nur betrunken war, sondern auch noch so tat, sich vielleicht an der Vorstellung,
betrunken zu sein, erfreute, das wußte ich nicht. Seine Stirn
und seine Augen runzelten und zuckten gemeinschaftlich.
»Darf ich Ihnen erzählen, mein Herr, da gab es eine Belgierin
in der Sprachenschule in Moskau ... wunderbare breite Hüf-
ten, sehr fraulich ... oh Mischa! *Save all your kisses for me* ...
Wie kommt's, daß Ihnen Ihre Regierung erlaubt, eine solche
Reise zu unternehmen? Sie müssen eine sehr wichtige Persönlichkeit sein ...«

Aber ein winziges, aufmerksames Organ in mir weigerte
sich, besoffen zu werden. Ich erinnerte mich an das, was ein
Gesandter aus dem Moskau des sechzehnten Jahrhunderts
geschrieben hatte: er könne dem Vollrausch nur entkommen,
indem er sich so stellte, andernfalls werde er gezwungen,

weiterzutrinken. So zu tun, als ob, war nicht schwer. Mein Kopf war ein Wasserstoffballon, der zwischen leeren Flaschen und losgelösten Gesichtsausdrücken festgemacht war. Der Architekt, zeigte sich, ähnelte einem Französisch-Lehrer aus meiner Kindheit, so daß in meinem trunkenen Blick die beiden Herren – der gegenwärtige und der imaginäre – zusammenstießen und sich gelegentlich überlappten. Soweit ich mich erinnern kann, fing ich an, ihn mit ›Sir‹ anzureden und unregelmäßige Verben zu konjugieren.

Dann klomm das Puddinggesicht auf seine Füße und stieß einen neuerlichen Trinkspruch aus. Wir hatten bereits ewige Freundschaft geschworen, die Schönheit der Frauen, die Völker unserer beiden Länder, unsere Familien und vielerlei mehr hochleben lassen und betraten jetzt ein Reich der blumigen, sentimentalen Trinksprüche, die mich mit Besinnungslosigkeit bedrohten. »Wir kommen wie viele Flüsse aus verschiedenen Quellen,« dröhnte er, »gleichwohl treffen wir uns in dem gleichen See, unter dem gleichen Firmament, daher laßt uns trinken ...«

Noch zwei oder drei Wodkas, kalkulierte ich, und ich würde besinnungslos sein. Ich erwiderte den Toast in einem gutwilligen Gebabbel, vermischt mit Metaphern, und goß mein Glas unbeobachtet in eine Vase mit Plastikblumen.

Bald darauf schloß das Restaurant ab, und wir stolperten hinaus unter den Sternenhimmel. Die Luft war weich und warm. Gutenachtwünsche erklangen im Dunkeln. Ich ging schneidig zum Camptor. Meine Füße fühlten sich auf dem Pfad dumpf an. Mischa stieß dauernd gegen mich. »In diesem Zustand können Sie nicht heimfahren«, sagte ich.

»Das macht nichts«, nuschelte er. »Die Polizei wird mir ... nichts anhaben.«

»Warum nicht?«

»Weil ich für den ...« Er taumelte wieder, fing sich; aber ich wußte plötzlich, was er sagen wollte: »Weil ich für den ... KGB arbeite.«

Meine Stimme klang flach. »Wie ist die Arbeit?«

»Meistens ziemlich ... langweilig.«

Wir waren fast am Tor, wo die Wachleute herumstanden. Ich hatte noch Zeit für eine Frage, schätzte ich. »Ich glaub' nicht, daß sie sich für mich interessieren, oder?«

Eine scheußliche Stille fiel herab. »Für Sie ... ganz besonders.« Dann verschwand er durch das Tor in die Dunkelheit.

Der Charme und die Muße des neunzehnten Jahrhunderts liegen auf den Terrassen und den Quellen von Pjatigorsk – ein Duft von Baden-Baden oder Bath. Bäume sprießen und tummeln sich unter den Hängen des Marschuk-Berges, wo die heilsamen Wasser fließen, wo Pavillons aus Kalkstein an den Wegen stehen und Laubgänge die Abgeschiedenheit eines Stelldicheins versprechen. Einst spielten Orchester auf den Akazienboulevards, und Offiziere des Zaren schlenderten des Abends in blauen Hosen auf den Terrassen umher, die silbernen Epauletten gelb vor Schwefeldampf, während die behüteten Damen in Reifröcken, mit modischen oder unnennbaren Leiden behaftet, in einem Schwall von Klatsch und schlechtem Französisch vorüberflatterten.

Aber weiter oben werden die Hänge des Marschuk plötzlich nackt, und der Duft von Buchsbaum und Linden verschwindet in der scharfen Luft. Die gezackten Hügel fallen und steigen im Schatten steilerer Höhen, deren Spitzen schneebedeckt sind. Es herrscht weniger der Eindruck vor, man sei in Bath, eher im viktorianischen Simla – dem bevorzugten Sanktuarium am Rande der zivilisierten Menschheit in Nordindien. Weit ins vorige Jahrhundert hinein standen in den Außenbezirken des Badeortes Kosaken auf Wache, und die Gefahr, von tscherkessischen Briganten entführt zu werden, erfüllte die Besucherinnen mit wohligem Schauder.

Ein filigranes Muster von Treppen und Terrassen steigt zu den Schwefelhallen der Elisabethenquelle hinan, dem alten gesellschaftlichen Mittelpunkt des Badebetriebs, und zu einem eleganten Belvedere, dessen Wetterhahn einst die Saiten einer aufgehängten Harfe zupfte und immer noch unirdische Musik in den Wind spielt. Aber der exklusive Badeort des vorigen Jahrhunderts hat Reihen von Sanatorien aufnehmen müssen. Kerngesunde junge Paare in Shorts und T-Shirts drängen sich im Kururlaub auf den Spazierwegen, die Schlamm- und Kohlebäder nehmen heute die leidenden Leiber eines lange ausgeschlossenen Proletariats auf. Die bleichen Gesichter der Damen im vergangenen Jahrhundert, die ihre kleinen Trinkgefäße vermittels Flechtkörbchen ins Wasser senkten, wurden von untersetzten ansässigen Frauen vertrieben – mit unrasierten Beinen und blondgefärbten Haaren, die an den Wurzeln einige Zentimeter dunkel nachwachsen –, die auf ihrem Weg zur Arbeit die Quellhäuser überfallen und aus Schnabelbechern das ekelerregende Wasser in sich hineingießen.

Pjatigorsk ist dem romantischen Dichter Lermontow geweiht, der hier 1841 in einem Duell erschossen wurde. Bäder und Statuen sind nach ihm benannt, es gibt einen Lermontow-Spazierweg und eine Lermontow-Grotte und eine Lermontow-Bahnstation. Dort, wo er getötet wurde, erinnert ein Obelisk an ihn, umstellt von mehreren niederen Säulen, die durch eine Kette miteinander verbunden sind; bronzene Geier stecken die Köpfe in Trauer nach hinten in ihre Halskrausen; und eine Plakette erklärt, die Erinnerung an Lermontow werde für immer im Herzen des Volkes gehütet. Gleichwohl kam mir der Gedanke, wie wenige Schriftsteller des neunzehnten Jahrhunderts das Sowjetregime überlebt hätten – weder der verwestlichte Turgenjew noch der von Gott heimgesuchte Dostojewskij. Puschkin wäre seiner Unzüchtigkeiten wegen in Ungnade gefallen, und der apokalyptische Tolstoi war seinem geistigen Nachkommen Solschenitzyn allzu ähnlich, was weder ihm noch andern geholfen hätte. Und was Lermontow angeht, der war ein freimütiger und zynischer Übeltäter, ausgeschlossen von der Liebe der Menschen und auch von der eigenen.

Auf meinen Spaziergängen um Pjatigorsk wurde ich von Mischa verfolgt. Seine Dienste als Führer waren wertlos – er wußte fast nichts –, aber ich fürchtete, ihn zu verprellen. Wir fuhren zusammen die Hänge des Marschuk hoch, aber die dichten Wolken um uns her verhüllten die Bergspitzen und hingen in den Klüften. Es gelang uns nicht, einen einzigen freien Blick zu erhaschen, so daß Mischa sich zu mir wandte, seine plötzlich kindlichen Augen weit aufriß und sagte: »Was soll's! Morgen gehen wir ins Hochgebirge.«

Ich entwischte ihm für einige Stunden, als ich den Architekten besuchte, der mich durch sein spartanisches Büro führte. Im Vorraum hingen viele Photos von Mitarbeitern, die den Krieg mitgemacht hatten; neben jedem jetzt alten Gesicht sah man ein Photo des Gefährten aus der Kriegszeit. Die Verantwortung, photographiert zu werden, hatte allen Ausdruck in dem gleichen tödlichen Ernst gefrieren lassen.

Der Architekt war bescheiden und geradeheraus. Keine blödsinnigen Statistiken kamen von seinen Lippen. Der Bausektor sei unterbesetzt, sagte er; Schnelligkeit und Einfachheit seien äußerst wichtig. Im Westen, das wußte er, sorgten zahlreiche kleine Firmen für Vielfalt, aber hier in Rußland, wo das gesamte Material en masse gefertigt wurde, konnte man nur neue Formen erreichen, indem man die Schablonen für die Fabriken insgesamt austauschte.

Daher rührt die erschreckende Einförmigkeit der sowjetischen Städte.

Der Tag wurde zur Flucht vor Mischa. Ich suchte sogar nach dem autoverrückten armenischen Kellner. Binnen eines Monats, sagte er, werde sein Name ganz oben auf der Warteliste für den Zhiguli-Fiat zu 8500 Rubel stehen; aber er habe sich in meinen alten Morris verliebt. Er sehne sich mit schrecklicher Leidenschaft danach, ihn zu kaufen. Ich war froh, daß dies verboten war, aber er geriet in Ekstase, als ich ihn fahren ließ; er streichelte das Armaturenbrett und steuerte ihn mit Zärtlichkeit, daß ich von neuem erstaunt war, was das Entkommen aus der Uniformität dem Einzelnen bedeutet.

Gegen Abend fand ich Ruhe im größten medizinischen Badehaus Rußlands. Ich lief durch hallende Wartesäle, vorbei an Tanks voll radioaktiven Wassers und Schaltern von Kontrollgeräten. Ich fühlte mich auf friedliche Weise unbemerkt. Ein alter Mann und eine Frau mit Brille lagen unter durchsichtigen Hüllen in Gasbädern, atmeten Sauerstoff und blickten mich gleichgültig an, wie Mumien aus ihren Sarkophagen.

Ich nahm eine Dusche, watete durch zwei seichte Becken mit Desinfektionsmitteln und dann ins ›gewöhnliche Wasser‹ eines riesigen Schwimmbassins. Hinter einem breiten Aussichtsfenster wurde ein steiler Abhang, gemildert durch Büsche und graue Felsen, mit der gefrorenen Klarheit eines japanischen Gartens sichtbar. Die eine Seite des Bassins wurde von einem Regiment von Gesundheitsfanatikern mittleren Alters gänzlich eingenommen, welche sich in hingebungsvoller Einhelligkeit beugten, die Arme vorstießen, sprangen, die Knie hochrissen, und dies nach dem Kommando eines Pfeifsignals einer weißuniformierten Amazone, die oben am Beckenrand stolzierte. Sie schüttelten sich und keuchten wie monströse Babies. Sie hielten sich an der Stange in Schulterhöhe fest, und ihre Muskelleistung sandte schaumige Wellen und ein Grunzen aus. Alternde Bizeps und Deltamuskeln wurden wieder geschmeidig, Nacken schwollen an. Sie gehörten zu Stalins Gymnastikgeneration. Lasche russische Rücken und ein glatter usbekischer sprangen und drehten sich in einer Linie mit haarigen georgischen und armenischen Rücken. Als sie sich wendeten, zeigten mehrere Brustkörbe Tätowierungen: patriotische Sicheln und Sterne. Auf einer Brust war auf der einen Seite Lenin, auf der anderen Seite Stalin verewigt, die wackelten und sich unglücklich schüttelten, wenn der Mann emporsprang, dann wieder beäugten sie einander still durch ein ergrauendes Dickicht von Haaren.

Gerade als ich erwartete, in Reih und Glied einbezogen zu werden, hörten die Übungen auf, und aus den Umkleideräumen stürmte ein Rudel gargantuahafter Frauen – wahre Klischees von sowjetischen Riesinnen, denen ihr kastenförmiger Thorax zu mächtigen Becken und Schenkeln auseinanderquoll. Brüllend sprangen sie ins Wasser.

Ich wurde gegen den Mann mit dem patriotischen Brust-
kasten gespült. Ob er nach der Demontage Stalins sein linkes
Porträt bedauert habe, fragte ich taktloserweise.

Er starrte mich an und tauchte unter. Die hereinspringen-
den Frauen schlugen um uns her ein wie Kanonenkugeln.
Und ich verwunderte mich, daß dieses Volk, das einerseits die
besten Tänzer und Sportler dieser Erde hervorbringt, gleichwohl zu den am wenigsten harmonischen und anmutigen der
Welt gehören sollte. Es war schwer, ihre abgearbeiteten Leiber
anzublicken, ohne einen Stich zu spüren.

Am nächsten Tag konnte ich Mischa nicht entwischen. Er
hatte Vorbereitungen getroffen für eine Fahrt zum Elbrus,
tief in der Nordflanke des Großen Kaukasus. Er legte sich auf
meine Matratze auf dem Schlafsitz, die dünnen Beinchen
heikel vor sich ausgestreckt, und sagte mit schmerzunterdrück-
ter Stimme: »Mischa hat Bauchweh.« Von Zeit zu Zeit massierte er seine Rippen und schnitt Grimassen; den Schmerz
schrieb er der holprigen Straße oder der großen Höhe zu.
Aber wahrscheinlich wollte er nur meine Aufmerksamkeit auf
sich lenken. Er hatte ein infantiles Bedürfnis nach Anteilnahme. Für meine Stimmungen war er auf neurotische Weise
empfänglich, er spürte sie kriecherisch und rasch und bezog
sie immer auf sich (da hatte er recht) und fragte: »Ich belästige
Sie doch nicht, mein Herr?«

Ich pflegte das wechselnde Mienenspiel seines Gesichtes
im Innenspiegel des Wagens zu beobachten. In manchen
Augenblicken sah er hinterhältig aus und schien mich zu
beobachten, in anderen rutschte sein Gesicht in die Maske des
offenherzigsten Simpels; häufiger stellte er sich, mit seinem
Ausdruck des selbstbewußten Genießers, schlafend. Aber für
mich war er hoffnungslos unheilvoll geworden, und in diesem
Augenblick, während er mit geschlossenen Augen nach hinten
lehnte, kam es mir vor, als ob die gelben Membrane seiner
Lider durchsichtig oder durchbrochen seien und er alles
sehen könne.

An einer schmalen Straße bogen wir nach Westen ab. Das baumbestandene Tal war steil und schön. Das grau-grüne Hochwasser eines jungen Terek-Nebenflusses schoß neben uns auf die Kaspische See zu. Dann und wann verbreiterte sich sein Lauf zu einem über unzählige Steine dahingleitenden unruhigen Wasser, um dann wieder in kalten Fällen nach unten zu stürzen.

Plötzlich gingen Mischas Augen auf. »Ich hab' von der Belgierin geträumt«, sagte er. »Ich denke, ich werde weiterhin um sie werben und sie heiraten.« Er lächelte geheimniskrämerisch. »Letzte Nacht hab' ich eine Deutsche beschlafen, während ihr Mann sozusagen in einer Klemme steckte …«

Diese durchsichtigen Lügen erheischten keine Antwort. Das war die russische Art des Phantasierens, *vranjo* genannt, welche das öffentliche wie das private Leben durchgeistert. Vielleicht war dies Mischas Art von Geschlechtsleben.

An jedem Restaurant am Weg wollte er anhalten. Das waren armselige Örtlichkeiten, aber nach vielen fleischlosen Tagen im Norden Rußlands war ich froh, ihr zähes Schaschlik und angebrannte Stücke Leber zu essen. Mischa überzog seine eigenen Landsleute mit Spott. Er verlangte immer etwas zu essen oder eine Art Zigaretten oder Musikkonserven die sie nicht hatten, so daß wir überall, wohin wir auch kamen, nicht ausgeführte Bestellungen und verblüfftes oder verärgertes Personal hinterließen. Er pflegte die besseraussehenden Mädchen mit einer Unverschämtheit zu beäugen, die dank seiner Häßlichkeit noch etwas widerwärtiger wurde. In jedem Lokal trank er etwas und pries sodann die Schönheit der Berge. Aber seine Liebe zu ihnen war nicht echt. Er liebte bloß die Vorstellung von sich in den Bergen. Sie waren die Kulisse seines Essens und Trinkens: ein Synonym für Wohlleben. In Gastzimmern ohne Fenster kippte er schlückchenweise den Wodka hinunter und stöhnte mit gespielter Begeisterung: »Ach, ewiges Eis und Schnee!« Er gehörte zu einer Generation, die in der Schule Jack London und Robert Burns gelesen hatte; er zitierte ›My Heart's in the Highlands‹. Mir wurde übel.

Vermutlich spielte er unaufhörlich Theater. Ich fragte mich schlicht, ob irgendeine seiner Rollen echt war. In einem Lokal fand er eine Telephonzelle, und er versuchte, seine Mutter anzurufen, dann setzte er sich mit einfältigem Lächeln hin. »Meine Mutter versucht, mich zu verheiraten. Sie lobt viele langweilige Mädchen.« Er ahmte ihre Stimme nach. »Sie liebt ihren einzigen Sohn, sie liebt ihren Liebling Mischa.«

Ich haßte ihn.

Aber langsam zeigte der Alkohol bei ihm seine Wirkung, und lange Zeit bemerkte er nicht, sich in meinem Wagen rekelnd, daß die Wolken den Ebrus freigegeben hatten. Aufgehängt vor uns am Abendhimmel erschien er riesengroß über den Gletscherhängen – ein Dom von einem Berg, unberührbar, einsam: der höchste am Rande Europas.

»Warum lieben Sie die Berge nicht?« fragte Mischa, sich selber wachrüttelnd. »Sie sagen überhaupt nichts. Warum sagen Sie nichts?«

»Es ist Zeit zum Heimfahren.«

Bei Einbruch der Nacht aßen wir nahe Pjatigorsk zu Abend, und ich gewann wieder die Übersicht. Die Erwartung, am nächsten Tag durch den Kaukasus zu fahren, erfüllte mich mit dem erhabenen Bewußtsein meiner Freiheit. Ich fing an, Mischa nachsichtiger zu betrachten. Schließlich fürchtete ich in ihm nur, was hinter ihm stand. An sich war er nur ein windiger Spitzel wie tausend andere.

Er war wieder einmal betrunken. »Die Behörden«, murmelte er und befingerte dabei das leere Glas auf dem Tisch des Lokals, »sind neurotisch, wenn es um Fremde aus dem Westen geht.« Er blickte zu mir hoch. »Was soll ich ihnen erzählen? Sie werden sagen: ›Sie haben zwei Tage mit diesem Mann verbracht und nichts herausgebracht.‹ Sagen sie mir also irgend etwas!«

Sein Gesicht mochte bittend aussehen oder einfach nur *vranjo* spielen.

Aber ich gab ihm keine Antwort.

VII

Der Berg der Sprachen

QUER DURCH den Korridor zwischen dem Schwarzen und dem Kaspischen Meer setzt der Wall des Kaukasus der slawischen Welt eine Grenze. Er schneidet die nördlichen Steppen von den Hochflächen der Türkei und des Iran ab, trennt antikes Christentum vom Islam, Europa von Asien. Hier an der Iberischen (Georgischen) Pforte, verlief sich das Römische Reich. Es war das Ende der bekannten Welt. In klassischen Legenden sind seine Berge von wilder Fremdheit, in deren umwölkte Höhen sie das Versteck der Zyklopen und Amazonen verlegen. Hier breitete sich auch das goldreiche Königreich Kolchis aus; und an eine abgelegene Flanke des Berges Kasbek schmiedeten die Götter Prometheus, den Feuerdieb.

Verfolgte Völkerschaften – das Treibgut von Krieg oder Wanderungen der Jahrhunderte – sickerten in diese halb unzugänglichen Täler ein. Hinter den steilen Hängen und in den umschlossenen Weidegebieten erhielten sich Nachkommen der alten Kelten, Armenier, Tscherkessen, Bergjuden. Plinius sagte, die Römer hätten hier ihre Geschäfte nur mit Hilfe von einhundertdreißig Dolmetschern betrieben. Die Araber nannten ihn den ›Berg der Sprachen‹. Noch in den 1930er Jahren durchstreiften die blonden Stämme der Schwarzen Aragvi, denen man nachsagte, sie stammten von den Kreuzfahrern ab, in Panzerhemden mit dem Zeichen des Kreuzes die Hügel.

Südlich von Pjatigorsk kräuselte sich das nördliche Flachland zu Hügeln. Das Nieseln war zu einem feinen Dauerregen geworden, und ich reiste beinahe blind. Aber ich spürte, daß die Berge sich jetzt vor mir zusammendrängten, sich hinter dem Regen furchtbar erhoben. Die Flüsse, die ich überquerte, schlängelten sich nicht mehr in der geduldigen Art der Russen, sondern rauschten herab in weiten, schiefrigen Flußbetten. Auch in den Menschen war die Zahmheit der Slawen verschwunden, und ein Menschenschlag von Gebirglern trat hervor: bewegliche Körper und Adlergesichter; schwarzes, welliges Haar. Kinder rannten neben dem Wagen her. Die Frauen funkelten schwarz. Ich spürte die Nähe der alten Mittelmeerwelt: reizbar, lebendig, sinnlich.

Aber dieser nördliche Kaukasus war auch mit unsichtbarer Schwermut erfüllt. Die deutschen Armeen, die im Sommer 1942 gegen die Berge anrannten, fanden hier willige Helfer; und wegen der Treulosigkeit dieser wenigen deportierte Stalin ganze Völkerstämme nach Zentralasien und Sibirien. Die nomadischen Kalmücken im Nordosten, die Balkaren in den Vorbergen zu meiner Rechten, Tscheschenen und Inguschen links von mir, die Karachai in den Bergen weiter westlich – mehr als eine halbe Million wurde in Massen weggeführt und kehrte erst ein gutes Jahrzehnt später zurück, ihre Reihen gelichtet durch Hunger und Krankheit.

Die Deutschen kamen bei der ossetischen Stadt *Ordschonikidse* zum Stehen; dort fuhr ich von der Hauptstraße ab nach Westen in die Berge. Die Osseten stammen von den Alanen ab, Barbaren, die früh im ersten Jahrhundert nach Christus aus dem Unbekannten hervorstießen. Einige von ihnen verschwanden im entfernten Spanien aus dem Blickfeld, wo sie von den Wandalen und den Westgoten aufgesaugt wurden. Aber andere ließen sich hier nieder.

Der Weg führte an einem Fluß mit ruhig fließenden Abschnitten und angeschwemmten Bäumen entlang. Ein paar Menschen saßen auf den Uferbänken im Nieselregen und grillten an Lagerfeuern Schaschlik. Dann lief die Straße steil hinauf in die Widlnis. Aus den Wolken brachen Felsklippen und Bergrücken hervor, die über den Abgründen loderten, als stehe das ganze Land in Flammen. Die Schultern der jäh abgeschnittenen Berge fielen hinab in den Fluß, ihre felsigen Gesichter waren grau wie der Regen, oder sie wogten in sanfteren Neigungen mit Laubbäumen bedeckt hinab. Manchmal blieb für die mit Buschwerk besetzten Berge am Terek kein Platz mehr, und die Felsen traten unmittelbar an den Fluß, senkrecht abfallend und ihre von Falken umkreisten Spitzen drohten, den Fluß und die Straße gänzlich zu verdrängen.

Dann überfuhr ich einen Bergkamm und geriet in eine solche Waschküche, daß ich keine fünfzig Meter weit blicken konnte. Die Fahrspur war aufgehängt zwischen Bergen im Dunst auf der einen und dem Abfall ins Schweigen auf der anderen Seite. Die Straße war auf Wagenbreite zusammengeschrumpt. In einem nur teilweise bewirtschafteten Tal, wohin sie abfiel, umfuhr ich einen Felsvorsprung und fand Behausungen wie steinerne Bienenstöcke, die am Abhang verfielen. Es war eine ossetische Totenstadt.

Der Fluß strömte mächtig und kalt unter dem Berghang. Das Dorf, zu dem sie gehörte, im entfernteren Tal sah freundlos und gewöhnlich aus. Diese wunderlichen Grabmäler schienen die ossetische Identität zu enthalten eine zeitlose Ahnenverehrung. Jeder dieser fensterlosen Türme war von einem einzelnen Schacht durchdrungen. Die reicheren Geschlechter ruhten in ziegelgedeckten Mausoleen, die ärmeren in steinernen Hütten, die zur Hälfte im Boden versanken. Ihre sich verjüngenden Dächer, abwechselnd Schiefer und Haustein, gaben ihnen ein eigentümliches, hindushaftes Aussehen. Sie stehen hier seit dem vierzehnten Jahrhundert, vielleicht auch länger, und wurden kaum je abgebrochen.

In ihrer Nähe hauste eine ossetische Frau als Wächterin. Sie entbot mir durch den bitteren Wind auf dem Hügel Willkommen. Warum ich allein sei. Ob ich nicht fröre. Wo mein Weib sei.

Ringsum mehr Steine als Gras. Ein kalter Windstoß umfing das Tal. Ich suchte in einem der Schächte Schutz, wo Sperlinge ein und aus flogen, und spähte durch die Dämmerung. Da, und in vielen der größeren Türme, lagen die Leichen noch immer in ihren Tüchern, eine über der anderen in verfaulenden Holzfächern so daß Arme und Beine zwischen den

zersplitterten Brettern herabhingen, ganze Familien und Sipp-
schaften, ein ununterscheidbarer Haufen. Die Luft hatte sie
halbwegs mumifiziert.

Die Frau drängte sich gegen meinen Arm. Sie war schwer
und dunkel, von roher Mütterlichkeit. In ihrer Hütte, weg
von der Kälte, braute sie mir Tee. Eingerichtet war die Hütte
bloß mit einem Bett und einem Ofen. Ihre Kinder seien fort-
gegangen in die Städte, sagte sie, dorthin gehe heutzutage ein
jeder. Und die Gräber? Die goldenen Zähne ihres Mundes
blitzten. »Ja, meine ganze Familie ist dort drüben.« Sie schüttelte den Kopf. »Aber Sie sehen, wie es ist, alles zerfällt.
Jemand sollte sie erneuern. Das ist eine historische Stätte,
sehen Sie, Jahrhunderte alt. Nicht der Tod ist die Schande.
Wir alle sterben. Die Würdelosigkeit ist es ...«

Mir fiel nichts Tröstliches zu sagen ein.

Zur Mittagszeit fuhr ich auf der Grusinischen Heerstraße
nach Süden – »eine der schönsten Bergstraßen der Welt«, sagt
der alte Baedeker –, welche sich durch das tiefe Herz des
Kaukasus nach Tiflis schlängelt, der Hauptstadt Georgiens.
In der ersten Hälfte des vorigen Jahrhunderts verlängerten die
Russen die strategische Verbindung bis weit in den Süden,
indes sie die Bergstämme unterwarfen, bis an die Grenze der
Türkei.

Aber alles war unsichtbar. Wolken und Regen schoben sich
über das Gebirge, hüllten mich ein, bevor ich es recht bemerkte. Grünliche Wasser über schwarzem Schieferton liefen
zwischen dem Gestein herunter und schäumten über die
Straße. Über mir hingen mehr als hundert Meter hohe Fels-
wände mit gotischen Zinnen und sich festkrallenden Bäumen.
Nach der Endlosigkeit der russischen Ebenen lösten sie beinahe Alarm bei mir aus. Die Straße schien kaum anzusteigen,
sondern sich tiefer und tiefer in den Berg hineinzufressen.
Daneben kochte und gurgelte braunweiß der junge Terek.
Er war von barbarischer Schönheit und vollendete das Bild
großartiger Landschaft.

Dann führte mein Weg in eine Arena scheinbar ohne Ausweg, umstellt von beinahe senkrechten, bis zu zweitausend Metern hohen Abstürzen, die Gipfel in den Wolken. An diesem wilden Ort – der Iberischen Pforte der Antike – klang das Rauschen des Flusses wilder, kälter, und die Luft war feucht und ohne Sonne wie am Eingang zur Hölle. Hier, am Rand der erforschten Welt, ließ Pompejus seine Legionen anhalten, und die Römer verschlossen die Mündung der Schlucht mit riesigen Holz- und Eisentoren, als ob sie das Unbekannte für immer ausschließen wollten. Verfallende Burgen saßen auf den Schultern der Felsen oder hockten unmittelbar über dem trostlosen Strom. Aus einer, so geht die Legende, schleuderte die georgische Königin Tamara ihre geköpften Liebhaber nach einer einzigen Nacht unfairerweise in den Fluß.

Dann hebelte sich die Straße langsam und ruckweise aus dem Dämmerlicht. Der Terek verkümmerte zu einem dünnen Rinnsal und verschwand. Ich erhaschte, weit unten, einen Blick auf ungebärdige Wasserfälle, die seinem Bett zustrebten. Der Straßenbelag wurde zerrissener, die Berggipfel schroffer, die Schieferwände schwindelerregender. Zuletzt kletterte die Straße so hoch hinauf, daß die Wolken aufsprangen und ein Spaltbreit künstlich aussehnden Blaus erschien. Unversehens, auf wunderbare Weise, fuhr ich durch grünes Hochland, wo Bächlein hervorsprangen und herbstliche Sträucher die Farbtupfer setzten. Ich war in *Georgien*.

Der Name gehört einem Land, in dem seine Bewohner seit alters her ansässig sind, ein schwarzäugiges Volk, dem armenischen verwandt, selbsternannte Nachkommen biblischer Riesen. Wenigstens dreitausend Jahre lang haben sie in ihrem Bergkönigreich Uneinigkeit, Invasion und wilde Ausbrüche von Unabhängigkeit überstanden; sie nahmen im vierten Jahrhundert das Christentum an und überlebten Eroberungsversuche mit der angeborenen Kraft, die den Unterdrücker niemals ganz ernst nimmt. Ihre Dörfer lagen zerstreut zwischen den Wiesen, durch die der Fluß in zehn oder zwanzig verschiedenen Armen mäanderte. Kräftige Männer und hübsche Frauen waren beim Heumachen. Wenn ich anhielt, fragten sie mich jedes Mal, ob ich etwas zu verkaufen hätte und rieben sich die Hände in uralter komplicenhafter Manier. Hier herrschte fröhliche Anarchie. Haarige Schweine trieben sich auf den Dorfstraßen herum. Die Häuschen der Verkehrspolizei waren verlassen. Einsame Kirchen standen auf Hügeln, heiligten alte Legenden, und die hervorbrechenden Felsen waren mit Burgen und Wachtürmen besetzt, die der Wind zu Stümpfen abgeschliffen hatte.

Ein ängstlicher russischer Lastwagenfahrer winkte mir, anzuhalten. »Ist das die Straße nach Tiflis?« Er sei nie zuvor in den Bergen gewesen. Er war hier fremder als ich. »Wie ist die Straße weiter vorne? Haben Sie irgendwo eine Tankstelle gesehen? Diese Georgier ...«

Seit Stunden fuhr ich zwischen in Wolken versteckten Bergen einher, hatte mir ihre großartigen Gipfel nur vorstellen können. Aber jetzt schälte sich für einen Augenblick die Weiße des 5 000 Meter hohen *Kasbek* heraus, des ›Berges Christi‹. Es war eine religiöse Enthüllung. In einem Augenblick war das Tuch weggezogen, und der geheimnisvolle Gipfel entblößte sich, im Schnee glitzernd und höher als alles, was ich mir vorgestellt hatte. Er beherrschte das ganze Land. Die einheimischen Stammesvölker nennen ihn den Sitz Gottes und glauben, er beherberge Abrahams Zelt und die heilige Krippe – aber sie behaupten, der einzige Bergsteiger, der danach gesucht habe, sei in schrecklicher geistiger Umnachtung zurückgekehrt. Eine Minute lang füllte der Berg den Himmel. Dann zogen die Nebel wieder zu, und er war verschwunden.

Ein kalter Wind begann zu wehen. Der Nachmittag schwand dahin in unheimlichen Wellen von Licht – rosafarben und gelb, als gehe es von den Bergen aus. Die Straße stieg wieder an, Frost und Lawinen hatten ihrer Oberfläche zugesetzt, und Teile davon waren abgerutscht. Selbst im September lag in den Abzugsgräben Schnee. Die überhängenden Wände flakkerten graubraun gegen weiß, andere Abstürze bröckelten ab, als seien sie erkrankt, und in den Klüften darunter türmten sich Geröllhalden.

Ich näherte mich dem höchsten Paß. Lange Betontunnels, einige außer Gebrauch, schützten die Straße gegen Erdrutsch. In ihnen klang das Geknatter des Wagens heiser und alt. Aber ich vertraute ihnen blindlings.

Bei Einbruch der Dämmerung war ich jenseits der Wasserscheide, stieg von vulkanischen Bergeshöhen zu bewaldeten Hügeln hinab. Eine weite, unklare Sicht tat sich auf. Die Straße krümmte sich und stürzte hinab über Schlünde, wo felsübersäte Wasserfälle hingen, und in weiter Ferne zeigten sich Ströme wie eisige Fäden. Dann sank ich hinab in ein freundlicheres Tal von Apfel- und Pfirsichhainen. Es war beinahe Nacht.

Schon am Morgen zersprang der Frühstücksraum des Hotels in *Pasanauri* vor Zechgelagen. An den Tischen saßen Kreise von schmatzenden Genießern, ein jeder zwei Flaschen Wein vor sich. Sie riefen mir zu, mich zu ihnen zu gesellen.

Aber ich wollte weiter nach Süden, ins Tal der Kura, welches den Großen Kaukasus im Norden vom Kleinen Kaukasus trennt und die alten Hauptstädte Mtscheta und Tiflis nährt. Als die letzten Hügel hinter mir versanken, entging ich der Mittagssonne in der verlassenen Kirche einer Burg in den Vorbergen. Sie war leer und entheiligt. Ein einzelner Handwerker arbeitete vor ihrem Christusfresko, und die Heiligen an den Wänden und Pfeilern schienen eine vergessene Glückseligkeit zu verteidigen.

Ein wildäugiger jugendlicher Georgier platzte herein, während ich sie betrachtete. Er stieß mich am Ellenbogen und sprach in schnellen, eindringlichen Worten. Aber ich verstand kein Georgisch. Als ihm dies aufging, machte ihn dieses Unvermögen wütend. Seine Augen traten drohend hervor, seine Hände flogen in wilder Zeichensprache umher. Er begann zu brüllen. Aber ich konnte seinen Blick nur in tölpelhafter Hilflosigkeit erwidern.

Er konnte nicht länger an sich halten. »Liiverpul-tuu-Tbilisi-trii!« schrie er. Er zog ein Messer heraus, setzte sich auf die Fersen nieder und schrieb fieberhaft etwas auf den Steinfußboden. Es war ein Gefäß.

Ich glotzte es an. Ein Kelch. Gehörte er einer geheimnisvollen Sekte an? Ich wurde so aufgeregt wie er. Ich versuchte es mit Russisch, Englisch, Französisch, dann schülerhaftem Deutsch. Aber nichts half.

Eine Minute noch brüllte er und gestikulierte verzweifelt. Dann umfaßte er seinen Kopf mit den Händen in einem gewaltigen Akt des Besinnens, und plötzlich brüllte er: »World Cup!« Er tanzte richtiggehend vor mir herum. »Liverpool – two! Tbilisi – three!« Dann trommelte er auf den Boden, um das Revanchespiel in Georgien anzuzeigen. »Tbilisi – drei! Liverpool – null! Null!«

Ich zeigte höfliche Freude angesichts dieser Neuigkeit – ganz Georgien muß monatelang außer Rand und Band gewesen sein. Sofort nahm sein Gebaren etwas Geheimnisvolles an, und seine Schultern wuchsen zu diesem verstohlenen Buckel, der dem Schwarzhandel vorausgeht. Diesmal kam sein Englisch so glatt heraus wie Butter. »Haben Sie etwas« – seine Stimme sank zu einem Flüstern – »etwas zu verkaufen? Hosen? Magazine? Platten?« Das folgende Wort kam wie Bühnengeflüster: *»Jeans?«*

Ich schüttelte den Kopf. Seine Augen durchbohrten mich wie Pfeile. »Nichts?«

Wir saßen zusammengekauert unter einem Fresko des Jüngsten Gerichts, wo die Verdammten in der ziemlich bürokratischen Abteilung der mittelalterlichen Hölle brutzelten oder froren. Er rückte davon ab. »Radio? Schuhe? Sie haben *gar nichts?«*

Aber ich hatte nichts. Den Georgiern und später den Armeniern brach es einfach das Herz. Meine Nutzlosigkeit als Geschäftsmann versetzte sie in Sprachlosigkeit. Warum, so schienen sie zu fragen (waren dazu aber zu höflich), war ich den ganzen Weg in die Sowjetunion gekommen, wenn nicht, um irgendein Geschäft zu machen. Sie flehten mich an, ihnen meinen Morris für das Dreifache des englischen Preises zu verkaufen. Auf einen Mann übte die große Kugel an der Gangschaltung eine schreckliche Faszination aus. Er war entschlossen, sie zu kaufen, konnte sie aber nicht abmachen. Jeden Tag weigerte ich mich entschieden, Wagenteile zu verkaufen: weder die Reifen, noch die Spiegel oder die Polstersitze.

Als ich *Mtscheta* erreichte, Georgiens frühere Hauptstadt, fühlte ich mich versetzt nach Syrien oder Sizilien, in die Farbe und die Laune des Südens. Braungliedrige Kinder sprangen auf den Straßen umher. Fahren wurde zu einem Akt der Kühnheit und des Glücks. Allenthalben trat anstelle des hingebungsvollen Sich-Dahinschleppens der Menschenmassen des Nordens ein lässiges Gehen oder ein steifes Stolzieren. Photographien jenes halb in Ungnade gefallenen Georgiers, Stalins, starrten trotzig aus Geschäften und Restaurants.

Mtscheta ist eine kleine Stadt heute. Die hochgelegenen Stätten seiner heidnischen Götzen – ein Mondgott und eine Göttin der Fruchtbarkeit – wurden durch christliche Kirchen auf den Hügeln ringsum ersetzt, und die Gründungsgeschichte ihrer großen Kathedrale ist von Legenden durchzogen. Der Bau ist typisch georgisch mit dem Zusammentreffen der kurzen Querschiffe und des langen Längsschiffs unter einem kleinen Turm, der aussieht wie ein riesengroßer Kerzenlöscher. Charaktervoll und großzügig gehört sie wie die Kirchen Armeniens einer Tradition an, die sich am Rand der antiken christlichen Welt gebildet hat. Das Volk erweist ihr eine bäuerliche Anhänglichkeit und umwandelt ihre Mauern fromm in der dörrenden Sonne, streichelt ihr blondes Mauerwerk und legt an ihren Türen Blumen nieder. Für die Georgier ist die Kirche Ausdruck der Nation. Die Russen haben sich da wenig eingemischt. Selbst Stalin hielt sich von Verfolgungen zurück, weil (so sagt man) er sich vor seiner frommen Mutter fürchtete, die beinahe hundert Jahre alt wurde und es immer noch bedauerte, daß ihr Sohn nicht Priester

geworden war. Im Innern leuchtet die Kathedrale mit dem
gleichen hellen Gestein. Mtscheta ist das Reims von Georgien,
wo ihre Könige gekrönt und manchmal auch begraben wurden. Der marmorene Grabstein unter meinen Füßen zeigte
Helmschmuck und Inschriften.

Ich spähte in die Marienkapelle, wo gerade eine Trauung
in majestätischer Familiarität ablief. Der traurig blickende
Priester sang in beschwörendem Ton. Die Hochzeitsgäste
schwatzten und feixten. Die Braut, in weißem Kleid mit
Krone, fuhr immer wieder mit einer schlanken, silbernägeli-
gen Hand über die Augen, nicht, weil sie weinte, sondern weil
ihre Wimperntusche verschmiert war. Jedermann schien mit
Gott auf Du zu stehen. Der Bräutigam war in Hemd und
Hosen gekleidet. aber seltsamerweise trug er wie seine Braut
eine Krone, übersät mit Glasperlen und Kreuzen. Er witzelte,
während er mit der Braut Hand in Hand um den Altar schritt.
Unterdessen übernahm eine schwarzgekleidete Witwe die
Rolle des Chores und des Mesners in einem und komman-
dierte die versammelten Bekannten: »Jetzt bekreuzigt Euch!«
fuhr sie sie an. »Zurücktreten jetzt! Bekreuzigt Euch wieder!«
Sie erfüllte die Kapelle mit pastoralem Eifer, während der
Priester zu einem Fleck aus hellem roten und goldenen Gewändern zusammenschrumpfte, aus denen eine nüchterne
Stimme die Vereinigung des Paares mit Gott vollzog.

Dann war es vorbei. Die Bekannten strömten zum Küssen
nach vorn. Die Braut, eine hartgesichtige Schönheit, schlen-
derte nonchalant das Kirchenschiff hinunter, er hinterdrein.
Der Gottesdienst war weniger als ein Sakrament erschienen,
eher ein unverständlicher Akt der Beurkundung – ein Menschenwerk, bei dem die Gottheit entweder überall oder gänzlich abwesend war.

Im sechsten Jahrhundert nach Christus verlor Mtscheta die
Vorherrschaft an *Tiflis*, welches dann mehr als zwölfhundert
Jahre lang das bedrohte Oberhaupt eines Landes war, das
heimgesucht wurde von Arabern, Byzantinern, Mongolen,

Persern und Türken – ein zersplittertes Mosaik von Fürsten-
tümern.

Zwischen Hügeln und Kura zwängen sich die Boulevards
von Tiflis aus dem neunzehnten Jahrhundert mit ihrem Ge-
misch aus Geschäften, Büros mit Balkonen darüber, Restaurants, Thermalbädern, Cafés, Theater, Mineralbrunnen. Eine
dynamische Unordnung läßt diese Stadt spüren, noch ver-
stärkt von den Bergen; sie hat einen Anflug von Orient. Ihre
Alleen, von lauten Straßenbahnen durchfahren, sind Schauplatz des Feilschens, des Lachens, Betrügens, Kämpfens. Ein
Hauch von händlerischem und emotionalem Liberalismus
liegt in der Luft. Unter manch einem Ladentisch ruhen
Schmuggelgüter. Verbotene Posters von Stalin, Marilyn
Monroe und der Heiligen Familie mischen sich zu schizophre-
ner Götzenverehrung. Die Obststände sind vollgestopft mit
Äpfeln und Pfirsichen, und nur hier in diesem nahezu fleischlosen Reich gehen die Restaurants freizügig um mit Lammfleisch.

Am Abend formierte sich die Menge unter den Platanen des
Rustaweli-Prospekts zu einer langen gesellschaftlichen Promenade. Der Boulevard ist die Seele von Tiflis und von
Georgien – und er trägt den Namen eines Dichters, nicht den
eines Revolutionärs. Kühne Jungen und selbstbewußte Mädchen flanieren, immer unter sich, wie auf einem italienischen
Corso, brüsten sich mit T-Shirts vom Schwarzmarkt mit den
›Stars and Stripes‹ darauf oder dem amerikanischen Adler
(aber das hat mit Mode zu tun, nicht mit Politik). So etwa die
letzte Stunde vor Sonnenuntergang scheint sich die ganze
georgische Nation in einem narzißtischen Ritual selbst zu
betrachten, da stolziert man einher und neckt sich wie bei
einem erotischen Tanz, zeigt schamlos seinen Wahn von
Männlichkeit oder von Geziertheit. Neben diesem stahllebend-
digen Volk nehmen sich die Russen langsam und farblos aus,
wie die Briten in Italien. Sie bewegen sich schwerfällig auf
den Gehsteigen mit einer gewissen sehnsüchtigen Unruhe,
als seien sie neidisch auf das, was sie nicht sein können. Denn

der Georgier ist das genaue Gegenteil vom Russen. Er hat ein
riesenhaft übersteigertes Selbstgefühl. Er verhält sich nicht
wie ein Teil eines Ganzen, sondern wie dessen Mittelpunkt.
Vor der Revolution sagte man in Tiflis jedem siebenten Mann
auf der Straße nach, er sei ein Fürst.

Über dem Ostufer der Kura schwanken die ältesten georgi-
schen Stadtviertel entlang der Steilhänge auf hölzernen Stüt-
zen. Die Kura ist hier ein tiefer, verhalten dahingleitender
Fluß, welcher wie eine dunkle Sichel die Höhen umfließt, in
Richtung Kaspisches Meer. Darüber erhebt sich wie auf einer
Bühne eine Kirche aus dem dreizehnten Jahrhundert, und
ein basaltener König reitet direkt am Abgrund auf seinem
Pferd.

Am Fuße des westlichen Ufers beginnt ein wahres Babel.
Häuser mit Blechdächern gehen über in ein architektonisches
Wirrwarr von tatarischen Balkonen und persischen Höfen.
Neben den versunkenen Kuppeln eines türkischen Badehauses, wo alte Frauen mit hennaroten Haaren in der Sonne
sitzen, steht ein Minarett gegen den Himmel. Die Gassen
schlängeln sich aufwärts durch einen Dschungel von aufge-
rissenem Pflaster und zersplitterten Holzböden, daneben
Häuser, errichtet über einem Nichts von wackeligen Stützen,
behängt mit Pfeffer, Badewannen, Zwiebeln sackweise. Alles
verrät individuelle Vorlieben und Eitelkeiten, und in der Luft
schwirrt das Geflüster von Hofintrigen, indes die Klatschen-
den sich unter den herabhängenden Weingirlanden verbergen. Und hoch darüber thront, alles andere beherrschend,
eine Burg, die von den Persern im vierten Jahrhundert errichtet wurde und die den Berggipfel mit einer massiven
Phalanx von Türmen umgürtet.

Während ich dort oben umherlief, begegnete ich einem
Tifliser Juden. Unter einem Astrachaner Hut und grauen
Locken verliefen die feinknochigen Wangen in einen fleischigen Mund und ein schlechtrasiertes Kinn. Es war, als sei er
aus zwei Menschen zusammengesetzt: oben Prophet, darunter Wüstling. Er schnaufte und stöhnte unter der Steile des

Anstiegs. Als wir oben zusammen den überwachsenen Pfad entlanggingen, erzählte er mir, wie die tausendjährige jüdische Gemeinde der Stadt dahinschmolz. Die Auswanderung nach Israel habe sie in den 1970er Jahren schrecklich vermindert.

»Fast alle meine Freunde sind fort. Jetzt ist alles anders.« Er keuchte noch immer. »Sagen Sie mir, gibt's in England auch Juden?« Dann legte er seinen Arm um meine Hüfte. »Ich hab' hier meine Kindheit verbracht, hier an dieser Burg … Unter diesen Mauern haben wir immer gespielt …« Seine Stimme wurde weich, weinerlich. Ich schrieb seinen Arm einem freundlichen, haptischen Typus zu, überging ihn einfach. »Neuerdings vergesse ich sogar … die Namen meiner alten Freunde.«

Es war still hoch über der Stadt, die sich um den braunen Fluß krümmt. Ich fragte mich, wie angenehm das Leben sein mochte in dem Labyrinth orientalischer Häuser am Fuße des Hügels, aber vermutlich erriet ich es. »Die Leute streiten sich wie die Hunde«, sagte der Mann. »Alle verheirateten Frauen spielen mit anderen Männern herum, im Schlafzimmer und außerhalb … es ist widerlich.« Er wandte sich zu mir. Die patriarchalischen Haarlocken hingen traurig um sein Doppelgesicht. »Die Menschen mögen mich anscheinend nicht, ich weiß nicht warum. Ich bin zu jedem aufrichtig, werde aber immer zurückgestoßen. Ich meine, die Menschen sollten einander lieben.« Und im nächsten Augenblick versuchte er, mich zu küssen.

Ärgerlich entzog ich mich und lief zurück, den Hügel hinab. Ich blieb eine Weile bei der kleinen Synagoge im alten Stadtteil stehen, als ob ich diese Begegnung durch eine angenehmere mit einem Menschen aus seinem Volk auslöschen wollte; aber es kam niemand. Ich rief Freunde von Ludmilla an – einen Arzt und einen Gymnasiallehrer. Aber der Tag schien verdreht zu sein. Der Doktor war unterwegs, und während ich an diesem Abend in einer Metrostation auf den Lehrer wartete, nahm mich ein neugieriger Polizist fest. Ich hatte keine Ahnung, wofür er mich hielt oder was er mir zu-

traute. Aber er glaubte nicht, daß ich Brite sei. Er führte mich
in sein Büro, das wie eine Hütte aussah, und ließ mich eine
Passage aus einem alten medizinischen Traktat vorlesen, den
er hatte. »Das ist Englisch«, sagte er. »Können Sie es lesen?«
Mit Erstaunen sah ich, daß es Latein war und sagte ihm das.
»Das ist Englisch«, erklärte er.

»Es ist Lateinisch.« Langsam verbitterte mich der ganze Tag.

»Das ist Englisch«, fing er wieder an. Hinter seinen dicken,
behaarten Händen verbarg er die Paralleltexte in Russisch und
in Deutsch. »Lesen Sie.«

Ich las vor, flickte einige Bruchstücke aus der Schulzeit ein,
aus Caesars ›Bellum Gallicum‹, um ihn zu ärgern. Ich war
stocksauer. Beendet wurde die ausweglose Situation durch
ein gutaussehendes Mädchen, das lachend hereinblickte. »Er
kann kaum *Georgisch* lesen«, sagte sie und deutete auf den
errötenden Polizisten. Als sie den Traktat in die Hand nahm,
um ihn zu prüfen, ließ er mich laufen.

Es zeigte sich, daß der Lehrer Malhaz ein kleiner, gelehrter
Herr war, doch selbst in ihm sprudelte der georgische Patriotismus wie der einheimische Champagner, und um so explosiver, wenn man ihn zähmen wollte. Seine Wohnung war voller
guter Bekannter. Sie versammelten sich zum Klang geschmug-
gelter amerikanischer Pop-Songs, neu überspielt und in Moskau verkauft, oder über Ungarn und Polen erworben – alle
brüllten nach seinem estnischen Hifi-Gerät. Über die Russen
sprachen sie mit mehr Gleichgültigkeit als Feindschaft.

»Sie sind unterentwickelt«, sagte Malhaz. »Wir spüren, daß
mit ihnen nichts los ist. Aber schauen Sie uns an!« – und sein
ausholender Arm flog über ein Zimmer voller überschäumender Gesichter, in denen die Dumpfheit der Slawen mit feuri-
ger, empfänglicher Lebenslust vertauscht war. »Ja, natürlich
wollen wir frei sein. Es ist unmöglich, Georgier zu sein und
nicht die Freiheit zu wollen. Denken Sie an Ihr Land! Wer
sagt, wir könnten nicht unabhängig sein? Wir könnten allein
vom Tourismus reich werden! Und was den Kommunismus
angeht ...« Er kratzte seinen Kopf in gespieltem Erstaunen.

»Ach ja, Lenin ... da steht eine Statue von ihm auf unserem
Hauptplatz. Ich glaube, er brüllt gerade irgend etwas ...«

Gori ist wie eine Stadt mit einem einzigen Einwohner, und der
ist ein Geist. Jossif Dschugaschwili, der Sohn eines Flick-
schusters, der sich Stalin nannte, wurde 1879 hier geboren,
und schon zu seinen Lebzeiten wurde der Ort zu einem
Erinnerungsmal. 1937 wurden die Elendsviertel in nächster
Nachbarschaft zur Werkstatt seines Vaters abgerissen, die
grobgepflasterte Straße zur Seite mit Marmor ausgelegt und
ein Pseudo-Tempel errichtet, mit großem Garten und einem
Museum im italienischen Stil. Während der ganzen Vierziger
und in den frühen Fünfzigern kamen die Pilger in Scharen.

Aber heute liegen diese Quadratmeter tot und verlassen im
Herzen des Städtchens. Seit der Entstalinisierung durch
Chruschtschow im Jahr 1956 stand der allgewaltige Diktator
stets im Zwielicht, zwischen Vergöttlichung und Ungnade.
Über ihn kann vielleicht erst dann die Geschichte ihr Urteil
sprechen, wenn die Generationen, die ihn geliebt oder gehaßt
haben, abgetreten sind. Ich steuerte durch den weltabge-
schiedenen Stalin-Prospekt auf die gähnende Leere des Stadt-
platzes zu. Eine kolossale Statue des *voschd*, des großen
Führers – die einzige, die in der Sowjetunion nicht gestürzt
wurde –, war nicht mehr das Ziel von Besucherdelegationen.
Diesmal war mein Wagen der einzige.

In den Gassen jenseits des Boulevards kann man immer
noch die beengende Armut spüren, in der der Schusterssohn
aufwuchs. Die Photos, die in der winzigen Hütte seiner Eltern
hängen, stöhnen unter der gleichen mitleidlosen Not – ein
brutaler Vater, eine duldende Mutter und der Knabe Jossif,
dessen Augen bereits hellwach blicken.

Zehn oder zwölf russische Touristen warteten im Vorraum
des Museums. Sieht man ab von zwei Mädchen, so waren sie
mittleren Alters, und einige trugen militärische Auszeichnungen. Am oberen Ende der Treppe posierte ein Standbild
Stalins unter gedämpftem Licht, und unser Rundgang begann

in leisem, weihevollen Ton. Denn dies war mitnichten ein Museum, sondern der Tempel eines noch immer angebeteten Gottes. Farbige Glasfenster tauchten die Säle in undurch-dringliche Heiligkeit. Der Holzfußboden war ausgelegt wie der eines Zarenpalastes, und von den Decken hingen zahlreiche Lüster. Jedoch gab es an diesem Ort kaum eine echte Reliquie. In einem monströsen, fortgesetzten *coup de théâtre* wird statt dessen eine glorifizierte Lebensgeschichte aus aufgeblasenen Photographien, Statuen, Karten von Schlachten und Zitaten präsentiert. Wir Zuschauer waren gefangen. Wir bewegten uns von Stalins Kindheit zu seiner revolutionären Jugend. Martialische Musik ertönte aus verborgenen Lautsprechern. Ich beobachtete, wie die Bilder immer rätselhafter wurden, die Büsten immer glorreicher, der Beifall immer großartiger. Aber wie die Zeit fortschritt, zeigten die Photos den *voschd* merkwürdig vereinsamt. Selbst in einer Konferenz schien er allein zu sein. Eine seelische Kluft hatte sich um ihn aufgetan und wurde zunehmend breiter, gerade wie sich jetzt keine anderen Häuser dem Gebäude aufdrängen, in dem er geboren wurde. Das Gesicht des Jungen war schroff geworden, un-lesbar.

Ich starrte meine Mit-Touristen an. Sie waren gefesselt, hingebungsvoll. Sie flüsterten miteinander. Nur die Mädchen sahen gelangweilt aus.

Die Räume taten sich vor uns auf wie eine Liturgie. Der Gott, dem sie gewidmet waren, war es gewesen, der sein Land ins industrielle zwanzigste Jahrhundert gezwungen und den Nazi-Angreifer abgewehrt hatte. Was alles andere anlangt, war das Heiligtum eine blinde Lüge. Da gab es keinen Hin-weis auf den Terror, der die Zwangskollektivierung beglei-tete; keine Erwähnung des zynischen Paktes mit Hitler vom August 1939 und auch nicht auf die Aufteilung Osteuropas; keinerlei Hinweis, daß Stalin jemals eine Tochter hatte – die in den Westen flüchtete. Vor allem aber blieben all jene, die während der jahrelangen Herrschaft des Terrors zu Tode ge-foltert, von Pelotons erschossen, an Hunger gestorben oder

in Arbeitslagern an schierer Verzweiflung – die Blüte von
Lenins alten Mitstreitern, die Spitze der Partei, der Streitkräfte, der Wissenschaften, der Künste, selbst der Geheim-
polizei, zusammen mit Unschuldigen, die erschütternde
Millionen ausmachen – sie alle (und die Zehntausende, die sie
töteten) blieben gänzlich unerwähnt. Sie schreien in dem
Schweigen.

Der letzte Saal führte in eine vorgetäuschte Leichenkam-
mer. Sie war dekoriert mit Vasen, die tote Zweige hielten, und
schien eine Wiederholung von Lenins Mausoleum am Roten
Platz in Moskau zu sein. Ein scharlachroter Teppich dämpfte
das Geräusch unserer Schritte, als wir um ihren Säulenbogen
herumgingen. Im Mittelpunkt leuchtete eine Totenmaske.
Das Gesicht sah alt aus, klein und erschöpft. Eines der Mädchen trippelte auf ihren hohen Absätzen zu ihr hin und brach
in ein nervöses Kichern aus.

Im nächsten Augenblick wurden wir in eine Galerie der
Nachkriegsjahre entlassen, wie nach der Passion ins Paradies
– strahlende Bergarbeiter, eine florierende Industrie, beifall-
spendende Delegierte.

Ich saß draußen im Garten, benommen, mir war übel. Ein
kleines Rinnsal von Touristen bewegte sich zwischen den
großartigen Brunnen, und jetzt standen auch einige Autos da.
Zwei davon zeigten Photographien von Stalin. Wenn Russen
ihn rühmten, bemerkte ich, dann sprachen sie von Macht. Er
war greifbarer als Lenin. Lenin predigte Rußland. Stalin war
der Schöpfer seiner Größe, welche die Nation überstieg. Und
ihre Menschen waren seine Kinder. Er war die Antwort auf
ihre Sehnsucht nach der Herrschaft eines Gottes oder eines
Vaters, er war die Macht, die sie vor dem Terror ihrer eigenen
Unordnung und vor dem dieser Welt beschützte, die Macht
Iwans des Schrecklichen, dessen Hand sie küßten, indes er
sie erschlug. Neben diesem zeitlosen Despotismus hatten das
Gesetz und der einzelne keine Geschichte.

Ich frug die beiden Mädchen aus dem Museum, die sich
neben mir niedergelassen hatten, was sie von dem, was sie

gesehen hatten, hielten. »Ganz nett«, sagten sie. Und in diesem Augenblick wurde mir klar, daß für sie die Stalinzeit so entrückt war wie die Regierung Peters des Großen. Sie waren ungefähr zwanzig Jahre alt. Plappernd zogen sie los, besprachen, wo man in Tiflis Strümpfe kaufen konnte. Und ich empfand Dankbarkeit für sie und für Strümpfe und all den Alltagskram.

Mein Hotel war gebaut worden, um die Pilgerscharen aus Stalins Tagen aufzunehmen. Seine Kassettendecken und die rohe Flut von Säulen mit protzigen Kapitellen – ein Klassizismus in seiner äußersten Perversion – ähnelten den Stationen in der Moskauer Metro. Ein unterdrückt wirkendes Mädchen saß am Empfangstisch. An den Tischen unter den ausgemalten Gewölben des Speisesaals saßen, dicht gedrängt, lauter Männer, und als ich am nächsten Tag um acht Uhr dreißig abreiste, schlang bereits eine etwa vierzigköpfige Delegation eine volle Mahlzeit hinunter, mit zwei Flaschen Champagner für jeden.

Während ich durch die letzten Vororte von Gori fuhr, drehte ich die Scheiben herunter, um ein bißchen Luft hereinzulassen. Vom Schwarzen Meer, hundert Meilen entfernt, blies ein warmer Wind. Von den Weinbergen und den Apfelgärten des Kura-Tales wand sich die Straße in die Hügel, die gesprenkelt waren mit Bienenstöcken, und alle Lastkraftwagen schienen Tiere zu befördern: Pferde, deren kastanienbraune Flanken bei jedem Loch in der Straße zitterten, aufgeregt quiekende Schweine, große Lattengestelle mit Hühnern.

Gegen Mittag stahl ich mich ein paar Kilometer weg von meiner vorgeschriebenen Route dorthin, wo der riesige, lose Felssporn des Gelati-Klosters über seinem Tal hängt. Ringsumher wogen die baumbestandenen Höhen des Kaukasus und laufen dann in die Ebenen zu ihren Füßen aus. Umgeben von einer windschiefen Mauer, schwarz von Efeu und eingeengt von Apfelbäumen, erheben sich seine Kirchen nackt zum Himmel und zu den Bergen.

Die Geburtskirche ist das georgische Saint-Denis, dort wurden ihre Könige begraben. Die hohen Mauern und die turmartige Kuppel hatte sie mit den anderen Kirchen dieses Landes gemeinsam, ein Solitär im Vertrauen auf die Schönheit seines Steins. Es war Sonntag, als ich dorthin kam, und während russische Studentengruppen dahin und dorthin geführt wurden, genossen die Georgier das Leben. Überall wurde getrunken, gepicknickt und Fußball gespielt, mit einem gesunden Sinn dafür, wem dieser Ort gehörte.

»Schauen Sie!« dröhnte einer, als ich in die Kirche trat. »Unsere Könige leben noch hier!« Um uns herum strahlte die Kirche in freskengeschmückter Pracht – eine gemalte Lobpreisung auf die Ordnungen der Erde und des Himmels. Und natürlich saß da die königliche Dynastie Georgiens in einer Reihe schlauer Könige und schmallippiger Königinnen. Sie sahen aus wie gekrönte und gesalbte Banditen. In ihren unvermeidlichen Heiligenscheinen zeigten die Könige schwarze, harte Augen und waagrechte Schnurrbärte; und selbst die Mosaiken der Erzengel in der Apsis trugen perlenbesetzte Gewänder wie weltliche Fürsten, und ihr Flügelpaar war lediglich ein angeborenes Rudiment.

»Das ist unser Bagrat! Unser Giorgi! Tamara!« Mein selbsternannter Führer meldete seinen Besitzanspruch an. »Und das ist David – der große da! Nun, wie ist *er* denn?«

David und seine Urenkelin Tamara herrschten im Zenit der Macht Georgiens im zwölften Jahrhundert. Sie waren es, die das christliche Königreich vom Schwarzen zum Kaspischen Meer ausdehnten, das nördliche Persien verwüsteten und Gelati eine berühmte Akademie der Philosophie stifteten, deren Ruine am Rande des Tales verfällt, deren steinerne Bänke im Gras verstreut liegen. David der Erbauer, ein ruhmbedeckter Feldherr und Staatsmann, milde und furchtbar zugleich, ist der typischste Volksheld Georgiens. Am Ende seiner Herrschaft hatten die Türken, die ihm verächtlich den Namen ›Waldkönig‹ zugelegt hatten, Tiflis nach vierhundertjähriger Herrschaft der Muselmanen verlassen. Sein Leben, so sagen zeitgenössische Annalen, wurde nur durch ein paar Jugendstreiche befleckt, »welche selbst Gott vergessen hat«, und er liegt jetzt in demonstrativer Bescheidenheit unter dem tiefen, mächtigen Eingangsflur des Klosters begraben, wo ein ehernes Tor, welches sein Sohn den Persern abnahm, sich dünn wie ein Blatt im Winde schwingt. Es ist der Grabstein eines Titanen, zerborsten und riesig. Er deckt den ganzen Eingang, wo jeder auf ihn treten konnte. »Dies ist mein Heim für alle Ewigkeit«, verkündet die Inschrift. »Hier werde ich ruhen, weil dies mein Wille ist.«

»Sehen Sie, wie breit der Mann war!« Mein Führer breitete die Arme aus, als wolle er eine Eiche umarmen. »Da liegt ein sechshundert Kilogramm schwerer Stein in einer Ecke der Kirche, und dieser Mann hat ihn aufgehoben! Gerade so, als wäre es ein Kind!« Er schleuderte einen imaginären Säugling in die Luft. »Überhaupt kein Problem!«

»Und Königin Tamara?«

»Ach ja, die war auch in Ordnung. Aber ... nun ... « – seine Finger verkrampften sich reserviert – »... halt bloß eine Frau.«

Es gibt weitere Heiligtümer auf diesem Bergrücken – winzige Kirchen aus großen Steinen, erbaut für die Ewigkeit, deren umliegende Grabsteine halb in der Erde versunken sind. Aber ich hatte wenig Zeit, sie auszukundschaften. Der Nachmittag verging, und bald kreuzte ich zurück in jenes Tiefland, welches die Georgier Imier nennen, ›diese Seite‹, um es von der raueren ›anderen Seite‹ im Osten zu unterscheiden. Jenseits des Kikhi-Passes erfolgte ein jäher Wechsel. Die Berge entspannten sich zu friedlichen Hügeln, zwischen ihnen bewässerte, fruchtbare Täler. Der Rione-Fluß, der Phasis der Antike – die Heimat des Fasans (glaubten sie), welche ihm auch seinen Namen gab –, schwoll und schraubte sich durch die üppigen Ebenen Kolchis', des flachsreichen Königreichs der römischen Geographen, wo jedes verandaumsäumte Haus in einem Feld von Zuckermais oder zwischen Rebenspalieren stand. Das Mittelmeer atmete jetzt ganz nah. Pappeln und Olivenbäume erschienen. An den Straßenrändern schnatterten Gänse und muhten Rinder, Schweine grunzten in behelfsmäßigen Pferchen. Dies war das Land eines Volkes, das bereits in Blüte stand, als sich die schwarzen Schiffe der Griechen zum erstenmal über den Horizont schoben – Jason und seine Argonauten, frühe Händler oder Seeräuber. Die Einwohner, hieß es, legten Vliese in die Flußbette der alluvialen Ströme, um so Goldkörner aufzufangen. Aber das Goldene Vlies mag einfach die Alchemie oder den Handel symbolisiert haben oder einer Erinnerung an das goldene Licht entspringen, welches dieses weitläufige Land umspielt und welches sogar jetzt aus dem abendlichen Himmel troff. Mit jedem Kilometer wuchsen Tee und Früchte üppiger auf den Feldern, nahm die Zahl der Wasserläufe zu. Den Dorfgärten sah man an, wie gut sie gewässert wurden. Vieh schlief auf der Straße. Palmen und ein Wasserbüffel standen im Dämmerlicht. Und als die Nacht hereinbrach, sammelten sich die Kühe und die Schweine einzeln oder zu zweit am Garteneingang ihres Besitzers und baten wie verlaufene Hunde um Einlaß. Ich hatte nur noch Zeit, einen raschen Blick auf die schwarze Bergwand zu werfen, die zur See hinabstürzte, bevor die Dunkelheit sich endgültig herabsenkte und ich am Ufer des Schwarzen Meeres unter einem Himmel stand, der kaum fahler war als das Wasser.

Sehnsüchtige Erinnerung überfiel mich. Die Küsten des Mittelmeers! – oder beinahe. Ich war nicht länger allein. Das Meer, schwer von Geschichte, war mein Begleiter. Nahe Suchumi stellte ich meinen Wagen auf einen halbverlassenen Campingplatz und fing an, aus einem mageren Hähnchen ein Abendbrot zuzubereiten. Es war meine letzte Nacht in Georgien. Aber kaum hatte ich mein Öfchen angezündet, da tauchten schon ein Paar modischer Jeansbeine im Gaslicht auf, sodann ein satyrhaftes Gesicht, das sich verschwörerisch zu dem meinen nierderbeugte. Es trug das Aussehen des harten, georgischen Überschwangs.

»Sie sind allein? Sie sind Engländer, nicht? Wenn Sie irgend welche …«

Aber die vertraute Litanei konnte ich nicht erhören: keine Jeans, und so verwandelte sich der Hunger dieses Mannes nach dem Westen zu wilder Kameraderie. »Im ersten Augenblick, als ich Sie sah, dachte ich mir, ah, da ist ein Ausländer, der mir gefallen könnte. Etwas in Ihrem Gesicht!« – sofort spürte ich in mir Argwohn hochkommen – »Machen wir eine Party! Mein Name ist Zahari. Wir werden uns unterhalten. Ich weiß ein Lokal …«

Fünf Minuten später rasten wir mit einem erschreckten tschechischen Mädchen, das seinen Zug erwischen mußte und uns erzählte, sie werde verfolgt, nach Suchumi. Die Lichter eines weiteren Wagens glänzten hinter uns und blinkten uns zu, und als wir den Bahnhof erreichten und sie durch die Kartensperre rannte, spie er hinter uns eine Wagenladung Jugendlicher aus.

»Ihr habt sie weggehenlassen!« staunte der Fahrer mich an. »Warum habt Ihr das gemacht? Wir wollten sie doch bloß bumsen.«

Selbst Zahari blickte unsicher drein, zerrissen zwischen Freundschaft und Männlichkeit. Ich sagte, das Mädchen hätte Angst. Aber die Jungen schauten mich verdutzt an, zwirbelten ihre dünnen Schnurrbarthaare und fingerten an den Gürteln herum. Langsam kam ich mir blöd vor. Und jetzt starrte das Mädchen vom Bahnsteig mit einem Blick zurück, der Bedauern ausdrücken mochte.

Zahari und ich verbrachten den Abend in einer Feuersbrunst von Gespräch und Musik neben einer Tanzfläche, auf der, dicht gedrängt, etwa fünfzig Paare umherwirbelten. Jeder von uns hatte eine Flasche Wein vor sich und Teller mit Bergen von *kebab*. Jedes Mal, wenn eine Frau vorüberkam, zupfte Zahari geil an seinen Jeans in Höhe der Schenkel und taxierte für mich ihre Figur in einem wilden, kehligen Russisch.

»Aber diese Stadt ist tödlich langweilig, das sag' ich Ihnen. Natürlich sind die Berge schön, aber sonst gibt's hier nichts.«

»Würden Sie Moskau vorziehen?«

»Nein, um Gottes willen, nein.« Es schauderte ihn, und er zischte. Ich konnte ihn mir dort nicht vorstellen. »Moskau!« – er verbannte den Gedanken mit einem Strahl Wein – »ich mußte einmal dort leben. Politik! Die Stadt riecht entsprechend. Es friert einen. Und alle Beziehungen sind dort hoffnungslos.« Aber in Suchumi hatte sein Talent für Wegelagerei in einem ertragreichen Handel mit Kleiderwerkstätten in abgelegenen Gassen eine Bestätigung gefunden. »Wir Georgier sind im Grunde selbstsüchtig. Ich denke, die Russen sind idealistischer.« Er grinste und zuckte mit den Schultern. Dieser Idealismus disqualifizierte sie bloß in seinen Augen.

Ich fragte ihn, ob er Lenins Mausoleum besucht hatte.

»Lenin? Ich hab' nie von ihm gehört.« Er stieß ein knorpeliges Stück Fleisch von seinem Teller. »Das da ist für Lenin!« Er trank wieder, diesmal einen längeren Zug. Bei dem Gedanken an Moskau wurde ihm Suchumi erträglich. »Im Sommer kommen sogar ein paar Ausländerinnen hierher. Ich hatte einmal eine junge Engländerin aus Hull. Gott ... Ich wüßte gern, ob dort alle Mädchen so sind.« Er stach mit phallischen Stoßbewegungen auf sein Lammfleisch. »Frauen! Mit zwanzig war ich verheiratet, aber meine Frau hat mich verlassen, weil ich andern Mädchen nachlief. Sagen Sie, was kostet in London eine erstklassige Prostituierte?« – er stieß wieder in das *kebab* –, »aber wirklich eine *absolut* erstklassige?«

Ich riet wie ein Analphabet.

»Gott, das würde ich lieber versaufen ... Trotzdem, können Sie mir eine Arbeitserlaubnis beschaffen?«

Wir tranken auf die Frauen und auf ›Klein-Georgien‹. Unsere Rechnung belief sich auf nahezu fünfzig Rubel, das sind für einen sowjetischen Werktätigen zwei Tageslöhne. Aber Zahari lachte darüber. »Sie glauben, ich lebe von einem *Lohn?* Hierzulande kann niemand von einem Lohn leben. Jeder lebt vom Nebeneinkommen. Aber ich sag' Ihnen, wir treiben's nicht so schlimm wie die Armenier.« Er pfiff vor Bewunderung. »Dort leben sogar die *Hunde* von ihrem Nebeneinkommen ...«

Während wir den letzten Rest des Weines hinunterkippten, begann der Sänger der Band eine neue schmachtende Melodie zu singen. »Kennen Sie das?« fragte Zahari. »Das ist ein Lied über Stalin.«

»Was sagt es?«

»Es sagt, daß Stalin uns gehört – *uns*.« Plötzlich leuchteten seine Augen in einem tiefen, atavistischen Fieber, beinahe verliebt. »Es sagt, Stalin wurde hier geboren und gehört uns. *Uns!*« Seine Hände tasteten nach einem Glas, und ich dachte, daß er nahe dran war, in einen Toast auf Stalin auszubrechen. Wahrscheinlich wurde ich blaß. Ich rührte mich nicht. Ich dachte an die Freundlichkeit des Abends, der zwar die Flüchtigkeit zugrunde lag – die Unehrlichkeit des Reisenden – und die nun mit verletztem Nationalstolz und gebrochener Gastfreundschaft enden würde. Aber trotzdem nein, auf Stalin konnte ich nicht anstoßen. Doch als sich Zaharis Faust um den Fuß seines Glases schloß, um es anzuheben, sahen wir beide, daß es leer war – und auch mein Glas war leer, die Flaschen ausgeschenkt –, und wir ließen das Lied ausklingen und in einem vergessenen Fluß zwischen uns ersterben.

VIII

Armenien

DIE KLEINE REPUBLIK Armenien ist der letzte Rest einer alten Herrlichkeit, die sich einst über den halben Osten der Türkei bis zum Mittelmeer hin erstreckte. Sich hinbreitend bis dorthin, wo der Kleine Kaukasus in Tafelland übergeht, nimmt es heute lediglich ein Zehntel des historischen Armenischen Reiches ein. Sie ist die Zufluchtsstätte eines Volkes, das im Jahr 1915 beinahe völlig von den Türken aufgerieben wurde und dann unter Stalin dahingeschlachtet wurde – ein Volk, halb verloren in weltweiter Zerstreuung, so schrecklich wie die der Juden. Aber jetzt wird diese steinige Region, erstickt von einer Viertelmillion Flüchtlinge nach 1915, intensiv bewirtschaftet und hat einen bescheidenen Wohlstand erreicht. Genau dies hilft, die seelischen Wunden zu heilen, welche die physische Dezimierung eines Volkes lange überdauern.

Südlich von Tiflis, die Nordwestspitze Aserbeidschans überquerend, läuft die Straße durch unfruchtbares Land. Die bewaldeten Täler und die himmelzerspaltenden Felsen von Georgien sind verschwunden. An ihrer Stelle faltet sich die Erde zu eng beieinander liegenden vulkanischen Hügeln auf, überzogen mit gelben Grasbüscheln. Da und dort malt der Fluß einen grünen Strich, und Weingärten tauchen auf. Ringsumher auf den steilen Böschungen wechseln sich ausgedörrter Safran und dunkelbraune Gesteinsschichten ab, oder es brechen mächtige Felsen aus ihnen hervor, die meinen lassen, eine tiefe Unruhe in der Erde sei noch nicht besänftigt. Dieses Land hat eine versengte, asiatische Schönheit. Es ist eins mit den türkischen und iranischen Hochebenen, die von ihm nach Süden hin ihren Ausgang nehmen.

Dann, sechzig Kilometer lang, krümmt sich die Straße zwischen den letzten kaukasischen Bergen hindurch und klettert durch Täler mit Eichen und Weißbuchen, welche in weichen grünen Wällen von Höhe zu Höhe wogen. Die Menschen in den Dörfern zeigen feine, kühne Gesichtszüge, ein Erbe aus armenischer Vergangenheit.

Die Polizeihäuschen nahmen zu. Binnen einer einzigen Tagesreise wurde ich elf Mal angehalten, und die Erlaubnis, auch nur für einen Moment zurückzufahren oder mich seitwärts zu wenden, wurde mir abgeschlagen. Die türkische Grenze war weniger als 120 Kilometer entfernt. Die Straße wurde zu einem dünnen Band durch das Verbotene. Am Abend fand ich durch Wolken hindurch auf ein mächtiges Plateau unter einem klaren Himmel hinaus. Vor mir lag am Horizont eine Mondlandschaft um die glasige Stille des *Sewan-Sees*, des größten Bergsees der Sowjetunion.

Ich ließ mich am Nordwestufer in einem drei Jahre alten Motel nieder, das bereits heruntergekommen aussah. Ordnung und Verläßlichkeit, gerade in kleinen Dingen, nahmen vom Baltikum nach Süden ab. In Riga und Reval konnte man einen Wagen wochenlang sicher vor einem Hotel abstellen; hier wurden sie in klapprige Käfige gesperrt und die Schlüssel dem Portier anvertraut.

Aber in den riesigen Speiseräumen erklang zum Ende des Tages ausgelassener Jubel. Den ganzen Abend fuhren Menschen aus dem staubigen Eriwan, Armeniens Hauptstadt, in die Luft dieses Seelandes herauf, etwa 1900 Meter über dem Meeresspiegel, und drängten sich auf die Tanzfläche des Motels. Die Tische bogen sich unter den Lachsforellen aus dem See, und schlemmende Gruppen dunkelhäutiger unbeweibter Männer redeten über Geld und erhoben die kleinen Gläser mit Kognak zu endlosen Tiraden von Trinksprüchen. Meine Einsamkeit erschütterte diese Gesellschaften; sie riefen mir zu, mich zu ihnen zu gesellen, mit ihnen zu trinken und zu feiern, doch die hämmernde Musik übertönte unser Gespräch.

Die Armenier tanzten mit großem Ernst in einem Wirbelwind drehender Arme und Hintern, und applaudierten entzückt sich selber; indes fünfzigköpfige Touristengruppen aus der Tschechoslowakei und aus Ostdeutschland sie von ihren langen organisierten Tischen her beobachteten, als starrten sie in einen beleuchteten Raum, den sie nicht betreten konnten. Nur wenn die Musik ruhiger spielte, standen die Fremden auf und tanzten langsam und hölzern. Im Norden hatte ich oftmals russische Frauen gesehen, die puritanisch miteinander tanzten. Aber hier waren es die Männer, die sich in pfauenhafter Eitelkeit zu zweien im Takt wiegten, ohne sich zu berühren. Sie glitten zwischen den Nordmännern hindurch wie Wasser zwischen Steinen. Die deutschen Mädchen fingen an, mit ihnen zu flirten. Die Pop-Band spielte alte englische Schlager. Es schien, als ob alles, was Menschen für wichtig halten – Glauben, Systeme, Ideale – fatalerweise zerteilend wirkt und sich das Wunder menschlicher Einigkeit statt dessen bei Pop-Musik vollzieht.

Ein betrübt dreinblickender Armenier neben mir ließ einzelne Sätze fallen. Er heiße Manouk ... er sei bei der örtlichen Regierung angestellt ... was ich von den Rolling Stones hielte ... seine Arbeit sei tödlich langweilig ... Seine traurigen Augen zuckten hinter den Gläsern, und das Haar war bei ihm, einem Sechsundzwanzigjährigen, bereits dabei, sich zu lichten. Wir saßen in dem aufdringlich lauten Nachtclub des Motels beieinander, tranken Wodka, Kaffee und Fruchtsäfte, indes er, der Frauen wegen, weinerlich wurde. Seine erste Liebe habe einen Armenier geheiratet, der in Marseille lebte, und er sei niemals darüber hinweggekommen. Er starrte melancholisch in zwei aufeinanderfolgende Gläser Wodka, und seine kleinen, geplagten Augen wurden feucht, als er an sie dachte.

»Nachdem sie weg war, ging ich mit Freunden auf Sauftour und tat so, als sei ich glücklich. Aber dieses Mädchen sitzt noch in meinem Kopf, nach zwei Jahren. Alles erinnert mich an sie« – er goß einen Wodka hinunter – »und jetzt ist

sie für zwei Wochen wieder in Eriwan, weil ihr Vater krank
ist. Deswegen will ich nicht dort unten sein. Ich bleibe hier
oben.« Im Halbdunkel verschwammen seine Augen und die
Brille zu konzentrischen Kreisen der Trauer. Jedesmal, wenn
er zur Bar ging, um neue Drinks zu holen, gerieten seine Beine
in ein schlimmes Durcheinander. Er schien in sein eigenes
Martyrium verliebt zu sein – ein klassischer Armenier, verdammt zu übersteigertem Leiden. Er goß seine Drinks wie
Medizin hinunter, sank aber nur tiefer in den Morast.

»Ich sah ihren Mann nur einmal, und er sah sympathisch
aus. So hoffe ich also, daß sie glücklich ist. Ja, das hoffe ich ...«
Der Wodka setzte sich zärtlich an seine Lippen, diesmal wie
ein Sakrament. »Ich höre, Leute in Marseille verdienen schönes Geld ... sie müssen reich sein ...« Ich spürte, wie ich seine
Wandlung beobachtete, eine von den Ahnen überkommene
Kraft setzte sich durch, sein Blick wurde fest. »Haben Sie
dieses Mädchen gesehen, das gerade vorbeiging? Was halten
Sie von ihr?« Die Augen hinter den Gläsern blickten plötzlich
so hell wie die eines Satyrs. Ein fünfter Wodka verschwand.
Eine neue Woge von Selbstmitleid brach hervor. »Trotz alledem, diese andere Frau ...«

Zwei Schnäpse später hatte er sich entschlossen, am nächsten Tag nach Eriwan zurückzukehren und bat mich, mit ihm
zu fahren. Am Morgen war er in bester Laune. Angezogen war
er wie ein Herzensbrecher, in schwarzen seidigen Hosen und
einem sorgfältig geplätteten T-Shirt. Ein großsteiniger Ring
steckte an einem Finger, am Handgelenk glänzte eine Digitaluhr. Ich brauchte nicht zu fragen, welche Pläne dahinter steckten. Während er für die sechzig Kilometer nach Eriwan seinen
heruntergekommenen Zhiguli anließ, summte er einen Schlager vor sich hin. Er hatte sich prahlerisch eine Schwarzmarkt-
Virginia angesteckt, und unter dem Armaturenbrett stapelten
sich eingeschmuggelte Päckchen Kaugummi und Musik-
kassetten aus dem Westen.

Während wir um die Nordwestküste des Sewan-Sees knat-
terten, kam am Hang die dunkle Figur einer anmutig-schlan-

ken Jungfrau mit einer Feuerschale in den Händen, die Statue
der mittelalterlichen Fürstin Tamara, in Sicht. Da sie in einem
Kloster auf der Halbinsel eingesperrt worden war, sei ihr
Geliebter in jeder Nacht, erzählte Manouk, dem Lichtschein
folgend zu ihr gerudert, bis ein Sturm dieses Licht auslöschte
und der Kahn an den Felsen Schiffbruch erlitt. Heute gibt es
Tamara-Zigaretten, Tamara-Restaurants, Tamara-Comics.
Man kann Tamara lesen, essen oder rauchen. Sie ist mit ihrem
traurigen Schicksal Teil des Nationalbewußtseins. Aber in
Wirklichkeit wurde diese Legende vom Van-See im türkischen Teil Armeniens herübergebracht. Und Tamara hat es
nie gegeben.

Tausend Meter fiel unsere Straße hinab durch baumlose
Hügellehnen zum Kessel von Eriwan. Die Luft verdichtete
sich zu einem feinen Staub. Dieses nackte Land war leicht zu
schänden. Hochspannungsleitungen hinkten mit ihren Ma-
sten über die räudigen Buckel, und Löffelbagger kratzten in
den Tälern schieferhaltigen Fels heraus auf der Suche nach
Obsidian oder Pottasche. Über klotzigen Fabriken, schon aus
dreißig Kilometern Entfernung sichtbar, standen hohe Rauch-
säulen, die in den kaminförmigen Hügelspitzen, über denen
Wolken hingen, ihr Gegenstück fanden. Eine halbe Stunde
lang fuhren wir durch eine öde Wüstenei hinab. Da und dort
hatte die Polizei zur Warnung verunglückte Autos auf Betonsockeln aufgestellt, aber dies zeitigte keine wahrnehmbare
Wirkung. Manouk übertrat die nationale Geschwindigkeits-
beschränkung von hundert Stundenkilometer, sobald sich an
einer abfallenden Stelle die Gelegenheit dazu bot, und bald
fuhren wir durch die mergelreichen Niederungen des Araxes-
Flusses. Plötzlich sagte Manouk: »Schauen Sie, der Ararat!«

Ich folgte seinem Blick. Hell leuchtend in ewigem Schnee
war der Berg jählings wie aus dem Nirgendwo aufgetaucht.
Wie eine Erscheinung stand er über der Ebene, allein, vollkommen wie eine Wolke schwebte er fern in der zarten Him-
melsbläue. Nur eine dunkle Kette niedrigerer Ausläufer drif-
tete gen Westen. Unirdisch, gehörte er einer anderen Zeit

und anderen Elementen an als das Tiefland, verehrungswür-
dig, der patriarchalische Berg des Noah und der Landung
seiner Arche.

»Wir Armenier betrachten ihn mit gemischten Gefühlen«,
sagte Manouk. »Er ist unser nationales Wahrzeichen, aber er
liegt in der Türkei. *Türkei!* Von dort aus hab' ich ihn noch nie
gesehen. Das möchte ich gerne! Es muß schön sein ...«

Nein, sagte ich, ich hätte ihn zwei Jahre zuvor von der tür-
kisch-iranischen Grenze her gesehen, wo er halb verdeckt sei
von anderen Bergen.

»Da haben die Türken also keine so schöne Sicht?« Manouks
Rachsucht war es zufrieden. »Sehen Sie, der Ararat ist uns
Armeniern etwas Besonderes. Wenn Sie ihn anschauen, sehen
Sie nichts weiter als einen Berg. Aber *ich* sehe noch etwas ...«
Er legte seine Hand schwärmerisch auf sein Herz.

Eine halbe Stunde später gerieten wir in das Inferno von
Eriwan, passend dazu dröhnte Rockmusik aus unseren Kassetten. Eriwan besitzt pro Einwohner mehr Autos als jede
andere Stadt der Sowjetunion. Frustrierte Fahrer verstopfen
die Straßen voller Abgase, Staub und Hupen. Ein Durcheinander, im Norden unvorstellbar. Wütend beklagte sich Manouk über alle anderen Fahrer, die absolut die gleichen Fahr-
gewohnheiten hatten wie er. »Kein Mensch schaut sich um,
wohin er fährt. Jeder fährt grad so drauflos, wie es ihm paßt
... schaun Sie sich diese schreckliche Kehrtwendung an ... da
läuft ein hübsches Mädchen ...«

Nach der herzlosen Gleichheit der meisten russischen Ballungszentren hob Eriwan meine Stimmung. Die ganze Stadt
ist in einem ihr eigentümlichen rosafarbenen Lavastein erbaut. Sechzig Jahre früher war sie so arm gewesen, daß ihre
Kinder die Abfälle in den Straßen aufsammelten. Aber sie ist
in diesen eindrucksvollen Plätzen und breiten Straßen wiedererstanden, deren üppige Dekoration, deren durchbrochene
Kapitelle und rundbogige Fenster überlieferte armenische
Motive mit eigentümlich bewegender Authentizität wieder-
geben. Besonders in der Qualität des Steins verkörpert sich

diese Stadt, in den Wänden aus Tuff und Basalt, rosafarben und schwarz. Herausgeschnitten aus dem luftlosen, im Fluß erstarrten Eruptivgestein, trinkt er das Licht, ohne es zu brechen. Er sieht noch heiß aus, wie der Vulkan ihn ausgestoßen hat – versengendes Gestein aus dem Gedärm der Erde, funkelnd (könnte man denken) vor Mineralien oder Blut.

Diese einstmals jämmerliche Stadt ist heute ein Zentrum der Industrie: Elektronik, Werkzeugmaschinen, Präzisionsinstrumente. Möglichkeiten liegen in der Luft. In der Diaspora scheinen Armenier sanftmütiger zu sein als andere Rassen, aber hier sind, wie in Israel, viele der bekannten Eigenschaften dieses Volkes verändert oder verdeckt. Im Vergleich zu den Menschen, die sich auf dem Straßenpflaster drängten, sahen die Russen, physisch und psychisch, unfertig aus. Der Gesichtsausdruck der Armenier zeigte größere Vielfalt, er war explosiver, schöner, mehr von allem – die Gesichter von Straßenräubern und Konzertpianisten und Millionären. Ihre feinknochigen Züge – einige der Frauen sahen so zerbrechlich aus wie Vögel – konnten vor tragischer Heftigkeit brennen. Die jungen Herren blendeten mit schillernden Hosen und hochhackigen Schuhen. Die Luft an den Straßenecken vibrierte in dem Kreuzfeuer der Fragen, und der Anblick eines Ausländers rief eine wilde Neugierde hervor. Sie waren kleiner, dunkler als die Georgier, und statt deren schwachem Anflug von Gebirge sahen sie hier zarter, älter aus, als ruhte unter ihrem Überschwang, selbst in den Jungen, eine kollektive Erinnerung an das Grauen.

Für Manouk war die Stadt wie ein Spinnennetz von Kontaktpunkten. Der ganze Ort, sagte er, sei von geheimen Büros und Geschäftsstellen durchsetzt. Immer wieder hielt er an Geschäften an, um erlaubte oder geschmuggelte Güter aufzunehmen. Alles gehörte dem Staat, und der Staat war eine Abstraktion. Er flitzte in einen Lebensmittelladen, den sein Bruder leitete, und kam mit einem Hähnchen unterm Arm zur Hintertür heraus; er holte ein Brillengestell ab, das kostenlos repariert worden war; er kaufte unerlaubte Schallplatten.

Doch was seine alte Freundin anbetraf, da machte er Ausflüchte. Er hatte den Mut verloren. Er schlug andere Dinge vor. Der Mittag sah uns auf einem Plateau zwischen den Ruinen des ältesten Eriwan umherwandern, das vor dem armenischen Volk errichtet worden war – wer immer die Gründer auch gewesen und woher sie auch gekommen sind. Ein Gewirr von Steinen zeichnete die Spuren von Tempeln und Lagerhäusern aus dem achten Jahrhundert vor Christus nach, Fresken in kühnem Ocker und Blau bedeckten die erstaunlichen Wände, deren Friese winzige Götter auf Löwen zeigten. Immer wieder schlug sich Manouk verzweifelt den Staub von der Hose. Er war zerknirscht und schweigsam. Ob wir nicht besser in die Stadt zurückfahren sollten, fragte ich.

Nein, nein, entgegnete er, wir würden fünfzehn Kilometer weiter fahren, bis zur heiligen Stadt *Echmiadzin*. Ein Armenier fühle sich dort wohler, fügte er hinzu: Echmiadzin mache einen Mann stolz und entspannt, so daß er anders laufen und atmen könne.

Die Stadt ist der Sitz des Obersten Patriarchen der Armenischen Kirche. Die Kathedrale wurde bereits im Jahr 303 errichtet (Armenien ist der älteste christliche Staat der Welt), wurde allerdings unter türkischer und persischer Herrschaft mehrmals restauriert. Keine Heiligen blickten hier finster von den Wänden herab. Sie waren statt dessen mit einem koranischen Garten aus gemalten Blumen und Bäumen in Tomatenrot, tiefem Blau und Gold bedeckt. Marmorne Diwane umgaben die Querschiffe, machten sie zu den Alkoven maurischer Paläste. Die Galerie verzierte persisches Gitterwerk, und der Thron des Patriarchen war mit einem islamischen Regenbogen aus Perlmutter eingelegt.

Manouk sah keineswegs stolz oder entspannt aus, er lief oder atmete auch nicht anders als zuvor. Er schaute kläglich auf das Stückchen von Noahs Arche, das in der Schatzkammer aufbewahrt wird, und übersah völlig den Kopf der Heiligen Lanze, die in einem goldenen Reliqueinschrein in unechter Pracht liegt.

Doch andere Kirchen in dieser Stadt bezeugten eine alte Schönheit. Sie waren düster und mächtig wie Festungen. Ihre riesigen, kreuzförmigen Körper stiegen blank und ungeschmückt zu mit Türmchen versehenen Kuppeln hinan. Hier, am Ort ältesten christlichen Lebens, hat sich noch Heidnisches erhalten. An Festttagen werden im Hof der Kathedrale immer noch Lämmer und Tauben getötet, sagte Manouk, und am Ostermontag treffe man die Friedhöfe voller Familien an, die zwischen den Gräbern ihrer Toten speisen. Im Innern einer anderen Kriche trafen wir auf einen herbgesichtigen Priester, der gerade ein Opferlamm segnete. Eine bekümmert blickende Familie hatte es vor einen steinernen Altar gezerrt, wo der Priester über seinem sabbernden Kopf das Zeichen des Kreuzes machte. Blut tropfte von seinem rituell abgeschnittenen Ohr. Dann leerte der Priester ein Päckchen geweihten Salzes in die Opferschale und hielt sie dem Tier zum Lecken hin. Es wich zurück. Die Familie stieß es wieder vor, rief sich dabei grobe Befehle zu, und der Priester stieß endlich dem Tier das Salz in den Mund. Einer der Männer zog eine zerfledderte Brieftasche heraus und überreichte dem Priester einen Schein, den dieser genau besah, bevor er wegging. Dann eilte die Familie mit ihrem Schaf zu ihrem nagelneuen Zhiguli und fuhr in ihr Dorf heim zum Schlachten.

»Das gibt's hier immer«, sagte Manouk. »Wahrscheinlich wünschen sie sich ein Kind oder mehr Erfolg bei ihren Geschäften. Darum opfern sie ein Schaf.« Er fand dies völlig natürlich, und meine Fragen verblüfften ihn. Das entsprach einfach dem gesunden Menschenverstand: man machte mit Gott einen Schacher. Gott war Armenier.

Es dämmerte, als wir nach Eriwan zurückfuhren. Manouk hatte sein Haar in dichten kleinen Löckchen um die Ohren gekämmt und seine Brille abgenommen. Doch er sah bejammernswert aufgeregt aus. »Sie sollte gestern abend eingetroffen sein«, sagte er. »Falls sie ins Restaurant oder ins Kino mitgeht, wollen Sie uns begleiten? Sie wird nicht mit mir alleine ausgehen. Die Leute reden ...«

Seine Hände zitterten am Lenkrad. Schließlich hielt er im Hof eines großen Apartmentblocks an, blinzelte ein letztes Mal in den Autospiegel und kniff seine blaß gewordenen Wangen. »Vielleicht will sie mich überhaupt nicht wiedererkennen. Ich fürchte mich vor ihrem ersten Blick. Es ist immer der erste Blick, auf den es ankommt, so ist es doch?« Sein Gesicht trug bereits einen unbestimmten Anschein von Niederlage. Ohne die Brille sahen seine Augen ängstlich und klein aus. Dank seiner Kurzsichtigkeit stolperte er über eine Baumwurzel im Hof und verschwand dann im Treppenhaus.

Fünf Minuten vergingen. Zwei alte Männer, die unter den Bäumen Domino gespielt hatten, klappten ihr Brett zusammen und schlurften ins Haus. Ich wartete. Hinter zugezogenen Vorhängen gingen Lichter an.

Als Manouk wieder erschien, war er allein. Ich warf einen Blick auf sein Gesicht, um Erleichterung oder Kummer oder irgend etwas anderes darin zu finden. Doch als wir wegfuhren, schien er nur etwas erstaunt zu sein, als sei er aus einem übermächtigen Traum erwacht. Das Flugzeug sei erst an diesem Morgen eingetroffen, sagte er, und sie habe sich gegen Mittag zu Bett begeben. Als er läutete, habe sie noch geschlafen. Sie habe die Türe geöffnet, und sie hätten kurz miteinander gesprochen. Er schüttelte den Kopf. »*Ihre Augen waren verklebt.*«

»Was?«

»Ihre *Augen waren verklebt.*«

Seine Stimme verriet Erstaunen und ein schwaches, mutloses Mißfallen. Zwei mit Schlafkrusten überzogene Augen, und schon war seine Leidenschaft erloschen. Als wir die Lichter von Eriwan in der Nacht hinter uns ließen, lachte er leise und selbstironisch vor sich hin, blickte auf seine Digitaluhr und preßte eine Kassette in den Schlitz.

> *You know you can't hold me for ever*
> *This boy's too young to be singing the blues ...*
> *Du weißt, du kannst mich nicht für immer halten,*
> *Dieser Bursch ist zu jung, um dauernd Trübsal zu blasen ...*

Ich blieb fünf Nächte am Sewan-See, und jeden Morgen faszinierten mich seine Wasser aufs neue. Manchmal, wenn ihn der Wind peitschte, schien es, als ob der ganze See in schäumenden Wellen nach Süden glitte; in jenem toten Land wirkte diese erregte Bewegung sehr unerwartet. Aber meist lag der See ruhig, ein stilles Auge ohne eigene Farbe, das Auge dieser Welt.

Des Nachts, wenn ich zurückkahm, nachdem ich gewöhnlich mit Manouk getrunken hatte, plauderten die Etagenfrauen. Vor allem eine Frau war es – eine zartgesichtige Ukrainerin, die mit einem russischen Fabrikarbeiter in Sewan verheiratet war –, die lange an meiner Tür verweilte. Sie sei einsam in Armenien, sagte sie, sie wolle zu ihren eigenen Leuten heimgehen oder sonstwohin weiter nördlich. Sie sprach in trauriger, musikalischer Langsamkeit. »Sie haben soviel von der Sowjetunion gesehen, und ich war noch nicht in Leningrad, ja nicht einmal in Pjatigorsk. Ist Georgien wirklich so schön, wie sie sagen? Mein Mann hat kein Auto...«

Für eine verheiratete Frau sah sie zu jung aus – ihr Mund war eine offene Blüte, ihr Gesichtsausdruck war mit siebzehn stehengeblieben –, trotzdem erzählte sie von einem zehnjährigen Sohn. Mehr als eine Stunde lang stand sie in meinem Zimmer und stellte arglos jene persönlichen Fragen, die vielen Russen ganz natürlich kommen. »Ich dachte, Sie seien Pole, weil ich Sie russisch sprechen hörte. Warum sind Sie allein? Warum sind Sie nicht verheiratet?« Ihr Geplauder enthielt keine Untertöne, aber eine eigentümlich trostlos anmutende Unschuld. »Aber meine Arbeit ist nicht schwer. Manchmal schlafe ich in meinem Sessel. Man kann nicht darüber klagen, es ist nur ein Job.«

Ihr zartes Gesicht und die braunen Augen wurden unter meinen trunkenen Blicken noch anziehender. Sie trug keinen Ehering an der Hand. Vermutlich war ihre Ehe unglücklich. Ich erinnerte mich an Geschichten von KGB-Huren in Touristenhotels, aber sie sah nicht annähernd so aus. Wenn ich sie anfassen würde, dachte ich mir, mochte sie in ihrer Einsamkeit mit der gleichen Kindlichkeit reagieren, mit der sie auch sprach. Aber ich war an eine andere Frau gebunden und hatte ein wenig Angst; und ich ließ sie mit einem meiner zerrissenen Hemden den Flur zurückgehen; sie wollte es für mich während der Nachtstunden ausbessern.

An den Morgen pflegte ich allein oder mit Manouk nach Eriwan hinunterzufahren. Einmal hielt ich oberhalb der Stadt an, um die Gedenkstätte für die von den Türken ermordeten Armenier zu besuchen, und ich war froh, daß er nicht dabei war. Wenn ich im Angesicht jener Million Toter nichts empfand, so wollte ich diese Empfindung für mich allein haben. Als ich den langen Pfad zum Monument einschlug, begegnete ich einem kräftigen Mann und seinen beiden kleinen Töchtern. Er hatte am Wegesrand angehalten und schnitt mit seinem Taschenmesser eine Wassermelone auf und stieß mir einen der eiskalten Teile in die Hand. »Hier, essen Sie! Wie steht's in England? Nicht so gut wie früher?« Er klopfte mir auf die Schulter. »Ist bei uns hier ganz genauso … Da ist noch Melone … In den letzten fünf Jahren ist alles bergab gegangen.« Ich war an diese Jeremiaden über schlechter werdende Zustände gewöhnt. So lange alles besser gewesen war als früher, war das Leben erträglich. Aber jetzt war das Dogma vom unvermeidlichen Wirschaftswachstum unter dem Kommunismus erschüttert. »Alles wird für Waffen ausgegeben! Amerika rüstet auf, dann rüstet Rußland auf und so fort. Wo wird das alles enden? Und hier stehen wir und essen zusammen Wassermelone.«

Seine Töchter starrten mich aufgeregt an, als ob ich persönlich den Friedensschluß vornehmen könnte. Bescheiden liefen sie an meiner Seite. Ihre goldenen Haare verrieten die russische Mutter. Die ältere trug die blaue Bluse und das rote Halstuch der Jungen Pioniere. Aber sie mochte sie nicht sonderlich, sagte sie; sie spiele lieber Klavier. »Wir haben nicht genügend Platz in unserer Wohnung, um selber eins zu haben«, flüsterte sie, »und auch nicht genug Geld. Im nächsten Monat bekommen wir unser erstes Auto.«

»Danach werdet Ihr wahrscheinlich ein Klavier kaufen«, sagte ich, damit ihr Vater es hörte.

Er grunzte und lächelte. Diesmal wisperte er. »Sie wird eines Tages ein Spracheninstitut besuchen ... sie ist besser in den Fremdsprachen.«

Wir gingen jetzt auf der Höhe des Tschitschernaka-Parks über eine Plattform auf das Mahnmal zu, über dem das Schneehaupt des Ararat im Dunst schwebte. Zwölf dunkle Steinmale neigten sich im Kreis über ein vertieftes Rund, in dessen Mitte eine Flamme brannte und aus dem gedämpfte Musik aufstieg. Der Chor war ungestüm und zugleich kraftlos – vielleicht war die Aufzeichnung durch häufigen Gebrauch stark abgenützt, aber wahrscheinlich war dieser Eindruck beabsichtigt. Es war, als ob die Stimmen jener unvorstellbaren Toten aus dem Grab erschallten. Es war tragisch und irgendwie endgültig. Schweigend standen wir da. Die Direktheit des Mannes war verschwunden. Er war zu jung, um seine Eltern 1915 verloren zu haben, und ich konnte nicht erraten, was er dachte. Die kleinen Mädchen scharrten mit den Füßen und starrten stumm ins Feuer, nahmen den Schmerz ihres Volkes in sich auf. Vermutlich waren sie deswegen hierhergebracht worden. Erst nach langer Zeit fingen sie an, mit dem Kaugummi, den ich ihnen gegeben hatte, herumzuspielen, und wir gingen auf dem langen Pfad zurück, plauderten über Sprachschulen und kauten Melone.

Manouks Familie war ein Vorbild armenischer Zähigkeit. Sein Vater und sein älterer Bruder hatten zu einer Zeit, als die Vororte nichts weiter waren als ein Lagerplatz, ihr Haus mit eigenen Händen gebaut. Selbst jetzt mußte man das Gebäude über Bretter betreten, die über den offenen Abflußgräben lagen. Im Hof stießen die Betonwände weiterer Behausungen aneinander, lagen Betten mit halbverfaulten Decken; und an den Fenstern, in Höhe des Schlafzimmers, kreischten Schmalspur-Güterzüge vorbei, und zwar so nahe, daß man fast hinausgreifen und von den Wagen etwas herunterreißen konnte. Aber dieser Wirrwarr rund um einen Hof, der mehreren gehörte, war kein Anzeichen für Armut. Neben allen Häusern standen arg mitgenommene Blechgaragen voll glänzender Autos.

Manouks Mutter war nach 1915 vom Libanon nach hierher ausgewandert, gleich vielen anderen Armeniern. Ihre ganze Kindheit hatten sie am Rande des Verhungerns zugebracht. Sie war schwächlich, ich selbst bekam sie allerdings nie zu Gesicht. Doch sein Vater war ein alter Herr mit blühendem Gesicht und einem sanften Lächeln und freundlichen, ziemlich einfältigen Augen. Im Alter von vier Jahren war er, ehe die Massaker begannen, aus der Türkei weggebracht worden, aber seine Eltern waren zurückgegangen und hingemetzelt worden.

»Ich wurde in Eriwan aufgezogen, in einem von Amerikanern geleiteten Waisenhaus.« Er sprach distanziert, als ob er über irgeneinen andern spräche. »Das waren gute Menschen.« Er schien zutiefst zufrieden zu sein, indes er vor einem Mahl präsidierte, das aus Huhn, Weintrauben und Branntwein bestand, und er drängte mich zuzugreifen. Er sprach von seinen Eltern, wie er von meinen gesprochen haben würde. »Ich erinnere mich nicht mehr an sie.« Er legte mir Trauben auf den Teller. »Ich hab' sie selber neben dem Haus angebaut. Hier wächst nichts anders. Das Land ist tot. In der Türkei hatten wir besseres Land, aber das ist jetzt verlassen. Sie sind alle verschwunden.«

Er nötigte mir unablässig mehr Huhn auf, hob es vorsichtig und stolz auf zwei Gabeln herüber. Dieser zärtliche Umgang mit Essen war das einzige Zeichen seiner entbehrungsreichen Kindheit. Er stand jetzt vor dem Greisenalter, im Schutz seines eigenen Hauses und seiner Familie. Ein Farbfernseher tyrannisierte das Wohnzimmer und lief sogar, während wir aßen. »Eine wunderbare Sache, diese Filme. Haben Sie Fernsehen in England? ... Ja, ich denke doch.«

Aufgewartet wurde ihm von der Frau seines ältesten Sohnes, sie kochte für ihn und bediente ihn. Er und Manouk kommandierten sie herum. Als ich fragte, warum sie nicht mit uns esse, sagten die Männer bloß: »Sie ist zu sehr beschäftigt.«

Ich hätte auch in einem arabischen Dorf sein können. Das ganze Gespräch drehte sich um die Söhne. »Mein ältester Sohn trinkt zu viel«, sagte der alte Herr und ließ dabei eine Traube auf seine Zunge gleiten, dann blickte er liebevoll über den Tisch, »aber der hier trinkt kaum einen Schluck.« Manouk machte mir ein warnendes Zeichen. »Gut, mein ältester Sohn trinkt nicht *zu* viel, aber ziemlich viel ...« Der Alte hielt inne, lächelte und lehnte sich zufrieden zurück. »Ich habe wahrhaft gute Söhne.«

Er selber hatte zuerst das Trinken aufgegeben, dann das Rauchen. Er war ein Gesundheitsfanatiker aus der Stalinzeit. Er pflegte jeden Morgen eisiges Wasser über seinen Kopf zu gießen und Liegestütze zu machen, Dauerläufe auf der Stelle und ein improvisiertes Schattenboxen gegen Feinde des sozialistischen Vaterlandes. Manouk sagte, seine eigene Generation mache sich über solche Übungen insgeheim lustig; die Bereitschaft seines Vaters zu ›Arbeit und Verteidigung‹ (wie es das nationale Fitness-Programm fordert) richte sich nicht gegen Amerika, sondern gegen den Türken. Als wir auf Armeniens zweieinhalb Jahre während Unabhängigkeit zu sprechen kamen, ausgelöscht 1921 von den Russen, wurde das Gesicht des Alten zu Holz. Düster sagte er: »Wenn die Russen nicht gekommen wären, wären die Türken gekommen.«

Manouk versuchte, die Politik zu ignorieren. Nur einmal, als wir gerade an einer Gedenkstätte, gewidmet der sowjetischen Herrschaft in Armenien, vorbei fuhren, sagte er: »Dies ist ein Denkmal unserer Verbindung mit Rußland – unserer Freiheit. Natürlich ist das Unsinn, aber was kann man machen? Wir sind grundverschieden von den Russen. Sie sind kalt, wissen Sie. Wenn ein Mensch im Straßengraben im Sterben liegt, würde ihn der Russe einfach liegenlassen, und ein Türke würde ihm den Rest geben – aber ein Armenier würde ihn aufheben« (und ihm seine Brieftasche wegnehmen, kommentierte ein Russe später).

Manouk entzog sich, wie so viele andere, der alles durchdringenden Politik durch den Rückzug in ein intensives Privatleben. Sein Wohnzimmer war anderen Göttern geweiht. Er hatte die Decke mit schwarzem Gips beschmiert, deren Stalaktiten den Eindruck einer Grotte oder eines Nachtclubs machten, und aus zwei enormen Lautsprechern strömten sentimentale Pop-Songs, die aus zwei Plattenspielern und einem Tonbandgerät kamen. Auf den Regalen standen leere Spirituosenflaschen seltenen Ursprungs als Dekoration aufgereiht, an den Wänden Poster und ein beziehungsloses Pantheon: die Beatles, die Jungfrau Maria, ein armenischer Nationalheld, der über den Ararat galoppiert, Raquel Welch, sechs Plastikengel.

Nostalgisch und beschwipst blätterte er zu den Rhythmen von Elton John in seinen Photoalben. In ihnen schien der Inhalt seines Lebens festgehalten. Die Schnappschüsse stammten alle von Picknicks und anderen Ausflügen: Ferien am Sewan-See oder im Kaukasus. Sie waren durchdrungen von einem levantinischen Überschwang der Freundschaft und einer Vorliebe für Dinge, die das eigene Selbst ins rechte Licht rücken – Autos, modische Kleidung. Auf diesen Photos schien Manouk immer in einem Haufen ausgelassener Freunde auf dem Rücken zu liegen, mit einer vollbusigen Frau darüber. Er lag träge und erregt unter einem Schwall von Wein oder von Küssen – belustigt, amüsiert, angeheitert. »Das ist Lucie!« stöhnte er. »Oh, ich erinnere mich! Als ich heimkam, waren meine Schultern voller Knutschflecken. Versehentlich zog ich mein Hemd aus, und meine Mutter fragte, wie im Himmel das passiert sei. »Freunde, sagte ich ...« – seine gierigen Hände verweilten auf den Photos, an jeder Hand hatte er einen Fingernagel so lang gelassen wie ein Mandarin. »... Und meine Mutter sagte: ›Was hast du bloß für Freunde, daß sie dich überall hinaufhauen?‹ Ach, das ist Helen ...«

Aber die Bilder waren bereits stark gedunkelt, als seien sie vor langer Zeit gemacht worden, von Menschen, die jetzt alt oder tot waren. Bald machten sie ihn trübsinnig. Schulfreunde von einst, Freundinnen von einst – ihre Gesichter waren zu unerfahren und zu offen. Sie winkten mit Flaschen oder mit Gitarren zur Kamera hin, oder stellten sich befangen zu einem Freundeskreis auf, der unwiederbringlich aufgelöst war. Ihre merkwürdig alt aussehenden Gesichter starrten uns an wie aus einer anderen Zeit. Er schloß sie weg.

Er schlug vor, ins Kino zu gehen oder auf eine Party, in den Zirkus, irgendwohin.

Ich wählte den Zirkus. Sowjetische Zirkusse sind unvergleichlich und haben kaum etwas zu tun mit den bettelarmen europäischen Zelten und ihrem freundlichen Geruch nach Mist und zertretenem Gras. Mehr als hundert gibt es davon im Land, von denen sechzig ihre Vorstellungen während des Jahres nicht unterbrechen. Sie treten in kleinen Palästen auf. In Rostow ist die Arena ein von einer Kuppel überdachtes, vergoldetes Opernhaus, umstellt von korinthischen Säulen und zweitausend Zuschauern Platz bietend. Auch der Zirkus von Eriwan war von einem großzügigen Wandelgang umgeben, in dem es in den Pausen von Rauchern wimmelte, während eine zwanzigköpfige Kapelle auf einer Ballustrade unter der Kuppel spielte. Aber anstelle der blonden, verschlafenen Kinder des nördlichen Rußlands waren hier die Ränge voller olivfarbener gestikulierender Hände Armeniens. Unter ihren dichten Haaren und ihren buschigen, stark gezogenen Brauen kreisten dreitausend schwarze Augen, füllten den Ring mit dem forschenden Blick der Heranwachsenden.

Ebenso viele Erwachsene waren da wie Kinder, kein Platz war leer geblieben. Es wurde keine flache Vorstellung geboten, sondern wir wurden Augenzeugen von leichtsinnigen, lebensgefährlichen Einsätzen. Es war, als ob die Artisten jede Nummer zum ersten Mal versuchten und dabei bis zu den Grenzen ihrer Kraft und Geschicklichkeit gingen. Und es war dieses Gespür für die Gefahr, das die Zuschauer an den Rand ihrer Sitze rutschen ließ. Ein Mann löschte die Flamme einer Kerze mit dem Schlag einer drei Meter langen Pferdepeitsche aus,

aber das brennende Lasso, das sich um seinen Körper schlang
brach zu zügellosen Flammen aus, aus denen er heraussprin-
gen mußte. Eine Seiltänzerin verlor die Balance, als sie auf
die Schultern ihres Partners herabstieg, und sie baumelte in
zwanzig Meter Höhe an ihrem Sicherheitsgurt in der Luft wie
ein Fisch, der im Licht treibt. Ein Artist am Trapez, der versucht hatte, einen Vierfachsalto zu schlagen, fiel zweimal ins
Netz, bevor er es schließlich verärgert schaffte.

Aber diese Mißerfolge elektrisierten das Publikum. Die
Künstler, eine Gruppe aus Leningrad, waren besser als jede
andere, die ich je gesehen hatte. Eine Pyramide von Akrobaten
hielt auf einem kreisenden Fahrrad die Balance. Ein weiblicher
Schlangenmensch knotete sich zusammen und entknotete
sich in einem Tanz ohne Rückgrat, glitt wie eine Schlange
zwischen Widerwärtigkeit und Schönheit dahin. Die Clowns
waren Zauberer, die Akrobaten Tänzer. Ich kam mir vor wie
zuvor im Kirow-Ballett – daß ich den Geist eines Volkes
beobachtete, der sich unter einer Decke der Verstellung offenbarte. Namentlich die Clowns wurden zu Nationalhelden, zu
Sprechern für das Herz des Volkes. Ein paar Jahre zuvor
pflegten sie die Unzulänglichkeiten der sowjetischen Bürokratie (aber nicht die der Partei) mit liebevoller und mitleid-
loser Direktheit bloßzustellen. Vielleicht machen sie das noch
immer; oder die Unzulänglichkeiten sind womöglich zu
schmerzlich geworden, um über sie noch zu lachen, denn ich
habe es nie erlebt. Ich war erstaunt, wie das Publikum reagier-
te: nicht auf die Witze der Clowns, sondern auf ihr Pathos.
Das leidenschaftliche Herz des Liebhaber-Clowns belebte
ein verwelktes Bukett für sein Mädchen; der Maler-Clown
verliebte sich in sein eigenes Bild und trug es scheinwerfer-
bestrahlt mit sich in die Dunkelheit; und die ganze Zeit über
folgten in betroffener Stille die gespannten Blicke der Kinder
und der Erwachsenen diesem sentimentalen Geplänkel.

Wenn ich zu den aus dem Fels gemeißelten Kirchen in den
Bergen östlich von Eriwan wollte, dann war ich gezwungen,

einen Führer zu nehmen. Aber ich harrte seiner mit Besorgnis. Meine Vorstellung von einem Intourist-Führer war zu einer Mischung aus Mischa und Alexander verschmolzen, geringfügig modifiziert von den freundlicheren Umrissen des Kosaken Jurij. Ich hegte keine Hoffnungen. An diesem Morgen saß das Intourist-Büro voller teiggesichtiger Männer mit Abzeichen und Aktenordnern, jeder davon geeignet, mir Unbehagen einzujagen.

Mithin kam sie wie ein Schock. Sie sah aus wie eine klassische Armenierin, Eriwaner Typ: die Züge bestimmt durch die samtartige Haut, schwarze Augen und eine lange, ausgeprägte Nase. Solche Gesichter waren zugleich zerbrechlich und hart. Sie scheinen weniger in unsere Gegenwart zu gehören, als zu antiken Basreliefs. Irinas Schönheit war besonders unnahbar und überfein. Ich fühlte mich angenehm geschmeichelt, als ob sich eine geschnitzte assyrische Prinzessin – ganz allein für mein Wohlbefinden – aus den Mauern von Niniveh gelöst hätte.

Aber man durfte Irina nicht falsch einschätzen, dafür sorgte sie schon. Ihr Vater war Armenier, ihre Mutter aber war Russin, und sie hatte die letzten sechs Jahre in Moskau gelebt. Rußland bedeutete für sie die Zukunft, Armenien die Vergangenheit. Ihr aschlbond gefärbtes Haar verriet ihre gewählte Identität. Die Armenier, sagte sie, während wir in die Berge fuhren, seien hoffnungslos patriarchalisch. Sie seien ihr gründlich zuwider. Sie hatte klare Vorstellungen, was sie wollte, und ein armenischer Ehemann fiel nicht darunter. Nein, sie sei mit einem Russen verlobt, der, wie sie selbst, zur anderen Hälfte Armenier sei. »Ich ziehe russische Männer vor – sie lassen sich leichter dirigieren.« Sie stellte die Schultern gerade und lachte: Der Ton glich klingendem Eisen. »Ich kann Ihnen aus Erfahrung sagen, daß die Männer nach Norden zu besser werden. Die Georgier sind weniger herrisch als die Armenier, aber die Russen sind angenehmer als alle beide. In einem russischen Heim kann die Frau den Ton angeben.« Sie blickte voller Zuversicht durch die Windschutzscheibe

nach vorn. Sie hatte schon alles vorausgeplant. Ihr Verlobter
sei Funker in der Luftwaffe, sagte sie, aber damit sei nicht viel
zu verdienen, daher habe ihr Vater ihn überredet, sich zum
Ingenieur ausbilden zu lassen.

»Ich weiß nicht, warum die Armenier so unmöglich sind.
Ich nehme an, es ist das Klima hier unten. Den ganzen Sommer über leben wir in einem Staubkessel. Aber dort oben«
– sie zeigte mit einem lackierten Finger nach Norden – »ist
alles kühler und langsamer. Sie spüre nicht nur, daß sie dieser
Kühle gewachsen sei, sondern daß sie ein Teil von ihr selber
sei, durch das Blut ihrer Mutter. »Die Russen reifen langsamer
als die Armenier. Ich erinnere mich noch an die Schulzeit
– sich jünger zu fühlen, jünger auszusehen. Sie verstehen,
flach.« Sie blinzelte an sich hinab, zufrieden mit dem, was seither geschehen war. Sie stellte ihre Schönheit zur Schau wie
eine Waffe.

Ihr Großvater war 1915 dem türkischen Galgen entgangen,
er spürte schon den Strick um seinen Hals. Ihr Vater war der
Kommunistischen Partei beigetreten. »Aber heute wünscht er,
er hätte mich taufen lassen – und er will, daß ich mich kirch-
lich trauen lasse.« Die assyrische Nase kräuselte sich veräclit-
lich. »Aber ich kann Ihnen einfach nicht sagen, wie eine armenische Vermählung vor sich geht. Sie würden es nicht über-
leben. Der Bräutigam trifft, herausgeputzt, im Haus der Braut
ein, dann wird das Paar von allen mit Süßigkeiten überschüt-
tet, als Sinnbild der künftigen Süße ihres Lebens. Ach! Ich
weigere mich, das mitzumachen. Später tanzt die ganze Verwandtschaft und hält dabei Geld zwischen den Fingern, mit
dem sie das Orchester bezahlen – und protzen, wie reich sie
sind. Schließlich muß auch die Braut tanzen, und jeder schiebt
ihr Geld zwischen die Finger. Ich weigere mich, das mitzumachen, und ich will nicht, daß Bänder um meinen Wagen
flattern, als sei ich irgendjemands Jacht. Auf die Kühlerhaube
des vorausfahrenden Wagens setzen sie gewöhnlich eine
Puppe – das soll beim Kinderkriegen helfen – und auf den
folgenden einen Bären.«

»Einen russischen Bären?«

»Nein.« Sie zog die Brauen zusammen. »Einfach einen ...
Bären. Und danach erwarten sie, daß man bei seiner Schwie-
germutter lebt. Auch das werde ich nicht tun. Meine Freundinnen sagen alle: ›Warum nicht, da hast du einen eingebauten
Babysitter?‹ Aber ich möchte lieber mein eigenes Leben führen. Das ist die russische Art. Auf jeden Fall will ich nicht
daheim herumhocken. Ich werde weiter arbeiten, bis ich
einmal dick und häßlich bin.« Sie schoß ein wildes Lächeln zu
mir herüber. »Also werde ich meinen Mann herumkriegen,
mit bei *meiner* Familie zu leben. Wir haben vier große Zimmer
in einer Wohnung im ersten Stock eines Hauses. Wir können
dort leben.«

»Wenn Ihr Mann einverstanden ist.«

Ihre Stirn zuckte nur eine Sekunde lang. »Ja natürlich,
wenn er einverstanden ist.«

Wir fuhren jetzt in das Dorf *Garni*, wo die armenischen
Könige zu Zeiten der Römer ihre Tempel und ihre Sommer-
paläste auf ein fast uneinnehmbares Vorgebirge über schnee-
genährten Flüssen erbaut hatten. Auf einem gepflasterten
Weg gingen wir zwischen knorrigen Bäumen und den Mauern
uralter Städte. Aber nichts bereitete mich auf das vor, was da
kommen sollte. Zu unserer Linken fiel das Vorgebirge jählings ab und es öffneten sich Ausblicke auf ein wildes Durcheinander kahler Hügel weit unten. Und vor uns, vollkommen
allein am Rand des Abbruchs, stand ein griechischer Tempel.
Vor dem Hintergrund jener kamelfarbenen Erhebungen, so
weit entfernt von daheim, ›schwebte‹ er sanft dahin. Nichts
störte ihn. Er hob sich von diesem unruhigen Hintergrund
ab, als ob ihn ein Bühnenbildner dort aufgestellt hätte, sein
ernster Basalt nach zweitausend Jahren nur wenig gedunkelt
und gesprenkelt.

Er fand Irinas Zustimmung. Der Tempel brachte Logik in
diese Wüstenei. Aber in Wahrheit waren die armenischen
Könige nur obenhin hellenisiert, und dieser Ort war eine
Stätte der Feueranbetung. Aus der Nähe betrachtet, durch-

drang orientalischer Überschwang die Friese des Tempels, da wucherten Wirbel aus steinernem Laubwerk zwischen den Masken von Löwen und unterhöhlten die ionischen Kapitelle.

Wir sahen hinunter auf das zerfallene Mosaik eines Badehauses, wo Nereiden und Seeungeheuer uneingedenk ihres argen Zustandes umherschwammen. »Wir arbeiteten, aber wir wurden nicht entlohnt«, lautet die rätselhafte Inschrift. Irina sagte, Gelehrte stritten sich noch immer über die Bedeutung dieser Worte. Aber bald kam, wie zu erwarten, ein Reiseleiter und erklärte seiner Gruppe, dies sei ein Beweis für die kapitalistische Ausbeutung der Mosaikbauer im ersten Jahrhundert nach Christus.

Wir drangen tiefer und tiefer in die Berge ein, auf unserem Weg zum Höhlenkloster *Gueghard*, das flußaufwärts in einem Tal liegt, welches plötzlich leer und überwältigend war. Zu beiden Seiten hingen graue und gelbe Wände über dem Fluß, oder sie verjüngten sich himmelwärts zu eingebeulten Orgelpfeifen. Das Kloster war ein wilder, geheimnisvoller Ort. Ein paar Pilger und Touristen liefen umher. Auf einer Terrasse versorgten Priester in schwarzen Kutten die Bienenstöcke, andere schnarchten im Schatten, und an Bäumen daneben hingen verknotete Taschentücher von Gläubigen, die sie als Zeichen einer Bitte oder einer Danksagung zurückgelassen hatten.

Irina setzte sich auf einen Stein, der einen Blick auf den Strom gestattete, und sagte mir, ich möge alleine hineingehen. »Ich mag diese Örtlichkeiten nicht. Ich liebe rationale Dinge.« Sie betrachtete ihre lackierten Zehennägel. »Diese Leute nennen sich Christen, aber die Hälfte davon ist Aberglaube – dieses Eintauschen von Wohlwollen gegen Kerzenopfer.«

Oberhalb der Klostermauern Gedenksteine an mittelalterliche Tote, die mit einem keltischen Filigran aus Kreuzen und Sternen geschmückt sind und zwischen Ritzen in den Fels gelehnt oder in den blanken Fels geschnitten sind.

Unter ihnen, und weit hineinreichend in die Steilwände, gräbt sich ein gewundenes Labyrinth von Kirchen, Zellen und Totenkapellen durch die dunklen Eingeweide der Erde. Die Fresken und das Kirchenmobiliar sind verschwunden, aber die Räume selber ächzen und stöhnen vor wilder, unzerstörbarer Strenge. Getragen werden sie von der passiven Kraft des ganzen Berges. Ihre unterirdischen Pfeiler reichen hinauf zum monolithischen Schwung von Bögen und Türstöcken. Aus ihren Wänden wurden da und dort Kreuze herausgemeißelt, die sich wie ein Zauberspruch wiederholten, und über den leeren Gräbern der Fürsten finden sich ihre herausgeschnittenen Wappen. Man spürt die ewige Finsternis. Das Sonnenlicht dringt nur durch einige wenige Scharten und durchbrochene Kuppeln hindurch, und der schwarzrote Basalt des gemauerten Steins unterscheidet sich nicht von dem gewachsenen Fels.

Ich konnte verstehen, warum Irina diesen Ort mied. Er war allzusehr Teil ihrer verleugneten Vergangenheit. Sie hätte gern die Dunkelheit blond gefärbt wie ihr Haar.

Was mich anlangt, ich fühlte mich zurückversetzt in den Nahen Osten. Ich ging an islamisch anmutenden Gebetsnischen vorüber und tappte unter Stalaktitengewölben umher wie unter denen des mameluckischen Ägypten. Namenlose Grabsteine hallten unter meinen Füßen wider, und da und dort verriet ein kerzenrauchgeschwärzter Alkoven, daß dort noch immer Gottesdienste stattfinden. Ich stieß auf eine Quelle, die aus einem Felsspalt hervorsprang, wo heute noch Babies getauft werden. Eine gutgekleidete Familie ging an mir vorbei, und sie wuschen sich dort mit heidnischer Feierlichkeit ihre Gesichter; zwei alte Frauen tauchten eine Flasche ins Wasser, und ein Knirps kletterte in die Grotte, um Kerzen anzustecken.

Die Kirche, so erzählte mir ein Armenier, sei die Seele des Volkes. Doch als ich aus der Schwärze dieses Mutterschoßes ans Licht trat, fand ich Irina mit ihrem intoleranten Gesicht auf und ab gehen, sie wollte zurückfahren.

IX

Am Schwarzen Meer

ENDE SEPTEMBER war ich zurück in Suchumi am Schwarzen Meer, unweit der Grenze zwischen Georgien und dem eigentlichen Rußland. Hier schwinden die Berge allmählich dahin, und an die Stelle ihrer Lebendigkeit setzt sich die slawische Geduld, welche anscheinend die Gegenwart gänzlich vernachlässigt und ihr ausdauerndes Augenmerk auf etwas richtet, das sich unklar in der Ferne abzeichnet. Diese Ruhe erleichterte mich, vielleicht weil ich allein war. Sie war nicht bedrohlich. Sogar die russischen Kinder – davon gab es hier viele – pflegten sich nur in einem vorsichtigen, Abstand haltenden Kreis um den Wagen zu versammeln und ihre scheuen Fragen bezüglich seiner Geschwindigkeit und seiner PS-Zahlen zu stellen.

Diese Schwarzmeerküste versetzt einen an die Ufer der Provence oder Istriens. *Suchumi* liegt auf dem gleichen Breitengrad wie Nizza. Seine Prachtstraßen sind berauschend mit ihren Bananenpalmen, ihrem Oleander und Eukalyptus, und die Farne auf den Böschungen daneben sind durchsetzt mit rankenbedeckten Eichen. Die Stadt trifft den Liebhaber des Mittelmeeres mit seltsamer, nostalgischer Verwirrung, so wunderlich-vertraut sind ihre Düfte und ihre Geräusche. Zypressenbäume wie dunkle Flammen, und Blumenrohrlilien glänzen zwischen den Parkanlagen am Wasser einer gezeitenlosen See. Wenn man die Augen halb schließt, werden aus den herumbummelnden Urlaubern aus dem Norden Deutsche und Briten an der Ägäis; und auch das Schwarze Meer wird von der gleichen Vergangenheit durchzogen – den vollgetakelten griechischen Handelsschiffen, zwischen ihren Kolonien

unterwegs, osmanischen Galeeren, die die Küsten überwachen, venezianischen Sklavenschiffen auf dem Weg zur
Krim. Das Meer ist warm von Geschichte und menschlichem
Wandel. Es verwischt alles Absolute, sich selbst ausgenommen. Die perlmutterbesetzten Schaukästen an seinen Prome-
naden zeigen seltsam illuminierte Szenen – wovon? Nicht
vom Zwanzigsten Parteikongreß, sondern von den Folies-
Bergères und von König Eduard VII., wie er gerade das
Parlament eröffnet.

Die blonden Russen unternehmen Bootsfahrten und wählen Souvenirs aus, oder sie verfärben sich an den Stränden
krebsrot. Eine Burg vermodert dort am Meer, deren Türme
nur noch steinerne Daumen sind, und aus deren Mauern
Feigenbäume hervorbrechen; in ihrem Inneren: Slum, ver-
fallene Blechhütten mit Gipswänden und Hunde, die im
Staub schlafen. Ein Hinweis auf die antike Welt hat sich in
einem zerborstenen Turm im Meer, jetzt ein Restaurant,
erhalten; er ruht auf den Ruinen des griechischen Dioskuria,
dessen Akropolis unter den Wellen liegt.

Eine herrische alte Dame mit einem großen, allerdings
verblichenen Strohhut – eine Dame, die unerklärlicherweise
den Seiten Tschechows oder der Geschichte entsprungen
ist – setzte sich in dem Restaurant neben mich. Sie erhob ihr
Lorgnon vor die regungslos geöffneten blauen Augen und
bestellte alles, was teuer war. Sie hätte auch an der Promenade
des Anglais in Nizza dinieren können. Als ich sie ansah, fiel
mir ein, wie selten ich mich in Rußland gefragt hatte, wer
einer wohl sei. Sie sahen einander allzu ähnlich (obschon sie
es nicht waren). Aber diesmal fragte ich mich. War sie vielleicht eine übriggebliebene Golizyn oder eine Schuwalow?
Sodann wandte sich das Lorgnon mir zu.

»Sie sind Pole«, sagte sie. Das war eine Feststellung und
nicht etwa eine Frage. »Wir haben hier etwas, was Sie in Polen
nicht haben: das Institut für Experimentelle Pathologie. Das
ist das einzige Interessante in dieser verlorenen Stadt. Sehen
Sie's an!«

»Was ist da zu sehen?« Ich konnte mir nichts vorstellen, dachte an ansteckende Krankheiten.

»Paviane.«

Ich staunte sie an. Aber inzwischen blickte das Lorgnon hinunter auf Steinberge, die unter uns in der See lagen. Wir blickten wahrscheinlich auf das, was vom antiken Dioskuria geblieben war – ein herumziehender englischer Schriftsteller und eine russische *grande dame* aus ... doch das habe ich nie erfahren. Weil im nächsten Augenblick die Kellnerin zurückkam, um mitzuteilen, daß es keinen Lachs mehr gäbe.

Das Gesicht der Ex-Herzogin (oder wer immer sie auch war) verhärtete sich, dann stieß sie mit ihrem blauen Regenschirm dreimal auf den Boden, als wolle sie ein Regiment Kosaken herbeibefehlen, und verkündete: »In dieser absurden Stadt klappt nichts. Die Züge fahren nicht, das Hotel funktioniert nicht. Und jetzt die Restaurants« – und sie erhob sich und marschierte davon.

Ihren Ratschlag bezüglich der Paviane beherzigte ich. Das Institut der Pathologie, wo 1948 Geschwülste künstlich hervorgerufen wurden, unterhielt einen Stamm von zweitausend Affen, um an ihnen Experimente durchzuführen. Ihnen wurden ständig Injektionen verabreicht – ein hilfloses Schlachtfeld von Erregern und Abwehrkörpern –, die Käfige bedeckten einen ganzen Berghang. Ihre Aufgabe war es, Menschenleben zu retten, indem sie künstliche Krebstumoren und Leukämie ertrugen und elendiglich daran eingingen.

In einem der Laboratorien begegnete ich einer Assistentin, die mich herumführte – eine Frau mit einem tatarischen Mondgesicht und einer Haut, talgig wie Butter. Sie zerriß sich bei ihrer Arbeit zwischen Widerwillen und Hingabe. Sie liebte die Tiere, aber ihre Mutter war an Krebs gestorben. Wir gingen zwischen den Käfigen unter den Bäumen umher. Nie zuvor habe ich so einen Berghang voller Affen gesehen, und ich war mir peinlich bewußt, wie menschlich sie erschienen. Sie hielten ihren Kopf traurig zwischen den Händen und blinzelten unter beweglichen Brauen zu uns herüber. Die

Jungen klammerten sich mit unbeholfener Zärtlichkeit an die Brust ihrer Mutter, zogen sich von der Sonne in den Kreis ihrer Arme zurück. Die älteren paarten sich oder führten groteske Feldzüge gegeneinander. In einigen Käfigen saßen sie auf hölzernen Bänken, wie Verbrecher, jeder von ihnen mit einer mit Tinte gemalten Nummer auf seinem Schenkel; und die Käfige weiter oben, deren Affen bereits mit dem Gift geimpft waren und unter Beobachtung standen, waren plötzlich ruhig, oder leer.

Die meisten waren Paviane oder Makaken. Aber da gab es auch winzige moorfarbene Affen; zarte rostbraune und cremefarbene Affen aus Westafrika, die Reis und gekochte Eier gleich schüsselweise herunterschlangen; und schöne, ruhelose Totenkopfaffen, die auf elastischen Beinen hinter ihren Gitterstäben patrouillierten. Schließlich gelangten wir zu einer Terrasse, wo die Affen von gefällten Bäumen die Rinde abgeknabbert hatten; sie glänzten wie Stein. »Hier herrschte einmal üppiger Pflanzenwuchs«, sagte die Frau. »Palmen, Sträucher, Gras – sehen Sie sich an, was sie gemacht haben!« Da saßen sie in großen, trübsinnigen Gruppen – flohten sich, rauften, masturbierten. Innerhalb von zwei Jahren hatten sie ihr trügerisches Paradies in eine Wüstenei verwandelt.

Wir schlenderten an dem rotgesichtigen Macacus speciosus vorbei. »Die hier zeigen eine gute Reaktion auf Krebs«, sagte sie, »falls man das sagen kann. Und die Paviane und die braunen Makaken sind gut für Leukämie.« Ihre Stimme nahm jene schmeichelnden Gaumentöne an, die dem Russischen seine besondere Seelenfülle verleihen. »Arme Lieblinge, sie müssen viel leiden. Natürlich werden sie behandelt, aber sie sterben. Wir haben die Lösungen noch nicht gefunden. Aber sehen Sie sich diesen Backenfurchenpavian an! Wie schön der ist! Er läuft immerzu hin und her. Sehen Sie diese feingliedrigen Finger!«

Krebs und Herzkrankheiten seien im Zunehmen begriffen, sagte sie, selbst im lieblichen Suchumi, wo ein weiteres Institut die Bergvölker des Kaukasus studierte, Stämme mit der höchsten Lebenserwartung, einige dieser Menschen erreichten ein Alter von einhundertvierzig Jahren. Sie blickte unglücklich in die Käfige. »Manchmal bricht eine Krankheit erst Jahre nach der Einspritzung aus. Häufig wird sie durch Urin oder Speichel auf die Jungen übertragen, diese armen Seelen, vielleicht auch vererbt.« Sie selbst hatte keine Kinder und betrachtete die schöneren unter den Affen mit unverhüllt mütterlicher Zärtlichkeit: aber ihnen war bereits der Tod eingeimpft.

»Hier verbringe ich oft meine Mittagspause. Aber manchmal bin ich zu traurig, sie anzusehen.« Ihre Augen wurden feucht, während sie nur davon sprach. »Hören Sie, wie die Rhesusmakaken singen! Die Paviane bellen wie Hunde, aber die hier sind eher wie Vögel!« Wir lauschten. Aufgeschreckt von Touristengruppen ließen sie ein Zwitschern und Gurren wie im Dschungel hören. Die Georgier neckten und verspotteten sie, aber die Russen fütterten sie unerlaubterweise mit Oliven und ergingen sich in Gefühlsduseleien. In dem Plappern der Frauen überstürzten sich die zärtlichen Diminutive, bis jedes zweite Wort mit einem -*chik* oder einem -*nka* endete. Selbst die Assistentin sprach von Äfflein und Pavianchen.

»Bei den Pavianen gibt's immer ein dominierendes Männchen. Das ist doch wunderbar! [Sie lachte.] Er ißt zuerst, dann kommt das rangnächste Männchen dran und zuletzt die Weibchen.« Das klang nach Armenien. »Aber das Seltsame ist, daß sich die Reihenfolge beim Fressen so häufig verändert. Einige ranghöhere Männchen lassen sogar die andern zuerst fressen, was ich ihnen als große Höflichkeit anrechne.«

Dann agierten also nicht einmal die Affen kollektiv, neckte ich sie, handelten darin ganz menschlich.

»Da haben Sie recht«, lachte sie. »In diesen Käfigen gibt's viel kapitalistisches Unternehmertum. Hören Sie sich das an –«

Eine Kolonie von Rhesusmakaken war in ein Riesenspektakel ausgebrochen, ihre weichen Dschungellaute verwandelten sich zu schrillen Schreien. Nummer 15179 hatte Nummer

15 387 angegriffen, und der Käfig hatte sich zu einem Wirbel
gefletschter Zähne und heftig blutender Ohren verwandelt.
Ein großes umherstreifendes Männchen packte einen jungen
Rivalen und tauchte ihn in den Wassertrog, zerrte ihn dann
heraus und biß ihn; jetzt suchte dieser bei seiner Mutter
Schutz, die ihn von Zeit zu Zeit vorsichtig mit ihrer Hand
liebkoste.

Gelegentlich machte mich ein altes Gefühl rasend und deprimiert, daß ich mit diesem Land niemals richtig in Berührung
gekommen war, und der Drang, es körperlich zu spüren – seine
Wege und seine vergessenen Dörfer – wurde so stark, daß ich
den Wagen anhielt und in die Wälder lief.

Unweit nördlich von Suchumi, lief ich in einem dieser
Anfälle von Ungeduld zu einer römischen Festung, die undeutlich hinter Bäumen dreihundert Meter hoch in den Bergen lag. Je höher ich kam, desto mehr glättete sich die Küste
unter mir zu toskanischer Ruhe der Weingärten und der
Zypressenbäume. Nur die geheimnisumwitterte argonauti-
sche See faßte glitzernd die Landvorsprünge ein und zerstörte
die Illusion, man stehe vor einem Florentiner Gemälde, dem
gepflegten Hintergrund einer Renaissance-Madonna.

Wo ich herumkletterte, hatte sich die Erde von den steini-
gen Böschungen gelöst, und grauwurzelige Bäume klammerten sich an den felsigen Boden. Der einzige Mensch, dem ich
begegnete, war ein schwachsinniger Jugendlicher, der unweit
eines Dorfes herumstreunte, das verlassen aussah. Die römischen Festungsanlagen verschwanden und erschienen wieder
über mir, tief im Wald verborgen. Sie umgürteten den Berg
in fahlen Steinwällen und Türmen, die vor Laubgerank strotzten. Gemildert durch den Verfall und die Einsamkeit, glichen
sie eher einem romantischen Stich als einer strategischen
Bedrohung. Der Soldatenkaiser Trajan erbaute sie im zweiten
Jahrhundert, und sie waren schmerzlos in die Macht der
Byzantiner hinüber und aus der Geschichte herausgewachsen.
Gleichwohl waren sie noch immer schrecklich, gewürgt von

Baumwurzeln, ihre aus Ziegelstein gemauerten Verbindungs-
gänge fest und stark. Ein byzantinisches Vorwerk ragte über
den Wald hinaus, die Gewölbe seiner Halle zerborsten und
der mittlere Pfeiler umgestürzt. Über eine Eingangsrampe
durchstieg ich die Mauern. Jenseits davon erhob sich der ver-
teidigte Hügel, bestanden mit lichtem Wald, dessen Bäume
bereits ihre Blätter verloren. Der Hügel war zum Erschauern
leer. Rote Eichhörnchen raschelten über die Zweige. Ulmen
wuchsen aus moosglänzender Erde, aber die Böschungen
rundum waren bis auf den Fels und das Geröll entblößt, als
ob die Gebeine des Berges selber durch die zerbrechliche
Erdkruste hervorbrechen wollten. Kaum ein Lufthauch. Die
knorrigen Bäume, zerzaust von Winterstürmen und vom
Wind verdreht, standen in dem Schweigen, als ob sie noch
immer von einem unsichtbaren Orkan geschüttelt würden.

Der Berggipfel schwebte über halb Abchasien – dem Land
eines Volkes, das älter und mächtiger war als die meisten
Stämme des Kaukasus und das als letztes von den Russen
besiegt wurde. Hier besitzt es eine kleine sogenannte Republik für sich. Aber der einzige Abchasier, den ich traf, war ein
älterer Kolchosbauer, der mich begrüßte, als ich hinabstieg.
Die Abchasier seien mit dem Leben sehr zufrieden, erklärte
er, indes er mich mit tückischem selbstgegorenem Wein, mit
dem Käse seiner Ziege und mit Mandarinen von seinen Bäumen traktierte. Die Russen erlaubten ihnen ihre eigene Sprache, ihre eigenen Zeitschriften, ihre eigenen Fernsehprogram-
me. Vielleicht war es nur in meiner Einbildung, daß sein
Falkengesicht von Zeit zu Zeit einen geheimistuerischen,
verschlagenen Zug annahm. Vor Stalins Tod gab es Pläne,
die gesamte abchasische Bevölkerung ins Binnenland zu ver-
schleppen, weil man sie für unzuverlässig hielt.

Aber dem Bauern ging es gut. Sein zweistöckiges Gebäude
stand in einem Hain, umgeben von seinen eigenen Pfirsich-
und Orangenbäumen. In der Mitte seines Wohnzimmers
kuschelten sich ein Fernseher und ein Telephon wie Schoß-
tiere, und ein Kühlschrank beherrschte die gesamte Küche.

Die Hutablage war ein Museum von Kopfbedeckungen: Strohhut, Schlapphut, Arbeitermütze, Homburg, Filzhut. Seine Söhne, sagte er, seien Taxifahrer beziehungsweise Wächter im Sanatorium des benachbarten Sotschi, und er sei stolz auf sie. Die Spielsachen ihrer Kinder lagen, zur sanften Verzweiflung seiner Frau, im ganzen Erdgeschoß über dem Linoleumboden verstreut.

»Abchasien ist ein gutes Land – reich«, sagte er. »Gibt es in England viele Abchasier?«

»Nun, ich hab' ...«

»England ... England ...«, besann er sich, kramte in seiner Erinnerung nach irdgendeinem Faktum oder einem Bild. »Ah ja, Churchill!« Aus einem großen irdenen Krug goß er Wein nach. »Ich hab' Ihre Königin, Mrs. Churchill, in unserem Fernsehen gesehen. Sie hat weißes Haar und ist sehr schön, aber ihr Kopf ragte aus einem Panzer heraus.«

Schwach erkannte ich Mrs. Thatcher. Die sowjetischen Nachrichtenagenturen hatten dieses Photo von ihrem Besuch bei einem Panzerregiment verbreitet, um ihre Angriffslust zu beweisen. »Ich bin nicht einverstanden damit«, sagte der Bauer vorsichtig, »daß Frauen fahren.«

Am nächsten Tag sah ich mehr Abchasier. Schlanke, dunkle Männer auf schlanken, dunklen Pferden, so trieben sie ihre Rinder und ihre stolz-gehörnten Ziegen die wilden Täler unterhalb des Ritsa-Sees hinab und lassen sie am Meer überwintern. Aber an dem Urlaubsort *Sotschi* hörte diese Nomadenfreiheit auf, und ich war in Rußland. Sotschi, Suchumi und Jalta sind die begehrtesten Ferienorte des Landes, und Mitglieder des Politbüros halten sich hier bescheidene Villen. Auf meinem Zeltplatz prasselte der Regen die ganze Nacht, schüttelte meinen Wagen heftig, so daß ich erwachte und mich unter geknickten Bäumen fand. Blitze leuchteten über eine trübe und bleifarbene, schäumende See.

Am Morgen hatte sich der Sturm zu einem Dauerregen abgeschwächt, und einige von den Campern gingen hinunter und sprangen in die abnehmenden Wellen. Um sieben Uhr

belagerten die andern die Waschräume, standen reihenweise
in ihren Jogging-Hosen, mit nacktem Oberkörper, vor zerbrochenen Rasierspiegeln, indes ihre Frauen, schläfrig, mit
Slippern und geblümten Nachthemden bekleidet, sich fata-
listisch mit Kochtöpfen und Handtüchern zwischen den
Pfützen abmühten.

In Sotschi gab es unzählige jener titanischen Sanatorien,
die in den Stalin-Jahren so geschätzt wurden – grandiose
Paläste im italienischen Stil, wo verdienstvolle Werktätige
von ihren Gewerkschaften hingeschickt wurden, um einen
26tägigen Aufenthalt mit Baden im Meer, Vorträgen und
Thermalbädern zu verbringen. Wie die Untergrundbahnen
in Moskau, so bringen auch diese Einrichtungen den Massen
den Pomp des Luxus nahe. Terrassen mit Säulenhallen führen
durch brunnenbesprengte Gärten zum Meer, und die spartanischen Schlafsäle sind umsäumt von korinthischen Kolon-
naden. Die Besucher kommen und gehen in unterwürfiger
Stille, auf der Suche nach den Stränden.

In einem dieser Sanatorien, dank der Regenflut nur halb
sichtbar, fand ich eine mollige Aufseherin, die mir die Gebäu-
lichkeit vorstellte. Siebenhundert Menschen waren dort untergebracht, aber ich fragte mich, wo sie alle steckten. Das
weißbekleidete Personal und die enorme Größe lösten einen
unbestimmten Alarm in mir aus – eine verlorene Geschichte von Kafka. Ein paar Männer standen unter den Säulenhallen an riesigen Schachbrettern, bewegten überlebens-
große Läufer und Bauern. Vier Frauen kamen aus dem Fri-
siersalon des Sanatoriums, bekrönt mit aufgedonnerten Vogel-
nestern, und liefen schnurstracks hinaus in den zerstöreri-
schen Regen. Es war merkwürdig trostlos. Es erweckte den
Eindruck, daß anderswo etwas passierte; aber es geschah
nichts. Die Morgen, sagte die Aufseherin, vergingen in den
Gesundheitsstätten mit Diagnosen, mit Massagen, Schwefel-
inhalationen, Röntgen und Ultraviolett-Bestrahlungen. Die
Nachmittage gehören den Patienten, sie verbringen sie am
Meer.

Die Aufseherin war unerbittlich. Sie stapfte mit doktrinärer Autorität durch die Gänge. »Werfen Sie einen Blick auf unser liebliches Meer!« rief sie aus. Wegen des Regens sah man es nicht. »Sehen Sie, wie schön unsere Gärten sind!« Sie waren pitschnaß und verödet. Als wir zu einem leeren Saal kamen, erklärte sie: »Hier wird immer gespielt.«

Ich glotzte. »Wo? Wann?«

»Jetzt. Ständig.« Angesichts der verkündeten Wahrheit war die objektive Tatsache nur ein Spinngewebe.

Wir gingen an Anschlagtafeln vorbei, auf denen Zeitpläne steckten: »7.45 Uhr Fitnessübungen. 8.15 Uhr Erste Gymnastikstunde ...« Eine Reihe von Vorträgen war angekündigt: ›Die Politik der Kommunistischen Partei der Sowjetunion‹, ›Erinnerungen an Edith Piaf‹, ›Die Pläne der Partei sind die Pläne des Landes‹. Eine verschlossene Bibliothek stellte anläßlich des 110. Geburtstags Lenins Poster aus. Diktatorische Schilder verkündeten: ›Der Mensch sollte und er muß das Rauchen aufgeben‹, darunter Schaubilder von zerfallenden Lungen. In der Ecke versteckte sich eine Büste Stalins.

»Diese Häuser sind tot«, sagte Wasilij, ein Student, den ich im Restaurant des Zeltplatzes kennenlernte. »Die sind nur für die Alten gut. Jeder ist so ernst, daß man kotzen möchte. Eigentlich ist es ein Privileg, hierherzukommen – man braucht dazu ein ärztliches Attest –, aber sie lassen hier nicht einmal Diskotheken zu. Man dreht einfach durch. Die meisten jungen Leute gehen daher lieber zu anderen Erholungszentren, oder sie gehen alleine irgendwohin. Ich bin nur in ein Sanatorium gekommen, weil ich Asthma habe.« Er fuhr zusammen. »Im August, wenn die Ambrosia herauskommt, verstopft sich meine Nase, und die Augen tränen.«

»Was ist Ambrosia?«

»Dieses Unkraut ... es traf mit amerikanischen Getreideimporten ein. Zumindest gab es das nicht vor zwanzig Jahren, und heute haben wir's überall.« Er verzog das Gesicht. »Ich will nicht herumnörgeln ... aber Sie sind doch nicht Amerikaner, oder?«

Sein Gesicht war das eines nervösen Ästheten, die Augen und der Mund standen niemals still. Vielleicht war sein Asthma weniger durch das Ambrosienkraut hervorgerufen worden als durch eine private Kümmernis.

»Wir haben auch den Kartoffelkäfer durch diese Getreidekäufe bekommen«, fuhr er fort, »und jetzt gibt es hier überall amerikanische Schmetterlinge, ziemlich hübsche. Das ist komisch ...«

Aus der sternenlosen Nacht prasselte und klatschte der Regen an die Fenster des Restaurants, aber im Innern, überall um uns her, öffneten Camper aus Georgien mit lautem Knall Champagnerflaschen, was Wasilij körperlich schaudern machte. »Ich mag das Trinken nicht.« Wie heikle alte Jungfern schlürften wir trockenen Weißwein und taten so, als seien die Georgier überhaupt nicht da. Während sie ihre Lieder brüllten, versank er in ein geistesabwesendes Träumen, von dem ich einst geglaubt hatte, es sei nur eine Erfindung der russischen Literatur. Was er mit seinem Leben anfangen solle. Er sei bereits mit neunzehn voller Hoffnungslosigkeit. Warum sei gerade er so melancholisch. Er wisse es nicht. Vielleicht sei es die Größe des Landes, die sein Volk so traurig mache. Hinten in Sibirien und selbst im westlichen Teil Rußlands könne man Hunderte von Meilen gehen, ohne einer Menschenseele zu begegnen. Bloß ein paar Schneeulen und Wölfen. Dann fing man an nachzudenken. Und dann wurde man traurig. Ja, es sei die Größe von allem, die einen schwermütig mache.

»Vielleicht *lieben* wir es sogar, uns jämmerlich zu fühlen.« Er zuckte vor einer neuen Salve von Champagnerkorken zurück. »Ich kann zum Beispiel immerzu aufs Meer hinausblicken ... auf diese Weite. Haben Sie sie bemerkt letzte Nacht – diese Wellen? Wellen, immer nur Wellen. Da habe ich nur geschaut und immerfort ...«

Manchmal wurde sein Ton sanfter und verflüchtigte sich, als ginge er über in die Leere der See. Dann brachte ihn das Blubb eines georgischen Korkens zu widerwilligem Erstaunen. »Diese Georgier ... auf gewisse Weise beneide ich sie.

Wenn einer einem Russen die Tür vor der Nase zuschlägt, dann zuckt der mit den Schultern und haut ab. Aber ein Georgier klettert immer durch die Hintertür herein. Eigentlich sieht man sie nie arbeiten; sie hocken einfach in Cafés herum. Aber wir Russen, ich glaube nicht, daß wir für das Leben in der Stadt geschaffen wurden ...« Die Stimme verlor sich ... blubb! blubb! ... und kehrte zurück.» Ich hasse unsere großen Industriestädte, Moskau ganz besonders. Dort verroht alles, wird häßlicher ...« blubb!» ... die besten Leute sind die Sibirier, wissen Sie. Die sind auf eine Weise ehrlich und großzügig, die uns hier im Westen abhandengekommen ist. Vielleicht werde ich meine Zukunft in Sibirien finden ...«

Jetzt fiel der Regen in beständiger, schwerer Sturzflut nieder, und Wasilijs Geist wurde von ihm weggeschwemmt. Man sagt, der Russe sei wie eine Zwiebel: je mehr man davon wegschält, desto mehr müsse man weinen. Und Wasilij hatte sich bis auf den Kern geschält. Ich hatte das Empfinden, daß er auch körperlich verschwand, mit dem Regen davonfloß. Sein Reden war nur noch ein Gemurmel mit sich selbst.» Jetzt wird es tagelang regnen. Alles dauert hier so lange ...«

Nach Norden zu, dreihundert Kilometer weit, kamen die Vorberge des Kaukasus steil und einsam zur Küste herab, und meine Straße lief in ihre Täler hinein und wieder heraus. Manchmal waren die Hänge mit windgepeitschten Birken bedeckt; am Ende der Buchten erschien die See als türkisfarbenes Dreieck, während das Wasser in den Buchten, durch kleine unsaubere Flüsse verunklart, verschwommene Regenbogenfarben von Saphir zu tiefem Violett widerspiegelten.

Als die Dämmerung hereinbrach, war ich oberhalb der hufeisenförmigen Bucht von *Noworossiisk* angekommen und wandte mich schließlich über die schläfrigen Buckel und das Bauernland des Don inlandwärts. Die arabischen Lieder des Kaukasus verklangen in meinem Radio, und statt ihrer hörte ich Nachrichten, eingebettet in die Tätigkeitsberichte von Parteihonoratioren. In den Außenbezirken von Krasnodar erkannte ein ausgemergelter alter Mann das westliche Auto; er rannte herbei, hieb mit der Faust auf die Kühlerhaube und brüllte dazu: »Wir haben keinen Kapitalismus! Keinen Kapitalismus! Sagen Sie Ihren Leuten daheim, daß wir keinen Kapitalismus haben!«

Nach Überqueren der polnischen Grenze hatte ich mir geschworen, nicht zu streiten, sondern zuzuhören. Jetzt wurde ich mir schwach bewußt, daß die Spannungen aus diesem selbstauferlegten Schweigen sich gefährlich in mir ansammelten. Zehn Minuten später sagte ein Mechaniker in einer Werkstatt, wo ich ein Loch im Reifen reparieren ließ, zu mir: »Im Westen haben Sie noch Schlauchreifen. In Rußland haben wir die seit zwanzig Jahren nicht mehr. Wir liegen vorn.« Hinter solchen Erklärungen, manchmal sind es Flunkereien, brennt ein schmerzliches Gefühl der Unterlegenheit. Grausam fragte ich ihn, wie lange er im Westen gelebt hätte, daß er solche Dinge wüßte.

Krasnodar schien es vorbestimmt zu sein, mich zu entmutigen. Es ist eines jener gesichtslosen sowjetischen Ballungszentren, die binnen ein paar Jahren eindrucksvoll aus dem Nichts herausgewachsen sind, aber durch ihre Gleichförmigkeit enttäuschen. Da es keinen Campingplatz gab, hatte man mir ein Hotel zugewiesen, in dessen Foyer unzählige Männer herumlungerten. Das machte mich unbehaglich. Ich schlich mich davon, um Freunden eines englischen Bekannten ein paar Kinderbücher hinzubringen, verlor mich aber bald in einem Geflecht absolut gleich aussehender Straßen. Als ich die Wohnung schließlich ausfindig machte, traf ich in ihr eine geistvolle blonde Lehrerin an. Ihr Mann war mit Studenten auf einem jener ›freiwilligen‹ Arbeitseinsätze, die in Wirklichkeit erzwungen werden; sie halfen Bauern, die Traubenernte einzubringen. Lachend zog sie gegen Krasnodar vom Leder. Es sei jämmerlich langweilig, sagte sie; in diesem Sommer habe sie ihren achtjährigen Sohn nach Leningrad gebracht, bloß um ihm zu zeigen, daß eine Stadt auch schön sein könne. Sie finde die Vorstellung schrecklich, mit ihren beiden Kindern den ganzen Tag in der engen Wohnung zuzubringen; da arbeite sie lieber in einer Grundschule am andern Ende der Stadt. Aber sie habe keine *babuschka* zum Babysitten – nur einen funkeläugigen, fünfundachtzigjährigen Großvater (»er kann nicht aufs Baby aufpassen, er ist ein *Mann*«) –, daher besuche ihre zweijährige Tochter seit dem Alter von sieben Monaten eine Kinderkrippe, wo sie von acht Uhr morgens bis acht Uhr abends untergebracht sei.

Das war nicht ungewöhnlich. Millionen von Kindern werden im Alter von einem Jahr, oder früher, dem nivellierenden Gruppengeist des Kindergartens anvertraut; die Erzieherinnen sind mütterlich, drängen sich den Kindern auf, und selbst die Eltern scheinen mit instinktiver Furcht die Kinder vor ihrer eigenen Individualität beschützen zu wollen – noch vor den harmlosesten Träumereien. Schon seit achtzehn Monaten war also das zweijährige Mädchen, das jetzt auf den Knien seiner Mutter schmollte, einer Erziehung unterworfen, deren Zweck es ist, »einen überzeugten Kollektivisten heranzubilden«, wie ein sowjetisches Lehrbuch schreibt. Sie hatte gelernt, Lieder auf Lenin und das Vaterland zu singen, und ihr langsam erwachender Geist nahm bereits Geschichten über die Oktoberrevolution auf. Der Anblick der Bücher, die ich aus England mitgebracht hatte – helle, phantasievolle, wunderliche –, schien das kleine Mädchen nur mit ängstlicher Vorsicht zu erfüllen. Sie wandte sich tränenreich ab von ihnen, der Mutterbrust zu, und schob alle ihre Finger in den Mund.

Zurück durch die Steppen des Don und südwestwärts entlang der Wasserscheide des Dnjepr, brachte mich die Straße nach drei Tagen und 1600 Kilometern zur Spitze der Krim. Jetzt war die schwarze Erde da und dort von lebendigem Grün beschattet. Die Dörfer waren alle aus Backstein, aber es waren wenige, und diese standen verloren zwischen dem Ackerland der Kolchosen, auf deren Eingangstore, nach der Straße zu, Sicheln und Getreidegarben und ›verschränkte Hände‹ gemalt waren. Es schien, als könne in dieser weiten ukrainischen

Ebene niemals etwas sich ändern oder etwas passieren, und als vor mir ein Wagen ins Schleudern kam und die Böschung in die Felder hinabrutschte, da geschah dies in unwirklicher Ruhe. Ich fand einen kleinen, betrunkenen Mann, der in seinem Wrack gefangen saß. Seine Frau wurde durch die Windschutzscheibe geschleudert. Sie lag wie völlig unpassend zwischen den schwarzen Furchen, während aus dem Dorf sechs oder sieben Frauen bereits heranliefen und ganze Beutel mit Puder über sie streuten. Ich zwängte die Autotüren auf. Der Mann humpelte heraus, ergriff meine Schultern und setzte sich neben seine Frau. Sie war jetzt völlig mit Puder bedeckt, wie eine längst verweste Leiche, aber plötzlich stand sie auf und staunte ihren Mann mit offenem Mund an. Keiner sagte ein Wort. Das Auto war nur noch ein Wrack, aber die beiden schienen unversehrt zu sein. Einige Lastwagenfahrer hielten an und rannten herbei und bildeten dann einen mürrischen Halbkreis um uns. Niemand fragte etwas oder bot eine Erklärung an. Nur die Lastwagenfahrer, die meinen britischen Wagen bemerkt hatten, schauten mich an und murmelten sich etwas zu, was wohl zwischen patriotischer Demütigung und Dankbarkeit lag.

Diese Nacht verbrachte ich auf dem Zeltplatz von *Saporoschje*, eine Tagesreise von der Krim entfernt. Ich war der einzige Ausländer und saß im Restaurant allein, beobachtete den Strom der Gäste.

Ein vierschrötiger Aeroflot-Pilot ließ sich mir gegenüber in den Sitz fallen. »Sie trinken allein?« Sein bulldoggenhafter Ausdruck strahlte heftiges Wohlwollen aus. »Wenn man alleine trinkt, wird man leicht zum Alkoholiker! Da trinkt man besser zu zweit!« Sein Name war Albert – ein deutscher Vorname, den die Russen nur vor 1941 verwendeten. Albert war so alt wie ich, aber ein herabhängender Bauch lugte unter seiner Fliegerjacke hervor, und sein Stiernacken verschmolz in einer einzigen Säule mit seinem Kopf. Er war entschlossen, eine Party zu geben. Mit sinkendem Herzen sah ich zu, wie mein Wodkaglas volllief und hörte die ersten Toasts ausbringen.

Das Ritual war mir allzu vertraut. Kläglich erwiderte ich die Trinksprüche. Wir tranken auf das Land des anderen, seine Familie, den Frieden. Er erfand eine Frau für mich und stieß auf sie an. Ich trank auf seine.

Albert war gelangweilt. Seine Frau war mit den Kindern in den Ferien nach Lemberg gefahren, und er war vom örtlichen Flughafen herübergekommen, um bei den Mädchen auf dem Campingplatz sein Glück zu versuchen. Ein paar Jugendliche aus Saporoschje hatten sich den Platz fürs Wochenende ausersehen, schliefen dort in den Hütten, und Lärm und Tanz erfüllten die Bar mit feurigem Leben. Weiche Mädchen mit trägen Körpern und untätige Jungen saßen auf den Bänken an den Wänden. Ukrainerinnen, sagte Albert, seien fülliger als die Russinnen (er sagte allerdings nicht genau, wo diese Fülle steckte). Er traktierte mich mit einem Cocktail, genannt Troika – Wodka, Branntwein und Likör –, der mir in die Augen stieg. Ich glotzte aus ihnen hervor, spürte Übelkeit. Alberts Gesicht grinste und bebte in dem wäßrigen Dunkel. »Das ist das Getränk, das Gott liebt!« Wir rieben die Gläser. »Drei in einem und eins in drei!« Massenweise gossen wir sie hinein. Bald war der Fußboden unter meinem Stuhl pitschnaß von heimlich ausgegossenen Troikas.

Albert suchte dringend eine Frau. Ein Kreis von zwanzigjährigen Studenten und Studentinnen hatte sich um uns versammelt; ihre Gesichter sahen scharfgeschnitten und empfindsam aus. Doch er schwankte zwischen den Tischen herum und erspähte einen langhaarigen Teenager von fader Schönheit. Grinsend und die Brust in seiner protzigen Fliegerjacke vorstreckend, baute er sich vor ihr auf – die Zusammenfassung eines von sich überzeugten, aber dem Untergang geweihten Mannes mittleren Alters. Sein schlaffer Bauch und das hoffnungsfrohe Gesicht sahen plötzlich kläglich aus. Sie war mitleidlos jung. Ihr Blick ging über ihn hinweg, dann drehte sie sich wortlos um und starrte nach hinten auf die rauchige Tanzfläche. Die Musik aus der Kassette dröhnte und donnerte.

Albert kam zurück, angefüllt mit Troikas und ungerührt. »Sie war zu jung«, sagte er. Im nächsten Augenblick war er wieder verschwunden, und diesmal tanzte er schließlich mit einer Brünetten, die ihn um Haupteslänge überragte. Strahlend stieß er an ihre Brüste, und als er zurückkam, zerplatzte er vor Überheblichkeit und brüllte: »Ich finde für Sie ein Mädchen.«

Aber ich fand mir selber eine. Sie war eine neunzehnjährige Studentin vom Polytechnikum der Stadt. Ihre sanfte Stimme verschwand beim Tanzen beinahe in der betäubenden Musik. Sie sah verlegen und verloren aus. »Sie sind *Engländer?*« Sie hopste in meinen Armen herum, den Kopf abgewandt, errötend. »Sie sind kein *richtiger* Engländer?« Meine Fragen beantwortete sie in gehetzter, flacher Einsilbigkeit. Das Polytechnikum sei ganz nett. Tanzen sei in Ordnung. Saporoschje sei ganz nett. Aber ich sei wohl kein *richtiger* Engländer.

Ich ließ mich mit den Studenten um unseren Tisch nieder, wir sprachen über Lyrik: einer ließ sich kenntnisreich über Blok aus, ein anderer wurde über Jessenin leidenschaftlich. Albert war es leid. Er versuchte mitzureden, aber er gehörte unabänderlich der Jack-London-Generation an. Im nächsten Moment, dachte ich mir, wird er Burns zitieren. »Das sind bloß Studenten«, sagte er. »Die wissen gar nichts. Sie haben keine Lebenserfahrung.« Und sie schienen in der Tat einer anderen Rasse anzugehören. Aus dem beständig tiefer werdenden Sumpf meiner Trunkenheit richtete sich mein Blick abwechselnd auf sie und auf Albert. Ich war mir nicht sicher, ob ich auf einen Generationsunterschied oder auf eine andere, tiefere Teilung zwischen Menschen blickte. »Sie sind *mein* Gast«, mümmelte Albert, »nicht denen ihrer ...«

Die Studenten waren freundlich zu ihm, wie zu einem Kind. Sie ließen sich nicht beleidigen. Seine kleinkarierten Eitelkeiten und seine formalisierte Gastfreundschaft schien ihnen ebenso fremd zu sein wie mir. Als er brutal anfing zu politisieren, wehrten sie ab. »Nein, nein, nein«, sagten sie, Politik beschwöre Zerwürfnisse herauf; sie sei weniger wichtig als meine Gegenwart aus Fleisch und Blut. Als Albert versuchte, mir Drinks aufzudrängen, redeten sie ihm das taktvoll aus.

Ich war mir unklar bewußt, daß ich zweierlei Rußlands vor mir hatte. Ich hoffte, das eine verkörpere die Vergangenheit, das andere die Zukunft, wiewohl ich selbst in meiner Trunkenheit erkannte, daß die Dinge nicht so einfach lagen. Dennoch war Albert ein typisches Beispiel seiner entbehrungsreichen Generation. Er war praktisch, zäh und engstirnig. Für ihn waren die anderen Anwesenden allzu verwöhnt und leichtfertig. Sie waren, das spürte ich, unpolitisch. Er mochte sie nicht, und sie sahen auf ihn, umgekehrt, nicht nur mit dem alten russischen Respekt für Ältere, sondern auch mit dem Gefühl, daß er irgendwie bedeutungslos sei und zu einer Welt des Absoluten gehöre, die für immer vorbei ist.

»Sie sind zu jung«, sagte er.

Gen Süden erreichte die Flachheit des Landes einen neuen Höhepunkt. Die bis zu 5000 Hektar großen Weizenfelder wogten und schimmerten, träge vor Dunst, nur unterbrochen von kleinen Seen. Erblickt man sie durch die Windbrecherhecken an der Straße, so erstrecken sich diese Ebenen aus Land und Wasser flach und austauschbar bis an den Horizont, der nach hinten wie eine Felsklippe ins Nichts wegbricht. Unsichtbar wälzt der riesenhafte Dnjepr seine Flut nach Westen. Im Osten der Krim lag das Asowsche Meer, so unbeweglich und seicht, daß es im Winter fest zufriert. Möwen überall, in der Luft, auf dem Wasser oder auf dem Ufer vor mit rosa Beeren übersäten Büschen.

Von *Simferopol*, der Hauptstadt der Krim, flog ich an diesem Abend nach Odessa. Den Platz neben mir in dem Tupolew-Jet nahm ein ukrainischer Veterinär ein. Sein sonnenverbranntes Gesicht, gemasert und gekerbt wie altes Holz, wandte sich entweder mit dem Ausdruck krankhaften Argwohns von mir ab, oder es verzog sich zu einem vielfältigen Lächeln. Dazwischen schien es nichts zu geben. Schwerfällig, glatz-

köpfig, unbequem in seinem dunklen Anzug und dem leichten
Regenmantel, verkörperte er diese verfolgte Generation, die
ihre Jugend unter Stalin zubrachte. Die Hälfte von dem, was
er sagte, so unschuldig es auch war, war von Einschränkungen
durchsetzt. Drang ich, bezüglich seiner Person, allzutief in ihn
ein, dann gefror plötzlich sein Gesicht, aber in dem Augenblick, da ich nicht mehr interessiert schien und zu meiner
Lektüre zurückkehrte, einem einwandfreiem Heftchen, beti-
telt ›Lenin und Produktionsgenossenschaften‹, fing er an, mir
Fragen zu stellen – was ich von Rußland hielte, ob Amerika
noch immer »voraus« sei – und über sich selbst zu sprechen.
Er hatte sein Leben als unbedeutender Tierarzt auf einer
Sowchose im Süden der Ukraine zugebracht. Nur einmal sei
er in Moskau gewesen, und seine Vorstellung von allem andern
war so verzerrt und verschwommen wie die von einem andern
Sonnensystem. Die Werkzeuge des Verstehens waren ihm
niemals in die Hand gegeben worden. Er stellte sich den
Westen vor, ja die ganze Welt, wie ein erweitertes ukrainisches
Städtchen. »England …«, murmelte er, sich das Gehirn zer-
grübelnd. »England … Fog!« Er war hocherfreut über diesen
Fund. »Wie ist der Fog in England?« Er verzog die Brauen bei
dem Gedanken, daß dort nicht immerzu Fog sei, und durch-
suchte sein geistiges Oberstübchen ein weiteres Mal. »Bacon!
Die Engländer mögen gern Bacon. Ich erinnere mich daran.«
Doch da hörten seine Kenntnisse auf. Fog, Bacon. Das Ge-
spräch verstummte.

Draußen vor dem Fenster schlug der Vollmond eine bronzene Passage über die See. Manchmal blitzten tief unten in der
Nacht die Lichter eines Bootes, und ich gedachte der türkischen Fischer, die ich an der Südküste kennengelernt hatte und
die ihren Stör unerlaubterweise auf hoher See an russische
Bootsfahrer verschacherten. Der Tierarzt plauderte jetzt über
Fußkrankheiten bei Schweinen; vorsichtig sagte er, seine Arbeit werde schlecht bezahlt. »Ich bin ein Spezialist – fünf Jahre
Ausbildung, das nenn' ich einen Spezialisten … aber das geht
vielleicht zu weit.« Er müsse zwei Töchter ernähren und klei-

den, und seine Frau arbeite als Aushilfskraft in einer Drogerie
(doch seine Stimme bedeckte sich, wenn er von ihr sprach).
»Und warum sind Sie nicht verheiratet?« wollte er wissen.
»Mögen Sie Frauen? Sind Sie verliebt? Warum sind Sie dann,
in Ihrem Alter – Sie müssen mindestens achtundzwanzig
sein – noch allein?« Im nächsten Augenblick sah er mich mit
offener, unschuldiger Verschmitztheit an. »Ich weiß. Sie finden keine Zimmer, keine Wohnung. Wir haben hier das gleiche
Problem.« Meine abschlägige Antwort schob er als zwecklosen
Patriotismus beiseite. »Ich mußte mehr als ein Jahr mit meinen
Schwiegerleuten in zwei Zimmern zusammenleben. Mangel
an Wohnfläche, es ist überall das gleiche ...«

Odessa glänzte orangefarben und weiß über die See. Wir
flogen jetzt über den Hafen, wo sich die Lichtmandeln der
Linienschiffe zeigten. Ich stellte mir den klatschsüchtigen
Hafen vor der Revolution vor, über den ich irgendwo etwa
gelesen hatte: die griechische, jüdische und italienisierte Welt-
stadt mit ihrem Gewirr von Sprachen, dem Austausch von
Waren und Ideen, ihrem Hauch von französischer Architektur.

Doch der Morgen offenbarte eine ruhigere, zahmere, ein-
förmigere Stadt. Ihr Handel, einst der bedeutendste in der
Sowjetunion, war auf den Nebenhafen Iljitschewsk abgelenkt
worden, ein paar Meilen weiter südlich, so daß in Odessa mit
seinen Straßen aus dem neunzehnten Jahrhundert und seinen
Platanen Ruhe einkehrte. In terrassenförmigen Avenuen, be-
säumt von alten Geschäftshäusern, erhebt es sich über das
Meer, indes an seinen Kais die Passagierschiffe des Schwarzen
Meeres zwischen den Kränen ruhen; ein paar Schlepper düm-
peln im Wasser, und Güterzüge schaukeln über grasbewachsene Geleise. Die Einwohner von Odessa zeigen gewachsenen
Humor und unternehmerische Intelligenz. Eine von drei
Familien steht im Dienst der See, und um die Cafés breitet
sich noch immer zwangloses Leben aus. Ich ging am Old
Englisch Club vorbei, dem einstigen Hotel ›London‹, der
toten Aktienbörse, noch immer verziert von einer Statue des

Merkur, dem Gott des Handels (und der Diebe), und stieg die
192 Stufen hinab, wo Eisenstein die klassischen Einstellungen
für seinen ›Panzerkreuzer Potemkin‹ drehte.

»Hier finden Sie einen anderen Geist«, sagte eine Frau. »Es
ist eine langsame Stadt, aber ... subtil.« Wir waren ins Gespräch geraten, während wir die düsteren Gesichter auf einer
Ehrentafel betrachteten. Einzelne Arbeiter waren dort neben
Fabriken, Schiffen und der Telegraphenstation von Odessa
aufgelistet. »Warum lächeln sie nicht«, fragte ich. »Das wäre
unziemlich«, erwiderte sie. Die Frau schien den typischen
Russen mittleren Alters zu verkörpern: erdverbunden,
schwerfällig wie eine Windmühle, aber sentimental und etwas
traurig. Auch ihre Geschichte war alltäglich. Nachdem die
deutschen Truppen 1944 Odessa verlassen hatten, sagte sie
(in Wirklichkeit waren das rumänische Truppen), seien ihre
Eltern zurückgekommen und hätten nur noch die Ruinen der
Straße vorgefunden, in der sie gelebt hatten. Sie habe bis 1967
mit ihnen in einer Einzimmerwohnung gelebt, dann geheiratet, sich scheiden lassen, danach sei sie mit ihrem kleinen Sohn
zu ihrer Mutter zurückgekehrt. Für sie war der Krieg ein nur
schwach erinnerter Schrecken, der sich in der Not ihrer Eltern
und im kollektiven Bewußtsein der Nation fortsetzte. Sie teilte
die Besessenheit dieses Volkes mit seiner Sicherheit. »Wir
müssen uns versichern, daß das nicht wieder passiert.« Wir
gingen am Grabmal des Unbekannten Soldaten vorbei, wo
Jungkomsomolzen sich alle fünfzehn Minuten beim Wache-
stehen abwechselten. »Der Beweis, daß unser Volk das kommunistische System liebt«, sagte sie (sie war Parteimitglied),
»ist doch, daß zwanzig Millionen dafür im Krieg gestorben
sind.«

»Sie starben *für ihr Land*«, sagte ich. »Noch niemals sind
zwanzig Millionen für ein System gestorben.«

Die Frau bemerkte meine Widersetzlichkeit. Ihr Gesicht
war angefüllt mit geklitterter Geschichte und mit Urteilen,
die mir fremd waren. Stalins Fehler seien durch seine Stärken
wettgemacht worden, sagte sie, wobei sie das Wort ›Fehler‹

mit Zärtlichkeit aussprach, als seien seine Opfer in einem Augenblick der Gedankenlosigkeit ums Leben gekommen; und sie erklärte die Besetzung Afghanistans mit Rußlands tiefem Wunsch nach Frieden. »Wir müssen unsere Grenzen verteidigen.«

»Und wie steht es mit dem Frieden *Afghanistans?*«

»Wir wurden vom Führer Afghanistans eingeladen.«

»Aber Ihr habt ihn liquidiert!«

Die Frau geriet durcheinander. Vielleicht habe das afghanische Volk Rußland eingeladen, sagte sie. Ich sagte, das Volk habe keine Stimme; sie besäßen keine Volksvertretung. Abgesehen davon sei es ein Völkerwirrwarr, mitnichten ein geeintes Volk. Ihre Augen wurden groß, das Gesicht bekam Falten. Eine anscheinend einfache Situation löste sich in ärgerliche und schwierige Einzelteile auf. Eine Sekunde lang färbte ein Anflug von belebendem Erstaunen und Verwirrung ihre Stimme. Dann klarte ihr Ausdruck auf, und sie gab ein dumpfes Glaubensbekenntnis ab, daß ihr Land des Bösen unfähig sei. Tatsachen waren in ihrer Seelenlandschaft nur dekorative Schnörkel. Sie konnten sie nicht erschüttern. Die Einzelheiten seien nicht wirklich wichtig, sagte sie. Ihr Land sei im Recht.

Diese Blindheit trat erneut auf, als wir am städtischen Opernhaus vorbeigingen, das von der Muse der Tragödie in einem Streitwagen, gezogen von Leoparden bekrönt wird. Die Frau sagte: »Die Leoparden sind Sinnbild der menschlichen Leidenschaft, aber die Muse hält eine Fackel empor, die die zähmende Gewalt der Zivilisation verkörpert.«

Ich starrte hinauf. »Die Fackel ist weg.«

Sie folgte meinem Blick. »Sie ist da«, sagte sie. »Sie streckt sie empor.«

Das traf nicht zu. Die emporgehobene Hand war leer. »Die Leoparden genießen jetzt freien Lauf.«

»Sie ist da«, beharrte die Frau. »Sie verkörpert die Zivilisation.«

Einen Augenblick dachte ich, sie müsse kurzsichtig sein, aber dann sah ich, daß ihr Gesicht brütenden Starrsinn zeigte.

Die Fackel sollte dort sein, also war sie auch dort. Das war eine Tatsache des Gefühls. Die Menschen von Odessa liebten ihre Musik, fuhr sie fort, als ob sie damit ihre Behauptung stützen wollte. Gilels und David Oistrach hätten an der hiesigen Akademie ihre Ausbildung erhalten. Unlängst seien zweieinhalb Millionen Liter flüssiges Glas in den Grund des Opernhauses gegossen worden, um die Fundamente zu festigen; elf Kilo Gold seien aufgewandt worden, um die Verzierungen zu erneuern ...

An diesem Nachmittag tanzte in der Oper ein Kinderballett, dessen Choreographie auf dem Märchen vom ›kleinen buckligen Pferd‹ beruhte. In dem barocken Auditorium, wo Lampen aus getöntem Glas herabhingen wie dicke Perlen, wurde für kurze Zeit jeder ein Zar. Makellose zehn- und zwölfjährige Kinder, es waren ebenso viele Knaben wie Mädchen, blickten neben ihren nachlässig gekleideten Eltern aus den üppig geschmückten Logen. Der Vorhang hob sich vor einer Traumwelt, die einen so grausamen Kontrast zu ihrem normalen Leben darstellte, daß es die Kinder betäubt haben muß. Pfauen nisteten in einem goldenen Schrein unter den gekräuselten Kuppeln des Zarenpalastes; durchsichtige Wände aus menschenähnlichen Blumen; ein *corps de ballet* von Vögeln in Regenbogengefieder, die in einer blauen, dann tiefroten Nacht umherflatterten und -wirbelten – das Publikum war mäuschenstill. Es war eine Welt der überschäumenden Bauern und einer harmlosen, verblödeten Aristokratie, und der Held war einer jener Dummköpfe von einem Fürsten, den die russische Folklore so liebt. In den Pausen wandelten die Kinder noch benommen hinter ihren Müttern her. Wenn eines versuchte, das bucklige Pferd nachzumachen, indem es durch die Gänge galoppierte, wurde es entweder von den erschreckten Eltern ergriffen oder von strengen Anweiserinnen mittleren Alters zur Ordnung gerufen. Phantasie galt nicht für das Leben.

Im letzten Akt, da die Bühnenprinzessin vor ihrer Heirat in einem goldenen und scharlachroten Kleid tanzt, warf sich das kleine Mädchen neben mir, das Haar mit Chiffonbändern aufgebunden, mit einem sanften Aufschrei flach gegen den Vordersitz, preßte die Fäuste gegen die Wangen und starrte noch lange nach vorn, nachdem der Vorhang längst gefallen war. Dann zog ihr Vater sie sanft hinaus, und wir alle gingen über die goldenen und marmornen Stiegen hinab.

Draußen, im schroffen Licht der Sonne, legten Bräute, die schlicht und hölzern dreinblickten, ihre Buketts vor einer Gedenkstätte für die Helden der Stadt nieder und posierten neben ihren ernsten Bräutigamen für ein Photo.

Früh am nächsten Morgen fuhr ich mit mehreren Trambahnen hinaus in die Vororte, um das Uspenskij-Kloster aufzusuchen, in dem eines der letzten drei Priesterseminare in der Sowjetunion aufrecht erhalten wird. Die Straßen waren fast leer. Ein paar Frauen mit Emaillegeschirr standen widerwillig Schlange, daneben große Milchkübel, die gerade vom Land eingetroffen waren; und einige ältliche Herren in Sportanzügen schnauften um den Park der Oktoberrevolution. In der letzten Tram saß ich neben einem Mann, dessen Sohn in den Westen geflohen war und der jetzt in einem Orchester in New Orleans Violine spielte.

»Kann er zurückkommen und Sie besuchen?«

»Nicht, solange wir keinen Frieden haben.« Er sah niedergeschlagen aus, als er davon sprach, und stieg an der nächsten Haltestelle schleunigst aus.

Es war kaum zu glauben, daß das baufällige Seminar – ein paar verstreute Klostergebäude unter vergilbenden Bäumen – viele von Rußlands zukünftigen Priestern hegte. In seinen beiden Kirchen zelebrierten bereits Priester die Messe, und alte Frauen bettelten still neben den staubigen Wegen. Sie küßten die Hände und die Brustkreuze der Mönche, beugten sich unter dem gewohnten Segen. Es schien ein Ort der Blinden zu sein, der Ungeliebten, der Verwitweten.

Die Zahl der Seminaristen wird nicht nur brutal beschnitten – es gab hier zweihundertfünfzig, hörte ich, ferner achtunddreißig Mönche –, sondern auch der Zustrom allzu Gebildeter wird beschränkt. Niemand schien Zeit zu haben, mich durch die Gebäude zu führen. Die Mönche in ihren schwarzen Kutten – sie erinnerten an Leibeigene – und den verknautschten Hüten begegneten meinen wiederholten Bitten mit Bedauern oder mit Erstaunen. Nur ein Mann, den es quälte, daß ich nicht in der Lage war, mich richtig zu bekreuzigen, ergriff hinten im Kirchenschiff meinen Arm. »Berühre deinen Kopf zuerst für den Vater, mein Kind, dann hinunter zum Bauch für den Sohn – nein, du hast es falsch gemacht –, erst jetzt von Schulter zu Schulter ...« Doch als ich ihn nach dem Seminar fragte, sagte er: »Ich weiß gar nichts. Ich selber hab' nie ein Seminar besucht. Ich brachte nur die dritte Klasse zu Ende ... Einige der Mönche unterrichten hier, aber nicht ich. Wir beten, weißt du. Wir beten, daß alle Menschen Brüder werden. Du bist nicht aus unserem Land, nicht wahr? Ich weiß das.« Er zog seine Finger durch seinen Bart; er war wie ein uraltes Kind. »Wir beten für den Frieden.«

Auf seinen Lippen verlor das Wort ›Frieden‹ seine Beflecktheit. Zum ersten Mal wollte ich daran teilhaben.

Aber das Seminar, und auch Odessa selbst, hatten sich mir entzogen.

Unterhalb des Krimgebirges, welches die Südküste der Halbinsel in einen tropischen Balsam hüllt, faulenzte ich, unweit von Jalta, eine Woche lang, schwamm ein bißchen, ging in den Bergen spazieren, vergaß manchmal völlig, daß ich in Rußland war. Die Einheimischen nennen diesen Herbstanfang die ›samtene Jahreszeit‹ – das ganze Land weich und still, mit einem Seufzer im Oktober versinkend. Ein milchiger Dunst lag über allem, strich glättend den Himmel und die ruhige See zusammen, raubte den Horizont, so daß das Kielwasser eines vorbeifahrenden Bootes ein Runzeln blieb, aufgehängt in der Leere. Über der waldbraunen Erde der Vorberge verteilte sich ein Dickicht von poliertem Rot und vergilbendem Grün. Die Weinreben in den Tälern färbten sich scharlachrot, die Haselnußsträucher golden. Juniper, Zypresse, der wilde

Apfelbaum, Zwetschgen- und Birnbäume und verdrehte Krimeichen reichten weit hinauf in die Berge, bis Felsbrocken aus dieser Sanftmut emporragten, vor denen sich nur noch vereinzelte Fichten behaupteten.

Auch mein Zeltplatz stand steil über den Weinbergen. Ich traf spät abends ein und fand die etwa hundert Hütten belegt von Russen und ostdeutschen Touristen, aber das Gemurmel ihres Urlaubmachens verschwand und erstarb in dem weiten Tale. Auf einem Baumstumpf neben meiner Campinghütte saß ein großer, traumgesichtiger Mann und blickte nach den Sternen. Er wohnte in der Hütte neben der meinen, sprach stockend Englisch und setzte sich an diesem Abend im Restaurant zu mir. Zuerst verdächtigte ich ihn, ein Spitzel zu sein.

Julian war meines Alters, aber die so völlig verschiedenen Erfahrungen unserer Länder hatte uns verschieden gemacht. Ich kam mir sogleich jünger vor als er und auch geistig überlegen. Wenn wir plauderten, verzog sich sein jungenhaftes Gesicht wunderlich um die wetterzerfurchten Augen, wenn er sich mühte, etwas zu verstehen oder zu erklären, was ihn zu einem fleißigen, aber zurückgebliebenen Schüler verwandelte. Dennoch gab es neben dieser schwerfälligen Einfachheit auch etwas Machtvolles an ihm, etwas von hartnäckiger Unabhängigkeit. Es war vermutlich dieses widerspenstige Unabhängigsein, das uns zueinander hinzog. Bei ihm schien es das Produkt männlichen Selbstvertrauens zu sein, des Gewichts, das er seinen Erfahrungen beimaß. In mir hingegen wurzelte es vielleicht in einem ruhelosen Innenleben und dem Mißtrauen, irgendwo dazuzugehören.

Julian arbeitete auf einer Kolchose unweit von Simferopol. Zehn Jahre zuvor war er mit einer Landwirtschaftsdelegation nach Britannien gereist, und er baute jetzt Gurken auf Strohballen an, wie es die Briten machen. Aber er habe seine Geduld verloren. Die Kolchose aufzubauen, habe ihm Spaß gemacht, aber die Routine ärgere ihn. Er ziehe es vor, schöpferisch tätig zu sein, statt etwas einfach instandzuhalten. »Ich sage Ihnen, was mir in England gefallen hat. Mir gefallen diese privaten

Bauernhöfe – vierzig Kühe oder so und die kleinen Traktoren und die kleinen Obstgärten. Das nenn' ich ein großartiges System!« Er hielt inne, roch das Ketzerische daran. »Aber ich nehme an, hier würde das nicht klappen … ich glaub' nicht.« Die Furchen kehrten zwischen seine Augen zurück. »Diese kleinen Bauernhöfe, die machen Menschen unabhängig. Das ist gut. Ein Mensch muß auf seinen eigenen Füßen stehen. Das hat mir gleich an Ihnen gefallen, als ich Sie sah. Allein.« Er stieß ein tiefes, scheues Lachen aus.

Er hätte gern seine Arbeit für sich haben wollen, sein eigenes Vieh, seinen Freiraum für sich. Statt dessen besaß er einen sechs Meter großen Garten und einen Foxterrier und züchtete mit seinem Sohn Kaninchen. Manchmal beschnitt er an den Wochenenden enttäuscht die dreißig Obstbäume, die seinem Schwiegervater gehörten. Aber das sei alles. Große Städte bereiteten ihm Pein, und Moskau haßte er. »Das ist eine Stadt, die nicht mit sich spricht.« London ziehe er vor, sagte er, weil man dort die Erde zwischen den Steinen spüren könne. »Diese Parks und diese Plätze! Sie haben mir gefallen. Aber eins hat mich erstaunt – die offene Pornographie. Ich weiß nicht, ob das gut oder schlecht ist, ich war einfach erstaunt, da ich den Charakter der Briten kenne. Vielleicht habe ich zuviel Galsworthy gelesen …« Die Falten legten sich wieder zwischen seine Augen. »Da gibt's noch etwas, das sehr seltsam ist. Wir hören hierzulande niemals etwas über Ihren Kampf im Jahr 1940. Es ist gerade so, als ob diese Ereignisse für uns nicht existierten.« Er wollte wissen, ob der Krieg auch in England eine ganze Generation verschlungen habe wie in Rußland. »Das hat eine tiefe Kluft aufgerissen zwischen der Generation meines Vaters und meiner eigenen. Er ist jetzt ein alter Mann, über achtzig. Er war früher Kutscher in Orjol, und er hat in der Revolution mitgekämpft. Alles Geschichte! Er hat feststehende Auffassungen zu allem. Aber ich kümmere mich weniger um Politik als er früher. Das gleiche trifft auch für meine Altersgenossen zu. Wir scheinen von diesen Dingen weiter entfernt zu sein …«

»Und Ihre Kinder?«

»Mein Sohn ist erst zwölf. Ich kann noch nicht sagen, wie sehr er sich eines Tages von mir unterscheiden wird. Aber die Kinder sind heute verwöhnter als wir es waren, sie werden also vielleicht sanftmütiger werden.« Sein Gesicht drückte jetzt Mißbilligung aus. »Aber es gibt so wenige! Viele Ehepaare können sich nur eines leisten. Und dieses eine wächst auf, umsorgt von Tanten und Großmüttern und Lehrerinnen. Wir verweichlichen langsam.« Er wolle den Unternehmungsgeist seines Sohnes fördern. »Rußland wird, dem Anschein zum Trotz, von Frauen geformt und das behindert die Ausbildung der Individualität.«

Er selber wollte unbedingt allein sein. Diesen einsiedlerischen Urlaub, dessentwegen seine Frau ihm zürnte, verbrachte er mit Angeln. Er ruderte mit einem alten Matrosen aufs Meer hinaus und saß dann vier, fünf Stunden lang ununterbrochen da, indes die Leine draußen im Wasser hing. Einmal hatte er einen Hai gefangen, aber sonst nie viel. Und oftmals habe er seinen Fang zurückgeworfen ins Wasser. Wir trafen uns jeden Abend im Restaurant des Campingplatzes und plauderten über unsere so verschiedenen Tagesabläufe; und meine Tage, die in einer Erregung eifrigen Besichtigens begonnen hatten, ließen sich langsam von seinen anstecken und wurden zu einer trägen Folge von Spaziergängen an der See oder in den Bergen.

Einst waren diese Küsten der abendliche Spielplatz der russischen Aristokratie. Ihre üppigen Hänge sind übersät mit architektonischen Phantasien aus Westeuropa und dem Orient. Aber jetzt sind diese Paläste zu Sanatorien für das Volk umgewandelt worden (woran die Inschriften auf jeder Lenin-Statue erinnern). Zusammengebautes im maurischen oder im osmanischen Stil, überladene schweizerische Chalets und Palazzi im Stil der Renaissance wachsen da und dort aus den botanischen Gärten, die reich an Eiche und Erdbeerbaum sind. Die Burg eines deutschen Ölbarons hängt in rheinisch anmutender Phantasie auf einem Felskliff oberhalb der Wellen;

und Nachahmung wird zu brillanter Verrücktheit im in feldgrauem Diorit erbauten Worontsow-Palast mit seinen mameluckischen Minaretts und Kaminen im Tudorstil, seinen Löwen von Landseer, die neben einer Durchfahrt im Mogulstil schlummern. Der Livadia-Palast mit einem falschen Heiligenschein aus weißem Granit und maurisch-florentinischen Höfen erinnert an den Anfang der ›Vereinten Nationen‹.

Selbst die Küste wirkt irgendwie künstlich. Das sogenannte Bären-Vorgebirge mit seinen sich an ihm brechenden Wellen ähnelt einem zottigen, die See durchstöbernden Untier; und die pinienbestandenen Abhänge des Katzenberges, dessen Felszacken 240 Meter in den Himmel klettern, sehen einem gargantuahaften Kater gleich, der sich duckt, bevor er sich auf die Wellenbrecher stürzt. Die Stadt *Jalta* hat sich in den letzten zwanzig Jahren verdoppelt; aber ihre Alleen schlängeln sich noch immer durch ein Herz von Parks, vorbei an verandaumsäumten Villen aus dem neunzehnten Jahrhundert. Weiter landein hat Tschechow in einem Haus mit einem Garten, dessen Liliengewächse ihn zum Dschungel machen, ›Die drei Schwestern‹ und ›Der Kirschgarten‹ geschrieben.

Man kann leicht verstehen, warum Künstler diese Gegend liebten. Überall an der Küste strahlen die Ortschaften und die kleinen Städte eine lässige Verschwiegenheit aus. Verputzte Häuser klettern an mit hell leuchtendem Eibisch bewachsenen Abhängen hinauf, schließen sich zu einem von der Sonne freundlich überspielten Bild. Reben werfen ihre Schatten auf alte Pfade; gelbe Bienen summen um Budleias. Aus Höfen wurden Wohnküchen, behaglich durch Zwiebelgirlanden, Wäschestücke und Katzen. Mitunter ist das Gefühl, in einem lateinischen Land zu sein, so stark, daß das jähe Erklingen von russischen Radioschlagern oder das Auftauchen slawischer Gesichter an den Orten mediterraner Anmut und Lebendigkeit beinahe einen körperlichen Schock verursachen; man wähnt, sich verirrt zu haben.

Doch die Strände, an denen ich umherlief, konnten nur in Rußland sein. Rekonvaleszenten bevölkerten sie in wunderlicher, niedergeschlagener Selbstaufgabe. Gedrängt lagen sie auf ihren Handtüchern oder auf harten hölzerenen Unterlagen, ohne zu spielen oder auch nur zu sprechen, als suchten sie sich von jedem Nachdenken und jeder Unruhe in diesen hastig ergriffenen Wochen des Vergessens zu entlasten. Namentlich die älteren Frauen streckten sich in Haufen aus in einer grotesken bäuerischen Glückseligkeit. Schlapphüte gegen die Sonne schützten abschilfernde Nasen und aufgebrannte Wangen. In viktorianisch anmutenden Strandkabinen kleideten sie sich um, erschienen sodann, um zwischen den Untiefen in für Männer und Frauen gleichen Badekappen feierlich zu schwimmen. Nur einige der Jungen zeigten westliche Schlankheit, und gelegentlich in diesem nach außen hin puritanischen Land durchbrach ein Pärchen die Schranken und schmuste zärtlich miteinander, oder ein Kopf ruhte in einem benachbarten Schoß.

»Solche Strände erwecken einfach den Wunsch, in die Berge zu gehen«, sagte Julian an diesem Abend, »oder heimzufahren.« Von unserem Restaurant blickten wir über das dunkle Tal. Er hatte an diesem ganzen Tag nur einen Fisch gefangen. Er sah glücklich aus, und sein tiefes, dröhnendes Lachen explodierte leichthin in die Nacht. Dann, plötzlich ernst, deutete er auf die Berge. Umringt von anderen Gipfeln, ragte eine Spitze in baumloser Einsamkeit aus den anderen heraus. Der Vollmond hob sie in einem heimlichen Spiel von Schatten und Dämmerlicht aus allen andern heraus. Ein Dissident. »Ich liebe diesen Gipfel. Er steht für sich allein. Das ist es auch, was mir am englischen Wesen gefällt – zumindest am klassischen englischen Wesen.« Wieder dröhnte sein Lachen. »Ich weiß nicht warum, aber mir gefällt das. Zuviel Galsworthy! Und Ihre Königin, auch das ist etwas, das mir gefällt. Ein Ideal.« Plötzlich gab er fast ein Glaubensbekenntnis preis. »Es ist schwierig, sich seinen eigenen Weg herauszumeißeln, so ist es doch? Nicht einem festgelegten Prinzip unterworfen zu sein, sondern nur nach dem regiert zu werden, was man selber für zutreffend hält? Das ist schwerer, aber ... richtig.«

Das war äußerst – und bewußt – unkommunistisch. Ich konnte nur ›Ja‹ sagen, als er diese einfache und absolute Ketzerei gegen alles ausstieß, was ihm je beigebracht worden war.

Im nächsten Augenblick setzte sich ein heruntergekommener Mann mittleren Alters zu uns und tippte mir auf die Schulter. Russen erinnerten mich oft an Personen aus ihrer eigenen Literatur, und dieser hier erinnerte an jene traurigen kleinen Gewerbetreibenden, die durch die Seiten der Romane aus dem neunzehnten Jahrhundert geistern. Sein Gesicht bestand nur aus gieriger Torheit. Er hielt mich für einen Amerikaner, und er hatte eine Frage. »Warum«, fragte er ungläubig, »sagen die Amerikaner, daß sie sich vor Rußland fürchten? Wie kann sich ein Land überhaupt vor Rußland fürchten?«

Vielleicht war es diese milde Nacht, der Wein oder die angenehme Unterhaltung mit Julian, auf jeden Fall zerbrach in mir etwas leise. In dem einfältigen, erstaunten Gesicht dieses Mannes schien sich der Mythos von der Unschuld seines Landes zu verkörpern, und plötzlich, mit entrücktem, hilflosem Abscheu, hörte ich, wie Monate der unterdrückten Enttäuschung sich befreiten und aus meinem Mund hervorquollen. Warum Angst haben? Weil Rußland, begann ich, das letzte und größte Reich auf Erden beherrsche. Ich erwähnte die Besetzung Ungarns 1956, die der Tschechoslowakei 1968, Afghanistan 1979. Dies sei ein Land der missionarischen Rücksichtslosigkeit, des Nationalismus, der sich für Moral ausgebe; es sei ebenso materialistisch und zynischer noch als Amerika jemals gewesen sei (für einen Augenblick adoptierte ich Amerika), dennoch sei seine Regierung zu furchtsam, freie Wahlen oder selbst ein freies Gedicht zuzulassen, und es werde geführt von einer Gruppe privilegierter Autokraten. Der Sowjetkommunismus, fuhr ich fort, sei lediglich die Kunst des Opportunismus, er habe selbst mit der Würde eines obsoleten Marxismus nichts mehr zu tun ... Dann bemerkte ich Julians Gesicht. Es war mir abgewandt, erbleicht, gegen die Dunkelheit gerichtet. Und als ich wieder den anderen Mann anblickte, sah ich, daß ich meine Kanonade der romantischen Enttäuschung ebensogut in den Himmel hätte feuern können. Sein Gesichtsaudruck zeigte nur eine konfuse Verletztheit.

»Reich«, wiederholte Julian später. »Rücksichtslosigkeit. Starke Worte.« Sie schmerzten ihn – er war zutiefst patriotisch –, aber er dachte darüber nach und verzieh sie mir. Bis spät in die Nacht hinein schwemmten wir sie mit Wein hinunter, sprachen über England und über Länder, in denen er niemals gewesen war, bis ich, ohne sichtlichen Zusammenhang, fragte, ob die Aufgabe von Regierungen wohl darin bestehe, all die Ängste und Widersprüche ihrer Völker auszudrücken und es so den Menschen selber zu überlassen, kostbare und unerwartete Freundschaften zu schließen.

Diese Nacht träumte ich, ich blicke über den Rand des Zeltplatzes in ein wassergefülltes Tal hinunter. Ich war umringt von verängstigten Menschen – Russen, Briten, Amerikanern –, die sagten, eine Masse Soldaten käme den Hang herauf. Als ich hinunterblickte, sah ich ihre wimmelnden Helme unten in einem seltsam wäßrigen Licht. Dann merkte ich, daß es nur Baumstümpfe waren, und ich rief: »Da ist nichts, alles in Ordnung.« Und die Furcht um mich her war verschwunden.

Aber ich wachte auf.

Mit der *Krim* verbindet sich, wie mit dem Kaukasus, das Schicksal eines verschleppten Volkes. Auf den schwachen Verdacht hin, mit den Deutschen zu kollaborieren, ließ Stalin 1944 zweihunderttausend Tataren in Massentransporten nach Zentralasien deportieren, und ihre Rolle im Partisanenkampf wurde systematisch verfälscht oder totgeschwiegen. 1967 wurden die Anklagen gegen sie zurückgenommen; aber inzwischen waren Tausende von ihnen an den Entbehrungen der Verschleppung gestorben, und ihre Bemühungen, einzeln auf die Krim zurückzukehren, wurden seither immer behindert.

Hundert Kilometer nördlich, jenseits der Berge, besuchte ich die alte Tatarenhauptstadt *Baschtschiserai;* heute ist sie Touristenziel. Ihr Palast liegt inmitten verschwiegener Höfe und Marmorbrunnen unter Kastanienbäumen. Er besitzt die leichte Veränderlichkeit so vieler türkischer Dinge – ein Nomadenlager, auf ewig zu Holz und Stein geworden. In die kissenbedeckten Räume dringt Sonnenlicht durch die weinverhangenen Fenster nur als fahler Schatten, der unter den ziegelgedeckten Dächern über die scharlachroten Blüten des Teppichs und des Diwans streicht. Alles ist koboldhaft klein. Die Höfchen, einst durchkämmt von gelangweilten Augen, von der Tür her oder durch das Gitter, scheinen noch erfüllt von konspirativem Geflüster. Die Mauern sind niedrig, zum besseren Belauschen. Die bemalten Decken und die hexenhutförmigen Kamine des Harems erinnern an parfümierte Bäder und die Bewohner mit klingendem Kopfputz. Im Haupthof läßt der Tatarische Brunnen der Tränen, geschmückt mit winzigen Marmorschalen, seine Wasserperlen unmerklich von einem Kelch in den andern tropfen, ein Symbol der wiederkehrenden Sorge.

»Ein paar Tataren sind als Bauern in den Norden der Halbinsel zurückgekehrt«, sagte Julian, »aber im Süden scheint es keine zu geben – ich weiß nicht, warum.« Er war ehrlich erstaunt. »Und da gibt es massenhaft Arbeitsplätze.«

Es war unser letzter Abend. Er hatte eine Flasche kaukasischen Süßweins gekauft – wir tranken zusammen nie viel –, und feierten einen gedämpften Abschied. Von Zeit zu Zeit wanderte sein Blick unbehaglich zum Fernseher des Restaurants hinüber. »Haben Sie die Nachrichten gehört?«

»Nein.«

Unbefangen verkündete es der Fernseh-Ansager: Ausbruch eines Krieges zwischen Iran und Irak.

Wir starrten uns an, fragten uns, wo die sowjetische und die Regierung des Westens standen, was zu empfinden sie uns einreden würden. »Es sieht so aus, als ob Moskau und Washington sich zurückhielten«, sagte Julian. »Wir brauchen uns also noch nicht zum Dienst zu melden.« Er versuchte ein Lachen. Aber wir ergriffen die Gläser unglücklich, als seien wir bereits in Uniform.

»Manchmal muß ich an meinen Vater denken«, sagte Julian, »und an diese ganze Kriegsgeneration, und dann denke ich: Laßt die Toten ihre Toten begraben.« Er schnitt eine Grimasse. »Ist das aus der Bibel oder von Longfellow?« Dann fing er an, aus der Erinnerung der Schulzeit Burns zu zitieren. Ich unterdrückte ein Stöhnen, als er mit ›My Heart's in the Highlands‹ anfing. Aber aus ihm rollten die Worte mit einer Art gewichtigen Erstaunens, er stellte das Gedicht wieder her und verbannte den Sarkasmus Mischas in das Elbrus-Gebirge.

Aus der Dämmerung war Nacht geworden, und die Weingläser waren geleert. Da wir zu unseren Hütten zurückgingen, ragte über uns die Spitze in mondbeschienener Einsamkeit über den Kreis der andern Berge heraus. »In den Chruschtschow-Jahren, den goldenen Jahren«, sagte Julian, »gelang es mir, ein Exemplar von Richard Aldingtons ›Death of a Hero‹ zu kaufen – das Buch eines Pazifisten. Haben Sie es gelesen? Es hat mich tief beeinflußt.« Vor unseren Hütten hielten wir inne. Eine Radiostimme holte uns ein: Vormarsch der Irakis, iranische Verluste, Schweigen Amerikas. Wir lauschten. »Ich weiß nicht, wie ich über eine Begegnung wie diese erzählen soll« – er suchte plötzlich nach Worten. »Das ist wichtig, Sie und ich ... wie zwei Menschen, die sich im Weltraum treffen ...« Er fuhr sich mit der Hand über das Gesicht, als wolle er seinen Gesichtsausdruck korrigieren, seine Gedanken ordnen. Weltraum. Sein Land gleichgültig.

Als wir uns voneinander verabschiedeten, ergriff er meine Hand fest und sagte: »Wenn ich Sie irgendwann einmal in der Zukunft im Visier meines Gewehres haben sollte – ich werde danebenschießen.«

»Und ich werd' überhaupt nicht schießen.«

Wir sahen uns lachend an und fühlten doch den schweren Ernst. Nie habe ich eine so kurze Freundschaft tiefer empfunden. In ihm liebte ich das russische Volk.

X

Von Kiew in den Westen

ZURÜCK auf der endlosen Autostraße nach Norden, an Feldern mit überreifen, geschwärzten Sonnenblumen vorbei oder auch grünem Winterweizen, fuhr ich durch Simferopol nach Saporoschje und Charkow unter einem Himmel, der sich wie ein regennasses Zeltdach von Horizont zu Horizont spannte. An den Rändern der Straße, wo aus dem Staub des Sommers nun kläglicher Schmutz geworden war, saßen die Obstverkäufer im Nieselregen, als hätten sie sich seit damals nicht bewegt. Vor den asbestgedeckten Dörfern weideten alte Männer ihre Kühe, und Enten und Gänse ließen sich's in den Pfützen wohlsein.

Von Charkow nahm ich den Weg durch die nördliche Ukraine auf Kiew zu. Gewaltige Weizenfelder, dazwischen Zuckerrüben, Flachs und Kartoffeln, flossen gegen den Horizont. Die Birken, als Windschutz aufgestellt, ließen ihre gelben Blätter fallen, die Ahornbäume flammten zu rotgoldenen Kandelabern, der Holunder war dick voll schwarzroter Beeren. Das ganze Land legte sich wohlig zum Schlafen nieder.

Kiew, ›die Mutter der russischen Städte‹, hat immer noch die Unruhe, das Ausmaß und eine Spur von dem Raffinement einer bedeutenden Hauptstadt. Vom neunten bis zum zwölften Jahrhundert war sie das Herz eines Rußlands, das im Sonnenlicht Byzanz' erblühte, gelegen an dem Ort, wo die Handelswege der Waräger zusammenliefen, um sich dann gesammelt nach Süden zum Schwarzen Meer hin fortzusetzen. Jetzt breiten sich auf dem einen Ufer Wohnungen in einer ungewöhnlich kalten Rhetorik aus – binnen fünfzehn Jahren hat sich die Bevölkerung auf zweieinhalb Millionen verdop-

pelt –, während gegenüber, wo sich die Kirche des heiligen
Andreas wie ein Trompetenstoß aus der alten Stadt erhebt,
die Boulevards an vielen Gärten und Parks vorbeistreifen und
gepflasterte Straßen entlang des Dnjepr laufen.

Kiew ist noch immer die Hauptstadt der Ukraine, für die
Deutschen 1941 ein strategischer Angelpunkt. Die Erinne-
rungsmale an den Krieg übersteigern sich: Hügel der Unsterblichkeit, Obelisken des Ruhms, Parks der Ewigkeit. Ich
gewahrte ihrer mehr als zehn, die erst in den 1960er und 1970er
Jahren erbaut wurden. Russen und Deutsche zerstörten viel
von der Innenstadt, und in dem weitverzweigten Komplex,
der Kloster des Kreuzes heißt, einstmals Rußlands heiligster
Stätte, blieb eine einzige Kuppel der zerschundenen Kathedrale aus dem elften Jahrhundert erhalten. Weit hinunter in
die Gartenhänge des Klosters führt ein überdachter Weg zu
einem kleinen Platz und einer Kirche, in der sich der Zugang
zu den Katakomben der Mönche befindet. Hunderte von
Metern lang, vorbei an schwach schimmernden Kapellen und
hinab über nasse Steine, verzweigt sich der Gang durch das
gespenstische Mausoleum. In weißer Seide, die Gesichter
bedeckt mit purpurnem Samt oder schwarzen Stickereien und
die Füße in seidenen Pantoffeln, eine Hand auf der Brust, so
ruhen die Äbte unter einem Glasdeckel in ihren Särgen. In
den Zellen liegen Gebein, in Nischen mumifizierte Leichname
aus acht Jahrhunderten. Die Intoleranz des Marxismus hat
antireligiöse Tafeln neben sie aufgehängt, verfolgt die Mönche noch in ihrer ewigen Ruhe. Ich atmete auf, als das ge-
schändete Labyrinth mich wieder vor die verblaßte Ikonen-
wand der Kirche entließ.

Es war, als hätte dieser unheimliche Ort meinen Aufenthalt
in Kiew vorausgenommen. Die Campingplätze waren bereits
Anfang Oktober geschlossen worden, und ich wurde dem
Hotel ›Ukraine‹ zugewiesen. Finster blickte es über das
Olympische Fußballstadion der Stadt, abweisend eindrucksvoll. Seine düsteren Flure schienen immer von dem Murmeln
schwer klassifizierbarer Personen erfüllt, und auf der Espla-

nade davor fanden sich da und dort weitere Männer, die zu zweit in Autos saßen, in ihren Aktentaschen blätterten oder einfach warteten.

Seit mehreren Wochen hatte ich keine umstrittenen Personen besucht, und meine Wachsamkeit hatte nachgelassen. Aber an diesem Abend hörte ich unbeabsichtigt einer Empfangsdame des Hotels am Intourist-Telephon zu. Sie faßte sich kurz, in unterwürfigem Ton. Sie beantwortete gerade Fragen. »Ein einzelner britischer Tourist? ... ja ... mit seinem eigenen Wagen? ... er traf um fünf Uhr dreißig ein. Er ist auf seinem Zimmer.«

Als sie den Hörer auflegte, fragte ich, noch immer unbesorgt: »Hat jemand nach mir gefragt?«

Sie schrak hoch. »Sie sind Mr. Thubron? ... ja ... sie, wir ...« Sie errötete, blickte nach unten und wühlte heftig in ihren Papieren. Als sie wieder aufblickte, war ihre Stimme laut und klar: »Wenn Sie irgendeinen Wunsch haben, wir stehen jederzeit zu Ihrer Verfügung.«

Ich prägte mir die Nummernschilder der Autos hinter dem Hotel ins Gedächtnis ein, und an diesem Abend fing sich eines davon in meinem Rückspiegel, als ich nach Süden in die Vororte fuhr: Kiew 75-86. Als die weiße Wolga-Limousine meine Geschwindigkeit eingeschätzt hatte, blieb sie vier Wagen hinter mir zurück, hinter einem Lastwagen. Ich hätte sie vielleicht abschütteln können – die Leute nahmen an, ich hätte sie nicht bemerkt. Aber nun war ich besorgt. Ich hatte keine Ahnung, warum sie mich suchten. Verfolgten sie mich seit den Gesprächen mit Dissidenten in Moskau oder Leningrad? Ich wußte es nicht. Jede Minute oder jede zweite pflegte der weiße Schatten hinter dem schützenden Lastwagen in meinem Spiegel aufzutauchen, als ob er überholen wollte, dann ordnete er sich wieder ein. Einmal überfuhr ich geistesabwesend eine rote Verkehrsampel, und der Wolga gab Gas und tat das gleiche. Ein Polizist winkte ihm, anzuhalten. Er zollte ihm keine Beachtung, hängte sich wieder dicht an meine Fersen. Ich sah vorne einen kleinen dunklen Mann sitzen und einen dünnen, blonden Fahrer. Sofort fielen sie wieder zurück, versteckten sich hinter einem Lastwagen.

Ich machte ihnen an diesem Abend viel Schwierigkeiten. Ich versuchte, die Wohnung eines untadeligen Parteimitglieds zu finden, dessen Adresse ich in Moskau zufällig erhalten hatte, aber die Straßenschilder in Kiew waren so irreführend, daß ich den Weg verfehlte. Die Dämmerung vertiefte sich zur Nacht, und aus dem Wolga hinter mir wurde ein strahlendes Augenpaar, das sich zwischen anderen bewegte. Ich verlor mich hoffnungslos. Ich fuhr in schwindeligen Kreisen durch schmutzige Nebenstraßen. Einmal geriet ich dabei hinter den Wolga, der sich im Schlamm abarbeitete, das Licht abgedreht. Die beiden Herren waren aufs lächerlichste dekuvriert. Sie müssen gedacht haben, ich verfolge sie absichtlich.

Ich fragte einen Polizisten nach dem Weg. Er war nicht mehr im Dienst, erbot sich aber, mir mit seinem Wagen den Weg zu zeigen. Wir fuhren also los, der nichtsahnende Polizist voraus, und wanden uns durch ein neuerliches Kryptogramm von schlechtbeleuchteten Straßen und Gassen. So fasziniert war ich von den unheimlichen Lichtern hinter mir, daß ich, fünf Minuten später, erst zu spät bemerkte, daß der Polizist bremste. Mein Fuß knallte auf das Bremspedal, die Reifen standen, aber ich fuhr auf.

In diesem Augenblick türmten sich vor meinem geistigen Auge ein bürokratischer Berg auf, der mich erdrückte: Schätzungen der Versicherungsgesellschaften, Polizeiberichte, internationale Telegramme, Rechtsstreit. Erstaunt kletterte der Polizist aus seinem Wagen. »Woran auf Erden haben Sie gedacht?« rief er.

Ich blickte hinter mich. »Entschuldigung.« Der Wolga hatte sich seitwärts zwischen Bäume gestellt, die Lichter abgedreht. »Ich weiß es nicht.«

Doch als wir die Autos untersuchten, war seines wie durch ein Wunder unversehrt. Ungläubig gafften wir es beide an, und der freundliche Polizist stand minutenlang auf der Straße, die Finger im Mund und konnte nicht verstehen, daß sich kein

Schaden eingestellt hatte. Nur mein reisekranker Morris zeigte einen eingedellten Flügel, einen zerbrochenen Kühlerrost und einen kaputten Scheinwerfer.

Nach langer Zeit fuhr er perplex ins Dunkel davon und ich blieb mit den KGB-Leuten allein. Aber sie rührten sich nicht. Auch jetzt waren die Straßennummern, die Blocknummern und die Appartmentnummern immer noch ein unaufgelöster Wirrwarr. Ein paar Leute lungerten an diesem warmen Abend vor den Häusern. Ich ging in den falschen Block. Als ich wieder heraustrat, erblickte ich die beiden Männer im schwachen Schein der Straßenlichter, wie sie hinter Büschen nahe des Eingangs standen. Ich ging zu ihnen hin und fragte sie, wo Block L sei.

Als ich dem dunklen Herrn ins Gesicht blickte, war er mir schon vom Foyer des Hotels her bekannt. Es war ein Gesicht von der Anonymität der Tundra. Seine winzigen Augen spähten über formlose Backen wie über eine Mauer. Das war eigentlich nicht ein grausames Gesicht, vielmehr ein phantasieloses, totes.

»Ich weiß es nicht.« Seine Stimme klang gepreßt. Er versuchte, sich von mir abzuwenden. Seine Reaktion – offensichtlich war ihm eingeschärft worden, Kontakt mit seinen Opfern zu vermeiden – war äußerst unrussisch und schon deswegen auffällig. Ich fand also die Wohnung des Mannes alleine, und nach einer förmlichen Begrüßung, die zehn Minuten dauerte, erschien ich wieder und fuhr mit meinem verbeulten Morris weg. Das andere Vorderlicht war bereits bei einem Zusammenstoß mit einem Traktor auf der Krim zerbrochen, mithin fuhr ich blind wie ein Maulwurf durch die schlechterleuchteten Straßen, der Wolga hinterher, und wir alle (nehme ich an) kamen uns blöde vor und waren verärgert.

Die nächsten vier Tage folgten sie mir überallhin. Bald durchschaute ich die Technik der weißen Wolgas (sie waren immer weiß), die sich etwa hundert Meter hinter mir hinter einem Lastwagen versteckten. Obschon eingehend gedrillt, benahmen sie sich so, daß sie schließlich leicht zu durchschauen waren – am fünften Tag auf den ersten Blick. Aber inzwischen war ich mit den Nerven völlig am Ende. Vor allem fürchtete ich, sie könnten meine Reiseaufzeichnungen, die ich in Form eines knappen, unleserlichen Tagebuches mit mir führte, entdecken und sie mir wegnehmen. Isoliert wie ich war, fing ich an, mich ebenso zu verurteilen wie meine schweigenden Beobachter. Langsam fühlte ich mich innerlich tief schuldig. Ein einziger Freund hätte mich vielleicht davor bewahrt, aber ich hatte keinen. Jetzt verstand ich, wie kostbar enge persönliche Beziehungen zwischen den Dissidenten waren. Denn um mich her war, wie um sie, die totale, alles auslöschende sowjetische Welt, die jede andere Welt machtlos und weit entfernt werden läßt, sie war zutiefst feindselig geworden.

In den langen, teppichlosen Fluren des Hotels wurden die hochgezogenen Gesichter wartender Männer und die heiteren Stimmen der Intourist-Damen zu einem alptraumhaften Szenario. Ich fing an, mich wie ein Schuldiger zu benehmen. Einen ganzen Tag lang schloß ich mich in meinem Zimmer ein, machte unleserliche Ergänzungen und versteckte Notizen. Vergebens suchte ich nach einer ›Wanze‹; ich traute mich nicht einmal mehr, vor mich hinzufluchen. Dann fragte ich mich, ob ich irgendeine andere Person mit hereingezogen hatte, und entschloß mich, meine Liste mit russischen Adressen und Telephonnummern zu vernichten. Ironischerweise stand darauf keine einzige Person, ob Dissident oder nicht, die nicht das Gute ihres Landes leidenschaftlich liebte. Aber ich konnte mich nicht entschließen, wie ich diese Papiere verschwinden lassen sollte. Das Problem war verzwickt. Wenn ich die Liste zu Fetzen zerriß und sie in den Papierkorb warf, konnte man sie wieder zusammensetzen. Wenn ich auf den Flur hinaustrat, folgten mir die Augen der Etagenfrauen; und alle öffentlich zugänglichen Räumlichkeiten wurden schwer bewacht. Ging ich aus, so würden sie mir folgen. Also verbrannte ich die Liste wie ein schlauer Schulbub auf meiner Toilette.

»Feuer!« Eine dicke Wäscheschließerin stürzte herein. »Feuer! Wo kommt all der Rauch her? Feuer!« Sie hatte ein fleckiges Schweinsgesicht, das ohne Hals in den Körper überging. Haßerfüllt sah ich sie an.

Dahinter erschien eine junge *deschurnaja*. Ihr Blick verhärtete sich und überflog das Zimmer. »Woher kommt das?«

»Ich hab' geraucht.«

»Nur geraucht?«

»Ja.«

Ich war wütend, entsetzt, daß ich gelogen hatte. Die *deschurnaja* ging hinaus, an ihrem Schreibtisch vorbei, und fuhr mit dem Aufzug nach unten. Ich stellte mir vor, wie sie mich ausquetschen würden, versuchte mich zu rechtfertigen. Ich bin absoluter Nichtraucher. Aber in einer Ecke des Treppenabsatzes stand ein Aschenbecher, und dort fand ich drei Zigarettenstummel. Ich trug sie, als spielte ich in einem drittklassigen Thriller mit, in mein Zimmer, zündete sie an, um forensische Gutachter hinters Licht zu führen, und hinterließ sie in der Toilette. Dann ging ich die Treppen hinab und hinaus in die Sonne. Ich weigerte mich, zurückzuschauen. Ich zitterte heftig.

Diese Erlebnisse haben mir die Erinnerung an Kiew vergiftet. Ich halte es dennoch für eine hübsche Stadt, aber meine Eindrücke sind verblaßt. Ich weiß noch, wie ich in Nahrungsmittelläden starrte, die kläglich wenig und nur teures Zeug auf Lager hatten: In einem nur einen Haufen geköpfter Hühnchen, in einem andern einige Lattenkisten mit Auberginen. Und dies war die Hauptstadt der Ukraine, der Schwarzen Erde! Allmählich wurde ich schrecklich müde, als ob sich zum Schluß die unbeachtete Anspannung der vergangenen Monate über mich legte. Im Hotel traf ich an diesem Nachmittag einen sowjetischen Griechen, einen Ingenieur aus Kasachstan mit einem feinen, beweglichen Gesicht. Mit neurotischer Erleichterung suchte ich seine Nähe. Seine Eltern waren nach Atatürks Siegen 1922 von Istanbul nach Suchumi gezogen und waren in hohem Alter gestorben, ohne je ein

Wort Russisch zu sprechen. Doch er selbst sprach niemals Griechisch, obschon er es verstand; und seine Kinder konnten es kaum verstehen. Gierig fragte ich ihn über die Geschichte seines Volkes aus. Die Griechen, Begründer der Freiheit! Ob er Sappho, Cafavy, Herodot gelesen habe. Diese Bücher seien schwer zu bekommen, sagte er. Ob er sich noch als Grieche fühle, wollte ich wissen. Unbedingt, sagte er. Gleichwohl vermochte er nicht zu sagen, worin dieses Gefühl begründet lag. Er wußte das Datum von Lenins Geburtstag, aber er konnte sich nicht daran erinnern, wer den Parthenon erbaut hatte.

Ich besaß ein paar weitere Anschriften in dieser Stadt: die eines Priesters, eines Journalisten und die der Frau eines Dichters, der kurz zuvor festgenommen worden war. Aber sie alle wären kompromittiert gewesen, wenn ich sie aufgesucht hätte. Der Dichter, ein ukrainischer Nationalist, wurde am Tage meiner Ankunft zu zehn Jahren schwerer Zwangsarbeit verurteilt, was ich allerdings seinerzeit nicht wußte. Ich beschränkte meine Ausflüge auf die konventionellen Touristenziele. Ich besuchte nicht einmal Babi Jar, wo die Deutschen mehr als einhunderttausend Kiewer Juden und andere massakriert haben. (»Es wird einem abgeraten, dorthin zu fahren«, erzählte mir ein Armenier. »Ich denke, sie fürchten, es könne eine jüdische Gedenkstätte daraus werden.«)

Die einzigen Menschen, denen ich meinen Besuch avisiert hatte, waren ein georgischer Agronom und seine russische Verlobte, die eines Abends mit einem Taxi erschienen, um mich zum Abendessen mit nach Hause zu nehmen. Sie begrüßten mich wie einen alten Freund – er ein Mann von dunkler Lebhaftigkeit, sie mütterlich, blond und von slawischer Ruhe. Ich erwärmte mich sofort für sie. Im Taxi plauderten wir leichthin über gemeinsame Freunde in England. Aber durch das Rückfenster erspähte ich das Nummernschild des weißen Wolga, der uns folgte. Mir wurde übel. Aber ich sagte ihnen nichts davon. Der Gegensatz zwischen ihrem fröhlichen Geplauder und diesem verrückten Schatten war irgendwie schrecklich. Und ich war es, der zu diesem Schatten verdammt war. Mein schuldiges Tagebuch blähte meine Manteltasche auf.

Als wir anhielten, stoppte der Wolga ein wenig hinter uns, und als wir in den Aufzug des Wohnblocks stiegen, sah ich kurz einen Mann in einer Lederjacke, der unter uns eintrat. Sein Gesicht war geschlossen, bleiern, und ich konnte das Geräusch seiner Füße hören, als er mit dem klapprigen Aufzug, der nach oben fuhr, Schritt hielt, bis er wußte, in welche Wohnung wir gingen.

Aber in dem Augenblick, da die Türe zu war, hatten wir unsere Ruhe. Mehrab und Vera hatten beide eine zerbrochene Ehe hinter sich gelassen, und sie waren spürbar ineinander verliebt. Die Anziehung zwischen den beiden war die zeitlose, von Gegensätzen. Mehrab besaß die gepflegte, flinke Art seines Volkes. In seinem dunklen Antlitz, mit seiner hohen Stirn und den vorstehenden, aber feinen Wangenknochen, glitzerten die Augen in fieberhafter Ruhelosigkeit. Er erzählte mir von seiner Arbeit, war aber abgelenkt durch Veras Nähe, die schwerbrüstig neben ihm saß. Seine Gesten waren das zärtliche Ausloten ihres Körpers.

Und die ganze Zeit über strahlten ihre blauen Augen und ihre breiten Lippen, eingerahmt von einem Pagenkopf, eine glückliche, einfache Stärke aus. Das Wort ›bestimmt‹ tauchte immer wieder in ihren Reden auf. Sie ist offen, irre sich aber häufig (sagte Mehrab). Für Sibirien empfand sie die Liebe des Puritaners, dort war sie geboren, und auch für das ganze nördliche Rußland. Leningrad zog sie Kiew vor. »Die Menschen sind dort freimütiger. Bestimmt. Hier in Kiew sind sie verschlossen, bewegen sich nur in ihren eigenen Kreisen.«

Als sie in die Küche ging, um das Abendessen zuzubereiten, lachte Mehrab zärtlich: »Sie ist parteiisch. In Sibirien war sie ein Kind, wissen Sie, in Leningrad eine Studentin, die unter ihresgleichen lebte – aber ein erwachsener Mensch war sie nur hier. Sie blickt auf diese Studententage und auf ihre Kindheit mit Liebe und Nostalgie zurück. Aber wirklich, ich glaube, die alten Abstufungen zwischen Nord und Süd treffen auch hier zu. Wissen Sie, Kiew ist beispielsweise schlampiger und schmutziger als das nördliche Rußland, und die Ukrainer sind ein bißchen offener. Aber Georgien ist noch besser!«

Liebe durchzog unter vielen Masken und Verkleidungen unseren Abend. Die Wohnung war voll davon: abgegriffene Bücher, Musik auf Bändern, Treibholz aus dem Schwarzen Meer, das sie im Urlaub aufgelesen und zu seltsamen Figuren geformt hatten. »Ein Mann sollte seine Arbeit lieben«, sagte Mehrab, »das ist das Geheimnis, aber ich bin mir nicht sicher, ob die Jungen das noch tun.« Er sprach von ›den Jungen‹, als seien sie eine andere Art; ich schätzte ihn auf ungefähr fünfunddreißig. »Sie sind irgendwie nicht so konzentriert, dafür vielleicht auch phantasievoller, als wir es in diesem Alter waren.«

Ich sagte, daß ich das hoffe. Ich dachte an Frieden, an Vertrauen, das der Phantasie bedarf.

»Wenn wirklicher Friede kommt, dann nur deshalb, weil die Menschen selbstsüchtig sind«, sagte Vera. »Bestimmt. Sie haben zuviel zu verlieren.«

»Ja«, sagte ich. Das klang lebensnah.

Draußen tobte ein Sturm. Ich ging ans Fenster. Der Regen peitschte auf die Straße nieder, auf die dunklen Bäume und den geschützten weißen Wagen darunter.

»Die Jungen haben zehnmal so viel, wie wir hatten«, fuhr Vera fort. »Als ich fünf war, erinnere ich mich, sehnte ich mich nach einer Puppe. Ich machte mir selber welche aus Holz, aber ich wollte unbedingt eine mit richtigem Haar und einem Körper aus etwas Weichem, wie Haut, die ich an- und ausziehen und waschen konnte.« Sie lachte lauthals. »Ich bekam sie, als ich zwanzig war! Und ich liebte sie geradeso wie mit fünf! Und heute sehe ich Kinder mit Fahrrädern, Radios und allem, und sie sind davon nicht besser geworden.« Sie blickte widerwillig auf. »Und Ihr im Westen, Ihr habt so viel, aber seid Ihr glücklicher?«

Ich wüßte es nicht, sagte ich (was immer wir unter ›glücklich‹ verstehen).

Als ich zu meinem Hotel zurückkam, wußte ich, daß etwas nicht stimmte. Die freundliche alte Etagenfrau, die auf meiner Etage die Schicht übernommen und zuvor mütterliche Freundlichkeit gezeigt hatte, wollte mich nicht ansehen.

Mein Zimmer war in meiner Abwesenheit durchsucht worden. Es war von Fachleuten durchgeführt worden, alles war fast exakt so wie zuvor. Nur dadurch, daß ich einige Gegenstände an eine ganz bestimmte Stelle gelegt und winzige Fäden in mein Notizbuch gelegt hatte, die jetzt verschwunden waren, erkannte ich, daß alles, was ich besaß – Briefe, Kleidung, Brieftasche, Dokumente – verrückt, durchsucht und haargenau an die gleiche Stelle zurückgelegt worden war.

Aber mein Tagebuch befand sich in meiner Tasche, und meine Adressenliste war als Asche in der Toilette.

Von ihrem Äußeren käme man nicht darauf, daß die Kathedrale der Hagia Sophia in Kiew einen Kern enthält, der reinstes elftes Jahrhundert ist, erbaut im Höhepunkt Rußlands früher Macht. Oktogonale Türmchen, vergoldete Laternen, kleine Apsiden und eine Vielzahl kurvenreicher Kuppeln aus dem 18. Jahrhundert verunklaren ihn. Von den Bäumen ringsumher fallen zur Freude der Kinder große Kastanien auf das Fischgrätenpflaster, und darüber ragt ein vierstöckiger barocker Glockenturm empor.

Aber drinnen bricht, Welle um Welle, die byzantinische Pracht von Fresko und Mosaik wie ein Ozean hervor, umarmt auf ewig die heilige und die irdische Ordnung der Dinge, umfließt Bögen, Pfeiler und Galerien in ihrem versteinerten und aus dem eigensten Innern geschöpften Glanz. In der Kuppel schwebt das sanfte Mosaik eines Christus Pantokrator. Sein rostbraunes Haar geht in einen dunklen Bart über. Aber er sieht nicht aus, als ob er regieren könne. Sein Mund ist eine aufgeblühte Anemone. Die großen Rehaugen blicken träumerisch-traurig. Unter ihm stehen verehrend die Apostel und Erzengel, und auf den Pendentifs sitzen die Evangelisten auf hochlehnigen Stühlen und schreiben die Geheimnisse der

Ewigkeit nieder. Noch ein Stück darunter ist die Jungfrau Maria dargestellt, körperlos, die Füße in der goldenen Höhle der Apsis. Ihr Gesicht ist lang, düster, nicht von Menschenart, in einem Heiligenschein gebrochenen Lichts – weniger Frau oder Göttin als metaphysische Idee, eine blaugoldene Geometrie der Fürbitte.

Die Touristengruppen folgten verbissen ihren Führern und erhielten eine marxistische Interpretation theokratischer Kunst eingetrichtert. Es war mein letzter Morgen in Kiew. Hinter einer Gruppe – er tat so, als gehörte er dazu – ging ein kleiner, bläßlicher Mann. Er wußte, daß ich Bescheid wußte (unsre Augen waren einander bei anderer Gelegenheit begegnet), und er blickte ziemlich kläglich drein. Aber ich fühlte mich jetzt nicht mehr betroffen. In energischer Selbstbefreiung hatte ich begonnen, meine Verfolger zu ignorieren und mein eigenes Leben zu führen statt des ihren. Zu guter Letzt verstand ich, wie Boris und Nikolai in jener Augustnacht in Moskau so freimütig gesprochen haben konnten in dem überwachten Appartment und wie sie sich geweigert hatten, sich zur Unaufrichtigkeit zwingen zu lassen. Übrigens kam es mir jetzt, in Ruhe betrachtet, so vor, daß dieses plötzliche Interesse für mich nur ihrer Bürokratie entsprang. Die großen Touristenhotels werden vom KGB schwer bewacht.

Um mich herum lebte das Dogma der Kathedrale fort: Gesetz und Chaos, Sünde und Erlösung, entfalteten sich in einer goldenen Dialektik auf den Mauern und verblichen auf all den freskengeschmückten Bögen und Pfeilern der Seitenschiffe, Patriarchen und Heilige – Asketen und Gelehrte, Einsiedler und Kämpfer –, sie winkten mit ihren Kelchen und Kreuzen und gehörten einer alten Zeit.

Die byzantinische Welt hatte einst einen so tiefen Eindruck auf den Geist der Russen gemacht, daß ihr Niedergang trotz der Verfolgungen nicht zu erklären wäre, wäre nicht ihre Macht so klar von einer neuen Erlösungslehre, einer Erlösung hier auf Erden, abgelöst worden. Manchmal hatte ich in den letzten Monaten diese allumfassende Weltanschauung beinahe beneidet. Jetzt, da ich in dem Wald von Säulen umherwanderte, fühlte ich mich alt und entfremdet. Wahrscheinlich trug ich in mir ein skeptisches europäisches Verständnis, daß kein System die Absurditäten der menschlichen Natur zuinnerst verändern konnte, wohingegen die Russen noch immer einem alten Missionierungsdrang nachgeben. »In jeder Hinsich steckt etwas Gigantisches in diesem Volk«, schrieb Madame de Staël, »gewöhnliche Ausmaße finden auf es keine Anwendung.« Und wie ich durch diese Kirchenschiffe der entschwundenen Sicherheit wandelte, kam es mir vor, daß selbst nach Registrierung der tragischsten Fehler, trotz öffentlicher Tyrannei und privater Verstellung, trotz Geschichtsklitterung und trotz bläßlicher Herren, die hinter Touristengruppen herlaufen, daß diesem Volk eine verletzte Größe blieb, weil es, wenn auch schwach, von einer vollkommenen Gesellschaft träumen konnte.

Am nächsten Tag fuhr ich 550 Kilometer westwärts, nach Lemberg (Lwow). Einige hundert Meter hinter mir hielt ein weißer Wolga über das weite, offene Land mit mir Schritt. Aber er entließ mich, wo der Kiewer Distrikt endete, und offensichtlich funkte die Verkehrspolizei mein Kommen weiter. Nach zehn Kilometern fuhr ich an zwei Polizisten vorbei, die in der Straßenmitte nervös mit ihren Knüppeln herumspielten. Der eine davon – ich hatte ihn gefangen in meinem Spiegel – wandte sich um und erhob den Arm, und hinter ihm glitt ein weißer Zhiguli unter den Bäumen hervor. Für die folgenden dreihundert Kilometer folgte mir Lwow 22-65, fuhr mit mir durch Fluren mit herbstlichen Bäumen, in denen Misteln hingen, und über die Karpaten. Eine kleine Weile später wurde mir bewußt, daß auch ein zweiter weißer Zhiguli einen halben Kilometer vor mir mich in der ihm eigenen Weise betreute. Beschleunigte ich auf hundert Stundenkilometer, machte er das gleiche; ging ich hinunter auf fünfzig, kam er auch nicht schneller voran. So fuhr ich den ganzen Nachmittag, eingespannt zwischen Lwow 22-65 und

Lwow 78-65 (und wunderte mich über die Verschwendung menschlicher Arbeitskraft) in Richtung Westen.

In *Lemberg* konnte ich den Weg zu meinem Hotel zunächst nicht finden. Ich irrte orientierungslos durch die Straßen, so daß meine Begleiter ängstlich näherkamen, hinter mir aufschlossen.

Die Stadt strömte einen zerfallenden österreichisch-ungarischen Charme aus, und das Hotel, das ich endlich entdeckte, war stattlich, mit Goldschimmer und Sternschild. Sein altes Personal schien mit seinen feinen Manieren unerklärlicherweise von dem Lemberg der Vorkriegszeit überlebt zu haben, das Stalin zerstörte.

Es war mein letzter Tag in Rußland. Ich lag in der Badewanne und las mein Tagebuch. Ich fürchtete, man würde es mir wegnehmen. An diesem Abend folgten sie mir zu Fuß durch die Straßen. Und als wollten sie einen späten Versuch unternehmen, mich bloßzustellen, erhielt ich jetzt im Foyer des Hotels einen Schwall von gesetzeswidrigen Ansinnen. Ein Mann, der sich für einen polnischen Studenten ausgab, bat mich um Drogen. Ein anderer bot mir Dollars an für irgendwelche pornographische Schriften oder Untergrund-Literatur, die ich vielleicht mit dabei hätte. Eine Frau wollte meine englischen Pfund auf dem Schwarzmarkt für mich tauschen.

Am nächsten Tag beschatteten die Zhigulis mich auf meiner Fahrt durch letztes fichtendunkles Hügelland zur ungarischen Grenze. Sie verschwanden in dem Augenblick, als der nur anscheinend schläfrige Grenzposten von Tschop auftauchte. Ich hatte keine Ahnung, was mich hier erwarten würde. Mein eng beschriebenes Tagebuch, unersetzlich, lag wie ein Stein in meiner Tasche.

Ich wurde von einem freundlichen Dolmetscher in Empfang genommen, er sagte mir, die Formalitäten würden nur zwanzig Minuten dauern. Nach der ersten Stunde sagte er: »Es ist nichts Persönliches.« Ein bißchen später räumte er ein: »Es dauert ein bißchen lang.« Dann fiel er in Schweigen. Andere

Autos kamen und fuhren weiter; aber meines blieb stehen. Vier Stunden später durchsuchten sie mich immer noch. Fünf Männer inspizierten mein spärliches Gepäck, Stück für Stück lag auf dem Schalter der Zollbehörde, kläglich vereinzelt. Ich mußte mich ausziehen und wurde einer Leibesvisitation unterworfen. Sie leerten meine Kamera aus, entwickelten den Film. Mein schmutzverkrusteter Morris wurde über eine Versenkung gefahren, wo zwei Mechaniker zwei Stunden lang in ihn drangen, dann die Türfüllungen herausnahmen und das Armaturenbrett hochhoben.

Beim Einbruch der Nacht wurde ich schließlich in einen Nachbarraum gerufen. Die Zöllner schauten etwas verlegen drein. Die wiederholte Untersuchung all' meiner Habe hatte nichts Anstößiges ergeben, das unleserliche Tagebuch ausgenommen, das jetzt mit seinen abgefingerten Blättern auf dem Schreibtisch eines versteinert blickenden Beamten lag. Als ich eintrat, sah er mit dem Ausdruck schwerer Frustration von seinem Vegrößerungsglas hoch. Er sah müde aus. Er fragte: »Haben Sie diese Schrift eigens entwickelt?«

Er rief nach dem Dolmetscher. Dann deutete er, eine halbe Stunde lang, auf Passagen des Büchleins und befahl mir, sie laut vorzulesen: Odessa, Rostow, Riga ... Ich las sie vor, ließ ein paar Grobheiten weg, indes der Dolmetscher sie in poetisches Russisch übertrug. Keiner von beiden konnte das lesen, was ich geschrieben hatte. Ich hätte ebensogut die Psalmen oder Shakespeare zitieren können.

Das Lesen des Tagebuchs war wie ein Abschiednehmen. Ich war mir sicher, sie würden es konfiszieren. Während ich dies dachte, erlebte ich Stätten und Menschen aufs neue, die schon halb vergessen waren. Ich begehrte leidenschaftlich, die Beschreibungen zu behalten. Ohne sie, spürte ich, würde ich womöglich gar nicht glauben können, daß ich in der Sowjetunion gewesen war. Und selbst jetzt gibt es noch Zeiten, da dieses Land sich zurückverwandelt zu jenem Rätsel, das an der Wand des Klassenzimmers hing, als ich ein Kind war, bis es weniger ein physisches Land zu sein scheint als eine

Fläche von Zärtlichkeit und Unbehagen, die sich in meinem Geist vermischen und die ich Rußland nenne.

Schließlich hoben sich die Schultern des Beamten in einer Art niedergeschlagener Erleichterung. »Es wird spät.«

»Ja.«

Eine weitere Minute lang dachte er schweigend nach, dann öffnete ein winziges, resigniertes Lächeln sein Gesicht, und er reichte mir die Aufzeichnungen zurück, nach denen dieses Buch geschrieben wurde.

Bildnachweis

Auf Bildunterschriften wurde verzichtet, da
die Farbtafeln charakteristische und allgemein-
gültige Rußland-Eindrücke vermitteln wollen,
die nicht an bestimmte Orte, Zeiten oder Namen gebunden sind. Die Vorlagen für die Ab-
bildungen wurden von Bilderberg, Archiv der
Photographen, und Transglobe Agency, beide
in Hamburg, zur Verfügung gestellt. Bilderberg: Klaus D. Francke, Seite 101, 104 (beide
Moskau); Wolfgang Kunz, Seite 50–51, 52,
154–155 (Leningrad), 205, 206–207, 260, 326–
327, 328; Walter Mayr, Seite 156 (Georgische
Kirche); Walter Schmitz, Seite 208; Achim
Sperber, Seite 258–259. Transglobe Agency:
Eve Arnold-Magnum, Seite 257; Gert von
Basewitz, Seite 102–103, 153; Steve Small,
Seite 49; Pete Turner, Seite 325.
Das Photo für den Schutzumschlag stammt
von der Bildagentur Jürgens, Köln.